汽车市场营销

主　编　徐化娟
副主编　宋倩文　陈静媛　郑　凯

西南交通大学出版社
·成　都·

图书在版编目（ＣＩＰ）数据

汽车市场营销 / 徐化娟主编. -- 成都：西南交通
大学出版社，2024.10. -- ISBN 978-7-5774-0112-6

I. F766

中国国家版本馆 CIP 数据核字第 20245MN102 号

Qiche Shichang Yingxiao
汽车市场营销

　　　　　　　　　　　策划编辑／张　波
主　编／徐化娟　　　责任编辑／罗爱林
　　　　　　　　　　　封面设计／吴　兵

西南交通大学出版社出版发行
（四川省成都市金牛区二环路北一段 111 号西南交通大学创新大厦 21 楼　610031）
营销部电话：028-87600564　　028-87600533
网址：http://www.xnjdcbs.com
印刷：成都中永印务有限责任公司

成品尺寸　185 mm×260 mm
印张　23.25　字数　582 千
版次　2024 年 10 月第 1 版　印次　2024 年 10 月第 1 次

书号　ISBN 978-7-5774-0112-6
定价　58.00 元

课件咨询电话：028-81435775

前　言

在当今全球化、数字化和竞争激烈的商业环境中，汽车行业正经历着前所未有的变革。汽车已不再仅仅是一种交通工具，更成为科技、设计、环保与生活方式的象征。与此同时，汽车市场营销也面临着诸多新的挑战和机遇。

汽车市场营销作为一门综合性的学科，旨在培养学生和从业者对汽车市场的深刻理解，掌握有效的营销策略和实际操作技能，以适应不断变化的市场需求和竞争态势。

本教材以汽车市场的动态发展为背景，融合了市场营销学的经典理论和汽车行业的独特特点，通过系统地阐述和丰富的案例分析，为读者呈现一个全面而深入的汽车市场营销的知识体系。

编写组在结合多年教学经验和已有教材特点的基础上，充分吸取先进的职业教育理念及方法进行课程教材建设。本教材在编写过程中，充分考虑了以下几个方面：

第一，遵循"理实一体化"的编写理念，将相关岗位工作内容融入课程内容，加强实践环节的训练，突出职业岗位核心能力的培养。

第二，在内容的选择上力求反映行业最新技术发展动态，如汽车电子商务和网络营销等内容，体现"一专多能"理念。在技术层面突出销售顾问的营销能力，同时兼顾管理岗位的需求，拓展与管理有关的专业课程内容。

第三，教材以"任务引领"的方式编写，使培养过程实现知行合一。同时，编写组总结以往经验，不限定教学的组织形式，以适应不同教师水平和教学条件，尽量照顾到各汽车相关专业的需求。

第四，教材中融入课程思政元素。融入创新服务、责任、团队合作等多种思政元素，实现全方位育人的目标，培养德才兼备的高素质汽车营销人才。

本教材由甘肃交通职业技术学院教师牵头完成，由徐化娟任主编。参加本教材编写的有甘肃交通职业技术学院教师徐化娟（前言、项目一、项目二及全书的统稿），甘肃交通职业技术学院教师宋倩文（项目五、项目六），兰州职业技术学院教师陈静媛（项目三、项目四），理想汽车甘肃分公司郑凯（项目七）。本教材在编写过程中得到了兰州职业技术学院和理想汽车甘肃分公司的大力支持，得到了西南交通大学出版社的鼎力协助，在此谨表示衷心的感谢。

本教材在编写过程中，除所列参考文献外，还参考了互联网上的许多相关文献，国内外市场营销和汽车营销方面的书籍、论文等文献资料，在此对原作者、编者表示由衷的感谢。尽管在编写过程中做了大量工作，但因编者水平有限，书中难免存在不足、不当或疏漏之处，恳请广大读者对书中错漏之处给予批评、指正，对书中不妥之处提出宝贵意见，我们将认真对待，加以完善，并表示感谢。

　　希望本教材能够成为广大学生和汽车行业从业者的良师益友，帮助他们在汽车市场营销领域不断探索、创新，为推动汽车行业的发展贡献自己的力量。

编　者

2024 年 8 月

目　录

学习单元三　如何成为一名优秀的汽车销售顾问

学习单元一 掌握汽车营销基础知识

项目一 认识汽车市场营销

🚗 项目说明

小王是 4S 店的一位实习汽车销售顾问。他非常热爱汽车销售工作，但没有任何相关工作经验，于是他找到店里资深销售顾问李姐寻求帮助。李姐告诉他："要做好汽车销售工作，需要从汽车营销基础知识学起。你不妨先从认识汽车市场营销入手，了解什么是市场？什么是市场营销？如何确立正确的汽车市场营销观念？寻找成为一名优秀的汽车营销人员需要具备哪些素质和能力？以及汽车 4S 店是如何运营的。弄懂了这些问题，你也就入门了。欢迎加入汽车销售大家庭。"听了李姐的话，小王开始着手寻找以上问题的答案。

本项目就是小王寻找答案的过程，该过程又分为 4 个任务，分别为：

任务一 初识汽车市场营销；

任务二 确立正确的汽车市场营销观念；

任务三 了解汽车销售顾问岗位要求；

任务四 认识汽车 4S 店的运营。

下面，请同学们以小王的身份，去寻找以上问题的答案，并完成相应的任务。

🚗 思政引导

新中国汽车发展史

1956 年 7 月 13 日，我国第一批解放牌汽车在长春第一汽车厂试制成功。解放牌汽车的问世，结束了我国不能生产汽车的历史。

在这 60 多年的风雨历程中，中国汽车工业经历了启程、成长、腾飞 3 大发展阶段，是一个从无到有、从有到优充满开创性的过程，在产品创新、技术创新、服务创新方面均更上一层楼。让我们来回顾一下，在党的带领下，中国汽车工业发展的激荡艰辛历程。

启程：解放牌汽车驶入全国大地，真正的汽车工业来了！

1953 年 7 月 15 日，中国第一座汽车厂在吉林省长春市破土奠基。为此，毛泽东同志亲笔题写了"第一汽车制造厂奠基纪念"几个大字。

3 年后（1956 年），第一批解放 CA10 型载货汽车顺利下线，实现了从改造到制造的跨越，结束了中国不能批量制造汽车的历史，也成为那个激情燃烧年代最耀眼的明星。

1956 年 7 月 13 日，第一批解放牌汽车在长春第一汽车制造厂试制成功。

这一阶段，以引进苏联等国家的技术为起点，初步奠定了汽车工业发展的基础，汽车产品经历了从无到有的发展过程。

成长：改革春风吹，合资促长足发展

经过了 20 多年的自力更生后，中国汽车工业迎来了一个崭新的时代。

改革开放后，中国汽车工业获得了长足进步，形成了完整的汽车工业体系，从载货汽车到轿车，开始全面发展。1985 年开始执行的国家"七五计划"，将汽车工业列为国民经济发展的支柱产业。

这一阶段是我国汽车工业由计划经济体制向市场经济体制的转型期，成为中国汽车工业第二波革命的起点。

到如今，众多优秀的合资车生产企业在中国这块热土上诞生。从 20 世纪 90 年代末期开始，中国的自主品牌掀起了第三波革命浪潮，吉利、比亚迪、奇瑞等自主品牌诞生。

第三次汽车工业革命后，对于广大市民来说，购买汽车时有了更多的选择。国产汽车品牌最近几年在性能上不断优化，也在渐渐摘掉"国产汽车除了价格低一点没有任何优越性"的帽子；同时，也给老牌合资汽车生产企业造成巨大的冲击，对汽车制造升级和价格合理优化大有裨益。

腾飞："弯道超车"，中国技术遥遥领先

21 世纪以来，中国汽车逐渐进入腾飞时期。尤其是自主品牌汽车迅速崛起，市场占有率由十几年前不足 20% 达到了现在的 40% 以上。在国外建设汽车制造厂及研发中心的自主汽车企业已有数十家，中国汽车产销量连续 10 年位居世界第一，出口量年年递增，中国汽车行业已经全面融入世界汽车工业体系之中。

在历经十几年高歌猛进的发展之后，中国汽车工业又遇到了一个机遇：新能源。

现如今，在国家政策的扶持下，我国的新能源汽车领域诞生了诸如刀片电池、IGBT 绝缘栅双极型晶体管、高压电镍锰酸锂等领先于世界的尖端技术。国内的新能源汽车无论是销量、市场增速、全球份额，还是产业链成熟度、投资热度等，都已然成为全球新兴产业的一道亮丽风景。可以说，中国已经借助新能源汽车实现了汽车工业的"弯道超车"。

结　语

改革开放 40 多年来，外资的进入及合资企业的发展，给中国自主品牌崛起带来了很多成功的经验与借鉴。自主品牌企业从外资及合资企业身上汲取了很多营养，为中国汽车工业追赶世界先进水平奠定了良好的基础。中国自主品牌汽车近年来无论在整车发展还是零部件发展上，无论是产品开发还是技术水平提升上，无论是质量管理还是售后服务上，都取得了前所未有的进步。

这些成就的取得，是"汽车梦"，是"产业梦"，也是"中国梦"的最好诠释与总结。汽车梦，产业梦，中国梦，不再是梦！

资料来源：益友国际汽配用品展贸中心微信公众号。

任务一　初识汽车市场营销

【学习目标】

1. 正确理解市场与汽车市场的概念和内涵。
2. 掌握市场营销与汽车市场营销的核心概念。

【任务描述】

初识汽车市场营销：通过相关知识学习，理解市场和汽车市场的含义，理解市场营销的核心概念，了解马斯洛的需要层次理论，最终掌握汽车市场营销的概念，并完成课后问题。

【知识准备】

一、市场与汽车市场

在现代社会中，几乎所有的经济现象或经济活动都与市场有关，几乎所有经济方面的学科也都不同程度地涉及市场。那么"市场"的含义是什么呢？"汽车市场"又是一个怎样的概念呢？

（一）市场的含义

市场是商品经济的产物，哪里有商品生产和商品交换，哪里就有市场。因此，市场成为人们使用最频繁的术语之一。市场一词，最早是指买主和卖主聚集在一起的场所，就像我们通常所见到的集贸市场——人们在这里挑选想要购买的物品并讨价还价。随着商品经济的发展，市场的概念也不断发展。在不同的商品经济发展阶段，市场有着不同的含义。同样，在不同的使用场合，市场的概念也不尽一致，具体可归结为以下几种：

1. 市场是商品交换的场所

在商品经济尚不发达的时候，市场的概念总是同时间概念和空间概念相联系的，人们总是在某个时间聚集到某个地方完成商品的交换，因而市场被看做是商品交换的场所。这种市场的形式至今仍很普遍，如商场、城乡的集贸市场、汽车交易市场等。

2. 市场是各种商品交换关系的总和

在现代社会中，商品交换关系渗透到社会生活的各个方面，交换的商品品种和范围日益扩大，交易方式也日益复杂。特别是随着交通、通信和金融行业的发展，交换已经不再受到时间和空间的限制，可以在任何时间和任何地方实现商品的交换。因此，现代的市场已经不再是前面那种具体的交易场所，而是扩大了的市场概念。市场的内容更丰富，代表着各种商品交换关系的总和，从而更为深刻地揭示了现代经济生活的实质。同时，这一市场概念不仅包括供给和需求两个相互依存的方面，还包括供给和需求在数量上的统一，即供求是否平衡。所以经济学等学科采用此种定义。

3. 市场是人口数量、购买能力、购买欲望以及交换的总和

市场这一概念可用公式表示为：市场=人口+购买力+需求欲望+交换。这一概念认为，市场就是指需求，只有那些有购买欲望，而且具有购买能力的消费者加上最终的交换才构成某种商品的市场。这样的消费者越多则表明市场越大。但这一概念存在两个缺陷：一是人口属于自然人即消费者，因而这一概念似乎只适用于消费品市场；二是没有强调潜在的购买力和购买欲望。

4. 市场是现实的和潜在的具有购买能力的总需求

这是从市场营销角度理解市场这一概念的。市场营销主要是研究卖方的营销活动。在这里，市场专指买方，而不包括卖方。对于卖方来说，自己就代表了供给，因此市场也就可理解为某种商品的现实购买者和潜在购买者需求的总和，这样市场就只有需求。所以在市场营销中，市场往往等同于需求。

5. 市场是买方、卖方和中间交易机构（中间商）组成的有机整体

在这里，市场是指商品多边、多向流通的网络体系，是流通渠道的总称。它的起点是生产者，终点是消费者或最终用户，中间商则包括所有取得商品所有权或协助所有权转移的各类商业性机构（或个人）。平时大家所说的市场建设和市场覆盖面多是基于此意义来讲的。市场营销也经常从销售渠道意义上理解和运用市场。

以上仅列举了几种最典型、最常见的市场概念。在现代社会中，市场在整个社会经济中不可或缺，是社会经济的指挥棒和调节器，其作用大大加强，因而人们对市场概念的理解和运用也更加丰富，其含义也更加多样。

（二）汽车市场的含义

如果将市场的概念运用到汽车行业中去，便形成了汽车市场。汽车市场是将汽车作为商品进行交换的场所，是交换关系的总和，是汽车的买方、卖方和中间商组成的一个有机整体。它将原有市场概念中的商品局限于汽车及其相关商品，起点是汽车产品的生产者，终点是汽车产品的消费者即最终用户。所以市场是一个广泛的概念，而汽车市场则将市场这一概念具体化。

二、市场营销与汽车市场营销

（一）市场营销的概念

1. 市场营销的含义

在很长一段时间里，我国把"市场营销"称为"市场学"，来源于对英文 marketing 一词的翻译。marketing 既可作名词译为"市场"，又可作动词译为"销售"，因此当用它来描述企

业经营活动时，其含义绝不仅限于对市场的静态描述和解释，也不只是对销售活动进行研究。按照现代企业经营观念，企业并不只是考虑如何把生产出来的东西卖出去，更主要的是考虑如何生产适销对路能在市场上卖出去的东西。可见，marketing 一词应具有更广泛的内涵：它既包括市场需求研究，也包括多种多样的营销活动。

对于 marketing 的内涵表述，在英语以外的其他西方语言中，则是没有用词上的争议。但在汉语中，对 marketing 的译名却有很多，且各有考虑，如市场学、市场营销、市场管理学、市务学、市场营运学、市场经营学、销售学。在我国港澳台地区被译为行销学等，其中以市场学、市场营销学、销售学等最为常见。对"市场学"这一翻译可一直查考到 1933 年由丁馨伯译编的《市场学》。对这一译名，有人提出原文 marketing 作为动名词强调的是动态意义，而中译名"市场学"容易使人望文生义，理解为静态的研究市场、流通、供求关系及价值规律的经济学科。在这种意义上，"市场学"这一译名自然不是尽善尽美。但译作"销售学"，容易使人感到旨在重视销售技巧与推销方法，也不能完整地反映 marketing 的内涵。因而，此译名也不算妥帖。因此，目前国内许多人赞成使用"市场营销"的译法。它不仅包括了marketing 中的静态部分——市场，也涵盖了其中的动态部分——营销。

2. 市场营销的核心概念

（1）需要、欲望和需求。人们有各种需要、欲望和需求，市场营销学是从需要、欲望和需求开始研究的。

① 需要（needs）。需要指人们因为某种欠缺没有得到满足时的心理感觉状态。如人们为了生存，需要食物、衣服、房屋等生理需要及安全、归属感、尊重和自我实现等心理需要。需要是抽象的概念，它存在于人类自身和所处的社会环境，表现为某一具体满足物。因此，市场营销者不能创造这种需要，而只能适应它。

② 欲望（wants）。欲望是指想得到某些基本需要的具体满足物的愿望。不同背景下的消费者的欲望有所不同，如中国人饿了想吃大米饭，美国人需要食物则想要一个汉堡。人的欲望受社会因素及机构因素，诸如职业、团体、家庭、商业公司等影响。因而，欲望会随着社会条件的变化而变化。市场营销者能够影响消费者的欲望，如建议消费者购买某种产品。

③ 需求（demands）。需求是指对具有支付能力并且愿意购买某种物品的欲望。当人们具有购买能力时，欲望才能转化为需求。许多人都想要一辆高档轿车，但只有极少数人能够并愿意买。因此，市场营销者不仅要了解有多少消费者需求其产品，还要了解他们是否有能力购买。

需要、欲望和需求是市场营销思想的出发点，也是市场交换活动的基本动因。理解人类的需要、欲望和需求的区别与联系，必须掌握以下几个要点：

首先，对需要、欲望和需求要加以必要的区分。人类为了生存和发展，需要各类食品、衣服、住所及精神产品。消费者所处的地理条件等社会环境不同，所接受的文化教育、价值观念不同，因而他们对商品的品种、数量、价格等都有不同需求，任何一个企业都不可能生产出满足所有需求的商品。为此，根据一定的标准把消费者的需要、欲望和需求加以区分是十分必要的。

其次，需要、欲望和需求是分层次的。美国心理学家马斯洛认为，人们的需要是多层次的，由低级到高级按一定的顺序排列，即需要层次理论（见图 1.1）。

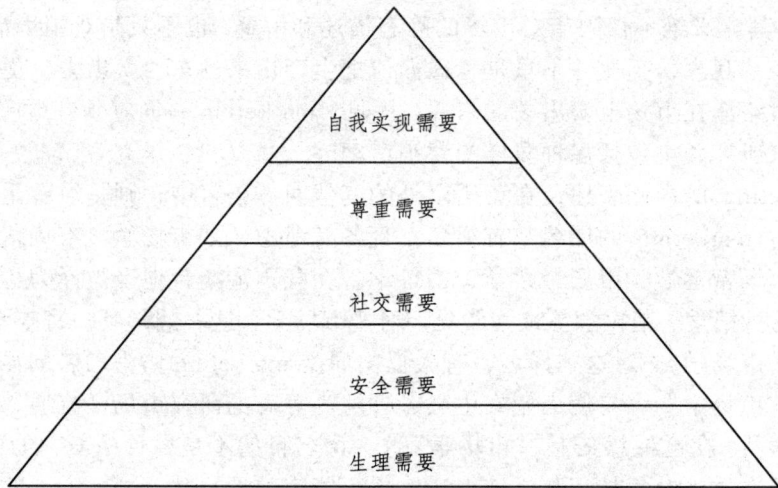

图 1.1 马斯洛的需要层次模式

【知识拓展】

根据马斯洛的需要层次理论，这些需要的重要性不同。

1. 生理需要

生理需要包括饥饿、干渴等方面的需要，这是人类最基本的需要，也是人类首要的需要。在这类需要没有得到满足时，人们一般不会产生更高的需要，或者不认为还有什么需要比这类需要更高、更重要。

2. 安全需要

这是与人们为免遭肉体和心理损害有关的需要，最主要是为保障人身安全和生活稳定，最一般的表现是对保险、保健、保安的需要。但往往还有一些表现不是很明显的需要。

3. 社交需要

社交需要即爱和归属感的需要，包括感情、亲昵、合群、爱人和被人爱等。希望被别人或相关群体承认和接纳，能给予别人和接受别人的爱及友谊等这些需要，它往往是影响人们行为的最重要的因素。

4. 尊重需要

尊重需要包括威望、成就、自尊、被人看重和有身份等需要。这些具体不同的需要，同样也会从不同的侧面影响人们的行为。

5. 自我实现需要

这是最高层次的需要，包括个人行使自主权及获得成就的需要。人们一般都会有这样的经验，当个人完成一件工作或达到一项目标时，内心都会感到愉悦。马斯洛阐述的这一需要层次和第四需要层次往往不易明显区分，因为自我实现的需要往往与受表扬的需要、追求地位的需要密不可分。

马斯洛认为，随着收入和环境的变化，人们的需求也会发生变化，只有当较低层次的需要得到部分满足后才会向往高一级的需要。但当较低级的需要受到威胁时，也会向相反的方向发展，如当遇到灾荒时，就可能牺牲较高级的需要去追求衣食等。

但是应指出，个人行为也可能会出现某种差异，有的人甚至在其低级需要还未完全满足时，就受到为满足更高需要目标动机的影响，因为人们可以容忍某种需要只得到部分满足。马斯洛通过观察研究发现，可能一般人可以容忍生理需要获得80%的满足，尊重需要得到40%的满足，自我实现需要得到10%的满足。

最后，需要、欲望和需求是动态的。在经济不发达阶段，生理需要占主要地位。当人们生活水平提高后，由于衣食和安全一般已不是问题，就会追求满足更高级的需要。

市场营销者还应当注意，现在没有需求，并不等于将来没有需求。在市场营销中，我们把暂时没有购买力或购买欲望不强的情况称为潜在需求。随着购买力或购买欲望的提高，潜在需求可以转变为现实需求。

（2）产品。从营销角度看，任何能用以满足人类某种需要与欲望的东西都是产品。人们通常用产品和服务这两个词来区分实体物品和无形物品。实体产品的重要性不仅在于拥有人，还在于使用它们来满足人们的欲望。人们购买小汽车不是为了观看，而是因为它可以为人们的交通出行提供便利。所以，实体产品实际上是向我们提供服务的工具。如果生产者关心产品甚于关心产品所提供的服务，则会陷入困境。过分注重自己的产品，往往会忽略顾客购买产品是为了满足某种需要这样一个事实。市场营销者的任务，是向市场展示产品实体中所包含的利益或服务，而不能仅限于描述产品的外形。

（3）价值和满意。顾客价值是指顾客拥有和使用某种产品所获得的利益与为此所需要的成本之间的差额。需要指出的是，顾客常常并不会很精确地分析某种产品的价值和成本，而是根据他们的感知价值行事。

满意也就是顾客满意，取决于顾客对产品的感知使用效果，这种感知效果与顾客的期望值密切相关。如果产品的感知使用效果低于期望值，顾客就会不满意；如果感知使用效果与顾客期望一致，甚至高于期望值，那么顾客就会满意。

【知识拓展】

顾客让渡价值是指顾客购买的总价值与总成本之间的差额。顾客购买的总价值是指顾客购买某种产品与服务所期望获得的一组利益，它包括产品价值、服务价值、人员价值和形象价值等。而顾客购买的总成本是指顾客为购买某种产品所消耗的时间、精神、体力以及所支付的货币等，它包括货币成本、时间成本、精神和体力成本等。

产品价值是指由产品的功能、特性、品质、品种和式样等所产生的价值。它是顾客需要的中心内容，也是顾客选购产品的主要因素。

服务价值是指伴随产品实体的出售，企业向顾客提供的各种附加服务，包括产品介绍、送货、安装、调试、维修、技术培训和产品保证等所产生的价值。

人员价值是指企业员工的经营思想、业务能力、知识水平、工作效益等所产生的价值。

形象价值是指企业及其产品在社会公众中形成的总体形象所产生的价值。形象价值包括企业的产品、技术、质量、包装、商标、工作场所等有形形象所构成的价值，还包括企业及其员工的职业道德行为、经营行为、服务态度、作风等行为形象所产生的价值。

货币成本是指顾客购买商品时实际支出的货币。

时间成本是指顾客为想得到所期望的商品或服务而必须处于等待状态的时间和代价。

精神和体力成本是指顾客购买商品时，在精神、体力方面的耗费与支出。

顾客让渡价值理论表明：

（1）销售者必须在顾客总价值和顾客总成本之间估算，并考虑它们与竞争者的差别。企业的竞争优势就在于扩大总价值，减少顾客总成本。扩大总价值要求强化或扩大应该提供的产品功能、产品服务、人员和形象利益；减少顾客总成本则要求降低价格，简化订购和送货程序，或者提供担保，从而减少顾客的风险等。

（2）不同的消费者对各因素的重视程度是不同的，企业应针对不同顾客有针对性地设计营销方案。

（3）对于企业来说，扩大顾客总价值、减少顾客总成本的结果，可能会导致企业无利可图。因此，企业应该找到两者的平衡点。

（4）交换和交易。交换和交易是两个既有联系又有区别的概念。所谓交换，是指通过提供某种东西作为回报，从别人那里取得所需物品的行为。交换应被看作是一个过程而不是一个事件。如果双方正在进行谈判，并趋于达成协议，这就意味着他们将要进行交换。一旦达成协议，就发生了交易行为。交易是交换活动的基本单元，是由双方之间的价值交换所构成的行为。

交换需要 5 个条件：①至少要有交换双方。②每一方都要有对方所需要的有价值的标的。③每一方都要具有沟通信息和传送交换物的能力。④每一方都可以自由地接受或拒绝对方的交换条件。⑤ 每一方都认为与另一方进行交易是适当的或称心如意的。

只有具备了上述条件，才有可能发生交换行为。一次交易包括以下内容：至少有两个有价值的事物、买卖双方同意的条件、协议时间和协议地点等。为了促使交换成功，营销者必须分析参与交换各方各自希望给予什么和得到什么，而交易则是通过谈判寻找一个各方均满意的方案。

（5）市场营销组合。市场营销组合是指企业可以控制的一组营销变量，可综合运用这些变量来实现其营销目标。它具体表现为企业在营销实践中综合运用产品策略（Product）、价格策略（Price）、分销策略（Place）和促销策略（Promotion），简称"4PS"。对"4PS"策略的研究，构成了企业营销研究的 4 大支柱。

【知识拓展】

"4PS"理论是 1964 年由美国麦卡锡教授首先提出的。1984 年，美国著名的市场学家菲利普·科特勒提出大市场营销理论，简称"6PS"理论，是在原有的"4PS"基础上再加上两个"P"，即政治权力策略（Power）与公共关系策略（Publice Relation）。"6PS"理论认为，要打入封闭或保护的市场，首先，应该运用政治权力策略，必须得到有影响力的政府部门和立法机构的支持，从而进入市场。其次，还须运用公共关系策略，利用各种传播媒介与目标市场的广大公众搞好关系，树立良好的企业和产品形象。

20 世纪 80 年代，随着消费者个性化的日益突出，市场竞争日趋激烈，美国的劳特朋提出了"4CS"营销理论。传统的"4PS"逐渐受到现代"4CS"的挑战。"4CS"分别指顾客的需要（Customer's Wants and Needs）、成本（Cost）、便利（Convenience）和沟通（Communication）。

"4CS"营销理论注重以消费者需求为导向，与市场导向的"4PS"相比，"4CS"有了很大的进步和发展。但从企业的营销实践和市场发展的趋势看，"4CS"依然存在不足，主要表现在：忽视市场经济所要求的竞争导向，无助于形成不同企业的营销个性或营销特色，在兼顾顾客需求的合理性和企业成本方面有待找到理想的平衡模式，没有解决满足顾客需求的操作性问题，如提供集成解决方案、快速反应等。"4CS"总体上虽是"4PS"的转化和发展，但被动适应顾客需求的色彩较浓。

美国的舒尔兹提出了"4RS"（关联、反应、关系、回报）营销新理论，阐述了一个全新的市场营销四要素：①强调与顾客建立关联，认为重要的营销策略是通过某些有效的方式在业务、需求等方面与顾客建立关联，形成一种互助、互求、互需的长期、稳定的关系。②提高市场反应速度。在相互影响的市场中，对经营者来说，最现实的问题不在于如何控制、制订和实施计划，而在于如何站在顾客的角度及时倾听顾客的希望、渴望和需求，并及时答复和迅速做出反应，满足顾客的需求。③关系营销越来越重要。在企业与客户的关系发生了本质性变化的市场环境中，抢占市场的关键已转变为与顾客建立长期而稳固的关系，从交易变成责任，从顾客变成用户，从管理营销组合变成管理和顾客的互动关系。④回报是营销的源泉，对企业来说，市场营销的真正价值在于其为企业带来短期或长期的收入和利润的能力。

在一定时期内，"4PS"还是营销的一个基础框架，"4CS"也是很有价值的理论和思路。"4RS"不是取代"4PS""4CS"，而是在"4PS""4CS"基础上的创新与发展，所以不可把三者割裂开来甚至对立起来。企业应该根据实际情况，把三者结合起来指导营销实践，以取得更好的效果。

（二）汽车市场营销的概念

汽车市场营销是汽车企业为了更大限度地满足市场需求、为达到企业经营目标而进行的一系列活动。其基本任务有两个：一是寻找市场需求；二是实施一系列更好地满足市场需求的活动（营销活动）。

在汽车市场营销产生的一个较长时期内，很多人都认为汽车市场营销主要是指汽车推销。其实，汽车市场营销最主要的任务不是推销，推销只是营销的一个职能（并且不是最重要的）。汽车市场营销研究的对象和主要内容是识别目前未满足的需求和欲望，估计和确定需求量的大小，选择和决定企业能最好地为之服务的目标市场，并且决定适当的产品、劳务和计划（或方案），以便为目标市场服务。这就是说，汽车市场营销主要是汽车企业在动态市场上如何有效地管理其汽车商品的交换过程和交换关系，以提高经营效果，实现企业目标。或者说，汽车市场营销的目的，就在于了解消费者的需要，按照消费者的需要来设计和生产适销对路的产品，同时选择销售渠道，做好定价、促销等工作，从而使这些产品可以轻而易举地销售出去，甚至使推销成为多余。

汽车市场营销活动应从顾客（而不是生产过程）开始，由市场营销部门（而不是生产部门）决定将要生产什么汽车产品，如产品开发设计、包装的策略、定价赊销及收账的政策、产品的销售地点以及如何做广告和如何推销等问题，皆应由营销部门决定。

汽车市场营销是一个从汽车市场需求出发的管理过程。它的核心思想是交换，是一种买卖双方互利的交换，即卖方按买方的需要提供汽车产品或服务，使买方得到满足，而买方则付出相应的货币，使卖方得到满足，双方各得其所。汽车市场营销是一门经济学方面的、具有综合性和边缘性特点的应用学科，是一门将汽车与市场营销结合起来的软科学。从某种意义上说，它不仅是一门学科，更是一门艺术。其研究对象是汽车企业的市场营销活动和营销管理，即如何在最适当的时间和地点，以最合理的价格和最灵活的方式，把适销对路的汽车产品送到用户手中。因此，汽车企业必须面向汽车市场，并善于适应复杂多变的汽车市场营销环境。汽车企业的营销管理过程，也就是汽车企业同营销环境相适应的过程。

【任务实施】

阅读相关学习资料，站在汽车营销人员的角度回答下列问题：

（1）如何理解汽车市场？汽车市场对于汽车企业及销售人员意味着什么？

（2）什么是汽车市场营销？汽车市场营销包含哪些核心概念？

【评价与反馈】

学习过程评价：根据"知识准备"中的资料，以小组为单位对上述问题回答情况进行成果展示与反思，在成果展示过程中进行小组间互评和教师点评。评价标准如表1.1所示。

表1.1　考核评价表

评估指标	评估等级		
	好	一般	差
工作准备（20分）	能够通过各种渠道对汽车市场及汽车市场营销相关学习内容进行精心准备	能够事先对汽车市场及汽车市场营销相关知识进行准备，但是不够充分	无准备
学习参与度（20分）	小组成员积极主动参与活动，学习热情高涨	小组成员积极主动参与活动情况一般，学习热情一般	小组成员缺乏积极主动性，学习热情较差
知识运用（40分）	能够正确运用相关知识解答上述两个问题，有自己的观点及认识，能够用事实和数据说话。回答问题正确率在80%以上	基本能够正确运用相关知识解答上述两个问题，有自己的观点及认识，能够用事实和数据说话。回答问题正确率在60%以上	不能正确运用相关知识解答上述两个问题，没有自己的观点及认识，不能用事实和数据说话。回答问题正确率在60%以下
表达分析能力（20分）	表情诚恳、逻辑关系清晰、行为举止自然规范、语言表达能力强、知识面宽	表情较诚恳、逻辑关系较清晰、行为举止较自然规范、语言表达能力较强、知识面较宽	表情不诚恳、逻辑关系不清晰、行为举止不自然规范、语言表达能力较弱、知识面较窄

任务二　确立正确的汽车市场营销观念

【学习目标】

1. 正确理解汽车市场营销观念的含义。
2. 理解市场营销观念的演变和每个阶段的特点。
3. 确立正确的汽车市场营销观念。

【任务描述】

确立正确的汽车市场营销观念：通过相关知识学习，正确理解汽车市场营销观念的含义，理解市场营销观念的演变和每个阶段的特点，最终确立正确的汽车市场营销观念，并完成课后问题。

【知识准备】

一、市场营销观念的内涵

市场营销观念是指企业进行经营决策、组织和开展营销活动的基本思想与行为准则，也就是企业所奉行的哲学和理念。市场营销所涉及的基本内容是怎样处理企业、顾客和社会三者之间的关系。企业经营者根据对这些关系的理解，来确定市场营销所承担的责任和追求的结果。市场营销观念是在营销实践基础之上产生的，随着生产力的进步和市场形势的变化不断发展和演变。

二、汽车市场营销观念的内涵

汽车市场营销观念是汽车企业对于汽车市场的根本态度和看法，是一切汽车经营活动的出发点。其核心问题是：以什么为中心来开展汽车企业的生产经营活动。所以，汽车市场营销观念正确与否，对汽车企业的兴衰具有决定性作用。美国著名管理学家德鲁克说过："产品销售的最终效果是企业管理水平的综合反映，它必须由顾客来进行评判，顾客的观点是衡量产品销售是否成功的唯一标准。"汽车市场营销观念是汽车企业在组织和策划汽车企业的营销管理实践活动时所遵循的指导思想和行为准则，也是一种商业哲学或思维方法。简而言之，汽车市场营销观念是一种观点、态度和思想方法。

三、汽车市场营销观念的演变

汽车市场营销观念是随着汽车市场的形成而产生，并随着汽车市场的发展而逐步演变的。它的发展大致经历了生产观念、产品观念、推销观念、市场营销观念和社会市场营销观念等5个阶段的演变。

（一）生产观念阶段

生产观念是指导销售者行为的最古老的观念之一。这种观念产生于20世纪20年代前的欧洲。在当时，西方经济处于一种卖方市场的状态。市场产品供不应求，选择甚少，只要价位合理，消费者就会购买。市场营销的重心在于大量生产，解决供不应求的问题，消费者的需求与欲望并不受重视。

生产观念虽然是卖方市场的产物，但它却时常成为某些公司的策略选择。例如，一个公司可以以生产观念作为指导，进行标准化的批量生产，以提高生产效率，降低生产成本，最后以低价竞争扩大市场。不过以生产观念为指导的企业只能在市场上产品基本相同（产品同质性）的情况下才有一定的竞争力，一旦供不应求的市场状况得到缓和，消费者对产品质量产生了不同层次的要求，企业就必须运用新的观念来指导自己的竞争。

【案例1.1】

20世纪初，美国福特汽车公司生产的产品供不应求，亨利·福特曾傲慢地宣称：无论客户想要什么颜色的福特车，我都只提供黑色的。这就是典型的生产观念在企业经营中的表现。

    1908 年以前，各汽车公司的产量很低，汽车是少数富人们的奢侈品。当亨利·福特推出一款廉价且易于生产的"T 型车"时，订单像雪片般飞向福特汽车公司，这是因为他采用流水线进行生产。到了 1925 年 10 月 30 日，福特厂一天就能生产 9 109 台"T 型车"，每部车售价由首批的 850 美元下降到 265 美元，成为当时世界上最大的汽车公司。亨利·福特曾开玩笑地说："无论顾客想要什么颜色的福特车，我都只提供黑色的。"

    亨利·福特的营销观念就是典型的生产观念，认为降低了成本，大量地供应市场，客户就会购买。到了 20 世纪 20 年代中期，随着美国经济增长和人们收入、生活水平的提高，形势又发生了变化。公路四通八达，路面大大改善，马车时代坎坷、泥泞的路面已经消失，消费者也开始追求时髦。简陋而千篇一律的"T 型车"虽然价廉，但已不能招徕顾客，因此福特"T 型车"的销量开始下降。面对现实，福特仍自以为是，一意孤行，坚持其"生产中心"观念，置顾客需要的变化于不顾。就在福特固守他那种陈旧观念和廉价战略的时候，通用汽车公司（GM）却时时刻刻注视着市场的动向，并发现了良机，意识到有机可乘，及时做出了适当的战略性决策：适应市场需要，坚持不断创新，增加一些新的颜色和式样的汽车（即使因此必须相应提高销售价格）上市，于是"雪佛兰"车开始排挤"T 型车"。1926 年，"T 型车"销量陡降。到 1927 年 5 月，福特不得不停止生产"T 型车"，改产"A 型车"。这次改产，福特公司不仅耗资 1 亿美元，而且这期间通用汽车公司乘虚而入，占领了福特车市场的大量份额，致使福特汽车公司的生意陷入低谷。后来，福特公司虽力挽狂澜，走出了困境，但福特公司却从此失去了车坛霸主地位，让通用汽车公司占据了车坛首席宝座。

    资料来源：敢晓燕. 汽车营销[M]. 北京：人民邮电出版社，2014.

（二）产品观念阶段

    产品观念也是一种较早的企业经营观念。其认为，在市场产品有选择的情况下，消费者会欢迎质量最优、性能最好和特点最多的产品。因此，企业应该致力于制造优质的产品，并不断地对其加以改进以提高其质量。这种观念与生产观念一样，无视消费者的需求和欲望。所谓优质产品往往是企业技术人员依照相关理论法则设计制造出来的，而这些产品在上市之前从来没有征求过消费者的意见。美国通用汽车公司的总裁就曾说："在消费者没有见着汽车之前，他们怎么会知道需要什么样的汽车呢？"这种思想观念无疑曾使通用汽车公司在与日本汽车制造商的较量中陷入困境。

    由此可见，产品观念在市场营销中至少有两个缺陷：其一，企业技术人员在设计产品时并不知道消费者对其产品的价值衡量标准，以致生产出来的产品很可能低于或不符合消费者的预期价值，从而造成滞销；其二，一味追求高质量往往会导致产品质量和功能过剩。高质量、多功能往往附带着高成本，消费者的购买力并不是无限的，如果产品质量过高，客户就会拒绝承担为这些额外的高质量所增加的成本，从而转向购买其他企业的产品。

【案例 1.2】

    通用汽车公司战胜福特汽车公司而成为汽车业霸主，就是因为关注到消费者的需求和欲望的变化而取得了战略性胜利。随着时间的推移，当福特千篇一律的 T 型车已经被人们所厌倦时，通用汽车公司发现，此时的美国已产生第二代驾车族，他们多数是由年轻人组成，他们更喜欢色彩鲜艳、富有激情的汽车，不同的人由于地位不同、职业不同、个性爱好不同而需求不同，所以专门成立了"产品政策研究特别委员会"，下设"色彩与美术部"专门研究设计满足不同个性消费者需求的汽车，成功推出五彩缤纷的雪佛兰汽车。当时的雪佛兰汽车让人们眼前一亮，迅速成为福特 T 型车的替代者。"一切从顾客出发"的观念帮助通用汽车公司就此成为汽车业的霸主。

资料来源：散晓燕. 汽车营销. 北京：人民邮电出版社，2014.

（三）推销观念阶段

自 20 世纪 30 年代以来，由于科学技术的进步、科学管理的应用和在"生产观念"驱动下产生的大规模生产，产品产量迅速增加，产品质量不断提高，买方市场开始在西方国家逐渐形成。在激烈的市场竞争中，许多企业的经营管理思想开始从生产观念或产品观念转移到了推销观念。推销观念认为，要想在竞争中取胜，就必须卖掉自己生产的每一个产品；要想卖掉自己的产品，就必须引起消费者购买自己产品的兴趣和欲望；要想引起这种兴趣和欲望，公司就必须进行大量的推销活动。企业销售人员认为，企业产品的销售量总是与企业所做的促销努力成正比。因此，许多企业在产品过剩时，常常奉行推销观念，以提高自己产品的知名度，并以此被消费者所接受。

推销观念虽然强调了产品的推销环节，但仍然没有逾越"以产定销"的框框。消费者的需求和欲望仍然没有成为产品设计和生产过程的基础。事实上，推销只是市场营销策略中的一部分，企业要想达到预定的销售目标，还需要使用其他营销策略。目前我国仍有许多企业将销售与市场营销混为一谈，只有供销部门，而没有市场营销部门。也就是说，这些企业的经营观念基本上还停留在西方社会 20 世纪 40 年代的水平。

（四）市场营销观念阶段

市场营销观念产生于 20 世纪 50 年代中期。第二次世界大战以后，欧美各国的军用工业很快转向民用工业，工业品和消费品生产的总量剧增，造成了生产相对过剩，随之导致了激烈的市场竞争。在这一竞争过程中，许多企业开始认识到传统的推销观念已不再适应市场的发展，他们开始注意消费者的需求和欲望，并研究其购买行为。这一观念的转变是市场营销学理论上的一次重大变革，企业开始从以生产者为中心转向以消费者为中心，从此结束了以产定销的局面。

美国市场营销学家奥多·李维特曾就市场营销观念和推销的区别做过简要说明：推销观念以卖方需要为中心，营销观念以买方需要为中心；推销从卖方需要出发，考虑的只是如何把产品变为现金，市场营销考虑的是如何通过产品研制、传送以及最终产品的消费等有关的所有活动，来满足顾客的需要。

在这里，消费者的需求是市场营销活动的起点和中心。以市场营销观念作为自己的策略导向的公司应遵循以下几个基本宗旨：

（1）顾客是中心。没有顾客，公司的存在就毫无意义。公司的一切努力在于满足、维持及吸引顾客。

（2）竞争是基础。公司必须不断地分析竞争对手，把握竞争信息，充分建立和发挥本公司的竞争优势，以最好的产品或服务来满足顾客的需求。

（3）协调是手段。市场营销的功能主要在于确认消费者的需要及欲望，将与消费者有关的市场信息有效地与公司其他部门相沟通，并通过与其他部门的有机协作，努力达到满足及服务于消费者的目的。

（4）利润是结果。利润不是公司运作的目的，公司运作的目的是极大地满足顾客，而利润是极大地满足顾客后所产生的结果。

【案例 1.3】

本田雅阁汽车在美国备受欢迎

日本本田汽车公司要在美国推出一种雅阁牌新车。在设计新车前，他们便派出工程技术人员专程到洛杉矶考察高速公路的情况，实地测量路长、路宽，采集高速公路的柏油，拍摄进出口道路的设计。回到日本后，他们专门修了一条 9 英里长（14.48 千米）的高速公路，就连路标和告示牌都与美国公路上的一模一样。在设计行李箱时，设计人员意见有分歧，他们就到停车场看了一个下午，看人们如何放取行李。这样一来，意见马上就统一了起来。结果本田公司的雅阁牌汽车一到美国就备受欢迎，被称为"全世界都能接受的好车"。

资料来源：陈永革. 汽车市场营销[M]. 北京：高等教育出版社，2008.

（五）社会市场营销观念阶段

近年来，人们开始对市场营销观念持怀疑态度。人们对市场营销观念的主要批评在于：尽管一个公司最大利益的获取是建立在极大地满足顾客的基础上，该公司很可能在满足自己的顾客和追求自己最大利益的同时损害他人以及社会的利益。例如，100 多年来世界各地的烟草工业越办越兴隆，满足了吸烟爱好者的需要，但科学研究发现，烟草对与吸烟者在一起生活和工作的人的危害比对吸烟者本人的危害要大得多；又如，口香糖制造商虽然极大地满足了部分消费者爽口清心的需要，但同时也造成了街道卫生的问题。

社会营销观念的决策主要有 4 个组成部分：用户的需求、用户利益、企业利益和社会利益。事实上，社会营销观念与市场营销观念并不矛盾。问题在于一个企业是否把自己的短期行为与长期利益结合起来。一个以市场营销观念为自己指导思想的企业，在满足自己目标市场需求的同时，应该考虑自己的长期利益目标和竞争战略，把用户利益和社会利益同时纳入自己的决策系统。只有这样，企业才会立于不败之地。

以上 5 种市场营销观念的产生和存在都有其历史背景和必然性，都是与一定的条件相联系、相适应的。企业为了求得生存和发展，必须树立具有现代意识的市场营销观念、社会市场营销观念。但是，必须指出的是，由于诸多因素的制约，当今企业并非都树立了市场营销观念和社会市场营销观念。事实上，还有许多企业仍然以产品观念或推销观念为导向。

【任务实施】

阅读相关学习资料，站在汽车营销人员的角度回答下列问题：

（1）简述汽车市场营销观念的演变过程，并说明市场营销观念应遵循的宗旨。

（2）结合所学内容和现阶段我国汽车市场发展现状思考当今汽车市场体现了怎样的市场营销观念。

【评价与反馈】

学习过程评价：根据上述资料，以小组为单位对上述问题回答情况进行成果展示与反思，在成果展示过程中进行小组间互评和教师点评。评价标准如表 1.2 所示。

表 1.2　考核评价表

评估指标	评估等级		
	好	一般	差
工作准备 （20分）	能够通过各种渠道对汽车市场营销观念相关学习内容进行精心准备	能够事先对汽车市场营销观念相关知识进行准备，但是不够充分	无准备
学习参与度 （20分）	小组成员积极主动参与活动，学习热情高涨	小组成员积极主动参与活动情况一般，学习热情一般	小组成员缺乏积极主动性，学习热情较差
知识运用 （40分）	能够正确运用相关知识解答上述两个问题，有自己的观点及认识，能够用事实和数据说话。回答问题正确率在80%以上	基本能够正确运用相关知识解答上述两个问题，有自己的观点及认识，能够用事实和数据说话。回答问题正确率在60%以上	不能正确运用相关知识解答上述两个问题，没有自己的观点及认识，不能用事实和数据说话。回答问题正确率在60%以下
表达分析能力 （20分）	表情诚恳、逻辑关系清晰、行为举止自然规范、语言表达能力强、知识面宽	表情诚恳、逻辑关系较清晰、行为举止较自然规范、语言表达能力较强、知识面较宽	表情不诚恳、逻辑关系不清晰、行为举止不自然规范、语言表达能力较弱、知识面较窄

任务三　了解汽车销售顾问岗位要求

【学习目标】

1. 能正确描述汽车销售人员的岗位职责。

2. 能满足汽车销售岗位对在岗人员的知识要求，遵守汽车销售的职业道德规范，为成为一名优秀的汽车销售顾问做好准备。

【任务描述】

了解汽车销售顾问岗位要求：汽车销售顾问小王查阅了市场营销方面的一些理论书籍，明白了一些市场营销方面的道理，但是工作起来还是感到有些力不从心。通过细心的观察，他发现汽车行业对汽车销售顾问的要求越来越高，汽车营销人员应努力提高自身的职业素养及基本能力。于是他决定在这方面多下功夫，学习了乔·吉拉德的故事。乔·吉拉德，原名约瑟夫·萨缪尔·吉拉德（Joseph Sam Girardi），1928 年 11 月 1 日出生于美国密歇根州底特律市，是美国著名的汽车推销员。他是吉尼斯世界纪录大全认可的世界上最成功的推销员，1963—1978 年总共推销出 13 001 辆雪佛兰汽车。

乔·吉拉德是世界上伟大的销售员，连续 12 年荣登吉尼斯世界纪录大全世界销售第一的宝座，他所保持的世界汽车销售纪录——连续 12 年平均每天销售 6 辆车，无人能破。

乔·吉拉德的故事值得我们思考：

1. 总结乔·吉拉德销售的成功经验；
2. 一名优秀的销售顾问应具备哪些职业素养？

【知识准备】

一、汽车销售顾问的岗位职责

汽车销售顾问是指为客户提供顾问式的专业汽车消费咨询和导购服务的汽车销售服务人员，其工作范围实际上是从事汽车销售工作，但其实质是以客户的需求和利益为出发点，向客户提供符合客户需求和利益的产品销售服务。

汽车销售顾问的具体工作包括：客户开发、客户跟踪、销售导购、销售洽谈、销售成交等基本过程，还可能涉及汽车保险、上牌、装潢、交车、理赔、年检等业务的介绍、成交或代办等。

汽车销售顾问在销售经理的领导下，负责公司产品的销售工作，努力完成每个月的销售任务。其岗位职责如下：

（1）按照公司管理规定按时上下班，不得迟到、早退或旷工，不得以打电话或发短信的方式请假。

（2）在工作时间内，必须佩戴工作牌，保持良好的形象；在参加各种重要会议、车展以及重要活动时，必须穿着公司的统一服装。

（3）每天早会期间汽车销售顾问向销售经理汇报前一天的客户接待情况、意向客户级别情况和接收单情况。

（4）早会结束后，认真打扫责任区内的卫生，注意保持汽车展场、展厅地面、展车、展台、资料架、车前牌以及垃圾桶等的清洁。

（5）销售顾问按顺序接待客户，严格按照客户接待流程热情大方、认真、专业地向客户介绍产品和提供各项服务。

（6）汽车销售顾问应向客户索要电话以方便跟进客户，并按规定认真填写"两表一卡"，应保持跟进卡的清洁，不能在跟进卡上乱写乱画。

（7）每天及时回访客户，跟进时间最好为上午 9:30—11:30，也可根据自己的需求来定；同时做好一级回访工作，及时提醒客户进行车辆保养，并将客户跟进卡每天 17:00 送到销售经理处检查签字。

（8）客户试乘试驾必须事先登记，无驾照的客户坚决不允许试驾；试驾时必须由销售顾问全程陪同。按照公司制定的试驾路线进行试驾；试乘试驾时严格按照试乘试驾规定来进行，对不按规定试驾的客户，销售顾问应让其停止试驾。

（9）销售顾问应严格执行公司的报价及优惠政策，不允许向客户报高价，不允许未经销售经理同意向客户优惠或赠送公司指定的优惠政策以外的价格或装饰品。

（10）销售顾问应保持办公场所的清洁，办公服务器材应有序放置，办公电话不能公话私打，办公室内不能谈与工作无关的话题。

（11）销售顾问交车时应按照交车流程进行交车，并认真介绍售后服务人员及售后相关责任人员，交车完毕后的一个小时内应向客户打感谢电话。

（12）听从管理，服从分配，遵章守纪，与同事之间团结互助，不做有损公司信誉和利益的事情。

（13）认真完成领导交代的其他工作。

二、汽车销售顾问的职业素养

专业的汽车销售人员，必须具备以下几个方面的素养：

（一）个人素养

汽车销售人员在销售产品的同时也是在推销自己，因此，必须具备良好的职业素养。

1. 培养良好心态

良好的心态就是全身心投入，不计较得失；对生活、工作时刻保持热情，懂得适时自我激励；从客户的需求出发，站在客户的角度思考，为客户解决问题；做事不盲目随意，让客户满意，对自己有更高的要求。

2. 做好情绪管理的能力

个人情绪方面的控制，即要学会控制自己，相信自己一定能做好，并且学会在适当的时机释放自己的情绪，学会做个乐观的人。

3. 拥有健康心理

作为专业化的销售人员，要克服恐惧感，培养勇气和自信心；培养积极的态度；在日常工作和学习中扩展自己的视野；学会交朋友。

4. 提升行为素养

销售人员在工作和生活上要树立敬业精神；培养良好的职业道德；加强自身专业知识的学习，不断提升自我，努力实现自我价值。

（二）业务素养

一名优秀的销售顾问必须具备专业的素质，而专业知识的积累关系着素质、能力的提高。具体包括以下几个方面：

1. 树立专业的营销理念

思想决定态度，态度决定行为。销售人员对待工作和客户的态度取决于职业化的营销理念，营销过程中的各种销售方法和技巧，也最终会影响企业和客户的利益。

2. 具备全面的专业知识

专业知识对于汽车营销人员来说是非常重要的，分为企业知识、产品知识、市场知识和客户心理知识等。每个方面的知识都能影响销售，因此，每个方面都要认真掌握。

3. 具有扎实的基本功

（1）具有吃苦耐劳的精神，有充分的耐心去等待客户，有足够的勇气去开拓客户，用智慧的眼光去洞察客户需求。

（2）具有公关能力，用礼仪和公关的方式去接触客户，以礼相待，逐步消除客户的心理障碍。

（3）具有开放包容的心态，随时发掘客户的一切信息，为销售做好各方面的准备。

（三）职业素养

汽车销售顾问的工作具有综合性和系统性，要做好汽车销售，不仅需要专业知识，还需要较高的综合素质。汽车销售顾问销售的是汽车和汽车相关产品、服务，而汽车产品和服务具备很强的专业性。因此，要做好汽车销售，就要做到"四个知道"。

1. 知道营销

优秀的销售顾问要求懂得消费者心理，结合销售车型的亮点，如品牌文化、明星代言、优惠促销、双保险等因素，促进客户的购买行动。

2. 知道服务

掌握服务方法：礼貌接待、需求分析、产品介绍、促成交易、试乘试驾、交车、售后跟踪。这是基本的销售过程，每个环节都需要认真准备并提供良好的服务。任何一个环节做得不好，都可能导致客户或者潜在客户的流失。

3. 知道客户

理解客户心态与消费心理，站在顾客的角度想问题。客户其实就是想买一辆性价比较高的车，并且得到良好的售后服务，要根据每个顾客的具体需求制定方案策略。

4. 知道市场

掌握行业市场大局与动态市场行情，如整个汽车行业的走向，某品牌的销售数据、消费者心理趋向、消费者的用车反馈、燃油的价格和汽车省油功能等。

要成为一名优秀的汽车销售，需要时间和经验的积累。要成为出色的汽车销售，还要遵循销售规律，有计划地、扎实地推进工作，并且有恒心，遵循成功的规律，不断改进和提升工作。

三、汽车销售顾问的能力要求

（一）汽车销售顾问要真诚

态度是决定一个人做事能否成功的基本要求，销售人员必须抱着一颗真诚的心，诚恳地对待客户、对待同事，只有这样，别人才会尊重你，把你当作朋友。汽车销售顾问是企业形象、企业素质的体现，是连接企业与社会、企业与消费者、企业与经销商的枢纽，因此，汽车销售顾问的态度直接影响企业的产品销量。

（二）汽车销售顾问要有自信心

信心是一种力量，首先，要对自己有信心，每天工作开始时，都要鼓励自己。要能够看到公司和自己产品的优势，并把这些熟记于心。要和对手竞争，就要有自己的优势，就要用一种必胜的信念去面对客户和消费者。作为汽车销售代表，你不仅是在销售商品，也是在销售自己，客户接受了你，才会接受你的商品。

被称为汽车销售大王的乔·吉拉德，曾在一年中零售推销出去 1 600 多辆汽车。他去应聘汽车推销员时，老板问他："你推销过汽车吗？他说：没有，但是我推销过日用品，推销过电器，我能够推销它们，说明我能够推销自己，当然也能够推销汽车。"

（三）汽车销售顾问要有谈判力

销售顾问无时不在谈判，谈判的过程就是一个说服的过程，就是寻找双方最佳利益结合点的过程。在谈判之前，要搞清楚对方的情况，就要知己知彼，了解对方越多，对自己越有利，掌握主动的机会就越多。

（四）汽车销售顾问要有韧性

汽车销售工作实际是很辛苦的，这就要求销售顾问要有吃苦耐劳、坚持不懈的韧性。"吃得苦中苦，方为人上人"，销售工作的一半是用脚跑出来的，要不断去拜访客户，协调客户，甚至跟踪消费者提供服务。销售工作绝不是一帆风顺的，反而会遇到很多困难，但要有解决的耐心，要有百折不挠的精神。

美国著名影星史泰龙在没有成名前，为了能够演电影，在好莱坞各个电影公司一家一家地推荐自己。在他碰了 1 500 次壁之后，终于有一家电影公司愿意录用他。从此，他走上了影坛，靠自己坚韧不拔的韧性，演绎了众多硬汉形象，成为好莱坞著名的影星之一。汽车销售员每天遇到问题，也应如史泰龙一样充满韧性。

（五）汽车销售顾问要有良好的心理素质

具有良好的心理素质，才能够积极面对挫折。每一个客户都有不同的背景，也有不同的性格、处世方法，受到打击时要有平静的心态，多分析客户，不断调整、改进工作方法，使自己能够面对一切责难。只有这样，才能够克服困难。同时，也不能因一时的顺利而得意忘形，须知"乐极生悲"，以获得最终成功。

（六）汽车销售顾问要有交际能力

每一个人都有长处，不一定要求每一个汽车销售顾问都八面玲珑、能说会道，但一定要多与别人交流，培养自己的交际能力，尽可能多交朋友，这样就多了机会。另外，朋友也是资源，但光拥有资源也不会成功，要善用资源。

（七）汽车销售顾问要热情

热情是具有感染力的一种情感，他能够带动周围的人去关注某些事情，当你很热情地与客户交流时，客户也会"投之以李，报之以桃"。当你在路上行走时，正好碰到客户，你伸出手，很热情地与对方寒暄。也许，你的热情就会促成一笔新的交易。

（八）汽车销售顾问知识面要宽

销售代表要同形形色色、各种层次的人打交道，不同的人所关注的话题和内容是不一样的，只有具备广博的知识，才能与对方有共同话题，才能谈得投机。因此，要涉猎各种书籍，无论天文地理、文学艺术、新闻、体育等，只要有空闲，就要不断学习。

（九）汽车销售顾问要有责任心

汽车销售顾问的言行举止都代表着公司，如果你没有责任感，你的客户也会向你学习，这不但会影响销量，也会影响公司的形象。无疑这会对市场造成伤害。

一家三口住进了新房，妻子见丈夫和儿子不讲卫生，就在家里写了一条标语："讲究卫生，人人有责。"儿子放学回家后，见了标语，拿笔把标语改成："讲究卫生，大人有责。"第二天，丈夫看见后，也拿出笔，把标语改成："讲究卫生，夫人有责。"

虽然这是一个笑话，但说明了一个问题：责任是不能推卸的。作为一名销售顾问，你的责任心就是你的信誉，你的责任心决定着你的业绩。

四、汽车营销人员的商务礼仪

销售活动既是一种商品销售活动，又是一种社会交际活动。汽车营销人员每天要与不同的客户和各种类型的人打交道，要应酬各种场面，必须善于交际，懂得社交礼仪。汽车营销人员销售产品的过程，也是一个销售自己的过程。在销售过程中，汽车营销人员要接近顾客，激发顾客的购买欲，首先要让顾客对自己产生好感，以取得顾客信任，获得销售的成功。汽车营销人员，有得体的仪表，高雅的风度，彬彬有礼、落落大方的举止，是成功销售自己的首要条件。

（一）汽车营销人员的个人礼仪

汽车营销人员在与顾客交往时，第一印象十分重要。第一印象在心理学上称为"最初印象"，是指人们初次见面时几分钟内，对方在其身上所发现的一切印象，包括仪表、礼节、言谈举止，对他人的态度、表情，说话的声调、语调姿态等诸多方面。人们依此来形成对其的基本评价和看法。第一印象一旦形成，便很难改变。对汽车营销人员来说，第一印象犹如生命一样重要。第一印象的好坏往往决定交易的成败。顾客一旦产生好感，自然也会对销售的产品有好感。如何把握与顾客初次见面的短暂时机，塑造一个良好的第一印象呢？汽车营销人员的仪表、举止、谈吐等方面的表现就格外重要。

1. 仪表礼仪

汽车营销人员在与顾客见面之初，顾客首先看到的就是营销人员的仪表，如容貌和衣着。汽车营销人员能否得到顾客的尊重、好感、承认和赞许，仪表起着重要的作用。要给人一个良好的第一印象，就必须从最基本的做起，首先要注意仪表给人的第一印象。

仪表不仅是汽车营销人员的外表形象，也是内在涵养的表现和反映，良好的形象是外表得体与内涵丰富的统一。当然，对汽车营销人员来说，注意仪表并不是非要穿戴名贵衣物，也不是要刻意讲究，做到朴素、整洁、自然、大方即可。汽车营销人员的衣着打扮，首先要注意时代的特点，体现时代精神；其次要注意个人性格特点；最后应符合自己的体形。具体要注意的方面很多，如无论是西装或各种便服，在颜色、式样上要协调得体，衣服要干净、烫平，尽量不要把杂物、打火机等放入口袋，以免衣服变形。另外，头部也会给人很深的印象。头发要给人清爽感，油头粉面容易让人讨厌，蓬头垢面也易使人避之不及，要定期理发、洗头，经常梳理头发。女性营销人员尽量不要戴太多的饰品等。总之，外表整洁、干净利落会给人以仪表堂堂、精神焕发的印象。

2. 举止礼仪

汽车营销人员要塑造良好的交际形象，必须讲究礼貌礼节，为此，就必须注意行为举止。举止礼仪是自我心态的表现，一个人的外在举止行为可直接表明他的态度。对汽车营销人员的行为举止，要求做到彬彬有礼、落落大方，遵守一般的进退礼节，尽量避免各种不礼貌或不文明的习惯。

汽车营销人员到顾客办公室或家中访问，进门之前应先按门铃或轻轻敲门，然后站在门口等候，无人或未经主人允许，不要擅自进入室内。进入顾客的办公室或家中，要主动向在场的人都表示问候或点头示意。在顾客尚未坐定之前，汽车营销人员不应先坐下。坐姿要端正，身体微向前倾，要用积极的态度和温和的语气与顾客谈话。当顾客起身或离席时，汽车营销人员应该同时起立示意。当与顾客初次见面或告辞时，汽车营销人员应先向对方表示打扰的歉意，感谢对方的交谈和指教。无论登门访问还是在其他交际场合，汽车营销人员都要做到不卑不亢、不慌不忙、举止得体、有礼有节。另外，还要养成良好的卫生习惯，克服各种不雅举止。

3. 谈吐礼仪

作为一名汽车营销人员，说话清楚流利是最起码的要求。而要成为一名优秀的汽车营销人员，必须掌握一些基本的交谈原则和技巧，遵守谈吐的基本礼仪。

在拜见顾客或其他一些交际场合，汽车营销人员与顾客交谈时态度要诚恳热情，措辞要准确得体，语言要文雅谦恭，不含糊其词、吞吞吐吐，不信口开河、出言不逊，要注意倾听，要给顾客说话的机会，"说三分，听七分"，这些都是交谈的基本原则。

具体要注意以下几个方面：说话声音要适当，要注意交谈时的眼神及动作，交谈中要给对方说话机会以及要注意对方的禁忌。

（二）汽车营销人员的商务社交礼仪

1. 介绍、握手礼仪

与顾客初次相见，打完招呼后，介绍、称呼、握手就是最基本的交际礼节。其基本的礼仪要求如下：

（1）介绍礼仪。介绍是销售交际中常见的重要一环。介绍的礼节是通过交际大门的钥匙，是社交场合中相互了解的基本方式，包括为他人作介绍或相互之间的自我介绍。

为他人作介绍时，有一个基本原则，即应该受到特别尊重的一方有了解权。因此，为他人介绍的先后顺序应当是：先向身份高者介绍身份低者，先向年长者介绍年幼者，先向女士介绍男士等。汽车营销人员使用自我介绍的情况较多，自我介绍一般包括姓名、职业、单位、籍贯、经历、年龄、特长和兴趣等内容。汽车营销人员与顾客初次见面时，为使谈话很快进入正题，介绍前三项就可以了。

（2）握手礼仪。握手是社交场合中运用最多的一种礼节。汽车营销人员与顾客初次见面，经过介绍后或介绍的同时，握手会拉近汽车营销人员与顾客之间的距离。但握手是有讲究的，如果不注意就会给顾客留下不懂礼貌的印象。

汽车营销人员在与顾客握手时，要主动热情、自然大方，面带微笑，双目要注视顾客；切不可斜视或低着头，可根据场合，一边握手，一边寒暄致意，如"您好""谢谢""再见"等。对年长者和有身份的顾客，应双手握住对方的手，稍稍欠身，以表敬意。

2. 通信、电话礼仪

（1）通信礼仪。销售工作中，经常要使用信函，如利用信函约见顾客，用信件销售产品；销售成功，要向顾客写信致谢；对于顾客的责难，要写信进行解释；喜庆日子，向关系好的顾客发函祝贺；等等。写好这些信函，对于销售产品、维系感情、扩大销量有着重要作用。信函不同于面对面交谈，只能通过文字来表达。顾客只能从信函的格式、内容以及文笔来了解汽车营销人员及其产品，并做出判断。所以，汽车营销人员一定要注意销售信函礼仪，讲究信函的写法。其基本要求是：书写要规范整洁，态度要诚恳、热情，文字要简练、得体，内容要真实确切。

（2）电话礼仪。汽车营销人员在访问顾客之前电话预约，是有礼貌的表现，而且通过电话事先预约，可以使访问更加高效。打电话预约看似简单，但要掌握如何说、怎么说、说些什么，这里面是有学问的。打电话要牢记"5W1H"，即 When：什么时候；Who：对象是谁；Where：什么地点；What：说什么事情；Why：为什么；How：如何说。电话拨通后，要简洁地把话说完，尽可能省时省事，否则易让顾客产生厌恶感，影响预约的质量，甚至销售失败。

电话预约的要领：力求谈话简洁，抓住要点；考虑交谈对方的立场，使对方感到有被尊重的感觉，没有强迫对方的意思。成功的电话预约，不仅可以使对方对营销人员产生好感，也便于销售工作的进一步进行。

3. 名片使用礼仪

名片是汽车营销人员必备的一种常用交际工具。汽车营销人员在与顾客面谈时，递给顾客一张名片，不仅是很好的自我介绍，而且与顾客建立了联系。这种方式既方便，又体面，但不能滥用，要讲究一定的礼仪。否则，会给人留下草率、马虎的印象。

一般来说，汽车营销人员初次见到顾客，首先要以亲切的态度打招呼，并报上自己公司的名称，然后将名片递给对方。名片夹应放在西装上衣里面的口袋里，而不应从裤子口袋里掏出。递、接名片时最好用双手，或右手递，左手接。递名片时，名片的正面应对着对方，名字向着顾客。

最好拿名片的下端，让顾客易接。如果是事先约好才去的，顾客已对汽车营销人员有了一定了解，或有介绍人在场，就可以在打招呼后直接面谈，在面谈过程中或临别时，再拿出名片递给对方，以加深印象，并表示保持联络的诚意。异地销售，不要忘记在名片上留下所住宾馆的名称、房间号和电话号码。

名片除在面谈时使用外，还有其他一些妙用。汽车营销人员去拜访顾客时，如对方不在，可将名片留下。顾客回来后看到名片，就知道你来过了。还可以在名片上留言，向顾客致意或预约拜访的时间，把写有时间地点的名片装入信封发出可以代替正规请柬，比口头或电话邀请显得正式。向顾客赠送小礼物，如让人转交，则随带名片一张，附几句恭贺之词，无形中与顾客的关系又深了一层。熟悉的顾客家中发生了大事，不便当面致意，可寄出一张名片，省时省事，又不失礼。总之，汽车营销人员要根据时间、地点以及工作实际情况来确定什么情况下可以使用名片。

（三）汽车营销人员的沟通礼仪

要实现真正意义上的沟通是很困难的，需要不断而持续地努力，运用正确的技巧和方法。在日常的生产管理中，管理者或者管理人员在沟通中应尽量使用通俗易懂的语言，对容易产生歧义的话语应尽量避免使用。提高语言表达能力和文字表达能力是管理者改善沟通的重要途径。管理者应在每次沟通前认清这次沟通的目的和意义，以有助于沟通者更清晰地表达自己的意图和感情，有效地防止沟通中的盲目倾向，便于沟通者检查沟通的效果，从而更好地提高沟通技能，使每一次的沟通都达到预期的目的。

1. 语言沟通技巧

人生来就渴望与他人进行交流和沟通，而语言是人类社会中客观存在的现象，它不仅是信息传播最有效的、便捷的媒介，也是与他人共享文化经验及个人经验的工具。假如沟通是一扇门，那么语言就是这扇门的钥匙，它是沟通不同个体的桥梁，是不同的个体心理活动彼此产生影响的最有效的工具。谈话时语言运用得是否适宜，采用的方式和技巧是否恰当，对沟通的效果会产生很大的影响。

（1）情。沟通不仅是一种信息的交流，更应是一种感情的传递。沟通不能只谈工作，不谈思想，而应敞开心扉，开诚布公，交真心谈真话、以心换心，从而增进相互之间的感情，架起相互信任的桥梁，使沟通成为增强团结的黏合剂。

（2）时。寻找沟通的时机很重要。人一般在心情愉快时比较乐于与他人交流，也相对容易接受外界信息。选择这个时机找其谈心，就容易使沟通顺利进行，取得良好的沟通效果。而在他人情绪低落、心烦意乱时，硬找人谈，十有八九会吃闭门羹。有经验的思想工作者，大多善于寻找沟通的突破口，如以共同感兴趣的话题、地域或心理上的接近性以及平和的态度与语气等打开谈话的突破口，从而使沟通交流顺利进行下去，最终达到增进团结、促进工作的目的。

（3）意。应正确表达内容含义。管理者在交谈时要注意语言的简洁，交谈的目的是达意，以最少的语言表达最大化的信息量是一种艺术境界。古人说："言不在多，达意则灵。"同时还应该形象生动、幽默而含蓄，交谈中不要说尽道破，应该留有余地，用生动的比喻，轻松幽默的语言来化解人际交往时的局促尴尬气氛。另外，还要注意委婉，也就是我们常说的"避讳"。在日常交际中，总会有一些使人们不便、不忍或者语境不允许直说的东西，这时说话人要故意说些与本意相关或相似的事物，来烘托本来要直说的意思。它能使本来也许是困难的交往变得顺利，让听者在比较舒坦的氛围中接收信息。

2. 非语言沟通技巧

语言并不是唯一的沟通工具。研究表明，大约65%的沟通是通过非语言的信号进行的。还有研究甚至认为这一比例能够达到93%。在特殊的场合下，有声语言甚至是多余的。

在一般情况下，非语言行为多数是与语言一起出现的，目的是使语言的意义更丰富、更强化，并赋之以某种情绪色彩，表明这是一个严肃的或有趣的，还是其他类的话题。非语言沟通主要包括点头、姿势转换、面部表情、手势和拍打、拥抱等身体接触方式以及目光接触。此外，还包括静止的体态、人际空间距离的静态姿势沟通。

（1）平等。沟通要注意平等交流。沟通不是下命令、发指示，而是要谈想法，讲道理，以理服人，不能以势压人。双方在平等的基础上沟通，可使同事之间、上下级之间增进了解和理解，形成人与人之间融洽和谐的关系，扫清相互间的沟通障碍。同事间平等相待，不仅要平等对待与自己意见相同的人，还要平等对待与自己意见相左者，容得批评，听得进逆耳之言。还要善于运用灵活的方法启发对方发表意见，从而达到集思广益的目的，为正确决策提供可靠依据。同时，沟通也要注意坚持原则、讲党性、顾大局、守纪律，杜绝自由主义、私下交易等不合法合规的行为。

（2）切入点。沟通中最重要的是"倾听"。倾听会使了解变得全面和深入，倾听期间可以寻找到合适的"切入点"。"切入点"就是一种共鸣，是"倾听"的关键，是无缝沟通的重要环节。

从刺激到反应之间有一段时间差，利用此段间隙，可以仔细地品味，寻找更多细微的因素，搜索更加合理的"切入点"。找准切入点，是无缝沟通的第一步。

【案例 1.4】

金牌汽车营销人员——乔·吉拉德

乔·吉拉德，因售出13 001多辆汽车创造了商品销售最高纪录而被载入吉尼斯大全。他曾经连续15年成为世界上售出新汽车最多的人，其中6年平均售出1 300辆汽车。销售是需要智慧和策略的事业。在每位推销员的背后，都有自己独特的成功诀窍。那么，乔·吉拉德的推销业绩如此辉煌，他的秘诀是什么呢？

一、250定律：不得罪一个顾客

在每位顾客的背后，都大约站着250个人。这是与他关系比较亲近的人：同事、邻居、亲戚、朋友。

如果一个推销员在年初的一个星期里见到50个人，其中只要有两个顾客对他的态度感到不愉快，到了年底，由于连锁影响就可能有5 000个人不愿意和这个推销员打交道。他们知道一件事：不要跟这位推销员做生意。

这就是乔·吉拉德的250定律。由此，乔·吉拉德得出结论：在任何情况下，都不要得罪一个顾客。

在乔·吉拉德的推销生涯中，他每天都将250定律牢记在心，抱定生意至上的态度，时刻控制着自己的情绪，不因顾客的刁难，或是不喜欢对方，或是自己心绪不佳等原因而怠慢顾客。乔·吉拉德说得好："你只要赶走一个顾客，就等于赶走了潜在的250个顾客。"

二、名片满天飞：向每一个人推销

每一个人都使用名片，但乔·吉拉德的做法与众不同：他到处递送名片，在餐馆就餐付账时，他也要把名片夹在账单中；在运动场上，他把名片大把大把地抛向空中。

名片漫天飞舞，就像雪花一样，飘散在运动场的每一个角落。你可能对这种做法感到奇怪。但乔·吉拉德认为，这种做法帮他做成了一笔笔生意。

乔·吉拉德认为，每一位推销员都应设法让更多的人知道他是干什么的，销售的是什么商品。这样，当他们需要他的商品时，就会想到他。乔·吉拉德抛撒名片是一件非同寻常的事，人们不会忘记这种事。

当人们买汽车时，自然会想起那个抛撒名片的推销员，想起名片上的名字：乔·吉拉德。同时，要点还在于，有人就有顾客，如果你让他们知道你在哪里，你卖的是什么，你就有可能获得更多生意的机会。

三、建立顾客档案：更多地了解顾客

乔·吉拉德说："不论你推销的是任何东西，最有效的办法就是让顾客相信真心，相信你喜欢他，关心他。"

如果顾客对你抱有好感，你成交的希望就增加了。要使顾客相信你喜欢他、关心他，就必须了解顾客，搜集顾客的各种有关资料。

乔·吉拉德中肯地指出："如果你想要把东西卖给某人，你就应该尽自己的力量去收集他与你生意有关的情报……不论你推销的是什么东西。如果你每天肯花一点时间来了解自己的顾客，做好准备，铺平道路，那么，你就不愁没有自己的顾客。"

刚开始工作时，乔·吉拉德把搜集到的顾客资料写在纸上，塞进抽屉里。后来，有几次因为缺乏整理而忘记追踪某一位准顾客，他开始意识到自己动手建立顾客档案的重要性。他去文具店买了日记本和一个小小的卡片文件夹，把原来写在纸片上的资料全部做成记录，建立起了他的顾客档案。

乔·吉拉德认为，推销员应该像一台机器，具有录音机和电脑的功能，在与顾客交往过程中，将顾客所说的有用情况都记录下来，从中把握一些有用的材料。

乔·吉拉德说："在建立自己的卡片档案时，你要记下有关顾客和潜在顾客的所有资料，他们的孩子、嗜好、学历、职务、成就、旅行过的地方、年龄、文化背景及其他任何与他们有关的事情，这些都是有用的推销情报。所有这些资料都可以帮助你接近顾客，使你能够有效地跟顾客讨论问题。谈论他们自己感兴趣的话题，有了这些材料，你就会知道他们喜欢什么，不喜欢什么，你可以让他们高谈阔论，兴高采烈，手舞足蹈……只要你有办法使顾客心情舒畅，他们不会让你大失所望。"

四、猎犬计划：让顾客帮助你寻找顾客

乔·吉拉德认为，干推销这一行，需要别人的帮助。乔·吉拉德的很多生意都是由"猎犬"（那些会让别人到他那里买东西的顾客）帮助的结果。乔·吉拉德的一句名言就是"买过我汽车的顾客都会帮我推销"。

在生意成交之后，乔·吉拉德总是把一叠名片和猎犬计划的说明书交给顾客。说明书告诉顾客，如果他介绍别人来买车，成交之后，每辆车他会得到25美元的酬劳。

几天之后，乔会寄给顾客感谢卡和一叠名片。以后至少每年顾客都会收到乔·吉拉德的一封附有猎犬计划的信件，提醒他乔·吉拉德的承诺仍然有效。如果乔·吉拉德发现顾客是

一位有声望的人，其他人会听他的话，那么，乔会更加努力促成交易并设法让对方成为"猎犬"。实施猎犬计划的关键是守信用：一定要付给顾客25美元。乔·吉拉德的原则是：宁可错付50个人，也不要漏掉一个该付的人。猎犬计划使乔·吉拉德的收益很大。

1976年，猎犬计划为乔·吉拉德带来了150笔生意，约占总交易额的1/3。乔·吉拉德付出了1 400美元的猎犬费用，收获了75 000美元的佣金。

五、推销产品的味道：让产品吸引顾客

每一种产品都有自己的味道，乔·吉拉德特别善于推销产品的味道。与"请勿触摸"的做法不同，乔·吉拉德在和顾客接触时总是想方设法让顾客先"闻一闻"新车的味道。他让顾客坐进驾驶室，握住方向盘，自己触摸操作一番。

如果顾客住在附近，乔·吉拉德还会建议他把车开回家，让他在自己的太太、孩子和朋友面前炫耀一番。顾客会很快地被新车的"味道"陶醉。根据乔·吉拉德本人的经验，凡是坐进驾驶室把车开上一段距离的顾客，没有不买他的车的。即使当即不买，不久后也会来买。新车的"味道"已深深地烙印在他们的脑海中，使他们难以忘怀。

乔·吉拉德认为，人们都喜欢自己来尝试、接触、操作，人们都有好奇心。不论你推销的是什么，都要想方设法展示你的商品，而且要记住，让顾客亲身参与。如果你能吸引住他们的感官，那么你就能影响他们的购买行为。

六、每月一卡：真正的销售始于售后

乔·吉拉德有一句名言："我相信推销活动真正的开始在成交之后，而不是之前。"推销是一个连续的过程，成交既是本次推销活动的结束，又是下次推销活动的开始。推销员在成交之后继续关心顾客，既能赢得老顾客，又能吸引新顾客，使生意越做越大，客户越来越多。

"成交之后仍要继续推销"，这种观念使乔·吉拉德把成交看作是推销的开始。乔·吉拉德在和自己的顾客成交之后，并不是把他们置于脑后，而是继续关心他们，并恰当地表达出来。

乔·吉拉德每月要给他的1万多名顾客寄去一张贺卡。一月份祝贺新年，二月份纪念华盛顿诞辰日，三月份祝贺圣帕特里克日……凡是在乔·吉拉德那里买了汽车的人，都会收到他的贺卡，也就记住了他。

正因为乔·吉拉德没有忘记自己的顾客，顾客也不会忘记乔·吉拉德。

资料来源：常兴华. 汽车销售实务[M]. 北京：北京理工大学出版社，2021.

【任务实施】

阅读相关学习资料，站在汽车营销人员的角度回答下列问题：

（1）汽车销售顾问在为客户提供服务活动之前必须掌握哪些知识？

（2）一个合格的汽车销售顾问应具备哪些基本素质？

【评价与反馈】

学习过程评价：根据上述资料，以小组为单位对上述问题回答情况进行成果展示与反思，在成果展示过程中进行小组间互评和教师点评。评价标准如表1.3所示。

表1.3 考核评价表

评估指标	评估等级		
	好	一般	差
工作准备（20分）	能够通过各种渠道对成为一名优秀的汽车营销人员相关学习内容进行精心准备	能够事先对成为一名优秀的汽车营销人员相关知识进行准备，但是不够充分	无准备
学习参与度（20分）	小组成员积极主动参与活动，学习热情高涨	小组成员积极主动参与活动情况一般，学习热情一般	小组成员缺乏积极主动性，学习热情较差
知识运用（40分）	能够正确运用相关知识解答上述两个问题，有自己的观点及认识，能够用事实和数据说话。回答问题正确率在80%以上	基本能够正确运用相关知识解答上述两个问题，有自己的观点及认识，能够用事实和数据说话。回答问题正确率在60%以上	不能正确运用相关知识解答上述两个问题，没有自己的观点及认识，不能用事实和数据说话。回答问题正确率在60%以下
表达分析能力（20分）	表情诚恳、逻辑关系清晰、行为举止自然规范、语言表达能力强、知识面宽	表情诚恳、逻辑关系较清晰、行为举止较自然规范、语言表达能力较强、知识面较宽	表情不诚恳、逻辑关系不清晰、行为举止不自然规范、语言表达能力较弱、知识面较窄

任务四　认识汽车4S店的运营

【学习目标】

1. 能准确描述汽车4S店的营运内容。
2. 能叙述汽车4S店供销存的管理内容。
3. 能正确认识汽车4S店的客户资源管理。

【任务描述】

了解汽车4S店的运营

汽车销售顾问小王掌握了汽车营销人员应具备的职业素养及基本能力，并做好了充分的准备要成为一名优秀的销售顾问。但刚到工作岗位，他对汽车4S店的运营并不是很清楚。为了更加了解自己所工作的单位，他在工作期间跟各部门交流，很快掌握了汽车4S店运营的相关知识，为后续更好地工作奠定了基础。

【知识准备】

一、汽车 4S 店功能模块

4S 店是指在功能上涵盖整车销售、零配件供应、售后服务和信息反馈的汽车销售和售后服务特许经销商，是目前国内汽车经销与售后服务的主要形式，是汽车市场激烈竞争下的产物。一方面，4S 店能够满足用户多样化、高质量的需求；另一方面，也是汽车生产厂商完善售后服务的重要手段。4S 店的经营模式使客户从购车、用车到修车的全过程都能得到良好的服务保障。

（一）整车销售

整车销售是营销活动的中心工作，是汽车 4S 店的基本职责，是为零配件供应、售后服务、信息反馈等带来潜在客户的关键环节。在销售工作中，要始终坚持"可持续发展"的营销理念，全体部门共同配合，关注顾客"后续需要"，在兼顾社会利益的同时，为 4S 店的整体效益做出重要贡献。

整车销售包括进货、验收、运输、储存、定价、销售等环节。

1. 进 货

汽车 4S 店的进货方式主要有两种：纵向进货和横向进货。纵向进货一般是指汽车 4S 店通过和汽车生产厂家或生产厂家主管的汽车销售企业签订合同直接取得汽车产品，这是汽车 4S 店的主要进货渠道。横向进货是指从其他汽车销售企业进货。纵向进货增加了中间流通环节，便于部分汽车产品的流通调配。

2. 验 收

验收，即查验供货方提供的汽车产品。验收环节对工作人员的汽车专业技术知识的要求较高。验收工作一般包括以下几个方面：

（1）辨别真伪。首先要查对车号、发动机号与文件是否一致，同时可以通过"VIN 车辆识别代号编码"来识别验证。另外，需要辨别进口车与国产车、新车与二手车。

（2）检查质量。首先查验车辆外观是否完好、操纵系统是否正常；其次查验车辆发动机、底盘、车身、电器设备是否正常。

（3）核对附件。检查车辆各装置及附件是否齐全、完好。另外，还应核对合格证、说明书、维修卡等文档材料。

3. 运 输

生产厂商根据经销商的订货数量和需求时间，组织汽车产品的运输。汽车 4S 店购买汽车产品后的运输方式按照道路状况不同，可以分为铁路运输和公路运输；按照委托主体不同，可以分为委托生产厂商发货和委托物流企业配送。不同的运输方式由企业根据当地的运输条件、运输费用、运输时间等实际情况决定。

4. 储　存

当汽车 4S 店将汽车产品运回后，要进行短期内的储存。在这个过程当中，要做好维护保养工作，定期检查，避免外观损坏。

5. 定　价

汽车 4S 店在汽车工业企业确定的汽车产品实际出厂价的基础上，加上商品流通费和销售利润，从而实现汽车产品的定价。

汽车销售价=实际出厂价+商品流通费+销售利润

实际出厂价是由汽车工业企业根据市场需求来自行确定的汽车产品价格；商品流通费是指企业在经营活动中发生的与经营活动有关的支出；销售利润通常为销售收入的 1% ~ 5%，其大小根据市场行情变化而变化。汽车价格的确定涉及生产者、经销商、用户等多方面的利益，所以在实际确定汽车产品价格的过程中，需要考虑多种因素。比如：可以考虑季节因素、供求关系因素、节假日因素、顾客心理因素为客户提供某些价格优惠，或利用汽车品牌因素提高价格。

6. 销　售

销售是汽车 4S 店的关键环节，是指汽车 4S 店在顾客选购汽车产品时，帮助顾客购买所进行的所有工作。销售具体包括：积极挖掘潜在客户并售前跟进；向客户介绍新产品、新款车型和新政策；认真分析客户需求，听取客户意见；为顾客提供买车咨询、保险、上牌等各种手续帮助。为增加汽车的销售量，汽车生产厂商和汽车 4S 店可以采用广告宣传、公共关系销售促进等手段进行促销活动。

（二）零配件供应

零配件供应是售后服务的重要物质保证。从销售利润方面看，在国外成熟汽车市场中，整车的销售利润约占整个汽车业利润的 20%，汽车装饰改装及汽车用品的利润约占 20%，而 40% ~ 60% 的利润是在汽车零配件及服务领域中产生的。

按照使用性质，零配件通常分为以下几类：

（1）消耗件：在汽车运行中，一些因到期而自然老化、失效而必须更换的零件，如橡胶制品、电器零件等。

（2）易损件：在汽车运行中，一些因自然磨损而容易失效的零部件，如活塞、轴承、销套等。

（3）基础件：组成汽车的一些主要总成零件价值较高，如曲轴、机体、变速器、车架等。

首先，要保证汽车保质期内的零部件供应；其次，应保证修理件充足；最后，配件定价要合理，要按物价部门的规定定价。

（三）售后服务

售后服务是现代汽车经销商服务的重要组成部分。汽车售后服务使企业与顾客建立长久良好的客户关系，为企业积累宝贵的客户资源，并可以使生产和销售环节的利润最大化。随着汽车市场的发展，汽车 4S 店应更加致力于加强维修质量、配件质量、服务规范等售后服务，从而提高顾客满意度，获得更高的利润。

（四）信息反馈

汽车 4S 店的一大重要功能即信息反馈。汽车 4S 店直接接触客户，能够及时、迅速、准确地反映当前的市场动态，将汽车产品的使用性能、顾客满意度等情况反馈给汽车生产企业。这对于提高产品质量、开发新产品、提高市场占有率都有重要意义。

二、汽车 4S 店销售业务

汽车 4S 店销售业务的好坏直接决定企业的成败。面对激烈的市场竞争，汽车 4S 店应做到对外获得客户"满意度、忠诚度和回头率"，对内加强科学管理。因此，规范产品的销售流程，提升销售人员的营销技能，成为当今各汽车 4S 店追求的目标。

（一）销售部门的职能

汽车 4S 店销售部门的主要职能包括：客户资源开发、新车销售、汽车销售延伸服务、客户关系管理。其具体作用表现如下：

（1）销售部门是连接企业与顾客之间的纽带，不断地进行着创造性的工作，在满足顾客需求的同时，为企业开启利润之门。

（2）销售部门在汽车 4S 店整体营销工作中承担的核心工作是销售和服务，直接与市场和消费者联系，为市场分析及定位提供依据。

（3）销售部门通过系列销售活动可以配合营销策略组合，通过销售成果检验营销规划，配合市场部门及时更新和制定营销规划。

（二）销售部门的组织结构

汽车 4S 店销售部门的组织结构一般如图 1.2 所示。

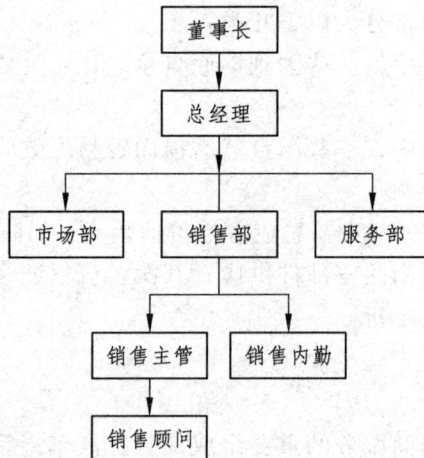

图 1.2　销售部门的组织结构

1. 销售部门经理的岗位职责

（1）监督、指导、考评销售顾问的各项工作。

（2）负责销售中心日常工作，负责制订销售中心销售人员的销售培训计划。

（3）亲自参与重大客户投诉的处理，及时向上级反馈信息。

（4）认真落实和执行销售中心有关规定，负责传达汽车销售企业的有关文件、资料及业务通知，积极组织外出服务及走访用户活动，认真落实各项优质服务活动，积极开拓销售市场。

（5）负责落实完成销售中心拟定的各项销售经营目标及计划。

2. 销售主管的岗位职责

（1）负责每日展厅的展车5S管理。

（2）负责每日展厅销售顾问的站位排班。

（3）督促销售顾问按照接待客户的工作流程接待客户。

（4）协助销售交车、付款等工作。

（5）确保展厅的销售任务、销售毛利以及附加产值的完成并报给销售经理。

3. 销售顾问的岗位职责

（1）负责面向客户的销售工作，热情接待客户，认真听取和记录用户有关信息。

（2）为用户提供相应的服务项目，做好跟踪服务及建立用户档案。

（3）定期向销售经理汇报工作。

（4）积极主动宣传汽车产品及产品特点，向客户主动发放销售宣传资料。

（5）积极参与对汽车销售市场的调查与开拓，搜集其他企业及同类型轿车的各种信息，进行市场预测和订货预测，并反馈给销售经理。

（6）积极参加销售人员的业务培训、业务考核。

（7）严格执行汽车销售企业对特约经销商销售业务的各项规章制度。

4. 销售内勤的岗位职责

销售内勤包括客户服务员、销售计划员、销售信贷员、库管员等。

（1）负责销售部门各类销售档案的整理归档。

（2）负责各类销售数据的统计、分析、上报。

（3）负责与厂家确认发车及款项支付情况。

（4）负责部门内勤事务的处理并与其他部门协调沟通。

（5）配合部门经理完成其他工作。

（三）销售流程

汽车消费是一种复杂的购买行为。因此，汽车销售要以顾客的需求为关注焦点，以顾问的身份围绕消费者购买决策过程，从而实现销售。整个汽车销售活动是围绕着顾客的购买行为展开的，是一个共性与个性相结合的系统化、标准化流程。另外，还需要多项配套服务工作支撑，使其正常工作。

1. 销售准备

销售顾问需要在与客户非常有限的面对面交流前做好充分的销售准备，包括客户跟进、工作准备等。

2. 客户接待

客户接待是业务关系的开始。无论是电话接待还是展厅接待，销售顾问都需要通过礼貌、细致、热情的服务，提高顾客的满意度，提高品牌知名度。

3. 需求分析

在整个销售过程中，销售顾问对客户的需求分析环节最为重要，它关系到销售顾问对于顾客需求与愿望的准确把握以及客户对销售顾问的信任程度。

4. 车辆展示

车辆展示是指把客户引导至汽车产品前，通过实物的观看、触摸，让客户充分了解产品的外观、功能以及能给客户带来的利益，借以达成销售的目的。

5. 试乘试驾

主动邀请客户试车，在确保安全的前提下，给客户全面体验车辆性能的机会，进一步了解车辆的特性，促进交易成功。

6. 客户洽谈

销售顾问细心分析客户需求，为客户提供完善的购车方案，进而影响客户对车型以及购买模式的选择。

7. 付款交车

付款交车是销售过程中的重要环节。销售顾问需要耐心、细致地完成整个过程，以增强客户对销售顾问及所选车辆购买决定的信心，从而顺利完成交易。

8. 客户回访

良好的客户回访，会让客户感受到无微不至的关怀，加强销售品牌和企业在客户心中的地位，并建立长期友好的业务关系。

9. 销售跟进

大部分的交易不可能在展厅就一次成功，只有通过销售顾问认真、持续的服务，才能影响客户对汽车品牌、车型的选择，最终促成销售。

（四）汽车 4S 店销售展厅管理

宽敞明亮、环境幽雅的展示大厅是汽车 4S 店面向客户的首要部分。汽车 4S 店展厅设计与管理是企业联系顾客、提高顾客满意度的重要途径。

1. 展厅结构与要求

通常，汽车 4S 店会根据其所销售的汽车品牌的不同，在结构设计上有所不同。但总体上仍然都可以划分为车辆展示区、顾客休息区、业务洽谈区、顾客接待台、儿童游乐区、卫生间等区域。

客户对汽车 4S 店的第一印象很重要，展厅整体效果应该达到以下基本要求：展厅内、外墙面及玻璃墙等保持干净整洁；展厅内的照明要明亮，令人感觉舒适；展厅内保持适宜、舒适的温度；展厅内播放舒缓、优雅的轻音乐；展示车辆摆放整齐、协调，注意车辆的颜色搭配，并有各种一目了然的功能性展示；展厅内所有布置物应使用所销售品牌企业提供的标准布置物。

2. 展厅信息管理

汽车展厅的信息管理主要包括以下几个方面：

（1）品牌信息：用于介绍汽车品牌文化，可按照销售企业的统一标准，通过挂旗、展示架等悬挂于展厅上空等处。

（2）促销信息：可将展架、横幅等放置于展厅入口等处。

（3）产品信息：介绍产品特点的信息可用展架、易拉宝、海报等放置于展示车附近。

（4）客户反馈信息：可以通过设置在客户休息区附近的客户意见箱、公布栏等搜集客户反馈信息，并及时整理汇总。

三、汽车销售人力资源管理

人力资源是汽车销售企业的关键因素。汽车是专业性很强的商品，仅仅靠一般的广告宣传是无法促成消费者的购买行为的。只有通过训练有素的销售人员为顾客展示操作商品解释说明，才能达到销售目的。在整个过程中，销售人员需要通过多次的接触和交流去分析、确认消费者需求，并通过努力去满足消费者需求，在取得消费者充分信任的情况下实现交易。因此，对于汽车销售工作来说，人力资源管理尤为重要。人力资源管理的内容包括销售人员的培训、销售人员必备素质培养、销售人员考核等。

四、客户资源管理

（一）客户资源管理的概念

客户资源管理也称客户关系管理（CRM），源于"以客户为中心"的市场营销理论，是一种改善企业与客户之间关系的管理机制，使企业在运营过程中不断累积客户信息，并使用获得的客户信息来制定市场战略以满足客户个性化需求的一套先进的管理思想及技术手段。客户关系管理的核心思想是将企业的客户作为最重要的企业资源，通过完善的客户服务和深入的客户分析来满足客户的需求，实现客户价值最大化。网络时代的客户关系管理应该是利用现代信息技术手段，在企业与客户之间建立一种数字的、实时的、互动的信息交流管理系统。

随着服务经济和客户中心时代的到来，任何企业都必须重视客户，重视与客户的密切关系、重视与客户的密切互动、重视客户价值的创造与交付、重视客户满意度与客户忠诚度的提升、重视客户营利性的提高和客户资产的战略运用。可以说，客户关系的有效管理，正日益成为企业营造与提升竞争优势的关键途径，成为企业成功应对超强竞争的动态方法。

（二）客户资源管理的内容

客户关系管理的对象是客户。为赢得客户的高度满意，与客户建立长期良好的关系，在客户管理中应开展多方面的工作。归纳起来主要有以下几项：

1. 客户基本资料的采集

客户基本资料主要包括客户的姓名、地址、电话、兴趣、爱好、性格、学历、年龄、能力；客户企业所有者、法人代表、创业时间、与本企业交易时间、企业组织形式、资产等。通过采集客户的有关信息，将更多的客户名输入数据库中。同时，要不断验证并更新客户信息，删除过时信息。客户资料是客户管理的起点和基础，它们主要是通过访问客户搜集来的。

2. 客户差异分析

要满足客户，首先要了解客户。分析谁是企业的客户、客户的基本类型以及个人购买者、中间商和制造商等客户的不同需求特征和购买行为。客户关系管理的目的不是对所有与企业有往来的客户都一视同仁，而是从这些客户中识别信息：哪些是一般客户，哪些是企业的"金牌"客户，哪些客户导致了企业成本的发生，相对较大的客户是否今年也订了不少产品，上年度有哪些大宗客户对企业的产品或服务多次提出过抱怨等。然后有针对性地提供合适的服务，提高客户的满意度。

不同客户之间的差异主要表现在两方面：一是他们对企业的价值不同；二是他们对产品或服务的需求不同。对客户进行有效的差异分析，可以帮助企业更好地配置资源，使产品和服务的改进更有效，通过识别并掌握最有价值的客户来获得更大的收益。

3. 建立良好的客户关系

建立良好的客户关系首先需要良好的基础，即取得客户的信任。同时要区别不同类型的客户关系及其特征，并经常进行客户关系情况分析，评价关系的质量，保持企业与客户长期友好的关系。其次要加强与客户的感情沟通。企业与客户的信息交流是一种双向的信息交流，其重要功能是实现双方的互相联系、互相影响。从本质上说，客户管理过程就是企业与客户信息交流的过程，实现有效的信息交流是建立和保持企业与客户良好关系的基本途径。再次是关心客户购买产品后是否真正获得了利益，必要时还要加强对客户的业务指导和帮助。最后是要正确处理客户的反馈。处理客户反馈对于衡量企业所承诺目标的实现程度、及时发现为客户服务过程中的问题等方面具有重要作用。掌握投诉是客户反馈的主要途径，正确处理客户的意见和投诉，对于消除客户不满、维护客户利益、赢得客户信任至关重要。

4. 客户的分类与管理

（1）客户的分类方法。一般来说，客户关系管理中的客户分类方法并不固定，各企业可根据客户档案中已有信息类型的不同和自身管理的需求进行具体的分类。对一般企业来说，可按客户购买产品金额将客户划分为 A、B、C 3 类：A 类，大客户，购买金额大，客户数量少；C 类，小客户，购买金额少，客户数量多；B 类，一般客户，介于 A 类和 C 类之间。其中，A类占总客户的10%～15%，B类占15%～25%，余下为C类。A类是最重要的成熟客户。

（2）客户的分类管理。

① A类客户的管理。这类客户是企业的优质核心客户群，他们信誉度好，对企业的贡献大，能给企业带来长期稳定的收益。在管理上以指导为主，在服务上以感情交流为主，以提高该类客户的满意度。对这类客户的管理应做到以下几点：指派专门的经销人员经常联络，定期走访，热心为客户解决问题，提供快捷周到的服务；企业领导也应定期去拜访他们；关心客户经营状况，尽量保证客户的需求；优先处理该类客户的投诉。

② B类客户的管理。一般来说，这类客户是企业的大客户，但不属于优质客户。他们是企业发展的合作伙伴，在管理上以宣传教育为主，应倾注相当的时间和精力关注这类客户的生产经营状况，并有针对性地提供服务。对他们应以B类客户要求的标准进行引导，帮助其提高经营管理水平。对这类客户的管理应做到以下几点：客户经理应经常联络，定期走访，为他们提供服务的同时要给予更多的关注；积极引导、密切联系、加强沟通、信息互访；密切注意客户的经营业绩、资金支付能力等异常情况；及时处理客户投诉。

③ C类客户的管理。这类客户最多但价值较低。对于这类客户，不宜有过多的管理，但也不能缺少关注。因为若进行过多的管理，则花费的时间和费用可能超过这些客户本身的价值。对于C类客户，可以按部就班，但还要仔细分辨是否能拉到B类或A类，以避免误判而导致损失。对这类客户，的管理应做到以下几点：定期走访客户；积极引导，更好满足需求，努力提高客户的忠诚度；跟踪客户的各种情况，及时处理问题，并最终与客户达成良好的合作关系；及时处理客户投诉。

在可能的情况下，要尽量使所有的人都满意。如果很困难的话，让所有A类客户非常满意，让B类客户满意，让部分C类客户逐渐提高满意度。

【任务实施】

阅读相关学习资料，站在汽车营销人员的角度回答下列问题：

（1）汽车4S店有哪些功能模块？

（2）汽车4S店销售管理有哪些内容？

（3）汽车4S店现存问题及发展状况。

【评价与反馈】

学习过程评价：根据上述资料，以小组为单位对上述问题回答情况进行成果展示与反思，在成果展示过程中进行小组间互评和教师点评。评价标准如表 1.4 所示。

表 1.4　考核评价表

评估指标	评估等级		
	好	一般	差
工作准备（20分）	能够通过各种渠道对汽车 4S 店整体营运相关内容进行精心准备	能够事先对汽车 4S 店整体营运的内容进行准备，但不够充分	无准备
学习参与度（20分）	小组成员积极主动参与活动，学习热情高涨	小组成员积极主动参与活动情况一般，学习热情一般	小组成员缺乏积极主动性，学习热情较差
知识运用（40分）	熟悉汽车 4S 店整体功能、各岗位职责、客户关系管理、谈判技巧等相关知识，并能够灵活合理地运用。回答问题正确率在80%以上	基本熟悉汽车 4S 店整体功能、各岗位职责、客户关系管理、谈判技巧等相关知识，并能够灵活合理地运用。回答问题正确率在60%以上	不熟悉汽车 4S 店整体功能、各岗位职责、客户关系管理、谈判技巧等相关知识，不能够灵活合理地运用。回答问题正确率在60%以下
表达分析能力（20分）	表情诚恳、逻辑关系清晰、行为举止自然规范、语言表达能力强、知识面宽	表情诚恳、逻辑关系较清晰、行为举止较自然规范、语言表达能力较强、知识面较宽	表情不诚恳、逻辑关系不清晰、行为举止不自然规范、语言表达能力较弱、知识面较窄

项目二 掌握汽车市场营销基础理论

🚗 项目说明

经过前期的学习，小王已经了解了什么是汽车市场营销，确立了正确的汽车市场营销观念，知道了优秀的销售人员应具备的知识和素质，也了解了汽车 4S 店的运营情况，为今后的工作奠定了基础。他也更加热爱汽车销售工作，于是又找到李姐询问要做一名优秀的销售顾问还需要掌握哪些知识？李姐告诉他："你做得很好，但汽车市场营销是一门专业学科，要做好销售工作，还必须掌握一些专业的理论知识，如汽车市场营销环境分析、消费者购买行为分析、市场细分和目标市场选择等，同时还必须掌握 4P 理论，即汽车产品策略、价格策略、分销策略和促销策略等。这就需要你多找些理论书籍进行学习。"听了李姐的话，小王又开始着手寻找以上问题的答案。

本项目就是小王寻找答案的过程，该过程又分为 7 个任务，分别为：

任务一 汽车市场营销环境分析；

任务二 汽车消费者购买行为分析；

任务三 市场细分与目标市场选择；

任务四 汽车产品策略；

任务五 汽车价格策略；

任务六 汽车分销策略；

任务七 汽车促销策略。

下面，请同学们以小王的身份，去寻找以上问题的答案，并完成相应的任务。

🚗 思政引导

深化对中长期经济社会发展重大问题的认识

恩格斯说，无产阶级政党的"全部理论来自对政治经济学的研究"。列宁把政治经济学视为马克思主义理论"最深刻、最全面、最详尽的证明和运用"。我们要运用马克思主义政治经济学的方法论，深化对我国经济发展规律的认识，提高领导我国经济发展能力和水平。

理论源于实践，又用来指导实践。改革开放以来，我们及时总结新的生动实践，不断推进理论创新，在发展理念、所有制、分配体制、政府职能、市场机制、宏观调控、产业结构、企业治理结构、民生保障、社会治理等重大问题上提出了许多重要论断。比如，关于社会主义本质的理论，关于社会主义初级阶段基本经济制度的理论，关于创新、协调、绿色、开放、共享发展的理论，关于发展社会主义市场经济、使市场在资源配置中起决定性作用和更好发挥政府作用的理论，关于我国经济发展进入新常态、深化供给侧结构性改革、推动经济高质量发展的理论，关于推动新型工业化、信息化、城镇化、农业现代化同步发展和区域协调发展的理论，关于农民承包的土地具有所有权、承包权、经营权属性的理论，关于用好国际国内两个市场、两种资源的理论，关于加快形成以国内大循环为主体、国内国际双循环相互促进的新发展格局的理论，关于促进社会公平正义、逐步实现全体人民共同富裕的理论，关于统筹发展和安全的理论，等等。这些理论成果，不仅有力指导了我国经济发展实践，而且开拓了马克思主义政治经济学新境界。

选自：习近平，习近平著作选读（第二卷）[M]. 北京：人民出版社，2023.

任务一　汽车市场营销环境分析

【学习目标】

1. 了解市场营销环境的概念和特点。
2. 了解影响企业营销决策的微观环境与宏观环境因素。
3. 企业如何识别所处的营销环境的特点和变化，及时调整营销策略以适应营销环境的变化。

【任务描述】

汽车市场营销环境分析：通过相关知识学习，了解影响企业营销决策的微观环境与宏观环境因素，并且选择一个汽车品牌企业分析其所处的微观环境和宏观环境。

【知识准备】

一、汽车市场营销环境及其特征

（一）汽车市场营销环境的概念

什么是市场营销环境？美国著名市场学家菲利浦·科特勒对其的解释是：影响企业市场营销活动的不可控制的参与者和影响力。具体地说，就是"影响企业的市场营销管理能力，使其能否卓有成效地发展和维持与其目标顾客交易及关系的外在影响"。因此，市场营销环境是指与企业营销活动有潜在关系的所有外部力量和相关因素的集合，是影响企业生存和发展的各种外部条件。

企业市场营销环境的内容既广泛又复杂。不同的因素对营销活动各个方面的影响和制约也不尽相同，同样的环境因素对不同的企业所产生的影响和形成的制约也会不同。一般来说，市场营销环境主要包括两方面的构成要素：一是微观环境要素，即与企业联系紧密，直接影响其营销能力的各种参与者。这些参与者包括企业的供应商、营销中间商、顾客、竞争者以及社会公众和影响营销管理决策的企业内部各个部门。二是宏观环境要素，即影响企业微观环境的巨大社会力量，包括人口、经济、政治、法律、科学技术、社会文化及自然地理等多方面的因素。微观环境直接影响和制约企业的市场营销活动，而宏观环境主要以微观营销环境为媒介间接影响和制约企业的市场营销活动。前者可称为直接营销环境，后者可称为间接营销环境。两者之间并非并列关系，而是主从关系，即直接营销环境受制于间接营销环境。

（二）汽车市场营销环境的特点

汽车市场营销环境是一个多因素、多层次而且不断变化的综合体。其特点主要表现在以下几个方面：

1. 客观性

企业总是在特定的社会经济和其他外界环境条件下生存、发展的。不管你承认不承认，企业只要从事市场营销活动，就不可能不面对着这样或那样的环境条件，也不可能不受到各种环境因素的影响和制约，包括微观的、宏观的。一般来说，企业是无法摆脱营销环境影响的，它们只能积极主动地适应营销环境的变化和要求。因此，企业决策者必须清醒地认识到这一点，及早做好充分的思想准备，随时应对企业将面临的各种环境的挑战。

2. 差异性

市场营销环境的差异性不仅表现为不同的企业受不同环境的影响，而且同样一种环境因素的变化对不同企业的影响也不相同。例如，不同的国家、民族、地区之间在人口、经济、社会文化、政治、法律、自然地理等各方面存在着广泛的差异性，这些差异性对企业营销活动的影响显然是很不相同的。再如，我国汽车企业处于相同的国内经济环境、政治法律环境、技术环境、竞争环境下，但这些环境对不同企业影响的程度是存在差异的。由于外界环境因素的差异性，汽车企业必须采取不同的营销策略才能应对和适应这种情况。

3. 相关性

市场营销环境是一个系统，在这个系统中各个影响因素是相互依存、相互作用和相互制约的。这是由于社会经济现象的出现，往往不是由某一单一的因素所能决定的，而是受到一系列相关因素影响的结果。例如，企业开发新产品时，不仅要受到经济因素的影响和制约，更要受到社会文化因素的影响和制约。再如，价格不但受市场供求关系的影响，而且还受到科技进步及财政政策的影响。因此，要充分注意各种因素之间的相互作用。

4. 动态性

营销环境是企业营销活动的基础和条件，这并不意味着营销环境是一成不变的、静止的。恰恰相反，营销环境总是处在一个不断变化的过程中，今天的环境与10多年前的环境相比已经有了很大的变化。例如，国家产业政策，过去重点放在重工业上，现在已明显向农业、轻工业、服务业倾斜，这种产业结构的变化对企业的营销活动产生了决定性的影响。再如，我国消费者的消费倾向已从追求物质的数量化为主流向追求物质的质量及个性化转变，也就是说，消费者的消费心理正趋于成熟。这无疑会对企业的营销行为产生最直接的影响。

5. 不可控性

影响市场营销环境的因素是多方面的，也是复杂的，并表现出企业的不可控性。例如，一个国家的政治法律制度、人口增长以及一些社会文化习俗等，企业不可能随意改变。而且，这种不可控性对不同企业的影响不一，有的因素对某些企业来说是可控的，而对另一些企业则可能是不可控的；有些因素在今天是可控的，而到了明天则可能变为不可控因素。另外，各个环境因素之间也经常存在着矛盾关系。例如，消费者对家用电器的兴趣与热情可能与客观存在的电力供应的紧张状态相矛盾，那么这种情况就使企业不得不做出进一步的权衡，利用可以利用的资源去开发新产品，而且企业的行为还必须与政府及各管理部门的要求相符。

（三）市场营销环境与企业活动

市场营销环境通过其内容的不断扩大及其自身各因素的不断变化，对企业营销活动产生影响。企业营销活动既要积极适应营销环境又要设法改变营销环境。

市场营销环境是企业经营活动的约束条件，它对企业的生存和发展有着重要的影响。现代营销学认为，企业经营成败的关键，就在于企业能否适应不断变化的市场营销环境。由于生产力水平的不断提高和科学技术的不断进步，当代企业外部环境的变化速度，远远超过企业内部因素变化的速度。所以，企业的生存和发展，愈来愈取决于其适应外界环境变化的能力。适者生存既是自然界演化的法则，也是企业营销活动的法则，如果企业不能很好地适应外界环境的变化，则很可能在竞争中失败，从而被市场所淘汰。强调企业对所处环境的反应和适应，并不意味着企业对于环境是无能为力或束手无策的，只能消极被动地改变自己以适应环境，而是应从积极主动的角度出发，能动地去适应营销环境。也就是说，企业既可以以各种不同的方式增强适应环境的能力，避免来自营销环境的威胁，也可以在变化的环境中寻找自己的新机会，并可能在一定的条件下转变环境因素，或者说运用自己的经营资源去影响和改变营销环境，为企业创造一个有利的活动空间，然后再使营销活动与营销环境有效适应。

美国著名市场学者菲利浦·科特勒针对该种情况，提出了"大市场营销"理论。该理论认为，企业为了成功地进入特定市场或者在特定市场经营，可应用经济的、心理的、政治的和公共关系技能，赢得若干参与者的合作。"大市场营销"理论提出，企业可以运用控制的方式或手段，影响造成营销障碍的人或组织，争取有关方面的支持，使之改变做法，从而改变营销环境。这种能动的思想不仅对开展国际市场营销活动有重要指导作用，对国内跨地区的市场营销活动也有重要意义。因此，营销管理者的任务不仅在于适当安排营销组合，使之与外部不断变化的营销环境相适应，而且要积极地、创造性地适应环境并积极地改变环境，创造或改变目标顾客的需要。只有这样，企业才能发现和抓住市场机会，因势利导，进而在激烈的市场竞争中立于不败之地。

二、汽车市场营销微观环境分析

如前所述，企业的微观营销环境主要由企业的供应商、营销中介人、顾客、竞争者、社会公众以及企业内部参与营销决策的各部门组成，如图 2.1 所示。

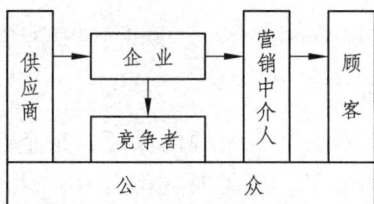

图 2.1　企业的微观环境因素

（一）企业内部

作为市场中相对独立的经营实体，企业的全部活动可以分为 6 个方面：技术活动（生产、制造、加工）、商业活动（购买、销售、交换）、财务活动（筹集和最适当地使用资本）、安全活动（保护财产和人员）、会计活动（财产清点、资产负债表、成本、统计等）、管理活动（计划、组织、指挥、协调和控制）。营销活动只是其中的一个环节或一个部分。所以，企业的营销决策与执行必不可少地需要其他职能部门的协调与配合，也必不可少地要受到企业内部环境的影响。

企业的内部环境就是由高层管理、财务、研究与开发、采购、生产、会计等相互关联的部门构成的，对企业的营销活动有着十分重要的影响。

1. 营销计划目标必须服从企业的整体战略目标

一般来说，企业的高层管理部门负责制定企业的使命、目标、总体战略和政策。营销部门必须依据高层管理部门的规划来做决策，而且营销计划必须经由高层管理部门的同意方可实施。

2. 营销决策与执行必须有各部门的密切合作

营销决策与执行单靠一个营销部门是无法进行的。营销部门需要其他职能部门的通力合作：财务部门负责寻找和使用实施营销计划所需的资金；研究与开发部门研制安全而吸引人的产品；采购部门负责供给原材料；生产部门生产品质和数量都合格的产品；会计部门核算收入与成本，以便管理部门了解是否实现了预期目标。可见，这些部门都对营销部门的计划和行动产生影响。

今天，许多企业都意识到：市场营销不能只看做是营销部门的事。企业不仅要协调好营销部门与其他职能部门的关系，更需要将营销文化深入到每一个员工的心中，动员全体员工，随时有效地对顾客需要的各种变化做出反应。这种整合营销、全员营销的理念为营销活动的开展创造了极佳的内部环境。

（二）供应商

供应商是影响企业营销微观环境的重要因素之一。供应商是指向企业及其竞争者提供生产经营活动所需资源的企业或个人。供应商所提供的资源主要包括原材料、设备、劳务、资金等。如果没有这些资源作为保障，企业根本无法正常运转，也就无所谓提供给市场所需要的产品。因此，社会生产活动的需要，形成了企业与供应商之间的紧密联系。这种联系使企业的所有供货单位构成了对企业营销活动最直接的影响和制约力量。供应商对企业营销活动的影响主要表现在以下方面：

1. 供货的稳定性与及时性

原材料、零部件、能源及机器设备等货源的保证，是企业营销活动顺利进行的前提，如粮食加工厂需要谷物来进行粮食加工，还需要具备人力、设备、能源等其他生产要素，才能使企业的生产活动正常开展。供应量不足、供应短缺，都可能影响企业按期完成交货任务。这从短期来看，损失了销售额；但从长期来看，则损害了企业在顾客中的信誉。因此，企业必须和供货人保持密切的联系，及时了解和掌握供货人的变化及动态，使货源的供应在数量上、时间上和连续性上都能得到切实的保证。

2. 供货的价格变动

毫无疑问，供货的价格直接影响企业的成本。如果供应商提高原材料价格，生产企业也将被迫提高其产品价格，由此可能影响企业的销售量和利润。企业要注意价格变化趋势，特别是对原材料和主要零部件的价格现状及趋势更要做到心中有数，以使企业应变自如，不至于面对突然情况而措手不及。

3. 供货的质量水平

供货的质量包括两个方面：一方面，供应商所提供的商品本身的质量。如果提供的货物质量不高，或有这样那样的问题，那么，企业所生产出来的产品就不可能是高质量的产品，其后果如何可想而知。另一方面，供货的质量还包括各种售前和售后服务水平。有的机器设备需要有优良的维修服务保障，才能维持机器设备本身的质量水平。如机器设备中的易耗部件，它的货源保证与高效更换就非常必要。所以，供应货物的质量也直接影响企业产品的质量。

针对上述影响，企业在寻找和选择供应商时，应特别注意两点：第一，企业必须充分考虑供应商的资信状况。要选择那些能够提供品质优良、价格合理的资源，交货及时，有良好信用，在质量和效率方面都信得过的供应商，并且要与主要供应商建立长期稳定的合作关系，保证企业生产资源供应的稳定性。第二，企业必须使自己的供应商多样化。企业过分依赖一家或少数几家供货人时，受到供应变化的影响和打击的可能性就大。为了减少对企业的影响和制约，企业就要尽可能多地联系供货人，向多个供应商采购，尽量注意避免过于依靠单一的供应商，以免与供应商的关系变化时陷入困境。

（三）营销中介人

营销中介人是指协助汽车企业促销、销售和配销其产品给最终购买者的企业或个人，包括中间商、实体分配机构、营销服务机构和财务中介机构等。这些都是市场营销不可缺少的环节，大多数企业的营销活动，都必须通过它们的协助才能顺利进行。例如：生产集中与消费分散的矛盾，就必须通过中间商的分销来解决；资金周转不灵，则须求助于银行或信托机构等。正因为有了营销中介所提供的服务，企业的产品才能够顺利地到达目标顾客手中。随着市场经济的发展，社会分工越来越细，那么，这些中介机构的影响和作用也就越来越大。因此，企业在汽车市场营销过程中，必须重视中介组织对汽车企业营销活动的影响，并要处理好同他们的合作关系。

1. 中间商

中间商是协助企业寻找客户或直接与客户交易的商业性企业。中间商可分为两类：代理中间商和买卖中间商。代理中间商有代理商、经纪人和生产商代表。他们专门介绍客户或与客户磋商交易合同，但并不拥有商品所有权。买卖中间商又称经销中间商，主要有批发商、零售商和其他再售商。他们购买商品，拥有商品所有权，再出售商品。中间商对企业产品从生产领域流向消费领域具有极其重要的影响。中间商与目标顾客直接打交道，因而它的销售效率、服务质量就直接影响企业的产品销售。因此，必须选择并使用合适的中间商。在与中间商建立合作关系后，要随时了解和掌握其经营活动，并可采取一些激励性合作措施，推动其业务活动的开展。而一旦中间商不能履行其职责或市场环境变化时，企业应及时解除与中间商的合作关系。

2. 实体分配公司

实体分配公司主要是指储运公司，它是协助厂商储存货物并把货物从原产地运送到目的地的专业企业。仓储公司提供的服务可以针对生产出来的产品，也可以针对原材料及零部件。一般情况下，企业只有在建立自己的销售渠道时，才会主要依靠仓储公司。在委托中间商销售产品的场合，仓储服务往往由中间商去承担，仓储公司储存并保管要运送到下一站的货物。运输公司包括铁路、公路、航空、货轮等货运公司，生产企业主要通过权衡成本、速度和安全性等因素，来选择成本效益最佳的货运方式。因此，仓储公司的作用就在于帮助企业创造时空效益。

3. 营销服务机构

营销服务机构主要有营销调研公司、广告公司、传播媒介公司和营销咨询公司等，范围比较广泛。他们帮助生产企业推出和促销其产品到恰当的市场。在当代，大多数企业都要借助这些服务机构来开展营销活动，如请广告公司制作产品广告，依靠传播媒介传播信息等。企业选择这些服务机构时，须对他们所提供的服务、质量、创造力等方面进行评估，并定期考核其业绩，及时替换那些不具有预期服务水平和效果的机构，从而提高经济效益。

4. 财务中间机构

财务中间机构包括银行、信用公司、保险公司和其他协助融资或保障货物的购买与消除销售风险的公司。在现代经济生活中，企业与金融机构有着不可分割的联系，如：企业间的财务往来要通过银行账户进行结算；企业财产和货物要通过保险公司进行保险等。银行的贷款利率上升或是保险公司的保险金额上升，都会使企业的营销活动受影响；信贷来源受到限制会使企业处于困境。诸如此类的情况都将直接影响企业的日常运转。因此，企业必须与财务中间机构建立密切的关系，以保证企业资金需要的渠道畅通。

（四）顾 客

企业的一切营销活动都以满足顾客的需要为中心，因此，顾客是企业最重要的环境因素。顾客是企业服务的对象，是企业的目标市场。顾客可以从不同角度以不同的标准进行划分。按照购买动机和类别分类，顾客市场可以分为以下5类：

（1）消费者市场，即为满足个人或家庭需要而购买商品和服务的市场。

（2）生产者市场，即为赚取利润或达到其他目的而购买商品和服务来生产其他产品和服务的市场。

（3）中间商市场，是指通过转售和服务以期获得利润的市场。

（4）非营利性组织市场，是指为提供公共服务或将商品与服务转给需要的人或购买商品和服务的政府、非营利性机构。

（5）国际市场，指国外买主，包括国外的消费者、生产者、中间商和政府等。

上述每一种市场都有其独特的顾客及不同的需求，而这些市场上顾客不同的变化着的需求，必定要求企业以不同的服务方式提供不同的产品（包括劳务），从而影响企业营销决策的制定和服务能力的形成。因此，企业要认真研究为之服务的不同顾客群，主要研究其类别、需求特点、购买动机及购买行为等，使企业的营销活动能针对顾客的需要，符合顾客的愿望。

（五）竞争者

竞争是商品经济的基本特性，只要存在着商品生产和商品交换，就必然存在着竞争。企业在目标市场进行营销活动的过程中，不可避免地会遇到竞争者或竞争对手的挑战。因为只有一个企业垄断整个目标市场的情况是很少出现的，即使一个企业已经垄断了整个目标市场，竞争对手仍然有可能想参与进来。因为只要存在着需求向替代品转换的可能性，潜在的竞争对手就会出现。

从消费需求的角度划分，企业的竞争者可划分为愿望竞争者、属类竞争者、形式竞争者和品牌竞争者。

（1）愿望竞争者，是指提供不同产品以满足不同需求的竞争者。假如你是电视机制造商，那么生产冰箱、洗衣机、地毯等不同产品的厂家就是愿望竞争者。因为如何促使消费者更多地购买电视机而不是其他产品，就是一种竞争关系。

（2）属类竞争者，是指提供能够满足同一需求的不同产品的竞争者。例如，自行车、摩托车、小轿车等都可以作为家庭交通工具。这3种产品的生产经营者之间必定存在着一种竞争关系，这种竞争关系是一种平行的竞争关系。

（3）形式竞争者，即产品形式竞争者，是指生产同种产品但提供不同规格、型号、款式满足相同需求的竞争者。例如，汽车有手动挡、自动挡，还有三厢车、两厢车等不同形式，这些就是产品形式竞争者。

（4）品牌竞争者，是指产品相同，规格、型号等也相同，但厂牌不同的竞争者，如不同品牌的汽车。这些企业相互之间必定存在着品牌竞争的关系。

上述不同的竞争对手，与企业形成了不同的竞争关系，而这些不同的且不断变化着的竞争关系，是企业开展营销活动必须考虑的十分重要的制约力量。因为竞争者的营销战略以及营销活动的变化，会直接影响企业的营销。例如，最为明显的是竞争对手的价格、广告宣传、促销手段的变化，新产品的开发，售前、售后服务的加强等，都将直接对企业造成威胁。因而企业必须密切注意竞争者的任何细微变化，并做出相应的对策。

（六）社会公众

社会公众是指对企业实现其市场营销目标构成实际或潜在影响的任何团体。它可以是企业附近的居民和社区组织，也可以是各种民间组织，如消费者权益保护组织、环境保护组织和少数民间组织等，还可以是一般大众。

社会公众可能并不直接与企业发生交易关系，但他们对企业的营销决策及其效果有着十分重要的影响。

（1）社会公众通过对消费者施加压力来影响企业的营销活动。公众群体的舆论导向可以是消费者购买决策的重要参考。比如，社会公众对自然环境和生活质量的普遍关注，导致越来越多的消费者开始热衷于绿色消费，从而迫使一些企业在某种程度上导入绿色营销的理念，在生产、运输、销售等方面注意节能、保护环境的问题。

（2）社会公众通过对立法机关和行政执法机关施加压力来影响企业的营销活动。社会公众普遍关注的问题必然会引起政府机关的高度重视。如果企业的营销活动危及了公众的利益或伦理道德，他们可以通过对政府施加压力来限制甚至禁止企业的行为。比如人们对生态环境的高度关注，导致许多旨在保护环境的法律、机关和团体不断涌现，从而约束、引导企业走上可持续发展的道路。

企业需要注意公众的舆论导向，树立和维护企业良好的公众形象，从而为企业的营销活动营造宽松的社会环境。

三、汽车市场营销宏观环境分析

宏观环境对市场营销来说十分重要，是影响企业发展的基本条件。宏观环境的状况和变化对汽车企业有着重大的影响，只有研究分析透彻了才可能寻找出商机，规避风险，否则将陷入十分被动的局面。

汽车市场营销宏观环境主要包括政治法律环境、经济环境、自然环境、人口环境、社会文化环境、科技环境等。

（一）政治法律环境

汽车营销的政治法律环境包括政治形势、经济政策和法律法规等方面。政治形势就是当前国际国内政治的态势与走向。经济政策主要包括与汽车营销有关的国家财政政策、货币政策、价格政策、劳动工资政策、对外贸易和国际收支政策，如汇率、进出口关税率、资本和技术引进政策等。法律法规主要指国家主管部门及地方政府颁布的与汽车营销有关的各项法规、法令、条例等。

例如，我国对公务用车制度的改革一经启动，就对公务用车市场产生了不小的影响。1988年，首先受其影响的是作为传统公务用车的桑塔纳轿车。而二手车市场的开启、一些大城市放宽或取消对私人购车的限制以及1998年银行开始介入汽车消费贷款，都为汽车营销创造了一个好的政策环境。

世界上许多国家为了发展自己国家的汽车工业，保护国内汽车市场，纷纷营造一个有利于本国汽车企业的政治环境。

（二）经济环境

经济环境是指企业营销活动所面临的外部社会经济条件，其运行状况和发展趋势会直接或间接地对企业营销活动产生影响。

经济环境对汽车市场营销影响较大的因素主要有国民经济发展水平、国民收入水平、消费者储蓄与信贷以及消费者支出模式的变化等几个方面。

1. 经济发展水平

经济学家研究认为，国民经济的发展与国民经济的生产总值紧密相关，并有一个从量变到质变的过程。一般来说，当人均国民生产总值从 300 美元上升到 1 000 美元时，经济就进入了起飞前的准备阶段；当人均国民生产总值超过了 1 000 美元时，经济就会进入高速发展的起飞阶段。起飞阶段的国民经济已经克服了经济发展的各种障碍，获得了一种前所未有的，使经济持续、协调、高速发展的力量。与此同时，市场规模会迅速扩大，投资机会将大量增加，信息竞争会成为市场竞争的焦点，市场交易也会活跃起来，从而使企业的市场营销进入一个前所未有的时期。

西方经济学家们在衡量某一国家和地区的经济发展水平时，往往从产品的角度把它们划分为农产品自给自足阶段、前工业或商业生产阶段、初级制造业生产阶段、非耐用品或半耐用消费品生产阶段、耐用消费品与生产资料生产阶段和出口制成品生产阶段等 6 种类型。在进入耐用消费品与生产资料生产阶段之后，不但人们生活必需的冰箱、彩电等会普及开来，而且价格相对昂贵的汽车也会先后走进人们的生活之中。毫无疑问，我国的经济发展水平越过了耐用消费品与生产资料生产阶段，正迈步走在出口制成品生产阶段，汽车消费已经日益清晰地成为大众消费的主要目标之一。

2. 国民收入水平

国民收入不但是国民经济发展的必然结果，而且是国民经济发展的客观表现。收入影响消费，高收入引起高消费。在我国，汽车更是处在高消费的巅峰。

在市场营销学领域，国民收入主要是指消费者的工资奖金、补贴福利以及他们的存款利息、债券利息、股票利息、版权稿酬、专利拍卖、外来赠款、遗产继承等一切可以视之为收入的全部现金收入。但是，消费者往往并不能将其全部收入用于消费，而是首先要扣除作为一个公民所必须承担的社会责任和义务，如所得税、人口税等，这是由国家支配的部分。其次才是消费者个人可以支配的收入。同时，个人可以支配的收入也并不意味着消费者可以随心所欲地购买任何商品，他们还必须扣除为满足生理、安全等基本需要所必需的部分，如食品、药品、房租、水电、教育、保险、分期付款、抵押贷款的开支等。这部分开支既有固定的数量，又有固定的结构，实质上是社会为满足劳动力再生产所花费的代价。消费者的全部收入中扣除由国家负责支配的部分和个人基本需要所必需的部分之后，剩余的才是个人可以任意支配的收入。

德国统计学家恩斯特·恩格尔曾经从统计学的角度描述了国民收入与其消费结构之间的关系。1867 年，他通过对德国、英国、法国、比利时等国家职工家庭收支预算的调查分析，提出了著名的"恩格尔定律"，亦称"恩格尔系数"。该定律认为，随着消费者家庭收入的不断增加，其家庭支出也会相应提高。但是，用于购买食品等基本生活用品的支出在支出总额中所占的系数反而会降低；用于住房的支出保持稳定；用于家庭储蓄和服饰、交通、通信、保健、娱乐、教育、旅游的支出会相应增加。

目前，大多数中国家庭的开支主要用于吃穿（恩格尔系数为 48.6%），随后依次是住房、子女教育、医疗、交通、通信。城镇家庭后 5 项的开支已占家庭收入的 20%，而发达国家则占 40%。家庭经济承受能力是轿车进入家庭的先决条件，国际上通常以轿车的价格与人均国民生产总值的比值（用 R 表示）来衡量家庭购车能力。由于世界各国的家庭收入结构、消费结构、货币实际购买力以及发展轿车的政策不同，所以各国的 R 值有较大差异。

当然，国民生产总值并不是影响汽车消费的唯一因素，对于不同的国家来说，文化传统、消费环境以及汽车消费政策和汽车发展水平等也是影响汽车消费的重要因素。据权威部门调查，中国家庭的第一位消费愿望是住宅，第二位是子女教育，第三位是医疗保险，第四位才是汽车。

3. 消费储蓄与信贷

在消费者实际收入既定的前提下，其购买力的大小还受到储蓄与信贷的直接影响。从动态的观点来看，消费者储蓄是一种潜在的、未来的购买力。在正常状况下，居民储蓄同国民收入呈正比变动，但在通货膨胀超过一定限度的情况下，消费者储蓄向实际购买力的转变就极易成为现实。消费者信贷是指消费者以个人信用为保证先取得商品的使用权，然后分期归还贷款的商品购买行为。它广泛存在于西方发达国家，是影响消费者购买力和消费支出的另一个重要因素。因此，研究消费者信贷状况与了解消费者储蓄状况一样，都是现代企业市场营销的重要环节。

4. 消费者支出模式的变化

消费者支出模式，是指消费者收入变动与需求结构变动之间的关系。其变化状况主要受恩格尔定律的支配，即随着家庭收入的增加，用于购买食物的支出比例将会下降，用于住宅、家务的支出比例则大体不变，而用于服装、交通、娱乐、保健、教育以及储蓄等方面的支出比例会大大上升。除此之外，消费者支出模式的变化还要受两个因素的影响：一个是家庭生命周期，另一个是消费者家庭所处的地理位置。显然，同样的年轻人，没有孩子的家庭与有孩子的家庭的消费方式差异较大。家庭所处的地理位置也会造成家庭支出结构的差异，居住在农村与居住在城市的家庭，其各自用于住宅、交通以及食品等方面的支出情况也必然不同。因此，注意研究消费者支出模式的变动走势，对于企业市场营销来说，具有重大意义。它不仅有助于企业避免经营上的被动，而且也有助于企业制定适当的发展战略。

（三）自然环境

自然环境是指影响社会生产的自然因素，主要包括自然资源和生态环境。自然环境对汽车企业市场营销的影响有以下表现：

（1）自然资源的减少将对汽车企业的市场营销活动构成一个长期的约束条件。由于汽车生产和使用需要消耗大量的自然资源，汽车工业越发达，汽车普及程度越高，汽车生产消耗的自然资源也就越多，而自然资源总的变化趋势是日益短缺。

（2）生态环境的恶化对汽车的性能提出了更高的要求。生态与人类生存环境总的变化趋势也是日趋恶化，环境保护将日趋严格，而汽车的大量使用又会产生环境污染，因而环境保护对汽车的性能要求将日趋严格，这对企业的产品开发等市场营销活动将产生重要影响。

汽车企业为了适应自然环境的变化，应采取以下对策：

① 发展新型材料，提高原材料的综合利用。例如，第二次世界大战以后，由于大量采用轻质材料和新型材料，每辆汽车消耗的钢材下降 10% 以上，自重减轻 40%。

② 开发汽车新产品，加强对汽车节能、改进排放新技术的研究。例如，汽车燃油电子喷射技术、主动和被动排气净化技术等都是汽车工业适应环境保护的产物。

③ 积极开发新型动力和新能源汽车，如国内外目前正在广泛研究的电动汽车、燃料电池汽车、混合动力汽车以及其他能源汽车等。

（四）人口环境

人口环境是指汽车市场营销所面临的人口数量和人口结构。从市场营销的角度看，人口数量意味着消费数量，即市场容量和市场潜力；而人口结构，如年龄、性别、职业、地位以及文化程度、经济收入、人的个性心理特征和个性心理倾向等，显然意味着消费选择和消费结构。

人口变化对所有汽车企业的市场营销都有重要影响。汽车的购买量是同人口直接相关的。在人口因素中，应重点关注人口总量及其增长、人口的地理分布、人口的年龄分布和人口的收入分布等因素。因为人口因素是变化的，在考察上述因素时，静态描述虽然重要，但更重要的是考察其变化趋势。尤其重要的是，要在对多个因素的交叉分析中注意发现对营销战略有意义的信息。

随着亚洲新兴工业国的迅速崛起和对外开放，亚洲汽车市场成了全球汽车工业争夺的主要对象。对各国汽车制造商来说，中国和印度是最吸引人的亚洲汽车市场，就是因为这两个国家是世界上人口最多的国家，有广阔的汽车市场。

除上述因素外，人口环境对汽车市场营销的影响还有两个方面值得关注。

1. 消费者的年龄结构与汽车市场营销

汽车区别于其他车辆的显著特点是速度快。因此，在传统观念里汽车只是年轻人的大玩具。如果以此定位，汽车市场的容量显然非常有限。为了扩大市场容量，汽车生产厂家必须将目标市场向前和向后延伸。

向前延伸的基本含义是占领青少年汽车市场，生产出符合青少年消费者需要的汽车来。德国宝马汽车公司就曾经为 1~3 岁的小驾驶员设计并生产出第三款"婴儿赛车"。该车型通体白色，点缀着黑色斑点，状如小狗，非常可爱。汽车虽然只是儿童用车，却仍然具有典型的宝马特征——肾型格栅、双圆形前灯，并拥有宝马的品牌标志。其价格仅为 135 马克。汽车一经推出，就受到了广大儿童消费者的欢迎。

向后延伸的基本含义是占领老年汽车市场，生产出符合老年消费者需要的汽车。美国福特汽车公司率先推出了"福特老人"系列轿车。该类汽车是专门为 60 岁以上的老年人设计的。考虑到老年人大多腿脚不便、反应迟钝的特点，"福特老人"不但车门较宽、门槛较低，而且特别配备了助动型驾驶座、放大的仪表盘和后视镜、按钮刹车以及自动锁车系统等。当然，汽车价格也比正常价格低，以照顾退休老年人收入降低的特点。

2. 消费者的性别结构与汽车市场营销

现代社会，随着职业女性的增加和经济地位的提高以及其自立、自主意识的增强，已经有越来越多的女性，成为现实的或者潜在的汽车消费者。在德国，不但57%的女性拥有自己的汽车，而且她们还要求拥有专为女性生产的汽车。为此，妇女组织还以性别歧视为由，向政府递交了一份抗议书。在美国，女性消费者不但占据了汽车销售额的51%，而且影响着80%以上的购车决定。显然，女性已经成为汽车消费市场中一支举足轻重的力量。为此，汽车厂家和商家都开始回过头来，重视女性顾客。一些著名汽车企业还专门聘请女性来担任企业的董事、经理和设计师等以顾及女性消费者的需要。

除此之外，家庭结构也是影响汽车市场营销的重要因素。

（五）社会文化环境

汽车市场营销的社会文化环境主要包括人们的价值观念、消费习俗、审美观念等与汽车消费有关的文化环境。

如今我国汽车消费者选购车型的意向，从以往的单单要求价格便宜，开始转向质量、品牌和售后服务。这些消费价值观念的变化，向汽车市场营销提出了更高的要求。

日本的汽车销售商们会根据本国的汽车消费习俗制定一些促销措施，鼓励汽车消费。例如，日本的年轻人中学毕业就业时喜欢自立门户，在外租公寓住。他们一般买不起汽车。于是汽车销售店向这部分消费群体提供赊销或分期付款；倘若刚开始暂时没有这些年轻人喜欢的牌子的车，销售商还会先给一辆半旧车供其暂时使用，等所要的车到了后再去换，以鼓励这些汽车潜在消费者购买。

另外，在我国，两厢轿车开始并没有像三厢轿车那样受到普遍欢迎，这同我国传统上的审美观念有一定关系。国人认为，所谓"轿"车，就得有头有尾，像乘轿子一样，没有尾部的两厢车，怎么能算"轿"车呢？

（六）科技环境

科技环境是指一个国家和地区整体科技水平的现状及其变化。科学与技术的发展对一个国家的经济发展具有非常重要的作用。世界汽车技术竞争的历史显示，20世纪60年代以前，是汽车制造竞争阶段，以提高效率和降低成本为目的；70年代是汽车性能竞争阶段，以降低汽车振动、减小噪声和提高汽车使用寿命为目的；80年代是汽车造型竞争阶段，以虚拟成型技术和柔性生产技术为特征；进入90年代以后，汽车技术的竞争则进入了汽车仿真设计的竞争阶段，以汽车车型的快速更新作为占领市场的重要手段。科技环境对市场营销的影响如下：

（1）科技进步促进综合实力的增强，国民购买能力的提高给企业带来更多的营销机会。

（2）科学技术在汽车生产中的应用，改善了产品性能，降低了产品成本，使汽车产品的市场竞争能力提高。而今，世界各大汽车公司为了满足日益明显的差异需求，汽车生产的柔性多品种乃至大批量定制现象日益明显，这都是现代组装自动化、柔性加工、计算机网络技术发展和应用的结果。再从汽车产品看，汽车在科技进步作用下，已经经历了原始、初级和完善提高等几个发展阶段，汽车产品在性能、质量、外观设计等方面获得了长足的进步。

（3）科技进步促进了汽车企业市场营销手段的现代化，引发了市场营销手段和营销方式的变革，极大地提高了汽车企业的市场营销能力。企业市场营销信息系统、营销环境监测系统以及预警系统等手段的应用，提高了汽车企业把握市场变化的能力；现代设计技术、测试技术以及试验技术，加快了汽车新产品开发的步伐；现代通信技术、办公自动化技术，提高了企业市场营销的工作效率和效果。

【任务实施】

阅读相关学习资料，站在汽车营销人员的角度回答下列问题：

（1）市场营销环境具有什么特点？企业应该如何看待所处的市场营销环境？请结合实际说明在市场环境快速变化的今天，企业如何才能应对自如？

（2）以小组为单位，选择一个汽车品牌企业，分析其所处的微观环境，并以表格的形式展示。

（3）以小组为单位，选择一个汽车品牌企业，分析其所处的宏观环境，并以表格的形式展示。

【评价与反馈】

学习过程评价：根据上述资料，以小组为单位对上述问题回答情况进行成果展示与反思，在成果展示过程中进行小组间互评和教师点评。评价标准如表 2.1 所示。

表 2.1　考核评价表

评估指标	评估等级		
	好	一般	差
工作准备（20分）	能够事先对汽车市场营销环境相关学习内容进行精心准备	能够事先对汽车市场营销环境相关知识进行准备，但是不够充分	无准备
学习参与度（20分）	小组成员积极主动参与活动，学习热情高涨	小组成员积极主动参与活动情况一般，学习热情一般	小组成员缺乏积极主动性，学习热情较差
知识运用（40分）	能够正确运用相关知识解答上述问题，有自己的观点及认识，能够用事实和数据说话。回答问题正确率在80%以上	基本能够正确运用相关知识解答上述问题，有自己的观点及认识，能够用事实和数据说话。回答问题正确率在60%以上	不能正确运用相关知识解答上述问题，没有自己的观点及认识，不能用事实和数据说话。回答问题正确率在60%以下
表达分析能力（20分）	表情诚恳、逻辑关系清晰、行为举止自然规范、语言表达能力强、知识面宽	表情诚恳、逻辑关系较清晰、行为举止较自然规范、语言表达能力较强、知识面较宽	表情不诚恳、逻辑关系不清晰、行为举止不自然规范、语言表达能力较弱、知识面较窄

任务二　汽车消费者购买行为分析

【学习目标】

1. 了解汽车消费者购买行为的要素及其模式。
2. 理解影响汽车消费者购买行为的各种因素。
3. 把握我国汽车消费者购买行为的特点。
4. 理解业务市场购买行为的分类方法、影响因素及其购买过程。

【任务描述】

汽车消费者购买行为分析：通过相关知识学习，了解影响汽车消费者购买行为的各种因素和行为特点，站在客户的立场分析消费者的购买行为。

【知识准备】

对汽车消费者在购买过程中各阶段行为的研究，是汽车企业开展汽车市场营销活动的重要任务。汽车消费市场可以分为消费者市场和业务市场。市场营销的目标是让汽车消费者的需要和欲望能够得到满足，从而使汽车企业获得收益。

一、汽车消费者购买行为概述

汽车市场营销的核心就是满足购车者的需要和欲望。在市场经济社会中，现实的购车者有支付能力的需要，必须通过具体的市场购车行为才能得到满足。购车者的行为有其自身的规律，企业的市场营销要围绕满足购车者需要这一中心展开各种活动。要取得成功，就必须了解消费者购车行为的产生、形成过程和影响因素，把握消费者购车行为的规律，从而正确制定营销战略，实现其经营目标。

（一）汽车消费者购买行为的概念

消费者的购车行为是随着社会经济、政治和文化的发展而不断发展的，尽管受各种因素的影响而千变万化，但总是存在着一定趋势和规律性。

汽车消费者的购买行为是指汽车消费者在一定的购买欲望支配下，为了满足对汽车的需求而购买汽车的过程。消费者购买汽车行为的研究主要包括以下 3 层含义：

（1）汽车购买者是消费者购买行为研究的主体。

（2）消费者购买汽车的行为是研究的核心。

（3）消费者心理是消费行为研究的基本内容。

研究消费者购车行为，就要掌握汽车购买者如何做出决定，把他们的金钱、时间、精力用于有关购买汽车的事项上，了解他们购买何种车、何时购买、何处购买、由谁去买、为何购买、如何购买等问题，也就是要掌握消费者购买行为的规律性。

（二）汽车消费者购买行为的要素

1. 购买何种车

这是对消费者购买客体或购买对象的分析。企业可以通过市场调查，研究了解汽车消费者市场需要什么样的汽车，尽量在外观、品种、质量、性质、价格等方面满足消费者的需求。一般情况下，汽车购买者总是喜欢物美价廉、式样新颖、富有个性的汽车。

2. 何时购买汽车

这是对汽车消费者购买时间的分析。表面上看，汽车消费者购买汽车没有时间规律性，但是从深层次来分析，还是有一定的规律可循。一般情况下，购车者都喜欢工作之余或是在周末的时候去看车，季节性购车也有一定的趋势。

3. 何处购车

这是对消费者购买地点的分析，主要从以下两个方面来分析：

（1）汽车购买者决定在何处购车？

（2）汽车购买者实际在何处购车？

不同的汽车在决定购买和实际购买地点上是有区别的。有些商品，消费者可能在购买地点就会做出购物的决定，而且会选择就近购买。购买汽车则不同，可能由家庭成员共同商量决定，然后到信任的汽车销售中心购买。

4. 由谁购车

这是分析汽车购买主体，也就是汽车由谁购买的问题。由于汽车购买者年龄、性别、收入、职业、教育、性格等方面不同，所以在需求与爱好方面也存在很大的差异。购买汽车，实际上是由多人参与的活动，包括以下 5 种人：发起者、影响者、决策者、购买者和使用者（见表 2.2）。

表 2.2　消费者在购买时的角色

角色	描述	角色	描述
发起者	首先提出买车的人	购买者	实际执行的购买者
影响者	对最终购买汽车有直接或间接影响的人	使用者	实际驾驶汽车者
决策者	对整个或部分购买决策有最后决定权的人		

在家庭购车决策过程中，5 种角色的地位不同，心理状态也不同，满足他们需要的方法也不同。因此，企业营销人员必须有针对性地制定相关的营销策略和方法。

5. 为何购车

这是对汽车购买者购买欲望和动机的分析，即对消费者购买汽车的初始原因和原动力的分析。当购车的欲望强烈到一定程度，就会产生购买动机。没有购车的欲望和动机，购车行为几乎是不存在的。因此，分析"为何购买汽车"的关键是对购车欲望和动机的分析。企业应该通过对消费者的调查和预测，准确地把握消费者为何购车这一问题。

6. 如何购车

这是对消费者购买方式和付款方式的分析。购车者采取什么样的方式购车，是现场付款还是分期付款，会影响企业营销计划的制订。企业应该根据汽车消费者的不同要求，制定出相应的汽车营销策略。

（三）汽车消费者购买行为的模式

消费者购车行为是一个复杂的过程，是受一系列相关因素影响的连续行为。一般来说，购车行为首先是受到某种（内部或外部）刺激而产生某种需要，进而产生购买动机，最后产生了购买行为（见图 2.2）。

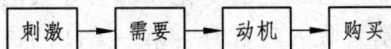

刺激 → 需要 → 动机 → 购买

图 2.2　消费者行为模式

消费者购买行为的形成过程中，有两个关键方面：刺激和反应。刺激分为两种：一种是营销刺激，即企业可控因素的刺激，包括产品、价格分销、促销等因素；另一种是其他刺激，包括经济、政治、文化、法律、科学技术、竞争等因素。营销刺激和其他刺激一起构成了汽车购买者的外在刺激。反应是指购买者受到刺激后的一种最终反应，也就是做出的关于汽车购买的产品选择、品牌选择、经销商选择、购买时机和购买地点选择的决策。当然，购买者从接受刺激到做出反应，其间还要经历一个过程，这也就是具有一定特征的汽车购买者的购买动机的形成，并开始购买的决策过程。

二、影响汽车消费者购买行为的因素

（一）政治因素

影响市场购买活动的政治因素主要是国家政策。每个国家都有不同的政策。例如，为了保护环境，欧盟许多国家对汽车的排放量都作出了详细的规定，不符合环保规定的汽车在这些国家不允许生产，也不允许销售。国家政策会对消费者的购买行为产生极大的影响。例如，为了推动我国新能源汽车产业的发展，政府曾多次发文补贴，这对人们购买新能源汽车的行为会产生巨大影响。

（二）经济因素

影响市场购买行为的经济因素主要是社会生产力水平和消费者经济收入两个方面。

1. 社会生产力水平对市场购买活动的影响

购买行为的对象——商品的提供，归根到底要受到社会生产力发展水平的影响。它决定着一个社会所能提供的商品的种类、数量和质量，同时也影响人们的消费观念。例如，在卡尔·本茨发明汽车以前，无论多么富裕的组织和个人都不可能产生购买汽车的想法和购买到汽车这样的产品。

2. 消费者的经济收入对市场购买活动的影响

对于大多数企业来说，真正关心的并不是整个社会的生产力发展水平，而是它所面对的消费者的经济收入。

轿车的私人购买与人均 GDP 之间有着必然的联系。如前所述，人们用 R 值来表示这两者之间的关系，一般来说，当 R 值在 2～3 时，私人最倾向购买轿车。

消费者的收入是有差异的，同时又不断变化。因此，消费者的收入会影响消费的数量、质量、结构以及消费方式，从而影响市场购买行为。

（1）消费者绝对收入的变化影响购买行为。

引起消费者绝对收入变化的主要因素是消费者工资收入变化、财产价值意外变化等，同时，政府的税收政策变化，企业经营状况的变化，都会导致消费者绝对收入的变化。同样是在购买汽车的问题上，当该消费者收入较低时，第一关注的往往是汽车的价格和耗油量，而一旦收入提高，可能就会对汽车的安全性能和外观提出要求，对汽车售后维修零部件的供给更为关注。

（2）消费者相对收入的变化影响购买行为。

消费者相对收入变化是指当其绝对收入不变时，由于其他社会因素，如商品价格、分配方式等发生变化，而使收入发生变化。

（3）消费者预期收入的变化影响购买行为。

消费者在购买贵重商品时，往往要对往后的收入情况做出一定的预期，尤其是打算采用贷款或者分期付款的购买方式时，这种行为的影响会更明显。现今，对于大多数中国消费者来说，汽车仍然属于贵重商品，因此，汽车生产企业必须考虑消费者对未来收入的预期可能对其购买行为产生比较大的影响。除了消费者自身的工作环境和自身能力，总体经济环境和社会的稳定程度以及社会保障体制的健全与否都会影响消费者对未来收入的预期。

（三）社会因素

1. 相关群体

相关群体是指那些直接或间接影响一个人的看法和行为的群体。由于人们往往有迎合所处群体的倾向，因此，相关群体会产生某种趋于一致的压力，会影响个人的实际产品选择和品牌选择。例如，几个感情特别融洽并且经常一同购物的女孩，可能会选择相同品牌的服装或化妆品，同样的情况也会发生在轿车的购买过程中。

当一个人希望加入某一群体中时，也会在购买行为上和他所崇拜的群体接近。现今，许多厂家喜欢选择影视或者体育明星作为产品的形象代言人，就是针对消费者这种崇拜性购买行为决策的。

2. 家　庭

家庭是社会上最为重要的消费者购买组织，购买者家庭成员对购买者行为影响很大。一个家庭所处的不同状态，如单身、新婚、"满巢"、"空巢"等，都会影响家庭成员的购买行为。例如，收入良好的年轻夫妻可能会倾向选择时尚、美观的高档车，而一旦他们有了孩子，因为考虑孩子日后的受教育等问题，他们的预期收入就会降低，对汽车档次的选择可能也会下降。美国通用公司建立了客户信息系统之后，对销售人员提出这样的要求：当你的客户新添了一个孩子之后，应当向客户寄发大型轿车的资料。因为这些客户很可能会为了使孩子能够在车上有一个舒适的座位而换掉家中现有的经济型轿车。

在汽车营销中，还必须考虑家庭中谁具有支配权，所面对的家庭属于丈夫支配型、妻子支配型，还是共同支配型。应当说，在大多数情况下，类似汽车、家具、住房等高消费品以及价格昂贵的耐用品通常属于丈夫支配型。但是，美国最新的市场调查反映，妇女购车的比例也在明显上升，她们不仅成为购买者和使用者，而且在购车中占支配地位。为此，轿车营销应根据不同的支配者采取不同的策略。

3. 角色和地位

一个人在同一个时期往往也扮演着不同的角色，每一个角色往往都伴随着一种地位，从而对消费行为产生影响。例如，很长一段时期以来，法国总统的座驾都是"雪铁龙"，以至于法国人将"雪铁龙"称为"法国的第二夫人"。总统选车时更多考虑的往往是国家的声誉和对总统的安全保护，而非自己的品牌偏好。

（四）文化因素

文化是人类欲望和行为的最基本决定因素。生活在一定社会环境中的人，会因此而产生一套基本的价值、偏好和整体行为，并因此影响购买行为。比如，在美国，分期付款和贷款这两种购买方式非常普遍，不仅在房屋、汽车等贵重商品的购买上，对于一些普通家用电器也经常会采用这种购买方式。而这两种购买方式在中国则无法得到普及。这和两个国家不同的文化是密切相关的。中国传统文化中，"居安思危"和"求稳定"的观念在一定程度上妨碍了上述两种购买方式在中国的普及。两种文化孰是孰非是很难做出明确判断的，并且在很长时间内也不可能发生质的变化。

文化作为一种社会现象，以物质为基础，也会随着物质生产的变化而发生变化，但是，文化的变化不像经济变化那样迅速，它对消费者的影响是潜移默化的。

1. 消费者文化背景的影响

文化对于购买行为的影响通常是间接的，不同的文化背景下的消费者会出现不同的偏好，即使在一个国家或地区，由于年龄、民族的影响，消费者的行为也会有差异。

2. 消费者文化水平的影响

社会教育文化的发展程度，消费者受教育程度，消费者掌握的知识结构等都反映了消费者的文化水平。一般来说，消费者受教育程度越高，对精神生活方面的消费需求就越多，其购买行为也会越理智。受教育程度高的消费者在购买汽车时可能会更重视该汽车的功能、安全性能以及外观设计和时尚程度，而不是单纯关心其价格。

日本铃木汽车公司在北美市场推出铃木武士车时，为了给该车寻找到合适的细分市场，在加拿大进行过一次调查。该项调查中特别关注了不同的年龄和教育程度的消费者对铃木武士车的态度。最后得出结论，武士车的潜在消费者主要是18~30岁的单身年轻人，包括年轻女士，且主要为首次购车者；该年龄段的消费者的受教育程度不影响他们对铃木车的评价和取向。但是，30岁以上的购买者受其教育程度的影响较大。

3. 社会习俗的影响

习俗是社会上长期形成的风尚、礼节和习惯等的总称。习俗的力量是相当强大的，会造成一类消费者的共同购买行为，是研究文化因素对购买行为影响的一个不容忽略的因素。

（1）喜庆性的消费习俗。这是指人们在特定的节日，或者在一些喜庆事件发生后，实施的购买行为。特别是节日里人们常会因为约定俗成而在很长一段时期内反复出现相似或相同的购买行为，如中秋购买月饼等。同时，在节日里，其他消费也会相应增大。根据统计，春节、五一、国庆节等期间，北京、上海等大城市的轿车租赁业务陡然火爆。

（2）纪念性的消费习俗。这是指人们为了表示对重大历史事件或者重要人物的纪念而形成的消费习惯。例如，在端午节，中国人习惯吃粽子和划龙舟。

（3）信仰性的消费习俗。这是指由于某种信仰而引起的消费习俗。对于汽车营销来说，这种习俗的影响并不明显，但是，对于有些民族或者宗教来说，一些颜色或特定的日子可能会成为禁忌，在这些地方销售时必须注意这些禁忌。

4. 亚文化的影响

从社会群体内分化出的许多较小的群体就是亚群体。亚文化是亚群体成员所具有的独特生活方式、道德标准和行为规范等。亚文化群体包括民族群体、宗教群体、宗族群体和地理区域。亚文化对消费者的影响有时会比社会文化更直接、强大。

5. 社会阶层

必须承认，一切人类社会都存在社会层次。层次往往以社会阶层的形式出现。社会阶层是指在一个社会中具有相对的同质性和持久性的群体，每一个阶层的成员具有类似的价值观、兴趣爱好和行为方式。不同的社会制度，划分阶层的依据不同，可能是按照出生来划分的，也可能是按照职位或者金钱来划分的。

同一个社会阶层内的人，行为具有高度的相似性。但是，一个人所处的社会阶层不是一成不变的，每一个人都有可能因为自身或者外界的原因而改变所处的社会阶层。

在汽车的购买行为中，各社会阶层显示出不同的产品偏好和品牌偏好。汽车行业中的营销行为也往往是将注意力集中于一个或少数几个阶层上。可以说，没有一种汽车品牌或型号可以满足所有阶层的需要。有些品牌，比如劳斯莱斯，被视为是身份和地位的象征。又如，对美国主要阶层的分析指出，占美国人口 38% 的劳动阶层，也即收入中等的蓝领工人，与那些过着"劳动阶层生活方式"的人，购买汽车时的偏好是：标准型号或较大型号的汽车，对国内外的豪华小型汽车并不问津。

（五）个人因素

个人因素是指对消费者购买行为产生影响的个人特征，主要影响因素有年龄、职业、个性和自我观念。

1. 年　龄

人们在一生中购买的商品和服务本来就是不断变化的，同时，处于不同年龄阶段的同一个人，审美观、价值观也会不同，从而表现出不同的购买行为。

例如，年轻人通常容易接受新生事物，喜欢标新立异，讨厌一成不变的生活。如果一辆汽车的目标市场是年轻人，相应的广告策略和促销策略都要符合年轻人求新、求变的性格特征。

1999 年萨奇兄弟公司在欧洲推出 Yaris 车。该车的目标市场是"欧洲市场上 20～30 岁的非丰田车车主"。为了迎合当时欧洲年轻一代的喜好，萨奇兄弟公司将 Yaris 车定义为"违背逻辑的轿车"，表现为外观娇小玲珑，内部宽敞舒适。相应的广告画面也强调了"违背逻辑"，如让玩具飞机载着一个男孩腾空飞翔。

2. 职　业

职业往往决定着一个人的地位以及他所扮演的角色，同时也决定着他的经济状况，因而会影响消费模式。教授、律师及政府工作人员大多喜欢购买黑色轿车，代表庄重、沉稳与威严；年轻人则喜爱红色及色彩鲜艳的轿车，代表青春、活力。

3. 个性和自我观念

个性是指一个人所特有的心理特征，它导致个人对他所处环境的持续不断的反应。虽然个性是千变万化并且难以准确掌握的，但是，具有某一方面相同个性的人，会表现出相似的购买行为，或者对同一类产品感兴趣，而这正是企业所要掌握的信息。

许多汽车销售企业已经在使用客户关系管理系统（CRM），并且开始建立用户数据库。数据库中的大量资料，包括客户的个人资料以及购买资料，给企业分析顾客个性提供了数据上的支持，可以帮助企业掌握客户的个性特征。

（六）心理因素

消费者的购买行为会受到4种主要心理因素的影响，即动机、知觉、学习、信念和态度。

1. 动　机

动机是在需要刺激下直接推动人进行活动的内在动力。动机产生的内在条件是需要，外在条件是诱因。在个体有强烈需要又有诱因的条件下，就能引起个体强烈的动机，并决定他的行为。因此，对汽车企业来说，必须了解消费者的需要，并提供适当的诱因。

有时候，消费者购买某种商品所满足的并不是生理上的需要，而是心理上的需要。例如，对于汽车这种商品来说，最根本的作用就是代步，如果单纯满足了生理上的需要，那么消费者只需要选择能够起到代步作用也可以保证安全的车就可以了。事实上，消费者在选购一辆车时，所考虑的因素远远不止这两点，他会关心诸如颜色、外观、时尚度，以满足其审美上的愉悦。甚至有些消费者在购车时更关注的是该车是否能作为其身份地位的象征，使其获得被重视、被尊重的感觉。

前文提到的马斯洛的需要层次理论在分析心理动机中有重要作用。马斯洛认为，人的需要，按照迫切程度，可以依次分为5个层次：生理需要、安全需要、社交需要、尊重需要和自我实现需要。一个人会首先寻求满足最重要的需要，当该需要获得满足时，才会转向高一层的需要。因此，当我们观察世界汽车保有量的数据时会发现，越是发达的地区，汽车的保有量就越高；反之，则越低。这与马斯洛的需要层次理论是一致的。

值得注意的是，马斯洛的需要层次理论所反映的是人类社会的一般情况，并不能运用于每一个人。有时候，人们在满足需要时会出现跳跃现象，也就是当低层次需要尚未满足时，就出现了高层次需要。

2. 知　觉

知觉是个人选择、组织并解释信息投入，以便创造有意义的个人世界图像的过程。对于同一个刺激物，人们会产生不同的知觉。通常认为人们会经历3种知觉过程，即选择性注意、选择性扭曲和选择性保留过程。

（1）选择性注意。人们不可能对生活中所有的刺激物都产生注意，这一筛选的过程就是选择性注意。人们通常注意与当前需要有关的刺激物和正在期待的刺激物，同时，也会更多地注意和其他刺激物有明显差异的刺激物。当汽车企业参加车展，进行陈列现场布置时必须要研究人们的选择性注意，从而将人们的注意力从其他企业的广告或产品吸引到自己的广告或产品上。这也就是为什么每次汽车展览时，厂商的展台都布置得美轮美奂，厂商们都期待能够在此类场合出类拔萃，以吸引参观者的注意。

（2）选择性扭曲。即使是消费者注意到刺激物，也并不一定会与创作者预期的方式相吻合。当消费者已经倾向某一种汽车品牌时，即使他了解到该品牌车的某些缺点，也可能会无视这些缺点的存在。对于这种选择性扭曲，厂商只能进行适当的引导。

（3）选择性保留。这一点和选择性扭曲有相似之处，人们会倾向保留那些能够支持其态度和信念的信息。因此，对于新产品来说，第一印象至关重要，大多数整车生产厂在推出新车时都会花费大量的心力，举办一些大型公关活动或销售促进活动。

【案例 2.1】

20 世纪 70 年代，我国台湾地区摩托车市场竞争激烈，其中，三阳工业推出 125CC 重型摩托车时的广告策略堪称经典。1974 年 3 月 6 日，在台湾最主要的日报，刊出没有注明厂牌的摩托车广告，中间是一片空白，文案为："今天不要买摩托车，请您稍候 6 天。买摩托车您必须慎重地考虑，有一种意想不到的好车就要来了。"

此后 3 天，广告一成不变，只将文案中的天数加以变动。

第四天，将文案改为："请再稍候 3 天。要买摩托车，您必须考虑到外形、耗油量、马力、耐用度等。有一部与众不同的好车就要来了。"

随着广告的推进，台湾摩托车市场上的销售量锐减，甚至三阳自己的经销商都怨声载道。

第六天的广告，内容改为："对不起，让您久候的三阳野狼 125 摩托车，明天就要来了。"

第七天，也就是 4 月 1 日，产品正式上市，刊登了全版彩色广告，造成巨大轰动。三阳的第一批货品立刻卖完，而三阳在市场中的声誉也随之改观，该厂出品的其他型号摩托车的销路也连带趋好。

3. 学 习

当消费者有购买某一种商品的意向，尤其是购买耐用品时，往往会收集有关该商品的资料加以对比，当其购买该商品后，会根据自己使用后的感受对该商品做出评价，这一整个过程就是学习的过程。消费者所得到的经验会作为以后购买的参考。

对于营销人员来说，可以将学习与强烈的驱动力联系起来，运用刺激性暗示及强化等手段来建立消费者对产品的需求，也就是说给消费者创造一个学习的机会。

4. 信念和态度

信念和态度是从实践、学习中得来的，又转而对购买行为产生影响。人们常说，汽车品牌是具有生命力和象征性的，认为"奔驰"象征着成功人士，"福特"代表着勤勉的中产阶级，"宝马"则是活力的体现。事实上，这些象征就是消费者对这些汽车品牌的信念。对于营销者有利的信念，营销人员应当通过各种手段加强，而有时信念是错误的，并且影响了购买行为，厂商就必须通过促销活动来纠正。

态度是指人们对外界事物反应的心理倾向，是某些事物或观念长期持有人对事物的评价、情感上的感受和行为倾向。态度一旦形成，就很难改变，并常常体现出一致性的模式。一般情况下，厂商不要试图改变消费者的态度，而应当考虑如何改变自己的产品或形象，以迎合消费者的态度。当消费者已经对某种品牌产生良好印象时，厂商必须努力维持或提升这一形象，不能出现有损这一形象的事件，以免消费者出现否定该品牌的态度。

【案例 2.2】

1989 年，美国福特汽车公司用 16 亿英镑收购了美洲虎，这个数字相当于美洲虎实际资产的近 5 倍。福特收购美洲虎的主要原因是，当时汽车行业的人已经预感到，随着经济的稳定乃至复苏，豪华车市场将再度出现热潮。欧洲用户普遍对欧洲自己生产的豪华车有相当的好感，而不愿意购买福特的豪华车。为了能够在欧洲创立自己的顶级豪华车品牌，福特才斥巨资收购了美洲虎。

资料来源：陈永革. 汽车市场营销[M]. 北京：高等教育出版社，2008.

三、汽车消费者购买行为分析

（一）汽车消费市场的主要特点

汽车市场主要可以分为消费者市场和业务市场。汽车产品不同于服装或日用品，本身具有消费品和生产品的双重特征。研究汽车营销的市场行为，必须同时研究消费者市场行为和业务市场行为。首先，我们来分析消费市场所具有的特点。

1. 消费需求的多样性

由于各个消费者的收入水平、文化程度、职业、年龄和生活习惯等不同，自然会有千差万别的爱好和兴趣，对于轿车的需求也不同。这就是消费需求的多样性特征。

2. 消费需求的发展性

人们对商品的需求会随着生产力的发展和人民生活水平的改善而不断提高。20 年前，中国居民还未曾想到过可以拥有私家车。而今天，几乎家家都有小轿车。

3. 消费需求的层次性

人们的需要具有层次性，虽然各个层次之间难以截然分开。一般来说，总是遵循着马斯洛的需要层次理论，先满足最基本的生活需要，再满足高层次的社交需要和自我实现需要。在社会经济水平比较低时，人们首先需要满足基本的生活需要，而当经济发展后，购买商品时将更多地满足社会性、精神性需要。20 世纪 80 年代初期，中国的汽车购买者最关心的是汽车这种商品的实用性，至于式样、外观、时尚程度基本上不被重视；而今天，这些因素都成为购车者所关注和用以判断的因素。

4. 消费需求的时代性

消费需求常常受到时代精神、风尚、环境等的影响。对于美国来说，每当经济处于发展期的时候，豪华型轿车就会成为汽车市场的主流产品；而当经济衰退或者石油价格上升时，低耗油的经济型轿车就会成为市场的宠儿。

5. 消费需求的可诱导性

企业可以通过营销活动的努力，来转移或改变人们的消费需求。潜在的消费需求可以通过诱导，使之成为现实的消费。甚至，企业可以通过营销活动创造出消费需求。20 年前，还不了解家庭轿车的中国消费者，通过这 20 年来从不间断的广告、宣传，当然，还很大程度上受到影视作品的影响，都希望拥有私家车。

6. 消费需求的互补性和替代性

许多消费品之间具有互补的作用，也有一些则可以互相替代。互补性的商品具有"一荣俱荣，一辱俱辱"的特点；而对于互相替代的商品，一旦一种商品的销量上升，其他商品的销量就会下降，也就是处于竞争状态。比如说，汽车销量上升时，汽车装潢业、维修保养业的业绩也会上升；但是，如果一段时间内，二手车市场相对繁荣，一手车市场的销售量则会下降。

（二）汽车消费者购买动机分析

消费者的购买动机，直接影响其购买行为。消费者主要的购买动机有以下几种：

1. 生存性购买动机

这是指由人的基本生存需要产生的购买动机，是每一个人都具有的购买动机。在生存性购买动机的支配下，人们很少对购买行动产生犹豫，并且不注重商标、品牌。生存性购买动机下购买的通常都是生活必需品，因此，汽车商品不包括在内。生存型的购买动机经常会和其他购买动机混合，共同发挥作用。

2. 习惯性购买动机

具有习惯性购买动机的人，对于所购买的商品有充分的了解，并报以特殊的信任，一般不会轻易改变所选品牌。这种购买动机在普通生活必需品、嗜好品以及一些奢侈品和高档用品中都比较容易出现。一些为大众所熟悉并赞赏的耐用品和奢侈品的品牌，容易受到人们的信任，从而形成习惯性购买。正如上文提到的，福特公司收购美洲虎，也就是因为欧洲的消费者对本地所生产的豪华车有习惯性购买的动机。

3. 理智性购买动机

具有理智性购买动机的人，在购买商品前一般要经过深思熟虑，了解所购买商品的特性，在选购商品时，不会受周围环境和言论的影响。

4. 自信性购买动机

具有这种购买动机的人，同样会事先了解所要购买商品的特征、用途等，收集广泛的信息；同时，他们有很强的自信心，有自我确定的标准和理由，不容易受外在因素的影响。具有这种购买动机的人容易成为某一种品牌的忠诚用户，会为自己所喜欢的品牌辩护。然而，对于销售人员来说，这些顾客很难通过他们的推销活动改变原先的计划。

5. 冲动性购买动机

具有该动机的消费者，在购买商品时，容易被某样商品的某一个特征，如外观包装、式样等吸引，从而在缺乏必要的考虑比较的时候，就出现购买行为。这种购买动机通常容易在购买生活必需品或者价格较低廉的商品时出现，在汽车这种耐用品购买上比较少见。

具有冲动性购买动机的消费者容易对它所做出的选择表示后悔，也就是说，容易出现退货。尤其是在仅支付订金的情况下，更容易出现购买意向的反复波动。

6. 诱发性购买动机

这种购买动机的产生通常是因为对商品或商品的某些特征产生好奇，从而购买。与冲动性动机最大的不同是，它的后悔程度和退货率没有冲动性购买动机那样高。

当一种新产品上市时，容易成为这种购买动机的诱导对象。但是，在汽车行业中，因为这种动机而产生购买的可能性较小。

7. 时髦性购买动机

这是指由于外界环境的影响或社会风尚的变化而引起的购买心理。消费者力图通过自己所购买的商品引人注目，或者借此提高自己的身份和地位等目的。这种购买动机带有强烈的炫耀目的。

在公众的心目中，汽车这种商品一向被认为是可以反映拥有者身份、地位、财富、品位的一种商品，它既是一种具有代步作用的耐用品，同时又具有某些类似高档时装、珠宝首饰之类奢侈品的特征。因此，汽车行业完全可以利用消费者的时髦性购买动机，来增加销售额。

【案例 2.3】

1964 年正是美国消费者追逐跑车的一年，福特汽车公司生产了一种经济型跑车，命名为"野马"。该车外观上体现了"带有野性，显示车的速度和性能"的主题，设计上集豪华与经济于一体。

该车问世以前，福特公司选择了底特律地区的 52 对夫妇，邀请他们到陈列馆。这些家庭全部都已经拥有了一辆标准型汽车，收入处于中等水平。这些夫妇中，部分收入较高的白领夫妇，表示对车的样式感兴趣；而一些蓝领夫妇认为这部车可以代表地位和权势，并且觉得有点不敢问津。他们都估计该车至少 10 000 美元，并表示，由于家中已经有了一辆车，因此不打算买该车。

当福特的负责人员表示该车的价格在 2 500 美元之下后，几乎所有的夫妇都表示："我们要买这部车。我们把这车停靠在自家的汽车道上后，所有的邻居都会认为我们交了好运。"

这些接受测试的夫妇最终表现出的购买动机就是时髦性购买动机。

资料来源：陈永革. 汽车市场营销[M]. 北京：高等教育出版社，2008.

8. 保守性购买动机

商品种类越丰富，市场上的竞争产品越多，就越容易出现保守性购买动机。与理智性购买动机最大的不同是，保守性购买动机仍然带有一定的盲目性。消费者并非充分了解和掌握所购买商品的特征和信息，只是因为市场供应的繁荣促使他们采取等待的态度。

当同一种商品生产中的大部分竞争者都开始采用某种促销策略，如降价时，有时候，市场的反应并不像厂家所期望的那样火爆。这个时候，消费者所抱有的可能就是保守性购买动机，他们在继续等待，等待厂家在价格上做出更大的让步。只有当他们认为这种让步可能已经达到尽头时，才会采取行动。

（三）汽车消费者购买行为分析

消费者的购买行为会因购买决策类型的不同而变化，在购买日常生活用品和购买耐用品时会存在很大的不同。越是复杂的决策，参与决策的人可能就越多。消费者本身在购买决策的过程中会产生复杂的心理活动。这种复杂的心理活动，支配着消费者的行为。美国学者阿萨尔根据消费者购买过程中参与者的介入程度和品牌的差异程度，将消费者的购买行为分为4种类型（见表2.3）。

表2.3　购买行为的4种类型

类型	高度介入	低度介入
品牌间差异很大	复杂的购买行为	寻求品牌的购买行为
品牌间差异小	减少失调的购买行为	习惯性的购买行为

1. 复杂的购买行为

汽车商品属于价格昂贵、有风险的商品，消费者在购买时，往往会格外谨慎，并且注意现有各品牌或各品种商品之间的差异，这就是复杂的购买行为。由于通常情况下，购买汽车的消费者不可能熟悉汽车行业或者熟悉汽车构造，所以，他们在选购汽车之前往往会有一个学习、了解商品的过程。当所购买的商品价格越昂贵占其收入的比重越高，这个学习过程就越长、越复杂。

这个过程可以分为3个步骤。首先，消费者产生对产品的信念；其次，对产品和品牌形成态度；最后，采取购买行动。

在汽车销售过程中，现场的销售人员对交易的成功与否有着极其重要的作用。消费者通常会征询销售人员的意见，并根据他们的介绍和反应做出判断。对于销售人员来说，则必须认真观察消费者的举动，并尽可能收集有关信息，以评估消费者的需要。同时，在做产品介绍和示范时，要体现出"专业化"的特点。专业化可以给消费者带来安全感和信任感，同时突出该产品品牌的优势，强调品牌的市场地位、影响和特点，从而提高该品牌汽车在消费者心目中的地位。

例如，某车企对于××品牌销售人员提出了这样的要求，要求销售人员在与客户接触的过程中必须了解消费者需求。其服务内容如下：

（1）通过与消费者初步沟通，明确消费者对××的认知和偏好。

（2）有针对性地介绍××产品的基本知识和××助理式服务的基本知识。

（3）帮助消费者明确对产品的需求包括型号、颜色、车型、基本装备和选装件等。而在车辆介绍服务中又提出了强调专业化的要求。

（4）介绍车辆时语言表述应当简洁，专业术语使用得当，并辅以通俗性的解释。

（5）特点介绍时，应当注意连贯性，不能跳跃。

（6）进行全面的现场介绍，包括销售公司的基本经销战略、××的销售政策历史、产品特点、相关的技术指标以及一些售后服务的内容。

在复杂的购买行为中，朋友和亲属的意见也会影响消费者的购买决定。曾经有美国学者做出统计，企业每得罪一位顾客就会直接或者间接失去25位顾客。在汽车营销活动中，企业应当注意这个统计数据。

2. 减少失调的购买行为

当品牌之间差异很小，但是该类商品的价格又比较高或者风险高的时候，消费者也会在购买时持谨慎态度。此类产品的营销重点在于，介绍产品的用途和特征，帮助消费者建立购买信心。

3. 习惯性的购买行为

许多产品的购买是在消费者低度介入，并且所购买商品的不同品牌没有多大差别的情况下完成的。绝大多数食品和日用消费品都属于此类商品。消费者往往会因为习惯而长期购买同一品牌的产品，但是，他们对该品牌并不了解，也称不上是品牌忠诚者。他们对该品牌的好感或者习惯，会很容易因为外界刺激的产生或改变而改变。比如，当别的品牌的产品进行折扣销售时，消费者会很容易放弃原先习惯的品牌。此类商品的营销活动中广告和销售促进都是转移消费者注意的一种有效手段，尤其是电视广告。

4. 寻求品牌的购买行为

这是指一些以消费者低度介入，但是品牌差异很大为特征的购买行为。在这种情况下，消费者被认为是会经常改变品牌选择，并且消费者改变品牌选择并非因为对产品不满意，而是由于市场上有大量可选择的品种，消费者的好奇心在这种购买行为中起了很大作用。

虽然消费者有这4种比较典型的购买行为，但是对于汽车生产和销售企业来说，需要研究的只是第一种购买行为，这是由汽车商品本身的特征所决定的。

（四）汽车消费者购买过程分析

1. 参与购买的角色

对于许多产品来说，识别购买者是很容易的，比如说，购买日用品的通常都是女性。但是，对于其他商品如汽车，即使是现场销售人员可能也需要经过一段时间的观察才能确定，谁在这笔交易中占主导地位。

在很长一段时间内，人们主观地认为，在汽车购买中占据主导地位的是男性，因此，大多数汽车广告的表现主题都是"成功男士"。然而，1999年美国汽车业做出的市场调查显示，近10年来，女性在购车过程中占决策地位的比例越来越高。意识到这一点后，美国著名的整车生产企业都推出了一些以"独立、能干的女性"为诉求对象的广告。

我们可以在一个购买决策中，尤其是在复杂购买行为的决策中区分出5种角色。这在表2-3中已有介绍，此处不再赘述。

2. 消费者的购买程序

一个典型的购买程序可以分为5个阶段（见图2.3）。

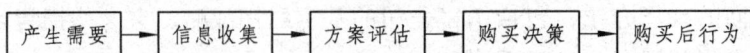

产生需要 → 信息收集 → 方案评估 → 购买决策 → 购买后行为

图2.3 购买过程的5个阶段

（1）产生需要。任何购买行为都是由动机支配的，而动机又是由需要所引发的，因此，需要是购买过程的起点。

积极的营销活动可以唤起需要。尤其是当一个新产品问世时，要通过一系列的营销活动使消费者认识到该产品的作用，从而引发需要。例如，安全气囊从发明至今，并没有确切的试验或调查数据可以证明其对于降低车祸时的伤亡率有多大帮助。但是，经过各个生产厂家的宣传，人们已经认定安全气囊对于行车安全有十分重要的作用。所以，时至今日，安全气囊已经成为中高档汽车的必备配件。

（2）信息收集。消费者的需要一旦被唤起，同时，他又有满足这个需要的能力时，就会转入信息收集阶段。通过信息的收集来确定他是否需要实行购买行动，以及购买什么样的品牌或品种。由于汽车商品的特征，消费者在产生购买汽车的需要时，对信息的收集会较注重，所耗费的时间也会较长。

营销人员需要关注的是，消费者通常通过什么样的渠道来获得信息。常见的信息来源有以下4种：

个人来源：家庭、朋友、邻居、同事等。

商业来源：广告、推销员、展览会、包装等。

公共来源：大众传媒、权威评审机构。

经验来源：检查和使用产品。

（3）方案评估。在信息收集过程中消费者会自然形成一组备选方案，再根据所收集的信息加以细分、对比，从而做出选择。

消费者在方案评估中的心理活动以及用以评估各方案的依据，对于营销人员来说是十分重要的。例如，一个消费者在收集资料后可能初步确定在 DZ、TY 或者 FT 3 家公司的产品中选择其需要的汽车。最终，该消费者选择了 DZ。汽车营销人员所感兴趣的就是，该消费者选择 DZ 的理由是，品牌的知名度、产品的功能恰好符合他的要求或者是受到朋友的影响？营销人员如果能够掌握这些信息，就可以改进营销手段，厂家也可以根据这些信息考虑是否要改进现有的产品或者开发新品种的汽车。

（4）购买决策。在评价阶段，消费者最终只是在被选择的各品牌之间产生一种偏好。但是，在这种偏好和最终的购买决策之间仍然会出现改变。其他人的态度，以及消费者自身对于未来情况的预测都可能改变最终的决策。例如，消费者在评估阶段已经产生对 AD 的偏好，但是，由于其工作的行业突然出现不景气，许多同行业的公司开始裁员，那么该消费者可能由于对未来经济状况的预期降低而放弃这次购买，或者选择价格相对低一些的经济型轿车。购买决策还包括购买地点、时间、支付方式等方面的决策。

（5）购买后行为。消费者购买产品后最终会投入使用，并且通过使用产生某种程度的满意或者不满意。这是消费者对自己购买决策的检验过程，在使用中判断自己的购买决策是否正确，从而积累经验，为以后的购买决策提供帮助。例如，消费者对自己购买的 STN 车高度满意，今后，当他打算再次购买汽车时，如打算购买某种高档轿车时，他很可能根据以往的经验，很自然地继续选择该品牌的高档车型。

营销人员需要注意的是，即使是消费者对所购买的产品表示满意，并且出现重购行为，仍然不表示该消费者对该项产品的每一项内容都表示满意。例如，他可能对所购买汽车从性能到外观都表示满意，但是却认为该汽车经销商在为其上牌照时花费了太多的时间。这些隐藏在满意中的不满意，很可能决定着该消费者是否会成为品牌忠诚者。消费者如果对自己购买的汽车非常满意，那么，他不仅会出现重复购买，或者对该品牌产生特殊好感，还可能向熟悉的人推荐该品牌的汽车。这种推荐，对于汽车生产商和经销商来说都是十分宝贵的财富。

经营者还应当关注消费者购买商品后最终是如何处置该商品的。如果购买了一辆汽车后却很少使用，或者很快就购买了另外的汽车，那么经营者就应当想到，该产品对于这位使用者来说可能存在很大的问题。

销售人员应定期与完成购买的消费者进行沟通，了解消费者对于产品的意见，并协助消费者解决问题。同时，销售人员还应定期给消费者提供各种相关资料，强化消费者的品牌忠诚度。

四、汽车业务市场购买行为分析

（一）汽车业务市场的特征

与向消费者出售商品或服务相比，在向业务购买者出售的过程中涉及更多的项目和金钱。业务市场与消费者市场相比，具有以下一些特征：

1. 购买者较少

一般来说，业务市场上的营销人员面对的顾客比消费者市场上的营销人员面对的顾客要少得多。在业务市场上，一家汽车销售厂家的潜在客户最多是所处地区的所有企业和组织，而在消费者市场上，他们的潜在客户也许就是所处地区的所有人。

2. 购买量大

许多业务市场的特点是购买量大。一个普通消费者一般一次只会向一家汽车销售商购买一辆汽车，而一家运输公司一次可能会购买几辆甚至几十辆汽车。

3. 供需双方关系密切

许多整车生产厂家有自己固定的原材料和零配件的供应商，他们通常会签订长期合同。如果不出现特殊事件，这种相互间的供需合作不会轻易中断。例如，世界最大的汽车零配件供应商德尔福就固定向诸如通用、福特等整车生产厂供货。

4. 衍生需求

对于业务品的需求最终取决于对于消费品的需求，当消费者市场的需求情况出现变动时，相应的业务市场上的需求情况也会发生变化。例如，如果汽车租赁行业持续出现疲软的话，租赁厂商就必然会减少或者停止购买车辆。

5. 需求弹性小

大多数用品的总需求并不受价格变化的影响。对于整车生产厂家来说，只要所生产的车辆的需求没有发生变化，即使零部件价格上升，也不会明显减少对零部件的需求。而在消费者市场上，如果汽车的价格上涨，消费者可能就会放弃近期的购车计划。

6. 专业采购

业务市场上的购买属于"专家购买"，往往是由受过专业训练的人来完成的，有些企业甚至会选择采购代理商。业务市场上的采购员通常了解所购买产品的特征，甚至了解生产工艺，并且有较强的选购和比较能力。

7. 影响购买的人多

业务购买中扮演影响角色的人比消费者购买决策中扮演该角色的人多得多。企业采购部门的领导乃至工作人员都可能影响最终的购买决策，尤其是购买主要商品时会有高层管理人员介入。

8. 直接采购

业务购买者通常直接从生产商那里购买产品，而不经过中间商环节，尤其是采购批量大或者价格昂贵、工艺复杂的商品时。例如，一家汽车租赁公司准备购买一批普通型STN轿车用于租赁业务时，通常会直接和该公司联系，而不是在经销商处购买。

（二）影响汽车业务市场购买行为的因素

业务采购人员在做出购买决策时会受到一些因素的影响，这些因素会单独对采购产生影响，但更多的时候，是几个因素在共同作用。一般来说，对业务采购人员的影响可以分为4类：环境影响、组织影响、人际关系影响和个人因素影响。

1. 环境影响

采购人员所处企业的内外部环境，对当前和未来的经济状况、对本企业产品的需求状况和对技术发展水平的变化情况的预测，政治法律环境等都会影响采购。例如，如果政府出台政策限制私人购车，汽车租赁公司又根据市场调查认为未来私人对用车的需求量会增大，那么就有可能做出增加车辆购买的决定。如果政府出台环境保护政策，需要买车的企业就应当考虑到，出于保护环境的考虑，政府可能在不久之后会以法律、法规的形式限制汽车的排量、噪声等指标，为了避免今后可能引起的麻烦，在现今的采购决策中就可以考虑购买经济型汽车。而作为营销人员，可以以此提醒企业，作为一个公共组织，企业有义务为社会服务，购买经济型车可以表现出企业的社会责任感，有利于企业在公众心目中树立良好的形象。再比如，我国政府曾经多次对国家公务人员和国有企业领导干部的用车标准做出硬性规定，这就限制了此类企业或组织的购车标准。

2. 组织影响

每一个采购组织都有具体目标、政策程序和组织结构。营销人员必须尽量了解这些问题，并关注采购部门在企业组织结构中的变化趋势。企业组织结构中主要有如下几种变化趋势：

（1）采购部门地位的升级。采购部门涉及的费用占企业成本的很大部分，为了增强企业的竞争能力，意识到这一点的企业开始提升采购部门的地位，并且聘用一些优秀的采购人才，使采购部门具有更大的发言权。

（2）集中采购。集中采购对于企业最大的意义就是降低成本。

（3）长期合同。业务采购者应与可靠的供应商维持长期合同。长期合同可以减少企业每次采购时为决策而花费的时间和费用，也可以保证采购商品的质量。对于业务市场上的营销人员来说，长期合同最明显的影响就是开拓新市场的难度加大。

（4）强化对采购绩效的评价。建立激励制度，对业绩出色的工作人员进行奖励，可以使采购人员更加努力；同时强化监督制度，以保证采购商品的质量，降低成本。

3. 人际关系影响

人际关系影响主要是指采购部门或采购小组构成因素的影响。组织市场上的采购工作通常有许多人员参加，他们处于不同地位，具有不同职权，又有不同的偏好和不同的人际关系，在购买过程中会用不同的标准和观念来选择、评价购买决策。不同决策的选择意见会产生冲突。解决冲突有联合决策和自主决策等办法。联合决策可以通过收集更多的信息并进行充分协商和分析，来缓解个体之间的决策冲突，这是理性的方法。通过做思想工作或讨价还价解决冲突的方法或领导自主决策法均属于非理性方法。

业务市场上的营销人员通常都了解人际关系对采购行为的影响，正确地应用和处理人际关系有利于更好、更快地采购决策，也可防止其负面影响。

4. 个人因素影响

购买决策过程中每一个参与者都具有其自身特点，消费者市场上影响购买行为的个人因素在组织市场中仍然会起作用。采购活动中的重要项目，如供应商、型号、价格等可能需要通过集体考虑来决定，受个人习惯的影响较小。但是，细节的内容，如色彩、包装特别是同时有几个备选项目时，个人因素就会起较大作用。

（三）汽车业务市场购买过程分析

大多数业务采购可以分为以下7个过程。

1. 提出需求

组织在内部和外部因素的刺激下，形成了本组织的采购需求。例如：因为企业规模扩大员工增多，而需要增加车辆；也可能是由于市场上技术的进步和新产品的出现。

2. 总需求说明

当新的需求提出之后，采购人员需要确定所需项目的总特征和总数量，并且加以汇总。

3. 产品规格拟定

这是指以拟定所需购买物品的具体技术和规格指标作为采购依据，如所需购买车辆的种类、价格范围、性能等。

4. 寻找供应商

寻找供应商的任务是寻找可能供货的企业或商家，其工作不仅是提供一份可供供应商选择的清单，还应通过广告、资料、展销会、网上查询、直接访问等，广泛收集供应商的各类信息，调查供应商的信誉度、产品品牌状况、产品市场占有率、产品质量、价格及售后服务状况等；还可以通过聚集、筛选，提出备选对象的清单和详细说明。

对于供应商而言，其任务就是要使自己的产品能列入主要客户所拟定的备选名单之内。

要制订有竞争力的销售方案，突出自己的产品优势和服务特色，以获得供货权，其重要的基石就是在市场上建立良好的信誉。

5. 征求建议书

复杂的采购项目中，采购人员会要求基本符合企业要求的供应商提供详细的书面建议，以供选择。有些企业会采用招标方法，尤其是在政府采购中，这种情况更为常见。这时，供应商就必须按照招标的要求提供一系列书面材料并准备标书。

6. 选择供应商

在完成上述工作之后，采购者就能掌握比较丰富的信息，并且从中选定合适的供应商。

7. 绩效评价

就如同消费品购买过程中有购后行为一样，业务品采购完成后，采购部门也会根据最终的使用情况来对此次采购做出评价。为此，采购部门会听取各使用者的意见，即使这些使用者分散在各企业的各个部门之中。

另外，如果采购方有意与供货方建立长期供货关系，在整个采购过程的绩效评价环节之前，还要增加签订长期供货合同的步骤。

【任务实施】

阅读相关学习资料，站在汽车营销人员的角度回答下列问题：

（1）消费者购买行为类型有哪些？各自有何特点？

（2）以小组为单位，对汽车消费者消费过程中的行为进行分析，并以表格的形式记录消费过程中的行为特点和心理变化。

【评价与反馈】

学习过程评价：根据上述资料，以小组为单位对上述问题回答情况进行成果展示与反思，在成果展示过程中进行小组间互评和教师点评。评价标准如表 2.4 所示。

表 2.4　考核评价表

评估指标	评估等级		
	好	一般	差
工作准备 （20分）	能够通过对汽车消费者购买行为分析相关学习内容进行精心准备	能够事先对汽车消费者购买行为分析相关知识进行准备，但是不够充分	无准备
学习参与度 （20分）	小组成员积极主动参与活动，学习热情高涨	小组成员积极主动参与活动情况一般，学习热情一般	小组成员缺乏积极主动性，学习热情较差
知识运用 （40分）	能够正确运用相关知识解答上述问题，有自己的观点及认识，能够用事实和数据说话。回答问题正确率在80%以上	基本能够正确运用相关知识解答上述问题，有自己的观点及认识，能够用事实和数据说话。回答问题正确率在60%以上	不能正确运用相关知识解答上述问题，没有自己的观点及认识，不能用事实和数据说话。回答问题正确率在 60%以下
表达分析能力 （20分）	表情诚恳、逻辑关系清晰、行为举止自然规范、语言表达能力强、知识面宽	表情诚恳、逻辑关系较清晰、行为举止较自然规范、语言表达能力较强、知识面较宽	表情不诚恳、逻辑关系不清晰、行为举止不自然规范、语言表达能力较弱、知识面较窄

任务三　市场细分与目标市场选择

【学习目标】

1. 了解市场细分对企业的意义。
2. 掌握汽车市场细分的标准与原则。
3. 熟悉汽车市场定位的依据和策略。

【任务描述】

汽车细分市场分析：通过相关知识学习，以小组为单位选择一款车型详细分析其所对应的细分市场及目标市场的确定，并根据实施要求完成对应任务。

【知识准备】

任何一个产品市场总是由众多需求各异的顾客组成，汽车市场更是如此。当汽车企业进入某个市场开展业务时，往往难以满足市场上所有顾客的需求，只能满足市场上部分顾客的部分需求。因此，汽车企业在市场上应根据企业自身的条件，选择那些最有吸引力，企业能为之提供最有效服务的部分市场，这就需要做市场细分（Segmenting）、选择目标市场（Targeting）和进行市场定位（Positioning），即STP营销。

一、汽车市场细分

（一）市场细分化的发展及作用

1. 市场细分的发展

市场细分的产生与发展经历了大量营销阶段、产品差异化营销阶段、目标营销阶段3个阶段。它的产生与发展具有很强的实践性，而不是纯粹的理论概念。

2. 市场细分的作用

市场细分化是企业营销观念的一大突破，可以反映出不同消费者需求的差异性和类似性，从而为企业在市场营销活动过程中认识市场、选择目标市场提供依据，进而较好地满足消费者的需求，让企业获得经营利润。具体来说，市场细分对于企业的作用主要表现在以下几个方面：

（1）有利于企业发掘良好的市场机会。市场细分化是发掘市场机会的有效手段，对于中小型企业尤其重要，因为中小型企业的人力、物力、财力等相对较弱，往往难以在整个市场或比较大的亚市场上同大型企业抗衡。但是中小型企业可以通过市场调查和市场细分，发现某些大企业力所不及的或不愿涉及的经营空穴，采取"见缝插针""拾遗补阙"的方法，找到适合自己发展的良机，使自己在日益激烈的竞争中较好地生存和发展。

（2）有利于提高企业的应变能力。在市场经济条件下，竞争必然发挥作用。一个企业竞争能力的强弱受到客观因素的影响，但通过有效的营销战略可以改变现状。采用市场细分战略是提高企业竞争能力的一个有效方法，因为在市场细分后，可以让每一个细分市场上竞争者的优势和劣势明显地暴露出来。企业只有看准市场机会，才能利用竞争者的弱点，有效地开发自身企业的资源优势，用相对较少的资源把竞争者的顾客和潜在顾客变为本企业产品的购买者，从而提高市场占有率，增加竞争能力。

消费者的需求是不断变化的，进行市场细分后，市场研究比较容易选择调查对象，使抽样调查具有代表性，从而使企业能更迅速、更准确地反馈市场上消费者的需求变化情况。一旦市场有变化，企业就可以不失时机地调整自己的营销战略。

（3）有利于合理利用企业的资源。任何企业的人力、物力、财力和技术资源终究是有限的。企业只有利用有限的资源，把精力集中在目标市场上，才能做到有的放矢，取得较好的经营效益。市场由不同的购买者和群体组成，是一个复杂而庞大的整体。由于购买个体和群体在地理位置、资源条件、购买习惯等方面的差异性，在同类产品市场上，会产生不同的购买行为。

通过细分市场，企业可以发现哪些市场需求已得到满足，哪些只满足了一部分，哪些仍是潜在需求。通过市场细分，中小企业就可以根据自身的经营优势，选择一些大型企业不愿顾及、相对市场需求量小一些的细分市场取得较好的经济收益，在竞争中求得生存和发展。

市场营销组合是企业综合考虑价格、促销形式和销售渠道等各种因素而制定的市场营销方案。

（二）汽车市场细分的标准与原则

汽车市场由购买者组成。不同的购买者有不同的欲望、不同的资源、不同的地理位置、不同的购买态度以及购买习惯。因为不同的购买者对产品的需求与欲望不同，所以每个购买者便形成了一个单独的市场。细分消费者市场不可能有一个绝对正确的标准和方法或固定不变的模式。各行业、各企业可采取不同的标准和方法来细分市场，以寻求最佳的营销机会。影响消费者市场需求的主要因素大致可分为4类，即地理因素、人口因素、心理因素和行为因素。

1. 市场细分的标准

一般来说，市场的细分标准有以下几类：

（1）地理细分。人生活在一定的地域范围内，处于不同地理位置的消费者会产生不同的需求和爱好，并对企业的同一产品及市场营销手段产生不同的反应。即便是知名的汽车公司，也会按照特定的地理市场，将企业划分为可操作的单位。

① 地理区域。不同地区消费者的消费习惯和购买行为，由于长期受到不同自然条件和社会经济条件的影响，往往有着较为明显的差异。如适用于环境恶劣地区的越野车将有可能在边远或是地理状况较差的地区有广阔的市场前景。

② 气候。气候的差异也会引起人们需求的差异。如我国的西藏地区地处高原，一年中温差变化较大，则可能对汽车的外观颜色及车内制冷系统有着更高的要求。

③ 人口密度。城市、郊区及乡镇的人口密度是不一样的。

④ 城市规模。如有特大型城市、大城市、中型城市及小城市、县城、乡镇等。

跨国企业按地理细分市场，一方面是因为他们要创造一种便于管理的组织结构；另一方面是他们意识到，在全球范围内，地理界线预示着其在品位、文化、生活风格、需求等其他方面的重要差异。中国的汽车市场完全有可能被开创成为一个全球最大的潜在消费市场，但大多数企业首先要做的是将单一的市场细分为若干部分。

通用汽车公司将其全球业务按地理位置分为若干部分，"当地买卖"是充分了解和服务于多样市场的最好方法。但所有建立在地理位置上的市场细分，都容易受到竞争对手的进攻，竞争对手会采取以消费者为主导的市场细分战略。

总之，地理细分的应用有其局限性。在汽车制造业，地理细分对于资源有限的组织来讲作用显著。把业务局限在一个小的地理区域，随着生意的不断扩张，该组织可以开发出一个"大本营"并以此为基础逐步扩展。总的来说，地理细分是以消费者为中心的其他细分方法的基础。

（2）人口细分。人口细分将给出有关消费者个人及其家庭的许多信息，如年龄、性别、民族、收入、职业、经济状况和家庭结构等可测量的描述性标准。

人口统计甚至会扩展到身体大小和形状的分类。例如，在英国，超重男性占男性人口的50%，超重女性占女性人口的 40%。隐藏超重提供了一个重要的市场机会——为了应对身材高大、体态丰满的人，汽车制造商也不得不做出相应的调整。

这种方法的主要优势在于，人口统计按照一定的标准提供有关消费者的明确资料，这些资料能够被融入市场营销战略中去。

（3）心理细分。心理细分，又称生活方式细分，涉及潜在消费者的信仰、态度、观念等变量。它不仅包括人口统计特征，还包括生活态度、信仰、抱负等。

经济学家把生活方式分为 4 类：活动、兴趣、观念、人口统计。

①活动。活动包括人们在生活中做的所有事情，如工作、购物、度假和社会活动。其中，市场营销者感兴趣的可能包括人们的兴趣、喜爱的娱乐形式、运动兴趣等。

②兴趣。兴趣是指消费者认为什么重要，他们觉得什么更优先。兴趣包括离他们很近的东西，如家庭、住宅和工作；或是他们在更广阔社区里的兴趣，包括休闲和娱乐因素，如时尚、食物和媒体。

③观念。观念是指对自身、社会文化事务、政治的态度和感觉，还包括对社会的其他影响因素，如教育、经济、商业的态度和感觉。

④人口统计。前面已经详细描述了人口统计因素，包括地理人口因素，如年龄、教育、收入、职业、家庭大小、生活层次、地理方位等。

（4）行为细分。以上市场细分方法都以消费者为中心，但很少提到个人与产品的关系。从这个意义上进行市场细分，就是行为细分。

以汽车最终用途为例，这是一种多功能产品，用途广泛，购买者的需要随着用途而变化，如比赛的车辆与运输货物的车辆就不一样。

行为细分方法密切关注潜在消费者和产品之间的关系。优势在于，如果市场营销战略得当，就可以使消费者成为"品牌转换者"。

市场细分并不是用单一的标准来细分市场，而是把几个标准组合起来进行细分。

2. 市场细分的原则

企业可根据单一因素，也可根据多个因素对市场进行细分。成功、有效的市场细分应遵循以下几个基本原则。

（1）可衡量性。可衡量性是指细分的市场是可以识别和衡量的，亦即细分出来的市场不仅范围明确，而且对其容量大小也能大致做出判断。

（2）可进入性。可进入性是指细分出来的市场应该是企业营销活动能够抵达的，也就是企业能够通过努力使产品进入并对顾客施加影响的市场。一方面，有关产品的信息能够通过一定媒体顺利传递给该市场的大多数消费者。另一方面，企业在一定时期内有可能将产品通过一定的分销渠道运送到该市场；否则，该细分市场的价值就不大。例如，对生产冰激凌的企业来说，如果将我国中西部农村作为一个细分市场，恐怕在一个较长的时期内都难以进入。

（3）有效性。有效性即细分出来的市场的容量或规模要达到足以使企业获利的程度。进行市场细分时，企业必须考虑细分市场上顾客的数量以及他们的购买能力和购买产品的频率。如果细分市场的规模过小，容量太小，细分工作烦琐，成本消耗大，获利少，就不值得细分。

（4）对营销策略反应的差异性。对营销策略反应的差异性是指各细分市场的消费者对同一市场营销组合方案会有差异性反应，或者说对营销方案的变动，不同细分市场会有不同的反应。如果不同细分市场顾客对产品需求差异不大，企业就不必费力地对市场进行细分。另外，对于细分出来的市场，企业应当分别制订出独立的营销方案。如果无法制订出这样的方案，便不必进行市场细分。

随着中国汽车市场的逐渐成熟，细分市场成为各厂家竞争时关注的焦点。无须承受产品降价后的利润损失，只要留心消费者的各种不同需求，把产品做到更加细分的市场中，也就是"只有想不到的，没有做不到的"。近年来，很多厂家都因做好细分市场而脱颖而出。

3. 细分汽车市场的标准

（1）按汽车产品大类的划分标准，汽车市场可以分为乘用车市场和商用汽车市场。

（2）按我国汽车产品类型的传统划分标准，汽车市场可以分为载货汽车市场、越野汽车市场、自卸车市场、专用车市场、特种汽车市场、客车市场和小型乘用车市场。

（3）按汽车产品的性能特点，汽车市场可以分为重型汽车市场、中型汽车市场、轻型汽车市场和微型汽车市场。

（4）按汽车产品的完整性，汽车市场可以分为整车市场、部件市场和配件市场。

（5）按汽车使用的燃料，汽车市场可以分为汽油车市场和柴油车市场。

（6）根据汽车销售时的新旧程度，汽车市场可以分为新车市场、旧车市场和拆车市场。

此外，还可以将地理、气候、地域、用途等作为细分汽车市场的标准。

（三）目标市场的进入方式

目标市场是指企业决定的、具有共同需要或特征的购买者集合。不同的细分市场被评估后，企业需要决定选择哪个细分市场，这就是目标市场的选择问题。企业可以选择无差异营销或差异性营销的任一种市场覆盖战略。

1. 无差异营销

无差异营销是指企业不考虑细分市场的差异性，对整个市场只提供一种产品。企业的产品针对所有消费者的共同需求，不考虑不同需求。企业设计出能吸引购买者的产品及营销方案，依靠大规模分销和大众化的广告在人们心目中树立健康的产品形象。无差异营销能够节约成本，产品生产线能降低生产、库存的风险和运输成本。无差异性广告则能够降低促销费用。由于不必做细分市场调查和规划，所以降低了市场调研和产品管理成本。

2. 差异性营销

差异性营销是指多个市场营销组合共同发展，每个组合服务于不同的细分市场。例如，福特生产各类汽车，涵盖了许多不同的细分市场——福克斯（Focus）价格最低，通常是为年轻的女性司机而设计的；斯科尔皮奥（Scorpio）价格较高，主要为经理主管人员设计。

与集中战略一样，让企业依照个别细分市场来配置自己的产品，直到市场满意为止。它克服了集中战略的一个问题，将风险在整个市场内部进行分摊，如果一个市场失败，仍有来自其他市场的收入。

为多个产品实行多个营销组合，会导致成本上升，也可能会丧失规模经济的优势。

3. 集中性营销

这种营销战略特别适合于企业资源有限的情况，是小型的新型企业与财大气粗的企业竞争时取得立足点的极好办法。通过集中性营销，企业能够在它所服务的细分市场中取得较强的市场地位。集中性营销有着高于一般营销的风险。

二、汽车市场定位

企业在决定进入某个细分市场之后，还必须决定在这些市场中想取得什么样的地位。产品的地位是指与竞争产品相比，该产品在消费者心目中的地位。在汽车市场上，有经济型、舒适型、豪华型、安全型等之分。

消费者面对过多的产品和服务信息，根本无法重新估价产品。为了简化购买过程，消费者在心目中对产品、服务和企业定位进行分类。营销商为了更好地满足消费者的需求，必须设计出在目标市场中能够为产品带来最大优势的市场定位和市场营销组合。

（一）汽车市场定位的策略

（1）根据产品的特点对产品进行定位。例如，某品牌在广告中宣传它的低价，另一品牌在促销中宣传它的良好性能。

（2）根据产品的性能对产品进行定位。

（3）根据产品的使用场合对产品进行定位。

（4）根据产品的使用阶段对产品进行定位。

产品定位可以直接针对竞争者，也可以避开竞争者。

（二）汽车市场定位的方法

企业选择市场定位战略通常比较容易。在许多情况下，两个或更多的企业会采取同一种市场定位。因此，每个企业必须建立一套独一无二的竞争优势使自己有别于其他企业，从而充分吸引细分市场中的消费者。

市场定位包括 3 个步骤：识别可能性的竞争优势，选择合适的竞争优势，传达选定的市场定位。

1. 识别可能性的竞争优势

消费者一般都会选择那些能给他们带来最大价值的产品和服务。因此，赢得、保持顾客的关键是比竞争者更好地理解顾客的需要和购买过程，以及向他们提供更多的价值和服务。

企业可以把自己的市场定位确定为：向目标市场提供优越的价值，从而赢得竞争优势。如果企业的产品具有良好的质量和服务，那么就必须提供所承诺的质量和服务。所以，市场定位使企业营销有别于竞争者，给消费者带来更多的利益。

企业可以按产品差异、服务差异、人员差异和形象差异 4 个方面进行区别。

2. 选择合适的竞争优势

企业需要发现并选择自身潜在的竞争优势，建立市场定位战略。企业在做促销时，应从"最好的质量""最优的服务""最低的价格""最佳的价值"以及"最先进的技术"等几个方面进行挖掘，围绕其中一个特点进行宣传，坚持不懈，突出特色，从而被消费者认可。

总的来说，企业要避免出现 3 种市场定位错误：第一种是定位过低；第二种是定位过高；第三种是定位混乱，即避免给购买者提供一种混乱的企业形象。

3. 传达选定的市场定位

一旦选定好市场定位，企业必须采用切实步骤把理想的市场定位传达给目标消费者，企业所有的市场营销组合必须支持这一市场定位战略。给企业定位要求有具体行动而不是空谈。如果企业定位的市场是更高、更好的质量和服务，那么它必须实现这个定位。设计市场营销组合，即产品、价格、分销及促销手段，必须包括设计出市场定位战略的策略性细节。

企业制定一个好的市场战略通常比实施战略容易，建立或改变市场定位一般需要很长时间，但丢失市场定位则会很快。一旦企业建立起理想的市场定位，必须紧密监督并适时修改市场定位，紧随消费者的需要和竞争者战略的变化。但是，企业应避免突发性变更，突发性变更会使消费者感到困惑。此外，产品的定位应逐渐演变，以适应不断变化的市场营销环境。

三、汽车企业竞争战略

汽车制造企业的竞争根据企业的自身条件、规模以及市场的认可，在制定竞争策略时可以分为企业的一般竞争战略和处于不同地位的企业竞争战略。

（一）企业的一般竞争战略

汽车行业是指生产可相互替代汽车产品的厂商群。汽车行业内的竞争状态取决于 5 种基本的竞争势力，即新参加竞争的厂商、替代产品的威胁、买方的讨价还价能力、供应方的讨价还价能力以及行业现有竞争者之间的抗衡。为了能在行业中超过所有的竞争者，企业可以选择以下 3 种相互有内在联系的一般竞争战略，即成本领先战略、差异化战略和集中战略。

1. 成本领先战略

成本领先战略是指通过有效的途径，使企业的全部成本低于竞争对手的成本，以获得同行业平均水平以上的利润。在 20 世纪 70 年代，随着经验曲线概念的普及，这种战略已经逐步成为企业共同采用的战略。实现成本领先战略需要有一整套具体政策，要拥有高效率的设备，积极降低经验成本、紧缩成本和控制间接费用以及降低研究开发、服务、销售、广告等方面的成本。要达到这些目的，必须在成本控制上进行大量的管理工作。

（1）成本领先战略的优点。

只要成本低，企业尽管面临着强大的竞争力量，仍可以在本行业中获得竞争优势，原因如下：

① 在与竞争对手的竞争中，如果企业处于低成本状态，则具有进行价格战的良好条件。在竞争中，即使竞争对手处于不能获得利润只能保本的情况下，本企业仍可获益。

② 面对强有力的购买者要求降低产品价格的压力，处于低成本地位的企业仍可以有较好的收益。

③ 在争取供应商的斗争中，相对于竞争对手，由于企业的低成本对原材料、零部件价格的上涨具有较大的承受能力，所以能够在较大的边际利润范围内承受各种不稳定经济因素所带来的影响；由于低成本企业对原材料或零部件的需求量大，为获得廉价的原材料或零部件提供了可能，同时，也便于与供应商建立稳定的合作关系。

④ 在与潜在进入者的斗争中，那些形成低成本地位的因素，常常使企业在规模经济或成本优势方面形成进入障碍。

⑤ 在与替代品的斗争中，低成本企业可用削减价格的办法，稳定现有顾客的需求，使之不被替代产品所代替。当然，如果企业要长时间地巩固企业现有的竞争地位，还必须在产品及市场上有所创新。

（2）成本领先战略的缺点。

① 投资较大。企业必须具备先进的生产设备，才能高效率地进行生产，以保持较高的劳动生产率。同时，在进攻型定价以及提高市场占有率而形成的投资亏损等方面也需要进行大量的预先投资。

② 技术改革会导致生产过程工艺和技术的突破，使企业过去的大量投资和由此产生的高效率瞬间丧失优势，使竞争对手获得以更低成本进入的机会。

③ 将过多的注意力集中在生产成本上，可能导致企业忽视顾客需求特性和需求趋势的变化，忽视顾客对产品差异的兴趣。

④ 由于企业对现有技术、设备集中了大量投资，增加了退出障碍，所以对新技术的采用以及创新反应迟钝，甚至采取排斥的态度。

（3）成本领先战略的适用条件。

成本领先战略是一种重要的竞争战略，但是，它也有一定的适用范围。当具备以下条件时，采用成本领先战略会更有效。

① 市场需求具有较大的价格弹性。

② 所处行业的企业大多生产标准化产品，从而使价格竞争成为决定企业市场地位的一种手段。

③ 实现产品差异化的途径较少。

④ 多数客户以相同的方式使用产品。

⑤ 用户购物从一个销售商改变为另一个销售商时，不会发生转换成本，因而特别倾向购买价格最优惠的产品。

2. 差异化战略

差异化战略是指采取的战略使企业的产品和竞争对手的产品有明显的区别，形成与众不同的特点。该战略的重点是创造被全行业和顾客视为独特的产品和服务以及企业形象。实行差异化的途径多种多样，如产品设计、品牌形象、技术特性、销售网络、用户服务等。如美国卡特彼勒履带拖拉机公司，不仅以有效的销售网和可随时提供良好的备件出名，而且以质量精良的耐用产品远近闻名。

（1）差异化战略的优点。只要条件允许，产品差异是一种可行的战略。企业奉行这种战略，可以很好地防御5种竞争力量，获得竞争优势。

① 利用顾客对其特色的偏爱和忠诚，降低对其产品的价格敏感性，使企业避开价格竞争，在特定领域形成独家经营的市场，保持领先。

② 顾客对企业（或产品）的忠诚度形成了强有力的进入障碍，进入者要进入该行业，则需要花费很大力气去破坏这种忠诚性。

③ 产品差异可以产生较高的边际收益，增强企业应对供应者讨价还价的能力。

④ 由于购买者别无选择，对价格的敏感度又低，企业可以运用产品差异战略来削弱购买者的讨价还价能力。

⑤ 由于企业具有特色，又赢得了顾客的信任，在特定领域形成了独家经营的市场，便可在与其替代品的较量中，比其他同类企业处于更为有利的地位。

（2）产品差异化战略的缺点。

① 保持产品的差异化往往以高成本为代价，因为企业需要进行广泛的研究开发，产品设计，购买高质量原料和争取顾客支持等工作。

② 并非所有的顾客都愿意或能够支付因产品差异所形成的较高价格。同时，买主对差异化所支付的额外费用是有一定支付极限的。若超过这一极限，低成本、低价格的企业与高价格差异化产品的企业相比，显示出竞争力。

③ 企业要想取得产品差异，有时要放弃获得较高市场占有率的目标，因为其排他性与高市场占有率是相矛盾的。

（3）差异化战略的适用条件。

① 使产品或服务差异化的途径有多种，这些差异化被某些用户视为是有价值的。

② 消费者对产品的需求是不同的。

③ 奉行差异化战略的竞争对手不多。

上文讨论了成本领先战略和产品差异化战略，那么这两者之间存在着什么关系？在这两种战略中又如何做出选择呢？1980年10月，美国的威廉·霍尔教授曾分析了美国钢铁、橡胶、重型载货汽车、建筑机械、小型乘用车、大型家用电器、啤酒、卷烟等8个行业的实际情况，对这些行业的64家大型企业的经营战略进行了分析对比。结果表明，许多成功的企业有一个共同的特点，就是在确定企业竞争战略时都是根据企业内、外环境条件，在产品差异化、成本领先战略中选择一个，从而确定具体目标，然后采取相应措施而取得成功的。当然，也有一个企业同时采取两种竞争战略而成功，如××公司，依靠高度自动化的生产设备，取得了世界上生产成本最低的好成绩，同时它又在商标、销售促进方面进行巨额投资，在产品差异化方面取得了成功。但一般来说，不能同时采用这两种战略，因为这两种战略有着不同的管理方式和开发重点，有着不同的企业经营结构，反映了不同的市场观念。

3. 集中战略

集中战略是指企业把经营的目标重点放在某一特定购买者集团，或某种特殊用途的产品，或在某一特定地区上建立企业的竞争优势及其市场地位。由于资源有限，一个企业很难在其产品市场上展开全面的竞争，所以需要瞄准重点，以期产生巨大而有效的市场力量。此外，一个企业所具备的不败的竞争优势，也只能在产品市场的一定范围内发挥作用。例如，20世纪 90 年代天津汽车工业公司在进口小型乘用车和合资企业生产小型乘用车的竞争中,将经营重心放在微型汽车上,该厂生产的"夏利"微型小型乘用车,专门适合在城市的狭小街道上行驶,且价格又不贵,颇受出租汽车司机的青睐。

集中战略所依据的前提是,厂商能比正在广泛进行竞争的竞争对手更有效或更高效地为其狭隘的战略目标服务。因为厂商要更好地满足其特定目标而取得产品差异,或在该目标的服务中降低成本,或两者兼而有之。

尽管集中战略通常采取成本领先和差异化这两种变化形式,但三者之间仍然存在区别。后两者的目的都在于达到其全行业范围内的目标,但集中战略却是围绕着一个特定的目标服务而建立起来的。

(1) 集中战略的优点。实行集中战略具有以下几个方面的优势:经营目标集中,可以集中企业的所有资源于某一特定战略目标上;熟悉产品的市场、用户及同行业竞争情况,可以全面把握市场,获取竞争优势;由于生产高度专业化,在制造、科研方面可以实现规模效益。这种战略尤其适用于中小企业,即小企业可以以小补大,以专补缺,以精取胜,在小市场做成大生意,成为"小型巨人"。例如,美国皇冠制罐公司是一个规模较小、名不见经传的小型包装容器生产厂家,该公司以金属罐细分市场为重点,专门生产供啤酒、饮料和喷雾罐厂家使用的金属罐。由于公司集中全力,经营非常成功,令销售额达数十亿的美国制罐厂公司刮目相看。

(2) 集中战略的风险。集中战略也有风险,主要是注意防止来自以下 3 个方面的威胁。

①以广泛市场为目标的竞争对手,很可能将该目标细分市场纳入其竞争范围,甚至已经开始在该目标细分市场中竞争,它可能成为该细分市场的潜在进入者,对企业构成威胁。这时,企业要在产品及市场营销等各方面保持和加大其差异性。产品的差异性越大,需求者的差异性越大,集中战略的维持力越强。

②该行业的其他企业也采用集中战略,或者以更小的细分市场为目标,构成了对企业的威胁。这时,选用集中战略的企业要建立防止模仿的障碍,当然其障碍的高低取决于特定的市场细分结构。另外,目标细分市场的规模也会对集中战略造成威胁。如果细分市场较小,竞争者可能不感兴趣;但如果是在一个新兴的、利润不断增长的较大的目标细分市场上采用集中战略,就有可能被其他企业在更为狭窄的目标细分市场上也采用集中战略,开发出更为专业化的产品,从而剥夺原先采用集中战略的企业的竞争优势。

③由于社会政治、经济、法律、文化等环境的变化,技术的突破和创新等多方面原因引起的代替品出现或消费者偏好发生变化,导致市场发生结构性变化,此时集中战略的优势也将随之消失。

要成功实行以上 3 种一般竞争战略,需要不同的资源和技巧,需要不同的组织安排和控制程序,需要不同的研究开发系统。因此,企业必须清楚自己的优势,根据经营能力选择可行的战略。

(二) 在市场中处于不同地位的企业竞争战略

企业要依据自己的目标、资源和环境以及在目标市场上的地位,来制定竞争战略。因此,企业应当先确立自己在目标市场上的竞争地位,然后根据自己的市场定位来选择适当的营销战略和策略。企业在市场中的竞争地位有多种分类方法。根据企业在目标市场上所起的作用，可以将企业分为以下4种类型：市场领导者、市场挑战者、市场跟随者和市场利基者。

1. 市场领导者战略

市场领导者是指在相关产品的市场中占有率最高的企业。

大多数行业都有一家企业被公认为是市场领导者，它在价格调整、新产品开发、配销覆盖、促销力量方面均处于主导地位。它是市场竞争的导向者，也是竞争者挑战、效仿或回避的对象，如美国汽车行业的通用公司、计算机行业的 IBM、软饮料行业的可口可乐公司以及快餐业中的麦当劳公司等。这些市场领导者的地位是在竞争中自然形成的，但不是固定不变的。如果它没有获得法定的特许权，必然会面临竞争者的挑战。因此，企业必须随时保持警惕并采取适当的措施。

市场领导者为了维护自己的优势，通常采取3种战略：一是设法扩大整个市场的需求；二是采取有效的防范措施和攻击战术，保护现有的市场占有率；三是在市场规模保持不变的情况下，进一步提高市场占有率。

（1）扩大市场需求总量。当一种产品的市场需求总量扩大时，受益最大的是处于市场领导地位的企业。市场领导者应努力从以下3个方面扩大市场需求量。

① 发掘新的使用者。每一种产品都有吸引顾客的潜力，因为有些顾客或者不知道这种产品，或者因为其价格不适合或缺乏某些特点等而不想购买这种产品。因而企业可以从这3方面来发掘新的使用者。

② 开辟产品新用途。公司通过发现并推广产品的新用途来扩大市场，杜邦公司的尼龙就是这方面的典范。每当尼龙进入产品生命周期的成熟阶段，杜邦公司就会发现新用途。尼龙首先用作制作降落伞的合成纤维，然后是制作女袜的纤维，接着成为男女衬衫的主要原料，再后又成为汽车轮胎、沙发椅套和地毯的原料。每项新用途都使产品开始了一个新的生命周期。这一切都归功于该公司为发现新用途而不断进行的研究和开发计划。

③ 扩大产品的使用量。

（2）保护市场占有率。处于市场领导地位的企业，在努力扩大整个市场规模时，必须要保护自己的现有业务，防备竞争者的攻击。

不断创新才能使市场领导者有效防御竞争者的进攻。领导者必须在产品创新，提高服务水平和降低成本等方面真正处于该行业的领先地位。在不断提高服务质量的同时，抓住对方的弱点主动攻击，因为"进攻是最好的防御"。

市场领导者即使不主动进攻，至少也应保护自身所有的战线，不能有任何疏漏。IBM 公司之所以决定生产个人计算机，部分原因就是为了防止其他公司乘虚而入，站稳脚跟后发展壮大。堵塞漏洞要付出很大的代价，但放弃一个产品或细分市场，"机会损失"可能更大。由于资源有限，领导者不可能保持它在整个市场上的所有阵地，因此，他必须善于准确地辨认哪些是值得耗资防守的阵地，哪些是可以放弃而不会招致风险的阵地，以便集中使用防御力量。防御策略的目标是减小受到攻击的可能性，将攻击转移到威胁较小的地带，并削弱其攻势。具体来说，有以下6种防御策略可供市场领导者选择。

① 阵地防御。阵地防御就是在现有阵地周围建立防线，这是一种静态的消极的防御，是防御的基本形式，但不是唯一形式。对于营销者来讲，单纯地防守现有的阵地或产品，就会

患上"营销近视症"。

　　当年，亨利·福特便为他的"T型车"近视症付出了沉重的代价，使年营利10亿美元的福特公司从顶峰跌到濒临破产的边缘。与此相对比的是，可口可乐公司虽然已经发展到年产占全球饮料半数左右的规模，但仍然积极从事多角经营，如酒类市场、兼并水果饮料公司、从事塑料盒海水淡化设备等工业。

　　② 侧翼防御。侧翼防御是指市场领导者除保卫自己的阵地外，还应建立某些辅助型的基地作为防御阵地，或必要时作为反攻基地。

　　③ 先发制人。这种积极的防御策略是在敌方对自己发动进攻之前进行先发制人，抢先攻击。具体做法是，当竞争者的市场占有率达到某一危险的高度时，就对它发动攻击；或是对市场上的所有竞争者进行全面进攻，使对手人人自危。

　　有时，这种以攻为守的策略着重于心理作用，并不一定付诸行动，如市场领导者可发出市场信号迫使竞争者全面进攻。

　　当然，如果企业有强大的市场资产如品牌忠诚度、技术领先等，面对对手的挑战，可以沉着应战，而不轻易发动进攻。如美国亨氏公司对汉斯公司在番茄酱市场上的进攻就置之不理，结果是后者得不偿失，以败阵告终。

　　④ 反攻防御。当市场领导者遭到对手降价或促销攻势、改进产品、市场渗透等进攻时，不能只是被动应战，应该主动反攻。领导者应选择迎击对方的正面进攻，迂回攻击对方侧翼，或发动钳式进攻，切断从其根据地出发的攻击部队等策略。例如，当美国西北航空公司最有利的航线之一——明尼波里斯至亚特兰大航线受到另一家航空公司降价促销的进攻时，西北航空公司采取的策略是将明尼波里斯至芝加哥航线的票价降低。由于这条航线是对方的主要收入来源，所以使进攻者不得不停止进攻。

　　⑤ 运动防御。运动防御要求领导者不但要积极防守现有的阵地，还要扩展到可作为未来防御和进攻中心的新阵地，它可以使企业在战略上有较多的回旋余地。

　　⑥ 收缩防御。有时，在所有市场阵地上进行全面防御会力不从心，从而顾此失彼。在这种情况下，最好的行动是实行战略收缩——收缩防御，即放弃某些薄弱的市场，把力量集中用于优势的市场阵地中。

　　（3）提高市场占有率。市场领导者设法提高市场占有率，也是增加收益、保持领导地位的一个重要途径。

　　美国一项被称为"企业经营战略对利润的影响（PIMS）"的研究表明，市场占有率是影响投资收益率最重要的变数之一，市场占有率越高，投资收益率就越大，市场占有率高于40%的企业其平均投资收益率相当于市场占有率低于10%的企业的3倍。因此，许多企业以提高市场占有率为目标。

　　例如，美国通用电气公司要求它的产品在各自市场上都要占据第一或第二位，否则就要撤回。该公司就曾将计算机和空调机两项业务的投资撤回，因为它们在其中无法取得独占鳌头的地位。但是，有些学者对该项研究提出不同的意见。它们的特点是产品质量较高，相对其高质量来说，价格中等或偏低，产品经营范围狭窄，其中大部分企业都主要生产常用的工业部件或原材料，对其产品很少改动。对有些行业的研究结果表明，市场占有率和利润率之间存在着一条V形关系曲线。在V形曲线上，大企业趋于追求占领整个市场并通过实现规模经济而获得较高的利润回报率。弱小的竞争者可集中经营某些狭窄的业务细分市场，从而制定专用于该细分市场的生产、市场销售和配销的策略方针，通过建立专业化的竞争优势也能获得较高的利润率。而在 V 形曲线底部的中等竞争者，既不能获得规模经济效益，又不能获得专业化竞争优势，因此利润回报率低。

PIMS 的研究结果表明：利润会随着企业在其所服务的市场上获得的市场占有率超过其竞争者而增加。奔驰公司之所以获得高额利润，是因为它在其所服务的豪华车市场上占有率高，尽管它在整个汽车市场上的占有率并不是很高。

不是在任何情况下市场占有率的提高都意味着收益率的增长，这取决于为提高市场占有率所采取的营销策略是什么，有时为提高市场占有率所付出的代价高于它所获得的收益。企业在提高市场占有率时应考虑以下 3 个因素：

① 引起反垄断诉讼的可能性。许多国家为维护市场竞争，制定了反垄断法，当企业的市场占有率超过一定限度时，就有可能受到反垄断的诉讼和制裁。

② 经济成本。当市场份额已达到一定水平后，若想再提高一步，边际成本就会非常大，甚至得不偿失。

③ 企业在争夺市场占有率时所采用的营销组合策略。有些营销手段对提高市场占有率很有效，但却未必能提高利润。

只有在下列两种情况下，市场占有率才同收益率呈正比：

单位成本随着市场占有率的提高而下降。福特汽车公司在 20 世纪 20 年代销售的"T 型车"便是采取了这种策略。

公司在提供优势产品时，销售价格的提高大大超过了为提高质量所投入的成本。美国学者克洛斯比认为：质量是免费的，因为质量好的产品可减少废品损失和售后服务的开支等，这就节约了成本。但是，其产品应投消费者所好，这样消费者就愿意支付超出成本的高价。

2. 市场挑战者战略

在行业中名列第二、三名等，处于次要地位的企业称为亚军公司或者追赶公司，如汽车行业的福特公司、软饮料行业的百事可乐公司等。这些公司对待当前的竞争情势有两种态度：一种是向市场领导者和其他竞争者发动进攻，以夺取更大的市场占有率，这时他们是市场挑战者；另一种是维持现状，避免与市场领导者和其他竞争者引起争端，这时他们是市场追随者。市场挑战者如果要向市场领导者和其他竞争者挑战，首先必须确定自己的战略目标和挑战对象，然后再选择适当的进攻政策。

（1）明确战略目标和挑战对象。战略目标同进攻对象密切相关，针对不同的对象存在不同的目标。一般来说，挑战者可以选择以下 3 种公司作为攻击对象。

① 攻击市场领导者。这一战略的风险很大，但是潜在收益可能很高。为取得进攻的成功，挑战者要认真调查研究顾客的需要及其不满之处，这些是市场领导者的弱点和失误。例如，施乐公司通过开发出更好的复印技术（用干式复印代替湿式复印），成功从 3M 公司手中夺走了复印机市场。

② 攻击与自身规模相当的企业。挑战者对一些与自己势均力敌的企业，可选择其中经营不善而发生危机者作为攻击对象，以夺取它们的市场。

③ 攻击区域性小型企业。对一些地方性小企业中经营不善而发生财务困难的，可作为挑战的攻击对象。

（2）选择进攻策略。在确定了战略目标和进攻对象之后，挑战者要考虑进攻的策略问题，原则是在关键时刻和地方集中优势力量。总的来说，挑战者可选择以下5种战略：

① 正面进攻。正面进攻就是集中兵力向对手的主要市场发动攻击，打击的目标是对手的强项而不是弱点。这样胜负便取决于谁的实力更强，谁的耐力更持久。进攻者必须在产品、广告、价格等主要方面大大领先于对手，方有可能成功。

进攻者如果不采取完全正面的进攻策略，也可采取一种变通的形式，最常用的方法是针对竞争对手实行削价。在研究开发方面的大量投资，降低生产成本，从而在低价格上向竞争对手发动进攻，这是持续实行正面进攻策略最可靠的基础之一。日本企业是实践这一策略的典范。

② 侧翼进攻。侧翼进攻就是集中优势力量攻击对手的弱点，有时也可正面佯攻，牵制其防守力量，再向侧翼或背面发动猛攻，采取"声东击西"的策略。

侧翼进攻可以分为两种：一种是地理性的侧翼进攻，即在全国或全世界寻找对手相对薄弱的地区发动攻击。例如，IBM公司的挑战者就是选择一些被IBM公司忽视的中小城市建立强大的分支机构，从而顺利地发展下去。另一种是细分型侧翼进攻，即寻找市场领导企业尚未很好满足的细分市场。例如，德国和日本的汽车生产厂商就是通过发掘一个尚未被美国汽车生产厂商重视的细分市场，即对节油的小型汽车的需要，获得极大的发展。

侧翼进攻不是指在两个或更多公司之间浴血奋战来争夺同一市场，而是要在整个市场上更广泛地满足不同的需求。因此，它最能体现现代市场营销观念，即"发现需求并且满足它们"。同时，侧翼进攻也是一种最有效和最经济的策略，较正面进攻有更多的成功机会。

③ 围堵进攻。围堵进攻是一种全方位、大规模的进攻策略，它在几个战线发动全面攻击，迫使对手在正面、侧翼和后方同时全面防御。进攻者可向市场提供竞争者所能供应的一切，甚至比对方还多，使自己提供的产品无法被拒绝。当挑战者拥有优于对手的资源，并确信围堵计划的实施足以打垮对手时，这种策略才有效。日本精工表在国际市场上就采取了这种战略。在美国，它提供了约400个流行款式、2 300种手表，占据了几乎每个重要的钟表商店。通过种类繁多、不断更新的产品和各种吸引消费者的促销手段，精工表取得了巨大的成功。

④ 迂回进攻。这是一种最间接的进攻策略，它避开了对手的现有阵地而迂回进攻。具体有3种办法：一是发展相关的产品，实行产品多元化经营；二是以现有产品进入新市场，实现市场多元化；三是通过技术创新和产品开发，以替换现有产品。例如，美国高露洁公司在面对强大的宝洁公司竞争压力下就采取了这种策略，即加强高露洁公司在海外的领先地位，在国内实行多元化经营，发展宝洁没有占领的市场，迂回包抄宝洁公司。该公司不断收购纺织品、医药产品、化妆品及运动器材和食品公司，结果获得了巨大成功。

⑤ 游击进攻。游击进攻主要适用于规模较小、力量较弱的企业，目的在于通过向对方不同地区发动小规模的、间断性的攻击来骚扰对方，使之疲于奔命，最终巩固永久性据点。游击进攻可采取多种方法，包括有选择性的降价、强烈的突袭式的促销行动等。应予以指出的是，尽管游击进攻可能比正面围堵或侧翼进攻节省开支，但如果想要打倒对手，光靠游击战是不可能达到目的的，还需要发动更强大的攻势。

从以上可以看出，市场挑战者的进攻策略是多样的。一个挑战者不可能同时运用所有策略，但也很难单靠某一种策略就获得成功，通常是设计出一套策略组合，通过整体策略来改善自己的市场地位。

3. 市场跟随者战略

美国市场学学者里维特教授认为，有时产品模仿像产品创新一样有利。因为一种新产品的开发和商品化要投入大量资金，也就是说，市场领导者地位的获得是有代价的。而其他厂商仿造或改良这种产品，虽然不能取代市场领导者，但因不必承担新产品的创新开发费用，也可获得很高的利润。

以上说明，并非所有在行业中处于第二位的公司都会向市场领导者挑战。因为这种挑战会遭到领导者的激烈报复，最后可能无功而返，甚至一败涂地。因此，除非挑战者能够在某些方面取得优势，如实现产品重大革新或是配销有重大突破，否则，他们往往宁愿追随领导者，而不愿对领导者贸然发动攻击。

这种"自觉并存"状态在资本密集且产品同异性高的行业（如钢铁、化工等）中是很普遍的现象。在这些行业中，产品差异化的机会很小，而价格敏感度却很高，很容易爆发价格战，最终导致两败俱伤。因此，这些行业中的企业通常会形成一种默契，彼此自觉地不互相争夺客户，不以短期市场占有率为目标，以免引起对手的报复。这种效仿领导者为市场提供类似产品的市场跟随战略，使行业市场占有率相对稳定。

但是，这不等于说市场跟随者就无策略可言。市场跟随者必须懂得如何维持现有的顾客，并争取一定数量的新顾客；必须设法给自己的目标市场带来某些特有的利益；还必须尽力降低成本并保持较高的产品质量和服务质量。跟随并不等于被动挨打，追随者必须要找到一条不会招致竞争者报复的成长途径。具体来说，跟随者策略可分为以下3类：

（1）紧密跟随。跟随者尽可能地在各个细分市场和营销组合领域仿效领导者。这种跟随者有时好像是挑战者，但因其不从根本上危及领导者的地位，所以不会发生直接冲突。

（2）有距离的跟随。跟随者在目标市场、产品创新、价格水平和分销渠道等方面都追随领导者，但仍然与领导者保持若干差异。这种跟随者易被领导者所接受，同时它也可以通过兼并同行业中的弱小企业而使自己发展壮大。

（3）有选择的跟随。跟随者在某些方面紧随领导者，而在另一些方面又自行其是。也就是说，它不是盲目追随，而是择优跟随，在跟随的同时还要发展自己的独创性，但避免直接竞争。这类跟随者之中有些可能发展成为挑战者。

此外，还有一种特殊的跟随者在国际市场上十分猖獗，即"冒牌货"。这些产品具有很大的寄生性，它们的存在对许多国际驰名的大公司是一个巨大的威胁，已成为新的国际公害，因此必须制定对策，以清除和击退这些"跟随者"。

4. 市场利基者战略

几乎每个行业都有小企业，它们专心致力于市场中被大企业忽略的某些细分市场，在这些小市场上通过专业化经营来获取最大的收益。这种有利的市场地位就称为"利基"，而市场利基者，就是指占据这种位置的企业。

有利的市场位置（利基）不仅对小企业有意义，对某些大企业中的较小业务部门也有意义，它们也常设法寻找一个或多个既安全又有利的利基。一般来说，一个理想的利基具有以下几个特征：①有足够的市场潜力和购买力；②市场有发展潜力；③对主要竞争者不具有吸引力；④企业具备有效地为这一市场服务所必需的资源和能力；⑤企业已在顾客中建立起良好的信誉，足以对抗竞争者。

一个企业如何取得利基呢？获取利基的主要策略是专业化，公司必须在市场、顾客、产品或渠道等方面实行专业化。

（1）按最终用户专业化，即专门致力于为某类最终用户服务。例如，书店可以专门为爱好或研究文学、经济、法律等的读者服务。

（2）按垂直层次专业化，即专门致力于为生产、分销循环周期的某些垂直层次经营业务服务，如制铝厂可专门生产铝锭或铝质零部件。

（3）按顾客规模专业化，即专门为某一种规模（大、中、小）的客户服务，如许多利基者专门为大公司忽略的小规模顾客服务。

（4）按特定顾客专业化，即只为一个或几个主要客户服务，如美国一些企业专门为希尔斯百货公司或通用汽车公司供货。

（5）按地理区域专业化，即专为国内外的某一地区或地点服务。

（6）按产品或产品线专业化，即只生产一大类产品，如日本的 YKK 公司只生产拉链这一业务。

（7）按客户订单专业化，即专门按客户订单生产预订的产品。

（8）按质量与价格专业化，即选择在市场的底部（低质低价）或顶部（高质高价）开展业务。

（9）按服务项目专业化，即专门提供一种或几种其他企业没有的服务项目，如美国一家银行专门承办电话贷款业务，并为客户送款上门。

（10）按分销渠道专业化，即专门服务于某一类分销渠道，如生产适用超级市场销售的产品。

市场利基者要承担较大的风险，因为利基本身可能会枯竭或受到攻击。因此，在选择市场利基时，营销者通常选择两个或两个以上的利基，以确保企业的生存和发展。不管怎样，只要营销者善于经营，小企业也有机会为顾客提供服务并获得利润。

【任务实施】

汽车细分市场分析

阅读相关学习资料，以小组为单位选择一款车型详细分析其所对应的细分市场，并根据实施要求完成对应任务。

1. 目的要求

（1）能够了解汽车市场细分的概念和作用，掌握汽车市场细分的标准与原则。

（2）学会各种汽车市场定位的策略和方法，熟悉各种汽车企业竞争战略。

（3）能够正确分析所选车型对应的细分市场，并分析其确定的目标市场，写出分析报告。

2. 任务要求

（1）本次任务以小组为单位完成。

（2）任务完成过程参考知识准备中汽车细分市场内容进行分析。

3. 实训步骤

（1）由老师把学生分为若干组（每组4～6人），各组分工合作，每组指定专人负责，商量确定本次分析的品牌及车型。

（2）各小组根据已选定的品牌车型进行细分市场和目标市场分析。

（3）各小组派代表上台讲解本小组的分析结果，用PPT形式展示。

（4）其他小组成员和任课教师对各小组的分析报告进行提问，并提出相应的修改意见。

（5）各小组根据老师和学生所提的意见修改分析报告。

（6）上交修改后的分析报告。

4. 分析报告提交方式

上交书面分析报告。

＿＿＿＿＿＿＿＿＿（车型）汽车细分市场分析报告

1 引言

1.1 研究背景与目的

1.2 研究方法与数据来源

2 ＿＿＿＿＿＿＿＿＿（车型）市场定位

2.1 整体市场概览

2.2 细分市场定位

2.3 竞争环境分析

3 目标消费群体

3.1 消费者人口统计特征

3.2 消费者心理特征

【评价与反馈】

实习指导教师检查作业结果，并针对任务实施过程中出现的问题提出改进措施及建议。评分标准如下：

（1）市场分析报告的内容是否完整、科学。

（2）市场分析报告是否正确。

（3）发言代表口头表达是否流畅，仪态是否大方得体。

（4）PPT 制作是否简明，重点突出。

（5）回答问题是否到位、准确。

任务四　汽车产品策略

【学习目标】

1. 了解产品及产品组合的概念及内容。
2. 熟悉几种重要的产品策略。
3. 熟悉产品生命周期理论，掌握生命周期各阶段的营销策略。

【任务描述】

某品牌汽车产品组合图谱：通过相关知识学习，以小组为单位选择一个汽车品牌，绘制其产品组合图谱，并根据任务实施步骤完成课后任务。

【知识准备】

一、产品与产品组合

（一）现代市场营销关于产品的概念

GB/T 9000 系列标准指出的产品定义是"活动或过程的结果"或者"活动或过程本身"。该定义给出的产品概念，既可以是有形的，如各种实物；也可以是无形的，如服务、软件；还可以是有形与无形的组合，如实施一个由计算机控制的某种产品的生产过程。

市场营销是一个满足用户需要的过程。用户的需要包括物质方面的需要和心理方面的需要，以及满足自己心理和精神上的需要，如身份、地位、富贵、舒适等。尤其是那些轿车用户更是如此。此外，汽车产品的用户还希望制造商能够提供优质的售后服务，如备件充足、维修网点多、上门服务、"三包"等。由此可见，现代市场营销产品的概念是一个包含多层次的整体概念。因此市场营销学对产品的定义是：凡是能够提供给市场，以引起人们注意、获取、使用或消费，从而满足顾客某种欲望和需要的一切东西。它包括实物、服务、场所、组织和构思等，这就是市场营销中的"产品整体概念"。

汽车产品整体概念，又被称为广义的汽车产品概念。它把汽车产品理解为由 5 个层次组成的整体，如图 2.4 所示。

第一层是汽车核心产品层，又称汽车实质产品层，是指向汽车消费者提供的基本效用或利益。汽车消费者购买某种品牌汽车产品并不是为了占有或获得汽车产品本身，而是为了满足以车代步的需要。这是汽车产品的核心内容。故而，营销活动所推销的是汽车产品的基本效用或利益，而非汽车产品的表面特征。

第二层是汽车形式产品层，又称汽车基础产品层，是指汽车核心产品借以实现的基本形式，即向市场提供的实体或劳务的外观。汽车产品的外观指汽车产品出现于市场时具有可触摸的实体和可识别的外观，并不仅仅指其具有的外形。汽车市场营销学将汽车形式产品归结为 4 个标志：质量水平、外观特色、汽车造型、汽车品牌。由于汽车产品的基本效用必须通过某些具体的形式才能实现，所以汽车市场营销人员应该从汽车消费者购买汽车产品时所追求的实际利益出发去寻求其实现形式，进行汽车产品设计。

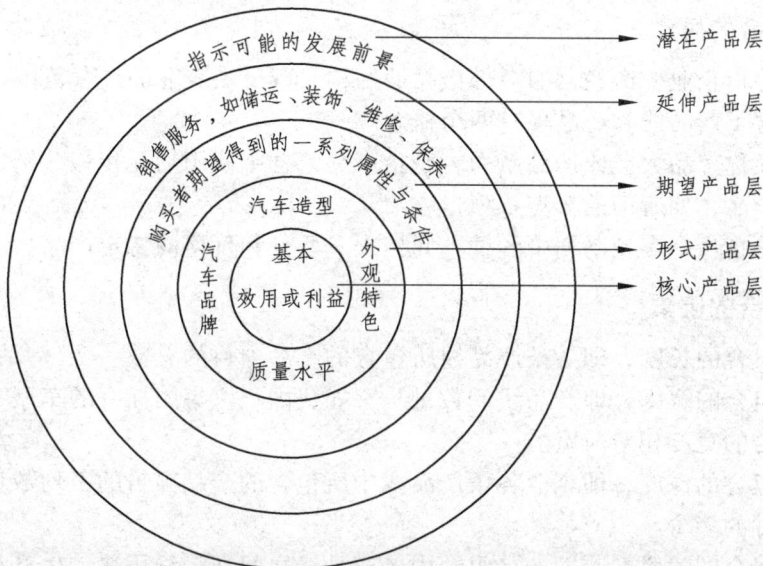

图 2.4　产品整体概念的 5 个层次

第三层是汽车期望产品层，是指汽车消费者在购买该汽车产品时期望能得到的东西。期望产品实际是指一系列属性和条件。例如，汽车消费者期望得到舒适的车厢、导航设施、安全保障设备等。

第四层是汽车延伸产品层，又称汽车附加产品层，是指汽车消费者购买汽车形式产品和汽车期望产品时能得到的附加服务及利益，即储运、装饰、维修、保养等。例如，美国的汽车业通常提供 4 种担保：基本担保、动力装置担保、腐蚀担保和排放物担保。但为了满足不同的服务需求，1987 年 1 月福特公司推出 4 种延伸服务计划（ESP），集中向零售商和汽车消费者提供汽车延伸服务。汽车延伸产品的观念来源于对汽车消费者需要的深入认识。

汽车延伸产品的设计应该注意 3 点：其一，任何汽车延伸产品都将增加汽车企业的成本，因此营销人员在设计汽车延伸产品时并不是越多越好，应考虑汽车消费者是否愿意承担因此产生的额外费用。其二，汽车延伸产品给予汽车消费者的利益将很快转变为汽车消费者的期望利益。由于竞争者为了吸引消费者而不断增加汽车延伸产品，所以汽车延伸产品的设计不是一劳永逸的事情，而应根据消费者的需要和竞争者的动向，不断改进。其三，由于汽车延伸产品提高了汽车产品的价格，所以促使某些竞争者剥除汽车延伸产品，以降低价格，吸引其他细分市场的汽车消费者。因此，经济型轿车会与豪华型轿车并存，以低廉的价格满足汽车消费者最基本的代步需要。

第五层是汽车潜在产品层，是指包括现有汽车产品的所有延伸和演进部分在内，最终可能发展成为未来汽车产品的潜在状态的汽车产品。汽车潜在产品指出现汽车产品的可能发展前景，如普通汽车可以发展为水陆两用的汽车等。汽车延伸产品主要是今天的汽车产品，而汽车潜在产品则代表着今天的汽车产品可能的演变。

（二）产品组合的内涵

1. 产品组合的概念

产品组合是指企业生产经营的全部产品的结构，既反映企业的经营范围，又反映市场开发的深度，包含了产品线和产品项目两个概念。

产品线，又称产品大类或产品系列，是指产品组合中使用功能相似，销售渠道、消费群体类同的一组产品，如所谓的车型系列。

产品项目是指一个车型系列中各种不同档次、质量和价格的特定产品。

2. 产品组合的因素

（1）产品组合的长度，即各条产品线所包含的产品项目的总数。

（2）产品组合的宽度，即产品线的数量。譬如我国一汽集团拥有的车型、品牌系列均较多，其产品组合的宽度相对较宽。

（3）产品组合的深度，即企业各条产品线中所包含的产品项目的平均数量，如一个车型系列中产品品种的多少。

（4）产品组合的关联度，即产品组合中各产品线之间在最终用途、生产技术、销售渠道以及其他方面的相关程度，如两个系列车型零部件总成的通用性高低。

以上产品组合如图 2.5 所示。

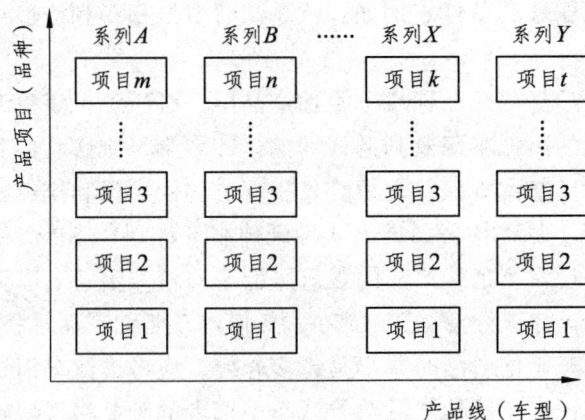

图 2.5 产品组合

（三）产品组合的调整

现代社会科学技术发展迅猛，市场需求变化大，再加上竞争形势和企业内部条件的变化，不论生产经营单一产品的企业，还是生产经营多种产品的企业，其产品销售情况有的可能很好，销售和利润增长较快；有的产品销售和利润的增长已趋于平稳；有的产品销售发展比较缓慢；而有的产品可能已趋向衰败。因此，企业有必要对现有产品组合进行调整。

1. 产品组合调整基本原则

（1）满足需要原则。产品的开发是为了满足消费需求服务的，产品组合中的每一个项目都要能满足市场需要，生产的产品要具备一定的市场规模。

（2）利润原则。利润是企业营销的最终目的，不管是产品开发还是产品线的调整，都要考虑企业利润。

（3）竞争原则。建立产品组合时要从竞争的角度出发，采取与竞争者"避实就虚"的策略。

（4）资源利用原则。产品结构选择要考虑企业人力资源、设备条件、财力状况等资源，如果有闲置的资源，可再增加产品组合的长度和宽度。

2. 产品组合的调整策略

（1）产品项目（品种）发展策略。企业如果增加产品品种可增加利润，那就表明产品项目（品种）太短；如果减少品种可增加利润，那就表示产品项目（品种）太长。产品线长度应主要取决于企业的经营目标。目前我国汽车市场已经进入买方市场，各汽车企业有增加产品项目长度，不断丰富产品品种的趋势。产品项目的调整是企业市场营销经常面临的决策。营销人员必须经常根据汽车市场行情的变化，分析各品种的销售增长率和利润率，以确定各品种的获利能力，决定增加或减少哪些品种的生产与投放，从而保证市场营销取得最大的成果。

（2）产品线（车型系列）发展策略。企业产品系列的发展受到各种因素的制约。这些因素主要有：①其他企业的产品系列，即其他企业是否有相同系列的汽车产品。如有，这些产品的水平如何，市场上是否畅销，市场规模有多大等，这些问题的答案将影响本企业的产品线发展。②本企业的经营战略如何。③本企业的产品开发能力以及产品线形成生产能力所需的资金等。企业至少对上述问题调查摸底后，才能制定科学的产品发展规划。所以产品线发展策略实际上是一个做好企业新产品开发决策的问题。

（3）淘汰产品策略。对一些已不能满足市场需求，又不能为企业带来经济效益的产品，企业应做出果断决策，淘汰和放弃这些产品，避免更大的损失。

汽车产品组合决策对企业的市场营销有着重要意义：增加产品组合宽度（如车型系列多），扩大经营范围，减少单一车型的经营风险；增加产品组合的长度或深度（品种多），可使产品线丰满，同时给每种汽车产品增加更多的变化因素，有利于企业细分市场，提高产品的市场占有率和用户满足率。在市场竞争激烈的情况下，增加产品品种是提高企业竞争力的常用手段。目前我国的汽车市场，除了中型载货汽车的品种发展较为完善外，其余各种车型都还有很大的品种发展空间。而在轿车和重型汽车方面对车型系列的发展空间还很大，因而各车企更要做好产品线与产品项目的决策，以谋求更大的发展空间。

二、产品生命周期理论与营销策略

任何一种产品（如某个车型系列），在市场上都不会永远畅销，自投入市场到退出市场都要历经销售形势由弱到强，又由盛转衰的发展演变过程。由于这一规律的存在，企业就必须做到：①企业必须为其处于不同发展阶段的产品制定适当的营销策略，即产品的阶段营销策略。②企业必须不断做好产品改进和新产品的研发工作，不断向市场推出新产品，以取代那些处于衰退和即将衰退的产品；否则，企业就不可能持久地立足于市场。

（一）产品市场生命周期理论

1. 产品市场生命周期的定义

产品生命周期是现代市场营销的一个重要概念。产品生命周期是指一种产品自开发成功和上市销售，在市场上由弱到强，又由盛转衰，再到被市场淘汰所持续的时间。其长短主要取决于市场竞争的激烈程度和科技进步的快慢。企业对自己产品生命周期发展变化的研究，有助于掌握其市场地位和竞争动态，为制定产品策略提供依据，对增强企业的竞争能力和应变能力也有重要意义。

2. 产品生命周期的形态

一般认为，产品生命周期的典型形态包括以下 5 个阶段。

（1）产品开发期。产品开发期是产品生命的培育阶段，它始于企业形成新产品的构思。在此阶段，产品的销售量为零，企业投入的研究开发经费与日俱增。

（2）市场导入期。在市场导入期，产品开始上市，知名度还不高，销售增长率缓慢。为打开市场，企业对该产品的促销宣传等费用投入较多，该产品很可能还没有为企业带来利润。

（3）快速成长期。在快速成长期，产品的知名度日益增加，销售增长率迅速增长，利润显著增加，竞争者的类似产品也可能开始出现。

（4）平衡成熟期。在平衡成熟期，产品开始大量生产和销售，销售量和利润额达到高峰后开始下降，销售增长率趋缓，市场竞争加剧，产品成本和价格趋于下降。但在成熟期后期，营销费用开始渐增。

（5）衰退期。在衰退期，市场竞争激烈，开始出现替代性新产品。原产品的销售量明显下降，销售增长率为负值，利润明显下降，最后因无利可图而退出市场。

产品生命周期是一种理论抽象，虽然各个阶段的转化一般没有具体的数量界限，难以具体地去描述它，但它又是客观存在的，是可以感知的。通常，根据产品销售量、销售增长率和利润等变化曲线的拐点去划分，如图 2.6 所示。不同产品生命周期的长短，以及各个阶段时间的长短，都可能有较大的差异。但总的来说，随着科技进步的加快以及竞争的加剧，产品生命周期有缩短的趋势。结合汽车产品而言，汽车市场营销人员在判断产品处于生命周期哪个阶段时，应综合加以分析，不能仅以销售量去衡量。因为汽车市场形态还会受到国家宏观调控政策的影响，一时的滞销可能是由于国民经济处于低速运行状态，此时不一定意味着产品到了衰退期；反之，一时的畅销可能是由于经济发展过热，此时不一定意味着产品处于成长期。所以企业对产品所处的生命周期阶段要综合进行判断。

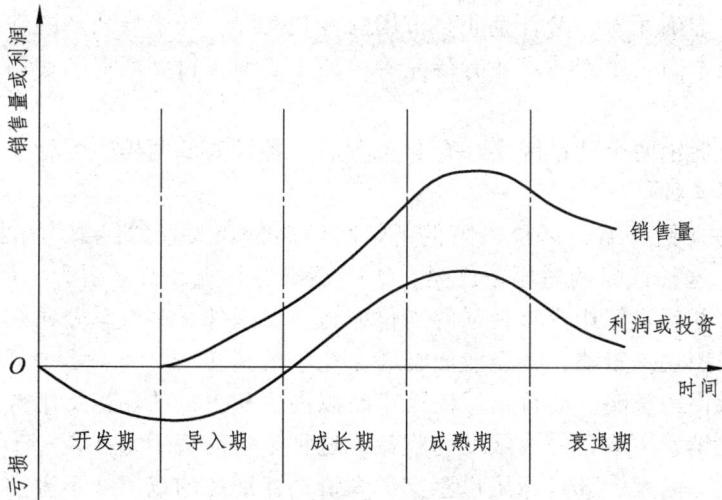

图 2.6　产品生命周期示意图

现实生活中，具体产品的生命周期形态更是多种多样。比如：有的产品因预测失误，在导入期便夭折；有的产品在设计时虽然看来尽善尽美，但市场却不接受，销售增长十分缓慢；有的产品在成长期后可能没有成熟期而直接转入衰退期；有的产品可能在衰退期还能"起死回生"。所以产品的生命周期并不是都呈现图 2.6 所示的形态。随着企业在不同阶段采取的营销策略的不同，产品生命周期也会表现出不同的形态，如图 2.7 所示。对企业来讲，理想的产品生命周期形态应该是：开发期、导入期和成长期要短，投入要少，很快达到销售高峰，并持续很长的时间，企业可以获取大量利润；而且衰退期要缓慢，利润缓慢减少。企业应当通过实施正确的营销策略，尽量让产品的生命周期按理想的形态发展。

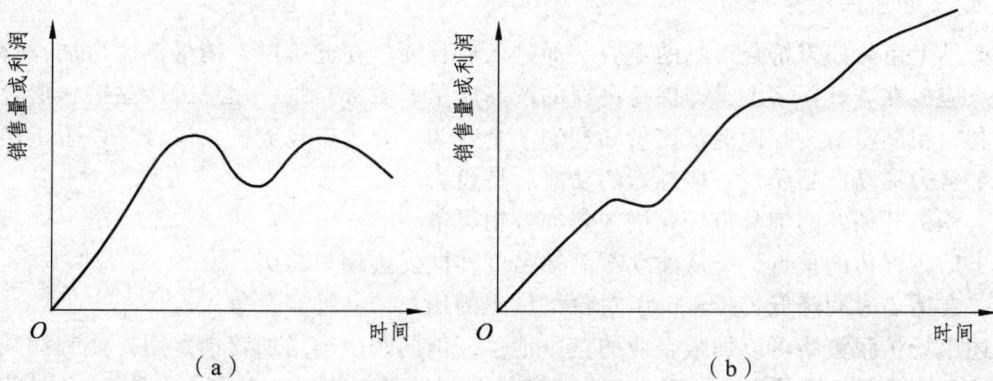

图 2.7　产品生命周期的不同形态

（二）产品生命周期各阶段的营销策略

产品在不同生命周期阶段具有不同的市场特点，需要制定相应的营销目标和营销策略。

1. 导入期的营销策略

在市场导入期，为了打开新产品的知名度，企业需要大力促销，广泛宣传，引导和吸引潜在用户，争取打通分销渠道，并占领市场。此时，营销策略要突出一个"准"字，即市场定位和营销组合要准确无误，符合企业和市场的客观实际。处于导入期的新产品，由于产量小、销售量小、成本高、生产技术还有待完善，加之必须支付高额促销费用，所以定价需要高一些。

如果把价格与促销两个营销因素综合起来考虑，各设高低两档，则处于导入期的新产品的营销策略有以下4种：

（1）高价格高促销策略。高价格高促销策略以高价和大量的促销支出推出新产品，以期尽快收回投资。这种策略的适用条件是：①产品确有特点，有吸引力，但知名度还不高；②市场潜力很大，并且目标用户有较强的支付能力，如国外一些汽车公司在推出富有特色的中高级轿车时常采用这一策略；③企业面临潜在竞争的威胁。

（2）高价格低促销策略。高价格低促销策略以高价和少量的促销支出推出新产品，目的是以尽可能低的促销费用取得最大限度的收益。这种策略的适用条件是：①市场规模有限；②产品已有一定的知名度；③目标用户愿支付高价；④潜在的竞争并不激烈。

（3）快速渗透策略。快速渗透策略以低价和大量的促销支出推出新产品，以争取迅速占领市场，然后再随着销量和产量的扩大，使产品成本降低，取得规模效益。这种策略的适用条件是：①市场规模很大，但用户对该产品还不了解；②多数购买者对价格十分敏感；③潜在竞争的威胁严重；④单位成本有可能随生产规模扩大和生产经验的积累而大幅度下降。如日本、韩国的汽车公司在刚进入北美市场时，便采用了此种营销策略。

（4）缓慢渗透策略。缓慢渗透策略以低价和少量的促销支出推出新产品。低价可扩大销售，少量促销支出可降低营销成本，增加利润。这种策略的适用条件是：①市场规模很大且消费者熟悉该产品；②市场对价格敏感；③存在潜在竞争者的市场环境。

企业应根据具体情况灵活运用以上营销策略。

2. 成长期营销策略

新产品上市后如果符合市场的需要，即进入成长期。在此阶段，销量迅速增加，营销策略的重点应放在"好"字上，即保持良好的产品质量和服务质量，切忌因产品销售形势好就急功近利，粗制滥造，片面追求产量和利润。企业为了促进市场成长，应做好以下工作：

（1）努力提高产品质量，增加新的功能、特色。

（2）积极开拓新的细分市场和增加新的分销渠道。

（3）广告宣传的重点，应从建立产品知名度转向促进用户购买。

（4）在适当时间降低售价，吸引对价格敏感的用户，并抑制竞争。

上述市场扩张策略可以加强企业的竞争地位，但同时也会增加营销费用，使利润减少。因此，对于处于成长期的产品，企业面临两难抉择：是提高市场占有率，还是增加当期利润。如果企业希望取得市场主导地位，就必须放弃当期的最大利润，而期望下一阶段获得更多的收益。

3. 成熟期营销策略

产品进入成熟期的标志是销售增长率减缓，市场趋于稳定，并持续较长时间。由于销售增长率降低，竞争日益加剧，品牌逐渐形成。这个阶段的营销策略，应突出一个"争"字，即争取稳定的市场份额，延长产品的市场寿命。

企业对处于这个阶段的产品不应满足于保持既得利益和地位，而要积极进取，进攻是最好的防御。成熟期可供选择的策略有以下 3 种：

（1）调整市场。寻找新的细分市场和营销机会，特别是要提高产品的地区覆盖率，挖掘更多的用户。

（2）改进产品。企业可通过改变产品特性，吸引顾客，扩大销售。它又包括两种策略：一是提高产品质量，主要是改善产品性能。如提高汽车的动力性、经济性、操纵稳定性、舒适性、制动性和可靠性等来创品牌、保品牌。此种营销策略适合于企业的产品质量有改善余地，而且多数买主期望提高质量的情况。二是增加产品的功能，即提高产品的使用功效。如提高轿车的观赏性、舒适性、安全性和动力性等，采取使小型车高级化等措施，都有利于增加产品品种，扩大用户选择的余地，使用户得到更多的效用。

（3）调整营销组合。企业可通过改变营销组合的一个或几个因素，来扩大产品的销售。如开展多样化的促销活动，改变分销渠道，扩大附加利益和增加服务项目等。营销组合之所以必须不断调整，是因为它们很容易被竞争者效仿，致使企业失去竞争优势。

4. 衰退期营销策略

企业对处于衰退期的产品，如仅仅采取维持策略，其代价常常是巨大的，不仅要损失大量利润，而且还有许多其他损失。例如，在经营管理上要花费很多精力和时间，影响企业的声誉并影响新产品的开发，损害企业形象，削弱企业在未来市场上的竞争能力。因此，对大多数企业来说，应该当机立断，弃旧图新，及时实现产品的更新换代。在这个阶段，营销策略应突出一个"转"字，即有计划、有步骤地转生产新产品。

当决定放弃某种"超龄"产品时，还要进一步做出以下决策：是彻底停产放弃，还是把该品牌出卖给其他企业；是快速舍弃，还是渐进式淘汰。需注意的是：企业的老产品停产后，应继续安排好其配件供应，以保证老用户的使用需要；否则，企业形象仍会受到损害。

综上所述，产品生命周期各阶段及相应的营销策略可归纳如表 2.5 所示。

表 2.5 产品生命周期各阶段及相应营销策略

产品生命周期	开发期	导入期	成长期	成熟期	衰退期
销售额	无	低	迅速上升	达到顶峰	下降
单位成本	高	高	平均水平	低	低
利润	无	无	上升	高	下降
营销策略	尽快上市	建立知名度	提高市场占有率	争取利润最大化	推出新产品

三、汽车品牌与商标策略

【案例 2.4】

雷克萨斯的美国销售之路

20 世纪 60 年代，丰田小型车撬开了美国汽车市场，但高档车皇冠却败走麦城，丰田因此背上了"廉价、低档车"的坏名声。经过 4 年的精心筹划，1989 年丰田在美国推出了雷克萨斯。为了不让丰田品牌连累雷克萨斯，在美国雷克萨斯拥有独立的渠道、独立的专卖店，一切都与丰田品牌迥然不同，甚至长期不在日本本土销售，直到 2005 年才开始出口转内销。

1999 年起，雷克萨斯在美国的销售量超过奔驰、宝马。此后 6 年，连续摘走美国豪华车销售量第一的桂冠。2005 年雷克萨斯在全球销售了 39 万辆，其中 30 万辆销售于北美。据调查，雷克萨斯的新车质量、可靠性、顾客满意度，均位列美国豪华车市场第一，被美国人称为"雷克萨斯的奇迹"。

（一）汽车品牌概述

1. 汽车品牌的概念

汽车品牌是指用来标志并识别某一或某些车型的符号系统。美国市场营销协会定义委员会对品牌的定义是："品牌是用以识别一个或一群出售者的产品，并与其他竞争者相区别的名称、名词、符号和设计，或者以上四者之组合。"这是对品牌最原本、最直白的表述，是狭义的理解。今天，品牌对于企业来讲，已不仅仅只是一种符号和标记，已成为企业创造核心竞争力的战略措施。从更深层次来理解，品牌是对企业整体的诠释：品牌蕴含企业的核心价值；品牌体现企业经营思想；品牌是企业精神的物化；品牌反映产品技术与质量；品牌传递消费者需求。

那么，可以从更深层次的意义来理解，品牌是代表了企业和产品形象，用以感知、感觉、认知企业和产品的价值系统。

2. 汽车品牌的意义

（1）汽车品牌是消费选择的依据。品牌是消费选择的线索，品牌是产品的代表。当消费者受时间和空间的限制，难以身临其境，无法耳闻目睹某种车型的时候，那就只有按图索骥，根据品牌所提供的信息，即文字或图形标志，来选择自己所需要的汽车。特别是当消费者已经胸有成竹，已经心仪于某一汽车品牌的时候，汽车品牌无疑就成了名副其实的导购。

其实，比选择依据更为重要的是，品牌还是沟通供需的桥梁。汽车品牌不仅是消费者选择的依据，而且也是生产者与消费者进行沟通的桥梁。为了适应这种销售模式，有人提出了"品牌营销"的思想，即创造品牌，销售品牌。1998 年，我国一汽集团就抛弃了多品牌"捆绑销售"的模式，实行"品牌专卖"的销售模式，并取得捷达、奥迪、解放、红旗 4 大品牌车销量的持续增长。

（2）品牌是汽车价值的体现。品牌作为产品的代表，不但代表着汽车的车型，而且代表着汽车的价值和附加价值，是汽车功能、质量、信誉和形象的综合反映，是汽车生产厂家对消费者提供的价值保证。美国通用汽车公司副总裁杨雪兰女士在题为"中国汽车业如何在强手林立的国际市场取胜"的报告中指出："成功的基本要素是产品及质量，而成功的主要因素是销售和品牌。"她认为，品牌具有价值，可以使产品卖出更好的价钱，可以为企业创造更大的市场；品牌生命持久，一款新车的市场寿命非常短暂，但一个品牌的市场寿命却天长地久；一辆汽车的交易是一次性的，一个优秀品牌则会赢得顾客一生的信赖。好的品牌可以创造牢固的客户关系，形成稳定的市场，这就是品牌的价值所在。品牌还是价值连城的财富。从市场营销的角度看，品牌因形象设计而获得价值，因商标注册而得到保值，因广告宣传而不断增值，因汽车消费等而持续增值。随着品牌知名度和美誉度的不断提高，文化的品牌甚至可以超过物质的汽车而成为企业巨大的无形资产。在世界汽车行业，通用无疑是最有价值的品牌之一，价值高达上亿美元。在"中国最有价值品牌研究"的年度报告中，一汽集团 2013年的品牌价值为 684.19 亿元，位居中国汽车行业第一。

（3）汽车品牌是汽车价值的象征。如劳斯莱斯代表着高贵，奔驰是高质量的代名词，而沃尔沃则是安全的保证。

（4）汽车品牌是企业经营理念的象征。如今，汽车品牌已经向企业品牌过渡。奔驰是德国奔驰汽车公司追求质量、服务的象征；丰田则代表日本丰田汽车公司"顾客第一、销售第二"的经营理念。

（5）汽车品牌是身份和地位的象征。奔驰象征着上流社会的成功人士，劳斯莱斯是身份显赫的贵族，福特则是踏实的中产阶级白领。这种人格化的品牌特征成为社会地位、财富、身份甚至职业的象征，成为车主的第二身份特征。因此，汽车生产厂商已经从制造汽车过渡到了制造品牌、创造价值。汽车经销商也由销售汽车向销售品牌、传递价值转变。

（二）汽车品牌的组成

1. 汽车品牌

品牌是由名称、名词、符号和设计所构成的组合。名称（文字）和图形是品牌的核心要素。文字与图形是用以标志并识别产品的符号系统，可以是文字标志的形式，可以是图形标志的形式，也可以是文字与图形的组合。如被国家工商总局最先认定为"驰名商标"的"东风"品牌，其文字标志为行书的"东风"，其图形标志则是抽象的"燕子"。

2. 汽车商标

品牌和商标好似一棵大树，可以容纳门类不同的汽车车型。汽车商标往往有着特定的寓意。德国宝马品牌的商标由圆形中的字母和蓝白相间颜色构成，字母宝马是制造商巴伐利亚发动机股份有限公司的简称，蓝白颜色象征着蓝天白云（巴伐利亚发动机股份有限公司历史以生产飞机发动机著称）；法国标致汽车的车标是只站立的狮子，是创始人别儒家族的徽记；德国大众汽车车标是由在圆环内的 V 和 W 叠加而成，取自德文单词 Volks 和 Wagen（大众化的车）的头一个字母；日产马自达的英文意思是希腊神话中的光明之神，其标志是一个艺术化的 M，寓意翱翔中的双翅，象征着飞向未来，飞向世界。1958 年 5 月 12 日，我国自行制造的第一辆轿车，虽名为"东风"，但车标却是一条"金龙"。3 个月后，"东风"扬起了"红旗"。不论是"东风压倒西风"还是"红旗漫卷西风"，在当时的历史条件下都具有极其深远的意义。

（三）品牌策略

1. 品牌命名策略

（1）体现个人意志的命名策略。体现个人意志，是指以个人智慧为基础，由企业决策者或者专家和专家集团等来决定汽车的品牌。从管理学的角度看，这是一种非常传统的命名模式。当企业管理权和资本所有权紧密结合并"合二为一"的时候，采取此种命名模式就不可避免了。

一般来说，体现个人意志的命名模式，大多集中在汽车产生和发展的早期阶段。以卡尔·本茨为首，当他们生产了自己的汽车，或者创办了自己的汽车工厂时，了名垂青史，几乎无一例外地将工厂或者汽车冠上自己的大名。除本茨即奔驰之外，为大家所熟悉的还有戴姆勒、福特、标致、雷诺、别克、欧宝、丰田、本田、铃木、摩根、雪铁龙、克莱斯勒、罗尔斯·罗伊斯等。其中，最为著名的事例当数奥迪公司的文字标志和福特公司的形象标志。德国人河古斯特·霍尔希创建了一家汽车厂，即把汽车厂命名为"霍尔希汽车厂"；因与公司上层意见不合而重建了一个汽车厂，仍然叫"河古斯特·霍尔希汽车厂"；因与原来的汽车厂重名而被告上法庭，在法院裁定必须改名后仍然"痴心不改"，不惜把德文霍尔希 Horch 转换成拉丁文霍尔希 Audi，即经改造而成的"奥迪"。亨利·福特不但以自己的名字为企业冠名，而且因为他本人喜欢小动物，其形象标志也就成了小白兔。

（2）体现群体智慧的命名策略。体现群体智慧，是指在广泛征求群众意见的基础上，通过多中选优的过程来决定汽车的品牌。从市场营销学的角度看，汽车的品牌，不但是汽车的代表，而且是消费者选择的依据和汽车价值的体现，具有强烈的促销功能。同时，理想的汽车品牌，还具有为汽车增色添彩，附加价值的作用。小小品牌通天下，"无烟作坊"创效益，世界上许多汽车大家们，都把品牌设计视为一种与汽车生产并驾齐驱的"价值工程"。

【案例 2.5】

福特公司从 1947—1957 年历时 10 个春秋才开发出来的"埃德塞尔"牌中档轿车，其品牌也是从 2 000 多个候选方案中精心挑选而来的。在我国，江铃与福特公司联合开发的"全顺"汽车，其品牌也是征集而来的。此款名为 Transit 的汽车，原来有"捷运"和"穿梭"两个中文名字。但是，无论是江铃还是福特公司都认为这两个名字差强人意。于是，公司决定向社会公开征集 Transit 车的中文标志。1997 年 1 月 9 日，江铃公司以"Transit 车已来中国，怎么称呼 Transit 车中国名"为题，在《经济日报》上刊登了半版征名广告。要求寓意深刻，符合特点，易识、易记，贴近中国汽车文化，最好能与 Transit 相谐音。广告登出后，公司共收到有效应征作品 3 767 件。经征名活动评委会反复评议、精心挑选，认为"全顺"品牌不但贴近中国文化，符合中国公众追求吉祥、平顺的心理，而且与 Transit 的读音相若，不失为上乘之作，遂以"全顺"登征文并发布。

资料来源：宋润生，韩承伟. 汽车营销基础与实务[M]. 北京：机械工业出版社，2024.

（3）移花接木的命名策略。移花接木，即借用其他公司的汽车品牌，为自己生产的汽车命名。通用公司为了向欧洲轻型汽车领域扩展，并与主要由标致/雪铁龙和菲亚特公司结成的联盟进行竞争，于是采取了一项堪称"合纵连横"的策略，与法国雷诺公司签订了一项联合开发、生产并销售商用车的协议。根据该协议，雷诺公司将雷诺品牌提供给通用下属的欧宝公司，然后由欧宝和沃克斯豪尔品牌进行商用车销售。此外，雷诺正在开发一种 2.8 ~ 3.5 吨的商用车系列产品。该系列产品也将在雷诺公司的工厂生产，并以欧宝和沃克斯豪尔的品牌进行销售。通用公司尽管有利可图，但在品牌中没有体现出自己的形象，而法国雷诺则可以从中分享一部分销售成果。

2. 汽车品牌定位策略

确定品牌的定位是对品牌核心价值的具体化，是确立产品功效和产品形象所针对的消费群体和特定消费需求。品牌定位的方法很多，差异化策略用得多一些，主要工作是分析自己的目标消费群，针对目标消费群来准确定位。目标人群准确，品牌才能定位准确。

（1）按目标市场定位的策略。目标市场是企业通过市场细分而确定的特定消费者群。不同消费者群的社会地位、经济条件、心理倾向、个性特征等方面各不相同，因此，他们对品牌的认知选择和价值判断也千差万别。显然，无论是品牌的命名还是品牌的使用，都必须根据目标市场的特点进行定位。

（2）按企业理念定位的策略。企业理念既是企业形象识别系统的重要组成部分，也是企业行为的出发点和动力源。显然，不同的企业理念必然会导致不同的经营行为。情同此理，影响品牌命名及使用的最先和最后因素，毫无疑问是企业的理念。按企业理念进行定位，既可以保持汽车品牌的稳定性，也可以保障企业的长远利益。

日本本田和五十铃汽车公司采取了按企业理念定位的策略。本田公司生产的艾科德牌轿车，其文字和形象相统一的标志体现了该公司"人与汽车、车与环境"协调一致的设计理念，低公害、高质量，深受消费者的欢迎并成为全球最为畅销的车型之一。日本五十铃的形象标志是并排向上的两根柱子，一根象征着"与广大用户并肩前进的五十铃"，另一根象征着"与世界各国协作发展的五十铃"。当然，也有人将第二根柱子解释为"与世界汽车技术同步发展的五十铃"。如果说本田公司定位于"人与汽车、车与环境"的和谐，那么五十铃公司则定位于"公司与用户、公司与同行，公司与世界、公司与未来"的和谐，气势磅礴之状震撼人心。

3. 品牌使用策略

（1）统一品牌。统一品牌是指一个企业的各种产品都以同一品牌推入市场。采取这种策略不仅可以大大节约推销费用，而且可以利用统一的品牌建立广告传播体系，声势浩大地将企业精神和产品特点传播给用户，使用户具有强烈和深刻的印象。此外，可以借助已成功的品牌推出新产品，使新产品较快地打开销路。但只有借助已在市场上享有的盛誉，而且各种产品有相同的质量水平时，该策略才行之有效，否则某一个产品出现问题会危及整个企业的信誉。

（2）个别品牌。个别品牌是指一个企业的不同产品采用不同的品牌。如德国大众汽车公司有大众和奥迪等多个品牌的轿车。这种策略的主要优点在于：不至于将企业声誉过于紧密地与个别产品相联系，如该产品失败，亦不至于对企业整体造成不良后果。同时，个别品牌策略还便于为新产品寻求一个最好的名称，新名称也有助于建立新的信心。

（3）个别统一品牌。个别统一品牌是指按产品系列或产品大类划分，同一产品系列的产品采用统一品牌，不同系列的产品采用不同品牌。因为不同产品系列之间的关联性较低，而同一产品系列之内的产品项目关联程度较高。对德国大众汽车公司来说，大众品牌的产品基本是中档汽车，而奥迪是高档轿车。在这种品牌策略下，消费者很容易接受每个品牌所带有的意义。

（4）将企业名称与个别品牌相结合。这是汽车业常见的一种品牌策略，即在企业各种产品的个别品牌名称之前冠以企业名称，可以使产品正统化，享受企业已有的信誉，而个别品牌又可以使产品各具特色。如通用汽车公司生产的各种轿车分别使用凯迪拉克、雪佛兰、别克等品牌，而每个品牌前都冠以"GM"字样，以表明是通用汽车公司的产品。

4. 汽车产品延伸策略

品牌延伸是指企业将某一知名品牌或某一具有市场影响力的成功品牌扩展到与成名产品或原产品不尽相同的产品上，凭借现有成功品牌推出新产品的经营行为。当企业发展到一定规模，想继续做大做强，占有更大的市场份额，或是为了阻止、反击竞争对手时，往往会采用产品延伸策略，利用消费者对现有品牌的认知度和认可度，推出副品牌或新产品，以期通过较短时间、较低风险来占领市场。

汽车产品延伸策略主要有以下几种：

（1）向上延伸策略。企业在已有产品线上增加高档次产品线，使产品进入高档市场。一般来讲，向上延伸可以有效地提升品牌资产价值，改善品牌形象。大众公司推出的奥迪车系就是向上延伸的典范。

（2）向下延伸策略。企业在已有的产品线中增加较低档次的产品线，利用已有的高档名牌产品的美誉，吸引购买力水平较低的客户购买本品牌中的中低档产品，通过品牌向下延伸扩大市场占有率。一般来讲，采用向下延伸策略的企业可能是因为中低档产品市场存在空间，销售和利润空间较为可观；也可能是高档产品市场竞争激烈，企业的产品在高档市场受到打击，于是企图通过拓展中低档产品市场来反击竞争对手；也可能是为了弥补自身产品线的空缺，防止竞争对手的攻击性行为。

【知识拓展】

耐人寻味的车型"生命周期"

由于日臻成熟的技术和激烈的市场竞争，中国车市上的车型生命周期变得越来越短，甚至超过了国际市场的车型更替频率。通常，跨国汽车公司每隔 5～6 年才会在全球各地推出一款基于全新平台上设计开发的新车型，经常会有外观内饰方面的小改动，但一般是一年一次。但在观察国内车市后发现，两年引进一款新车已不再是什么新鲜事，每家公司每年推出两款集 20 多种改进于一身的改良款新车，更是司空见惯的事情。新出的奔驰还成色十足，花冠却已按捺不住上市的冲动；赛欧在车市才驰骋两年多，却已堪称老将，一款同档次的新车型正准备"上场换人"；风神蓝鸟上市才两年多，却将推出第四代车型……对于中国车市如此快的新陈代谢速度，跨国公司也感到压力很大，所以丰田在中国一位已经离职的总经理在离开北京时提出的唯一建议便是：丰田应该调整在中国市场的产品生命周期战略，国际上按 6～8 年市场周期设计、制造汽车的通行规则，在中国市场已行不通了，这个数据应被缩短为不超过 4 年。

当今的中国车业已融入全球一体化，世界汽车研发水平的提升及新车研发周期的缩短，是"中国车市周期"出现的前提。经过不断探索，目前国际上新车的平均研发时间已由过去的 36 个月缩短到了 24 个月左右，日本丰田甚至在其新推出的花冠车型上实现了 12 个月完成研发的目标。这种日新月异的速度，使各车型在进入中国市场时旨在适应国内路况和消费者口味的改进变得更快。从 POLO 和 GOLE 开始，中国车市的新车投放开始与全球同步，研发周期的缩短，为"中国车市周期"的持续提供了有力保障。

近年来，国际车业孜孜以求的另一个目标是加快车型平台的通用化进程。由全球 40 多家汽车及零部件制造商设立的"国际汽车分销纲领"的研究报告显示，一辆普通汽车从制造到交货要用 42 天时间。这期间，制造时间仅为 2 天，运输 5 天，其余时间全得用来安排完成各类文件和各种配件的制造过程。而一旦加速了供应链物流中的订货环节，顾客第 14 天就能拿到车，产品的上市周期缩短了 2/3。经过几年的探索，今天国内各汽车制造商也已普遍提升了物流管理水平，一些厂家还引进美国通用提出的"产品全生产周期管理系统"，实现了对整个供应链的有效监控，缩短了生产、销售和订货周期。

各跨国汽车公司渐渐摸清了中国消费者的脾气和喜好，其商务政策也开始显现出明显的本土化特征。其中一个最特别的现象就是善于"制造"新品。由于国内消费者对新车型的极端渴望，不仅大量新款车型被引进国内，许多改良车型也被不断推出。上海通用别克系列中的新世纪车型经过改进后被冠以君威的名称重新上市，市场反应极好，在上市 14 个月后，仍然供不应求。有记者询问通用系统一位高层管理人员：如果是在欧美市场，新世纪会摇身一变成为君威吗？回答是否定的，原因很简单，因为中国消费者和欧美消费者不同。在国外，通过多年使用，客户通常会对某品牌某车型产生较强的忠诚度，改换车型可能面临损失相当部分忠实消费群体的危险。而在我国，消费者似乎更容易"喜新厌旧"。汽车生产商为迎合国内消费者容易变换的口味，便加速推出新车型，使汽车生命周期越来越短。另外，中国市场车型的频繁换代也源于世界汽车工业百年的积累。可以这么认为，是世界车业的底蕴厚度和国内车市的竞争强度，共同造就了如今车型的淘汰速度。而残酷的淘汰，正使国内市场车型生命周期与传统经济理论日渐背离。在通常意义上，市场产品生命周期可以分为投入期、成长期、成熟期和衰退期 4 个阶段。在投入期，企业通常很难获利，而在眼下的国内车市中，由于购买力旺盛，新车上市当年即盈利的情况比比皆是，使国内市场新车型普遍出现"早熟"。而到了成熟期，产品在市场中所占的份额已达到顶峰，降价也开始出现。许多车型一降再降，当利润空间荡然无存之时，就立刻被新产品所代替。因而，几乎没有成长期和衰退期。对此，专家指出，快速变幻的市场动态将挤压企业的反应时间。在产品生命周期较短的市场中，投入、产出时间较短，资本回报率较高，但风险的集聚过程也会变短，而且一旦爆发，缺乏准备的企业必然将难以承受。

资料来源：李刚. 汽车营销基础与实务[M]. 北京：北京理工大学出版社，2008.

【任务实施】

某品牌汽车产品组合图谱

以小组为单位选择一个汽车品牌，在下面空白处绘制其产品组合图谱，并选派一名成员进行展示。

【评价与反馈】

学习过程评价：根据上述资料，以小组为单位对所画汽车产品组合图谱进行成果展示与反思，在成果展示过程中进行小组间互评和教师点评。评价标准如表 2.6 所示。

表 2.6　考核评价表

评估指标	评估等级		
	好	一般	差
工作准备（20分）	能够通过对汽车产品策略相关学习内容进行精心准备	能够事先对汽车产品策略相关知识进行准备，但是不够充分	无准备
学习参与度（20分）	小组成员积极主动参与活动，学习热情高涨	小组成员积极主动参与活动情况一般，学习热情一般	小组成员缺乏积极主动性，学习热情较差
知识运用（40分）	能够正确运用相关知识完成上述任务，有自己的观点及认识，能够用事实和数据说话。回答问题正确率在80%以上	基本能够正确运用相关知识完成上述任务，有自己的观点及认识，能够用事实和数据说话。回答问题正确率在60%以上	不能正确运用相关知识完成上述任务，没有自己的观点及认识，不能用事实和数据说话。回答问题正确率在60%以下
表达分析能力（20分）	表情诚恳、逻辑关系清晰、行为举止自然规范、语言表达能力强、知识面宽	表情诚恳、逻辑关系较清晰、行为举止较自然规范、语言表达能力较强、知识面较宽	表情不诚恳、逻辑关系不清晰、行为举止不自然规范、语言表达能力较弱、知识面较窄

任务五　汽车价格策略

【学习目标】

1. 了解汽车产品的价格构成。
2. 了解汽车产品的定价程序。
3. 掌握影响汽车产品定价的主要因素。
4. 掌握汽车产品的定价方法。
5. 掌握汽车产品的定价策略。

【任务描述】

不同品牌汽车价格调研：通过相关知识学习，以小组为单位，选择当地某 3 个品牌的汽车，调研这 3 个品牌汽车所有车型的价格，选择其中一个品牌进行网上调查，并对其本地价格与其他地区的价格做对比。

【知识准备】

一、汽车价格概述

（一）汽车价格构成

1. 价格构成

汽车价值同样符合价值的一般规律，即汽车价值决定汽车价格，汽车价格是汽车价值的货币表现形式。但在实际营销过程中，由于多方面因素的作用，汽车价格与汽车价值的表现并不完全相符，有时价格大于价值，有时价格小于价值。汽车价格的构成主要包括以下 4 个方面：

（1）汽车生产成本：制定汽车价格的基础和依据。

（2）汽车流通费用：汽车从生产企业到消费者手中所经历的各环节所产生的费用，主要受流通距离、时间的影响。因此它是制定同种车辆差价的基础。

（3）国家税金：国家对汽车企业开征的有所得税、增值税、营业税，流通环节中还有购置税和消费税。

（4）汽车企业利润：企业扩大再生产的重要资金来源。

2. 汽车价格的类型

汽车价格组成类型有以下几种：

汽车出厂价格=汽车生产成本+汽车生产企业利税

汽车批发价格=汽车生产成本+汽车生产企业利税+汽车批发流通费用+
　　　　　　　汽车批发企业的利税

汽车销售价格=汽车生产成本+汽车生产企业利税+汽车销售费用+
　　　　　　　汽车销售企业的利税

3. 汽车购置费用

汽车购置费用是消费者买到一辆车实际承担的费用。汽车购置费用是在汽车销售价的基础上加上车辆购置费。由于汽车销售价格中包含 17% 的增值税，而增值税的税金不构成车辆购置税的纳税基数，所以应从汽车销售价中剔除增值税部分。

汽车购置费的计算方法为：

汽车购置费=汽车销售价格+车辆购置税
　　　　　　=汽车销售价+
[汽车销售价/（1+增值税率）]×车辆购置税率=
　　　　　汽车购置价×{1+[1/（1+17%）]×10%}

式中，车辆购置税率为 10%；增值税率为 17%。

例如，一辆标价为 20 万元的轿车，加上车辆购置税后的实际购车费用为：

$$20 \times \{ (1 + [1/(1+17\%)] \times 10\%) \} = 20 \times (1+0.8547 \times 10\%) \approx 21.71 （万元）$$

（二）汽车定价目标

一般来讲，汽车企业可供选择的汽车定价目标有以下 6 大类：

1. 以利润为导向的汽车定价目标

企业的根本目标就是盈利，追求利润是企业发展的前提，汽车企业也不例外。把利润作为重要的定价目标，以利润为导向的定价目标有以下 3 种：

（1）利润最大化目标。以最大利润为汽车定价目标，是指汽车企业期望获取尽可能大的销售利润。具有竞争优势的中小汽车企业通常选择这种定价目标。最大利润既有长期和短期之分，又有汽车企业全部汽车产品和单个汽车产品之别。

（2）目标利润。以预期利润为汽车定价目标，是指汽车企业把产品或投资的预期利润水平作为销售额或投资额的一定比例，即汽车销售利润率或汽车投资利润率。

以目标利润定价就是在成本的基础上加上目标利润。根据目标利润的要求，汽车企业要估算汽车以什么价格销售，销量达到多少才能实现预期的目标利润。一般来说，在行业中实力较强、竞争力较强、处于汽车行业领导地位的企业可以采用目标利润定价。

（3）适当利润目标。有些汽车企业限于实力不足，为了保全自己，减少市场风险，以满足适当利润作为定价目标。这种情况多见于处于市场追随者地位的中小汽车企业。

2. 以销量为导向的汽车定价目标

以销量为导向的汽车定价目标是指汽车企业期望达到某一汽车销售量或市场占有率而确定的价格目标。

（1）保持或扩大汽车市场占有率。汽车市场占有率是汽车企业经营状况和汽车产品在汽车市场上的竞争能力的直接反映，对于企业的生存和发展具有重要的现实意义。因此，汽车企业非常重视保持或扩大汽车市场占有率。资金雄厚的汽车大公司，往往喜欢以低价渗透的方式来保持一定的汽车市场占有率；一些中小企业为了在某一细分汽车市场获得优势，也十分注重扩大汽车市场占有率。

一般来讲，只有当汽车企业处于以下几种情况时，才适合采用该种汽车定价目标：①该汽车的价格需求弹性较大，低价会增加销量，促使汽车市场份额扩大；②汽车成本随着销量的增加而下降，利润呈现上升的趋势；③低价可以阻止现有的和可能出现的竞争者进入；④汽车企业有雄厚的经济实力承受低价所造成的经济损失；⑤采用进攻型经营策略的汽车企业。

（2）增加汽车销售量。以提高汽车销售量为定价目标，一般适用于汽车的价格需求弹性较大，企业开工不足，生产能力过剩的情况。

3. 以竞争为导向的汽车定价目标

以竞争为导向的汽车定价目标是指在激烈的汽车市场竞争中，企业以应对或避免竞争为导向而采取的定价目标。在激烈的市场竞争中，竞争对手对汽车价格都很敏感，在汽车定价以前，一般要广泛收集市场信息，把本企业的汽车性能、质量和成本与竞争者相比较，然后制定本企业的汽车价格。通常采用的方法有：① 与竞争者同价；② 高于竞争者的价格；③ 低于竞争者的价格。

汽车企业遇到同行价格竞争时，常常会被迫采取相应对策，主要包括：竞相降价，压倒对方；及时调价，价位对等；提高价格，树立威望。在现代市场竞争中，价格战容易导致两败俱伤，风险较大。所以，很多企业往往会避开价格战，而在汽车质量、促销、分销和服务等方面下功夫，以巩固和扩大自己的市场份额。

4. 以汽车质量为导向的汽车定价目标

以汽车质量为导向的汽车定价目标是指汽车企业在市场上树立质量领先的目标，从而在汽车价格上做出相应的安排。优质优价是普遍的市场准则。从完善的汽车市场体系来看，高价格自然代表或反映了汽车的高性能、高质量及优质服务。采取这一目标的汽车企业必须具备两个条件：一是拥有高性能、高质量的汽车；二是能够提供优质的服务。

5. 以汽车企业生存为导向的汽车定价目标

当汽车企业遇到生产能力过剩或在激烈的市场竞争中处于劣势时，企业要把维持生存作为自己的主要目标——生存比利润更重要。对于这类汽车企业，只要他们的汽车价格能够弥补变动成本和部分固定成本，即汽车单价大于汽车企业的变动成本，他们就能够维持运营。

6. 以汽车销售渠道为导向的汽车定价目标

在现代汽车市场经济中，经销商对产品宣传、提高汽车企业知名度有十分重要的作用。汽车企业在激烈的市场竞争中，有时为了保住完整的汽车销售渠道，促进汽车销售，必须让利给经销商。

（三）影响汽车价格的因素

汽车价格的高低，主要是由汽车中包含的价值量的大小决定的。但是，从市场营销角度来看，汽车的价格除了受价值量的影响外，还要受以下几种因素的影响和制约。

1. 产品供求因素

汽车产品的价格与供求关系十分密切。一方面，市场价格对汽车产品的供求起调节作用。通常，在自由竞争的市场条件下，产品本身的价值量保持不变，如果供求平衡，汽车产品的价格就会基本稳定；当某种汽车产品的价格上涨时，就会刺激汽车生产企业扩大生产与供应，同时也能吸引新的资本投入该汽车产品的生产，从而增加产品的供应数量；反之，当价格下跌时，会引起汽车产品供应量的减少。另一方面，汽车产品的供求关系也直接影响汽车产品的定价。在供过于求时，企业往往只能采用保本或微利定价法，甚至要采用变动成本定价法；在求大于供时，企业可以以最大利润或合理利润进行定价。由此可见，供求状况是汽车产品定价时必须考虑的重要因素，企业应及时了解汽车产品在市场上的供求状况，适时采取提高价格或降低价格的措施，以刺激汽车产品的生产或汽车市场的需求，从而扩大产品的销售。

市场上汽车产品的供求状况直接反映了汽车产品的供给量与社会购买力之间的适应状况。所以说，市场需求是影响汽车产品价格的最重要的外因之一，它决定了产品价格的最高上限。

就我国目前的汽车市场来说，从表面上看汽车销售潜力和市场容量都非常大，汽车产品正处于求大于供的状况，但实际上汽车市场正逐步趋向供大于求的境地，形成了一个买方市场。因此，企业应主要从营销导向方面入手，提高市场占有率。

2. 汽车市场结构

根据汽车市场的竞争程度，汽车市场结构分为以下 4 种汽车市场类型：

（1）完全垄断市场，又称独占市场。它是指汽车市场完全被某个品牌或某几个品牌所垄断。

（2）寡头垄断市场。它是指整个汽车市场由少数几家大的汽车公司所垄断，是介于完全垄断和垄断竞争之间的一种汽车市场形式。在这种汽车市场中，汽车的市场价格不是由市场供求关系所决定的，而是由这几家汽车公司通过协议或默契规定的。

（3）垄断竞争市场。它是指既有垄断倾向又有竞争成分的汽车市场，主要特点是：同类汽车在市场上有较多的生产者，市场竞争比较激烈；不同企业生产的汽车既存在同质性又存在差异性。

（4）完全竞争市场，又称自由竞争市场。在这种市场下，汽车价格主要受市场供求关系的影响，其他因素的影响相对较弱。

可见，在不同的市场竞争模式下，企业的定价自主权是不一样的，价格制定决策也不同。现代汽车生产企业应该具有通过以汽车产品定价来应对甚至避免竞争的意识。当以此为定价目标而进行定价时，企业应当根据市场实际情况（包括对市场有决定性影响的竞争者的情况），使汽车产品的实际定价低于竞争对手，或者高于竞争对手（当企业条件优越，实力雄厚时）。

3. 社会环境因素

社会环境因素主要包括国家政策、社会经济、地区经济 3 个方面。国家通过制定价格方针政策和具体规定，如制定商品基准价格、浮动幅度和方法，协调国家、部门、企业、个人利益的分配关系。例如，2010 年国家调整 1.6L 以下排量车购置税，取消对其的补贴，影响了很多持币观望消费者的购车态度，各大汽车销售商借机通过总价配置等方法间接提高车价，赚得了丰厚利润。

在社会经济方面，当汽车生产企业的投资和建设处于经济繁荣期，汽车产品的社会需求量就会随之提高，相应的汽车产品价格也会呈现上涨的趋势；当社会经济处于衰退和调整时期，汽车产品的社会需求量会随之减少，价格也会降低。因此，对汽车生产企业来说，社会环境因素已成为产品定价时所必须考虑的重要因素之一。

在地区经济状况方面，一个国家或地区经济发展水平越高，发展速度越快，人们的收入水平增长越快，购买力就越强，汽车企业为汽车定价的自由度就比较大；反之，一个国家或地区经济发展水平越低，发展速度越慢，人们的收入水平增长就越慢，购买力就越弱，企业为汽车定价的自由度就越低。

4. 消费者需求

消费者需求对汽车定价的影响，主要通过汽车消费者的需求能力、需求强度、需求层次反映出来。汽车定价首先要考虑汽车价格是否适应汽车消费者的需求能力，如果消费者的需求能力强，企业在定价时，可以定得高一些；反之，则应低一些。其次要考虑消费者的需求强度，如果消费者对某品牌汽车的需求比较迫切，且对价格不敏感，企业在定价时，可以定得高一些；反之，则应低一些。另外，不同的需求层次对汽车定价也有影响，对于能满足较高层次需求的汽车，其价格可定得高一些；反之，则应低一些。

5. 需求价格弹性

需求价格弹性是商品需求量的变化与该商品价格变化的比值，表明需求量变动与价格变动之间的关系，用 Ep 表示需求价格弹性。

由于需求与价格的变动有方向问题，所以有正负之分。但实际运用时，为比较需求价格弹性的大小，取其绝对值。

当 $E_0 < 1$，表明需求量变化的幅度小于价格变化的幅度，也就是说需求量与价格的高低关系不大，价格的上涨或下降对需求量的影响不大，则为缺乏弹性，如图 2.8（a）所示。

关系密切，价格的上涨或下降会对需求量产生很大影响，则为富有弹性，如图 2.8（b）所示。

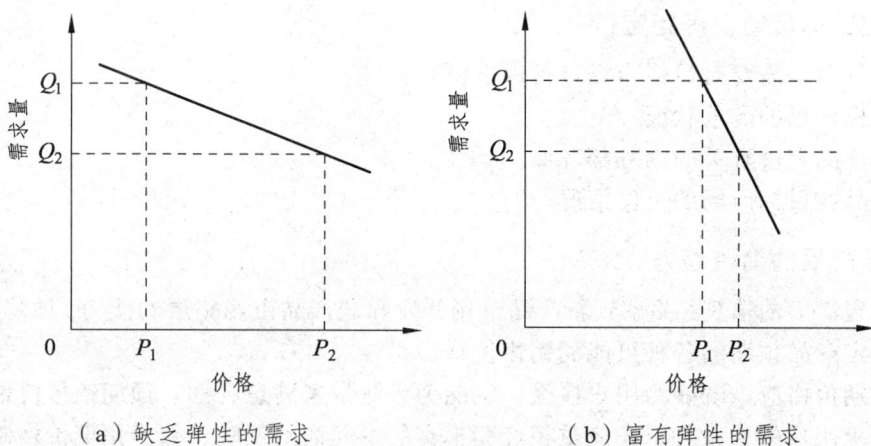

（a）缺乏弹性的需求 　　　　　（b）富有弹性的需求

图 2.8　需求价格弹性

汽车产品价格与需求之间存在着密切关系。不同于普通商品，汽车产品领域广阔，不同车型、不同用途、不同档次的车的需求价格弹性各不相同。高档、豪华、名牌轿车的需求价格弹性可能较小，消费者不会因为其价格上涨百分之几就转而购买其他品牌的汽车。购买豪华轿车的用户看中的主要是品牌，以及自身身份与地位的需要，而对价格的变化并不敏感，因此，需求价格弹性不大；但对于中低档的家庭用车，价格因素是消费者考虑的主要因素，价格的变化会影响消费者对车辆的选择，较多的替代车型也会影响消费者的选择，因此，中低档轿车的需求价格弹性较大。

一般来说，当测定某一款车型的需求弹性较大时，采取低价策略可以吸引更多顾客，取得较大利润，但必须注意竞争者的反应；当测定某一款车型的需求弹性较小时，汽车生产企业可适当提高价格来增加利润，但应考虑与同行业协作者的关系以及国家价格政策和法律规定。

6. 汽车生产与流通成本

汽车在生产与流通过程中耗费的一定数量的物品和劳动就是汽车的成本。成本是影响汽车价格的实体因素。汽车成本包括汽车生产成本、汽车销售成本和汽车储运成本。汽车生产企业为了保证再生产的顺利进行，通过市场销售，既要收回汽车成本，同时也要保证一定的盈利。

7. 汽车产品特征

汽车产品特征是由汽车自身构造所形成的特色，一般指汽车造型、质量、性能、服务、商标和装饰等，它能反映汽车对消费者的吸引力。汽车产品特征好，该汽车就有可能成为品牌汽车、时尚汽车、高档汽车，就会对消费者产生较强的吸引力。这种汽车往往供不应求，因而在定价上可以比同类汽车高一些。

（四）汽车定价的全过程

汽车企业要想确定合理的价格，制定有效的价格策略，必须遵循一定的科学程序。通常，企业的定价过程包括以下 8 个主要环节：

1. 研究目标市场，确定定价

确定定价前，需要对目标市场进行以下研究：

（1）目标市场的需求状况。

（2）与产品定价有关的内外部环境。

（3）产品在目标市场的定位情况。

2. 估计产品的销售潜力

产品销售潜力的估算，关系到新产品市场开发和老产品市场拓展的能力。估算方法如下：

（1）决定产品预期的各种可能的销售价格。

这种预期价格应该既能为用户接受，又能为企业带来满意利润。预期销售价格的确定，除应认真征求用户的意见外，还应重视经验丰富的中间商的反映。初步预期价格确定后，应通过小批量的试销了解用户对这一价格的反映。

（2）估计不同价格下的供给量与销售量。

要对不同价格下的供需量进行认真分析，计算各种售价的均衡点，确定产品的需求曲线。此外，还要分析、确定产品的需求弹性、供给弹性。企业可以通过市场调查、统计分析等手段达到上述目的，但要注意分清供给、需求的变动是否是由价格变动引起的。

3. 分析产品成本

分析产品成本，预测成本变化趋势。

4. 分析竞争对手

既要分析现实的竞争对手，又要分析潜在的竞争对手；既要将竞争对手的产品价格与本企业产品的价格进行对比，又要将竞争对手的产品质量、性能、服务水准、信誉与本企业进行对比。

5. 预测市场占有率

在估计了不同价格下的供需量及分析了竞争对手之后，企业就可以初步预估在不同价格水平下，企业产品在市场上所能占到的市场份额。

6. 选择定价方法

企业在明确了自己的定价目标，并分析和研究产品的供求状况、产品成本及竞争对手的具体情况的基础上，可以根据自己掌握的信息，选择定价方法。

7. 考虑与其他营销组合因素的配合

其他营销组合包括：

（1）产品策略。要考虑产品线、产品品种、品牌商标等综合产品因素。

（2）分销策略。要考虑不同的分销渠道、不同中间商的具体情况、具体要求。

（3）促销策略。要考虑促销费用对价格的影响，并尽可能地考虑在具体的营销活动中可能出现的资金要求。

8. 确定产品价格

适当调整产品价格，在不同时期、不同细分市场上，运用灵活的价格策略和技巧，对基础价格进行适当调整，并及时反馈与价格有关的市场信息，同时对企业的价格体系进行完善。

二、汽车定价方法与策略

（一）定价方法

汽车定价方法是指汽车企业为了在目标市场上实现定价目标，而给汽车产品制定一个基本价格或浮动范围价格的方法。影响汽车价格的因素比较多，但在制定汽车价格时，主要考虑的因素是汽车产品的成本、汽车市场的需求和竞争对手的价格。汽车产品的成本规定了汽车价格的最低基数，汽车市场的需求决定了汽车需求的价格弹性，竞争对手的价格提供了制定汽车价格时的参照点。在实际操作中，往往侧重影响因素中的一个或几个来选定汽车产品定价方法，以解决汽车产品定价问题。由此产生了汽车成本导向定价法、汽车需求导向定价法和汽车竞争导向定价法等3种汽车产品定价方法。

1. 汽车成本导向定价法

顾名思义，汽车成本导向定价法就是以汽车成本为基础，制定汽车价格的方法，这是一种按汽车卖方意图定价的方法。主要有以下两种：

（1）成本加成定价方法。成本加成定价是以成本为中心的常用定价方法，计算公式为加上一定的利润和应纳税金来为汽车定价。

$$商品单价=[总成本×（1+加成率）]/商品总量$$

行业内同类商品的加成率一般是固定的，可以说形成了某种约定、习惯。汽车产品的加成率一般为 10%~20%。

加成定价具有如下优点：①由于计算汽车生产成本比估计需求有把握，所以企业根据成本定价比较简单；②同行业的加成率一致，若成本也接近的话（这在我国几家大型汽车生产企业之间是可能的，但许多中、小企业的生产成本会高一些），定出的价格也相差不大，可以避免竞争摩擦加剧；③"将本就利"的定价方法容易为购买者理解和接受，有利于汽车产品的销售。

加成定价的不足在于，按照习惯比例加成定价忽视了价格弹性的作用，因而定的价格不一定能使企业获得最佳利润。

（2）目标利润定价法。目标利润定价法的要点是使产品的销售能保证使企业达到一定的目标利润。这种方法经常被包括汽车制造商在内的制造业所采用。

目标利润定价方法与成本加成定价方法的区别在于：前者是根据预计的销量反算成本，后者则是不管销量如何，先确定成本。此外，前者的目标利润率是企业根据需要和可能自行制定的，后者则是按照行业惯例确定的。可见，前者适合汽车产品生产企业，后者适合汽车产品贸易企业。

2. 汽车需求导向定价法

汽车需求导向定价法是一种以需求为中心，汽车企业依据汽车消费者对汽车价值的理解和对汽车需求的差别来定价的方法。

（1）对汽车价值的理解定价法。对汽车价值的理解定价法，是指根据汽车企业消费者对汽车价值的理解来制定汽车价格，而不是根据汽车企业生产汽车的实际价值来定价。对汽车价值的理解定价法同汽车在市场上的定位是相关的。其方法是：①先从汽车的质量、提供的服务等方面为汽车在目标市场上定价；②决定汽车所能达到的售价；③估计在此价格下汽车的销量；④由汽车销量算出所需的汽车生产量；⑤计算该汽车是否能达到预期的利润，以此来确定该汽车的价格是否合理，并可进一步判明该汽车在市场上的命运。

运用对汽车价值的理解定价法的关键是，要把自己的汽车产品与竞争者的汽车产品相比较，正确估计本企业的汽车产品在汽车消费者心目中的形象，找到比较准确的理解价值。因此，在汽车定价前要搞好市场调研。

（2）对汽车需求的差别定价法。根据对汽车需求方面的差别来制定汽车的价格，主要有以下3种情况：

①对汽车的不同目标消费者采用不同价格。因为同一商品对于不同消费者，其需求弹性不一样。有的消费者对价格敏感，适当给予优惠可诱导其购买，有的则不敏感，可照价收款。

②按汽车的不同花色、样式确定不同价格。因为对同一品牌、规格汽车的不同花色、样式，消费者的偏好程度不同，需求量也不同。因此，定不同的价格，能吸引不同需求的消费者。

③按汽车的不同销售时间采用不同价格。同一种汽车因销售时间不同，其需求量也不同，汽车企业可据此制定不同的价格，争取最大的销售量。

总之，对汽车需求的差异定价法能反映汽车消费者对汽车需求的差别及变化，有助于提高汽车企业的市场占有率，增强其汽车产品的渗透率。但这种定价方法不利于成本控制，而且需求的差别也不易精确估计。

3. 汽车竞争导向定价法

竞争导向定价法是企业依据竞争产品的品质和价格来确定本企业产品价格的一种方法。其特点是：只要竞争产品的价格不变，即使本企业的产品成本或需求发生变化，价格也不变；反之亦然。这种定价方法简便易行，所定价格竞争力强，但价格比较僵化，有时企业获利也较小。

竞争导向定价法比较适合市场竞争激烈的产品。营销者在运用这一方法时，应当强化用户的感受，使用户相信本企业产品的价格比竞争对手更符合用户的利益。在当下竞争激烈的国际汽车市场上，不少汽车公司采用此法。例如，日产汽车公司的定价，就是先充分研究丰田汽车公司相似产品的价格，然后再给自己的产品制定一个合适的价格。如果丰田的价格调整了，日产公司通常也要做出相应的反应。

在使用竞争导向定价法时，企业不仅应了解竞争者的价格水平，还应了解竞争者所能提供的产品及质量。这可以从以下几个方面去做：①获得竞争者的价目表。②派人员去比较用户对价格的态度，如询问购买者的感受或对每一个竞争者提供的产品质量感觉如何。③购买竞争者提供的产品并与本企业的产品进行比较，有必要的话可以将竞争者的产品拆开来研究。一旦企业知道了竞争者的价格和提供的产品，它就可以用这些信息作为自己制定价格的起点。如果企业提供的产品与主要竞争者的产品类似，则企业应将自己的价格与竞争者拉近，否则会失去销售额；若企业提供的产品不如竞争者，企业的定价就应低于竞争者；若企业提供的产品优于竞争者，则企业定价就可以比竞争者高。

竞争导向定价法常见的具体方法有两种：

（1）随行就市定价法：按行业近似产品的平均价格定价，是同质产品惯用的定价方法，也比较适合产品成本难以估计、企业打算与竞争者和平共处、对购买者和竞争者的反应难以估计等场合。

（2）投标定价法：购买者采取公开的或行业的相关渠道发布采购信息，邀请供应商在规定的时间内投标（该过程叫招标）。事实上，投标者的报价就是在进行竞争性定价。

值得强调的是，企业在使用竞争导向定价法时，必须考虑竞争者可能针对本企业的价格所做出的反应。从根本上来说，企业使用竞争导向定价法是为了利用价格来为本企业产品适当定位，同竞争者抗争。

（二）定价策略

1. 新产品定价策略

在激烈的市场竞争中，企业开发的汽车新产品能否及时打开销路、占领市场和获得满意的利润，除了汽车新产品本身的性能、质量及必要的营销策略外，还取决于汽车企业能否选择正确的定价策略。汽车新产品定价有以下 3 种基本策略：

（1）撇脂定价策略。这是一种高价保利策略，在汽车新产品投放市场的初期，企业将新车价格定得较高，便能在较短的时期内获得较高的利润，尽快收回投资。

采用高价策略有下列前提条件：新产品生产能力有限，高价有利于控制市场需求量；新产品成本较高，暂时难以立即降低价格，且索取高价存在好处；新产品较难仿制，竞争性小，需求价格弹性相对不高；高价不会使用户产生企业在牟取暴利的感觉；产品的用途、质量、性能或款式等产品要素，与高价格相符合。

撇脂定价策略的优点是：新车刚投放市场，需求弹性小，尚未有竞争者，因此，只要汽车新品有新意、质量过硬，就可以制定高价，满足一些消费者求新、求异的消费心理。由于价格较高，企业可以在较短时期内取得较大利润，同时留有降价空间，可以在竞争者大量进入市场时主动降价，提高竞争能力，也符合价格由高到低的消费心理。其缺点是：在新车尚未树立市场声誉时，高价不利于开拓市场，一旦销售遇阻，新产品就有夭折的风险。另外，高价投放市场时，如果销路旺盛，也很容易引来竞争者，导致竞争加剧。

撇脂定价策略一般适于以下情况：企业研制开发的汽车新产品技术新、难度大、开发周期长；新产品市场需求较大，产品供不应求；企业为了树立产品性能高、质量优的高档品牌形象。

（2）渗透定价策略。这是一种汽车低价促销策略，在汽车新产品投放市场时，将汽车价格定得较低，消费者易于接受，便于打开和占领市场。

渗透定价策略的优点是：一是可以利用较低价位迅速打开新产品的市场销路，占领市场，实现薄利多销；二是可以有效阻止竞争者进入，有利于控制市场。其缺点是：投资的回收期较长，一旦渗透失利，企业就会一败涂地。

渗透定价策略一般适于以下几种情况：新产品所采用的技术已经公开，或者易于仿制，竞争者容易进入该产品市场。利用低价可以排斥竞争者，占领市场。本公司上市的汽车新产品在市场上已有同类产品，但是本公司比生产同类汽车产品的企业拥有更大的生产能力，并且该产品的规模效益显著，可以通过规模生产来降低成本，提高效益。该类汽车产品市场供求基本平衡，市场需求对价格比较敏感，低价可以吸引客户，扩大市场份额。

对于企业来说，到底是采取高价还是低价策略，应综合考虑各种因素的影响（见表 2.7）。

表 2.7　定价因素影响表

制约因素	高价	低价	制约因素	高价	低价
1. 促销手段	很多	很少	10. 商品用途	多	单一
2. 产品特性	特殊品	便利品	11. 售后服务	多	少
3. 生产方式	预定	标准化	12. 产品生命周期	短	长
4. 市场规模	小	大	13. 需求价格弹性	小	大
5. 技术变迁性	创新速度快	相对稳定	14. 生产周期	长	短
6. 生产要素	技术密集	劳动密集	15. 商品差异化	大	小
7. 市场占有率	低	高	16. 产品信誉	优良	一般
8. 市场开发程度	导入	成长	17. 质量	优	一般
9. 投资回收期	短	长	18. 供给量	小	大

（3）满意定价策略。这是一种介于撇脂定价策略和渗透定价策略之间的汽车定价策略，所定的价格比撇脂价格低，比渗透价格高，是一种中间价格。这种汽车定价策略能使汽车生产者和消费者都比较满意，比前两种定价策略的风险小，成功的可能性大。但也要根据市场需求、竞争情况等因素进行具体分析。

2. 产品组合定价策略

对于大型汽车企业来说，其产品并不只有一个品种，而是某些产品的组合，这就需要企业制定一系列的产品价格，使产品组合取得整体的最大利润。这种情况下的定价工作一般比较复杂，因为不同的产品，其需求量、成本和竞争程度等情况是不同的。产品组合定价策略有以下几种形式：

（1）产品线定价策略。在同一产品线中，各个产品项目有着非常密切的关系和相似性，企业可以利用这些相似性来制定同一条产品线中不同产品项目的价格，以提高整条产品线的盈利。如企业在同一产品线内有 A、B、C 3 种产品，分别定价为 a（高价）、b（中价）、c（低价）3 种价格，则用户自然会把这 3 种价格的产品分为不同的 3 个档次，并按习惯去购买自己期望的那一个档次的产品。

（2）选择品及非必需附带产品的定价策略。企业在提供汽车产品的同时，还提供一些与汽车相关的产品，如汽车倒车雷达、车载 DVD、汽车导航等。一般而言，非必需附带品应另行计价，以使用户感到"合情合理"。非必需附带产品的定价，可以适当定高价。如汽车厂商的销售展厅内摆放的全是有利于显示产品高贵品格的产品，在强烈的环境感染下，用户常常会忽视这些选择品的性价比。

（3）必需附带产品定价策略。必需附带产品又称连带产品，是指必须与主机产品一同使用的产品，或主机产品在使用过程中必需的产品（如汽车零配件）。一般来说，企业可以把主机产品的价格定得低一些，而将附带产品的价格定得高一些，这种定价策略既有利于提高附带产品的价格的竞争性，又不至于过分牺牲企业的利润。这是一种在国际汽车市场营销中比较流行的策略。

（4）产品群定价策略。为了促进所有产品项目的销售，企业有时将相关产品组成一个产品群成套销售。用户有时可能无意购买整套产品，但企业通过配套销售，使用户感到比单独购买更便宜、方便，从而带动了整个产品群中某些不畅销的产品的销售。使用这一策略时，要注意搭配合理，避免硬性搭配（硬性搭配的销售行为是不合理的）。

3. 针对汽车消费者心理的定价策略

这是一种依据汽车消费者心理需求所采用的定价策略，即利用消费者心理，有意识地将价位定得高一些或低一些，以满足不同汽车消费者在心理、物质、精神等方面的要求。通过汽车消费者对汽车产品的偏爱或忠诚，诱导消费者购买，获得最大效益。常见的心理定价策略包括以下几种：

（1）整数定价策略。在为高档车定价时，往往把汽车价格定为整数，不带尾数。凭借整数价格给汽车消费者造成汽车属于高档消费品的印象，提高汽车品牌形象，满足消费者的某种心理需求。整数定价策略适用于档次较高、需求价格弹性小的产品，即价格高低不对需求量产生较大影响。

（2）尾数定价策略。该策略正好与整数定价策略相反，是指汽车企业利用汽车消费者求廉的心理，在定价时不取整数，而取尾数的定价策略。这种带尾数的汽车价格在直观上给汽车消费者一种便宜的感觉，同时往往还会给消费者一种汽车企业经过了认真成本核算才定价的感觉，可以提高消费者对该定价的信任度。尾数定价策略适用于档次不高的经济型汽车。

（3）声望定价策略。该策略是根据汽车产品在消费者心目中的声望、信任度等来确定汽车价格的定价策略。声望定价策略就高不就低，可以满足某些消费者的特殊需求，如身份、地位、自我形象等。声望定价策略适用于有较高知名度、有较大市场影响力的著名品牌。

（4）招徕定价策略。该策略指将某种汽车产品的价格定得非常高或非常低，引起消费者的好奇心理，进而带动汽车销售的一种汽车定价策略。汽车超市、汽车专卖店常采用招徕定价策略。

（5）分级定价策略。该策略指在定价时，把同类汽车分为几个等级，不同等级的汽车采用不同价格的定价策略。该策略能使消费者产生按质论价的感觉，因而容易被消费者接受。而且这些不同等级的汽车若同时提价，对消费者的冲击不会太大。

4. 降价与提价策略

（1）降价策略。企业采用降价策略往往会造成同行的不满和报复引发价格竞争。但当企业处于下列状况此时应采用降价策略：①产品严重积压，运用各种营销手段（价格策略除外）仍难以打开销路；②价格竞争形势严峻，市场占有率下降；③企业的产品成本比对手低，但销路不畅，只有通过降价来提高市场占有率；④有时，有些实力雄厚的企业为了进一步提高市场占有率，也采用降价策略，一旦达到目的，价格就会上升。

采用直接降价策略，可以刺激用户的购买欲，提高产品销售量，但如果降价时机选择不好，降价方式不适当，宣传不够，也会产生不良影响。一般来说，降价时，购买者可能的理解有：该产品可能被淘汰；产品有缺陷；产品已经停产，零配件供应将会有困难；降价还会持续（特别是小幅连续降价时，最易引起购买者持币待购）；企业遇到了财务困难。因此，降价策略必须谨慎使用。

间接降价可以缓解价格竞争，避免误导购买者，是促进产品销售常用的降价方式。常见的间接降价方式有：①增加价外费用支出和服务项目。在欧美日等国，此种方法被大量采用，比如：对购买者提供低息贷款；赠送车辆保险；免费送货上门；增加质量保修内容，延长保修期限等。国内汽车企业也大量采用这种方法，如某汽车公司在国内率先实行产品行驶 1 000千米后免费维护的策略。②赠送礼品和礼品券。③举办产品展销，展销期间给予价格优惠。这种短期的降价活动有很强的促销作用。④提高产品质量，改进产品性能，提高产品附加值。⑤推出更廉价的产品进行反攻。

在西方，企业面对竞争者的降价竞争，常常采用的对策有：保持原价；维持原价，同时改进质量或增加服务项目；降价；提价，同时推出新品牌，以围攻对手的降价产品；推出更廉价的产品进行反击。

（2）提价策略。提价往往会引起购买者、经销商的不满。但成功的提价会为企业带来可观的利润。企业提价常是由于产品在市场上严重供不应求，或通货膨胀使企业的各项成本上升，企业被迫提价以维持利润水平。

产品提价通常会抑制需求，但有时会使用户将提价理解为：此产品为走俏产品，市场很快会脱销；该产品有新功能或特殊价值；可能还要涨价，迟买不如早买。所以，如果提价时机好、促销广告宣传有力，提价有时反而会激发或增强消费者的购买欲望，增加产销量。但要注意，提价时一定不能引起用户反感。有时在需要提价的情况下，企业为了不招致用户的注意和反感，会采用间接提价策略。

常见的间接提价方式有：签订大宗合同时，规定价格调整条款，即对价格不做最后限价（一般为交货时），可以按当时价格与供求行情对价格进行调整。减少系列产品中利润较少产品的生产，加大利润较高产品的生产批量。减少某些服务项目，以降低生产和服务成本。开展价值工程研究，以降低生产成本。

5. 按汽车产品生命周期的定价策略

在汽车产品生命周期的不同阶段，汽车定价的 3 个要素（即成本、消费者和竞争者）都会发生变化，汽车定价策略也要适时、有效地随之进行调整。

（1）在新产品导入期，没有其他品牌的汽车可进行比较，大多数消费者习惯把汽车价格作为衡量其质量的标志，对新产品的价格敏感性相对较低，企业可以制定较高的价格。

（2）在成长期，消费者的注意力不再单纯停留在汽车产品的效用上，而是开始比较不同汽车品牌的性价比，企业可以采取汽车产品差异化和成本领先的策略。一般来说，由于消费者对产品更加熟悉，价格敏感性提高，故成长期的汽车价格要比导入期的价格低。

（3）成熟期的汽车定价目标不是为了提高市场份额，而是尽可能地创造竞争优势，提高规模效益。此阶段不宜再使用捆绑式销售，否则会导致产品组合中一个或几个性能较好的汽车产品难以打开市场，但可以通过销售更有利可图的辅助产品或优质服务来稳固竞争地位。

（4）衰退期中很多汽车企业会选择降价。但是，此时降价往往不能刺激起足够的需求，结果反而降低了企业的盈利能力。衰退期的汽车定价目标不是赢得什么，而是应在损失最小的情况下退出市场，或者维护企业的竞争地位。有 3 种策略可供衰退期选择：紧缩策略（将资金紧缩到竞争力最强、生产能力最大的汽车生产线上）、收缩策略（通过汽车定价，获得最多的现金收入，退出整个市场）和巩固策略（巩固竞争优势，通过降价打败弱小的竞争者，占领他们的市场）。

6. 折扣定价策略

折扣定价策略是指为回报消费者，营销企业对基本价格做出一定的让步，直接或间接地降低价格。折扣定价是应用较为广泛的一种定价策略，主要有以下类型：

（1）功能折扣。功能折扣又称贸易折扣，即厂商对功能不同的经销商给予不同折扣的定价策略，以促使他们执行各自的营销功能（推销、储存、服务等）。

（2）现金折扣。现金折扣是给予立即付清贷款的客户或经销商的一种折扣。其折扣直接与客户或经销商的货款支付情况挂钩，当场立即付清时得到的折扣最多，而超过一定付款期后，不仅得不到折扣，反而还可能要交付一定的滞纳金。

（3）数量折扣。数量折扣即与客户或经销商的购买批量挂钩的一种折扣策略，批量越大，享受的折扣越大。我国很多汽车企业均采取这种策略。

（4）季节折扣。季节折扣即与时间有关的折扣，多发生在销售淡季。客户或经销商在换季购买时，可以得到季节性优惠，而这种优惠在销售旺季时是没有的。

（5）价格折让。这是指当客户或经销商为厂商带来其他价值时，厂商为回报这种价值而给予客户或经销商的一种利益实惠，即折让。如客户采取"以旧换新"方式购买新车时，只要付清新车与旧车间的差价，就是以旧换新折让。又如，经销商配合厂商进行促销活动，厂商在与经销商清算货款时给予一定折扣，就是促销折让。

【任务实施】

不同品牌汽车价格调研

（1）选择当地某 3 个品牌的汽车。

（2）调研这 3 个品牌汽车所有车型的价格。

（3）选择其中一个品牌进行网上调查，将其本地价格与其他地区价格做对比。

课程：		班级：		姓名：	
任务五：	汽车价格策略	学号：		总评：	
当地汽车价格调查					
品牌与系列		车型		价格	
品牌 1	系列 1				
	系列 2				
	系列 3				

实践训练任务单

品牌 2	系列 1			
	系列 2			
	系列 3			
品牌 3	系列 1			
	系列 2			
	系列 3			

与其他地区价格对比			
	地区	车型	价格
系列 ×			

收获与小结

【评价与反馈】

学习过程评价：以小组为单位对上述调研情况进行成果展示与反思，在成果展示过程中进行小组间互评和教师点评。评价标准如表 2.8 所示。

表 2.8　考核评价表

评估指标	评估等级		
	好	一般	差
工作准备（20分）	能够通过对汽车产品价格策略相关学习内容进行精心准备	能够事先对汽车产品价格策略相关知识进行准备，但是不够充分	无准备
学习参与度（20分）	小组成员积极主动参与活动，学习热情高涨	小组成员积极主动参与活动情况一般，学习热情一般	小组成员缺乏积极主动性，学习热情较差
知识运用（40分）	能够正确运用相关知识完成上述任务，有自己的观点及认识，能够用事实和数据说话。回答问题正确率在80%以上	基本能够正确运用相关知识完成上述任务，有自己的观点及认识，能够用事实和数据说话。回答问题正确率在60%以上	不能正确运用相关知识完成上述任务，没有自己的观点及认识，不能用事实和数据说话。回答问题正确率在60%以下
表达分析能力（20分）	表情诚恳、逻辑关系清晰、行为举止自然规范、语言表达能力强、知识面宽	表情诚恳、逻辑关系较清晰、行为举止较自然规范、语言表达能力较强、知识面较宽	表情不诚恳、逻辑关系不清晰、行为举止不自然规范、语言表达能力较弱、知识面较窄

任务六　汽车分销策略

【学习目标】

1. 了解分销渠道的概念。
2. 了解分销渠道的作用和类型。
3. 了解影响分销渠道选择的因素。
4. 掌握汽车分销渠道的设计与管理。

【任务描述】

汽车分销策略分析：分析比亚迪汽车分销渠道的特点，提出改进比亚迪汽车分销渠道的对策及建议。

要完成该项任务，应从以下几个方面对比亚迪汽车分销渠道进行研究。

1. 总结比亚迪汽车分销渠道的发展历程。

2. 分析比亚迪汽车分销渠道设计的特点。

3. 提出改进比亚迪分销渠道的对策及建议。

【知识准备】

汽车企业生产出来的产品，只有通过一定的市场营销渠道，才能解决生产者与消费者之间在时间、地点、数量、所有权等方面存在的差异和矛盾，顺利地将产品转移到消费者手中，满足市场需要，实现企业的市场营销目标。

一、汽车分销渠道的作用与类型

分销是市场营销组合的策略之一，是汽车企业能否成功地将其汽车产品打入市场、扩大销售、实现企业经营目标的重要手段。美国市场营销协会给分销渠道下了定义，即分销渠道是指"企业内部、外部代理商和经销商（批发和零售）的组织结构，通过这些组织，商品（产品或劳务）才得以上市行销"。这个定义只是着重地反映出分销渠道的组织结构，而没有反映出商品从生产者流向消费者或用户的流通过程。

美国市场学者肯迪夫和斯蒂尔认为：分销渠道是指"当产品从生产者向最后消费者或用户移动时，直接或间接地转移所有权所经过的途径"。

菲利普·科特勒认为："一条分销渠道是指某种货物或劳务从生产者向消费者移动时，取得这种货物或劳务的所有权或帮助转移其所有权的所有企业和个人。因此，一条分销渠道主要包括商人、中间商和代理中间商。此外，还包括作为分销渠道起点和终点的生产者和消费者，但不包括供应商、辅助商等。"

科特勒还认为，市场营销渠道和分销渠道是两个不同的概念。他说："一条市场营销渠道是指那些配合起来生产、分销和消费某一生产者的某些货物或劳务的所有企业和个人。"这就是说，一条市场营销渠道包括某种产品供产销过程中的所有企业和个人，如资源供应商、生产者、商人、中间商、代理中间商、辅助商以及终端消费者或用户等。市场营销渠道包括生产者、收购商、其他供应商、各种代理商、批发商、零售商和消费者等；分销渠道则包括加工商、各种批发商、代理商、零售商、消费者等。

（一）分销渠道的作用

分销渠道的作用可以从企业、消费者和国家3个角度进行分析。

1. 对企业的作用

（1）分销渠道是企业进入市场的必经之路。

（2）分销渠道是企业的重要资源。

（3）分销渠道是企业节省市场营销费用、加快商品流通的重要措施。

2. 对消费者的作用

分销渠道为消费者获得价廉物美的商品提供了便利，节省了选购商品的时间和精力，减轻了消费者的负担。

3. 对国家的作用

（1）连接生产和消费，是整个社会再生产过程中的一个重要环节，是国民经济的一个重要组成部分。

（2）在整个社会化大生产过程中，分销渠道起着调节产、供、销平衡的作用；对国家税收的增加、资金的积累、就业的扩大有着不可忽略的作用。

（二）分销渠道的类型

分销渠道的类型划分方式有很多，主要按照长度和宽度来划分。分销渠道按长度划分，可分为直接渠道和间接渠道两种。直接渠道与间接渠道的区别在于有无中间环节。直接渠道是指生产企业不通过中间环节，直接将产品销售给消费者，也称"零级渠道"；间接渠道是存在中间环节的渠道，又称为"一级渠道""二级渠道"和"三级渠道"，如图 2.9 所示。按照宽度划分，分销渠道可以划分为密集分销、选择分销和独家分销。

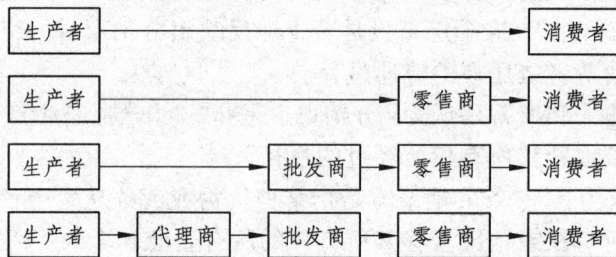

图 2.9　消费品分销渠道

1. 分销渠道的长度

（1）直接渠道（Ⅰ型：生产者→消费者）。直接渠道即生产者直接将商品销售给消费者。这种渠道的具体形式有推销员上门推销，设立直销机构，通过订货会或展销会与用户直接签约供货等。很多日本汽车企业在早期采取的都是这种分销形式。由于该渠道需要耗费较多的人力、物力、财力，所以只能作为其他销售方法的补充。

（2）一级渠道（Ⅱ型：生产者→零售商→消费者）。一级渠道即由生产者先将产品销售给零售商，零售商再将产品销售给消费者。我国许多汽车生产企业都采用这种分销形式。

（3）二级渠道（Ⅲ型：生产者→批发商→零售商→消费者）。二级渠道即由生产者先将产品销售给批发商，批发商将产品销售给零售商，零售商再将产品销售给消费者。这种分销渠道在我国大中型汽车生产企业的市场营销中比较常见，如上海大众汽车公司、东风汽车公司等。

（4）三级渠道（Ⅳ型：生产者→代理商→批发商→零售商→消费者）。三级渠道即在生产者和消费者之间，通过代理商、批发商、零售商3层中间环节，因此被称为三级渠道。这种分销渠道比较适合于生活用品的销售，对于汽车配件来说不太适合。

2. 分销渠道的优缺点分析

（1）直接分销渠道的优点表现在以下几个方面：

① 企业可迅速及时地获得信息反馈,从中了解国际市场动态,据此制定适宜的营销策略。

② 企业直接参与国际市场竞争，建立和开拓自己的销售网络，为树立企业形象，提高企业声誉，不断积累经验，进一步扩大国际市场奠定了基础。

③ 企业独立进行出口管理，对国外的营销有了较大的控制权，有利于企业根据自己的战略目标对国外的营销活动做出适宜的调整。

但仍存在不足之处：

① 增加企业的经营成本，增大资金耗费及销售的风险。

② 直接销售主要适用于生产资料的销售。

（2）间接分销渠道的优点表现在以下几个方面：

① 企业可以利用国内其他组织机构在国外的分销渠道和营销经验，迅速将产品推向国外市场，取得良好的时间效益。

② 减少了企业所承担的外汇风险及各种出口信贷风险，对资金的使用有一定的安全性。

③ 企业不必设置从事进出口业务的专门机构或专门人员，可以节省人力、物力和财力，集中精力搞好生产。

其不足之处表现为：

① 限制了企业在国外市场上经营销售能力的扩大。

② 间接分销渠道主要用于缺乏出口经验、没有海外分销渠道和信息网络的中小生产企业或面对潜力不大、风险较大的市场，一般适用于消费品。

3. 分销渠道的宽度

分销渠道的宽度是指分销渠道每一层次中同类中间商的数量，企业使用的同类中间商数量多，产品在市场上的分销覆盖面广，称为宽渠道；相反，则称为窄渠道。分销渠道的宽度主要有以下 3 种方式：

（1）独家分销。

独家分销指生产者在一定的市场范围内，选择一家某种类型的中间商销售产品，如独家代理商或独家经销商。这种分销方式的特点是生产者对其控制力强，但竞争程度较低，市场覆盖面有限，同时对中间商的依赖性较强。

独家分销渠道的优点：有利于控制市场营销，提高中间商的积极性；密切与中间商的合作关系，在推销方面得到大量协助；提高生产企业的经营效率，节约费用，降低销售成本；提高中间商对顾客的服务质量；排斥竞争产品进入同一市场，提高企业的国际竞争力。

独家分销渠道的不足：对中间商的依赖性太强，市场覆盖面窄；这种渠道意味着放弃一部分潜在顾客，有限的渠道宽度使企业适应性较差，销量难以扩大。

（2）选择分销。

选择分销指生产者在一定的市场范围内，通过少数几个经过挑选的、最合适的中间商销售其产品，如特约代理商或特约经销商。其特点是生产者对中间商的控制仍然较强，竞争程度扩大，相应地市场覆盖面也在扩大，但需要考虑怎样合理地界定中间商的区域。

选择分销渠道的优点：可以节省费用开支，提高营销效率；生产企业通过优选中间商，还可维护企业和产品的声誉，对市场加以控制；当生产企业缺乏国际市场营销的经验时，在进入市场的初期选用几个中间商进行试探性销售，待企业积累了一定的经验或其他条件具备后，再调整市场销售策略，以减小销售风险。

选择分销渠道的不足：企业难以在营销环境宽松的条件下实现多种经营目标；渠道对非选购品缺乏足够的适应性；企业要为被选用的中间商提供较多的服务，并承担一定的市场风险。

（3）广泛分销。

广泛分销指生产者尽可能地通过大量符合最低信用标准的中间商参与其产品的销售。其特点是生产者对其控制力弱，竞争激烈，市场覆盖面广泛，分销越密集，销售的潜力越大。但必须注意，在一定区域内，由于过度竞争和由此引发的冲突，不利于产品的销售。

广泛分销渠道的优点：市场覆盖面广，购买者有较多的机会接触到产品。对于刚开始从事出口经营的企业，这种策略可以帮助其迅速打开局面，还可以对这些中间商的工作效率进行综合评价，从中选择效率高的中间商继续为自己销售产品，同时淘汰那些效率低的中间商，有利于中间商之间展开竞争，不断提高商品销售效率。

广泛分销渠道的不足：对于较小地区的市场，不宜采用；缺乏中间商的管理控制。

二、汽车分销渠道的设计与管理

（一）分销渠道的设计

1. 影响分销渠道选择的因素

生产企业在设计分销渠道之前，应该对产品、市场及企业本身等各种因素进行综合分析，以便做出正确的决策。影响汽车生产商选择分销渠道的因素有很多，主要有如下几个：

（1）产品特性。

① 产品的单位价值。单位价值低的产品，往往通过中间商来进行销售，让中间商承担部分销售成本，同时有利于扩大产品的市场覆盖面，即分销渠道宽、环节多，且每一个环节层次多。反之，单位价值高，分销路线就短。汽车属于价格昂贵的耐用消费品，不宜通过中间商来销售，应该减少流通环节。

② 产品的大小与重量。体积大、分量重的产品，往往意味着较高的装运成本和储存成本，一般应尽量选择最短的分销渠道，汽车企业多数只通过一个环节，甚至取消中间环节，由生产者直接供应给用户。

③ 产品的易毁性或易腐性。产品是否容易损坏、腐烂，是影响产品实体运输和储存非常关键的问题。易毁、易腐的产品，应尽量缩短分销途径，迅速把产品出售给消费者。鲜活产品的渠道一般较短，就是这个道理。汽车配件产品在这方面的性能较好，影响不大。

④ 产品技术的复杂性。产品技术比较复杂、对售后服务要求较高的产品，如微机、现代办公用品、大型机电设备等，一般生产企业要派出专门的人员去指导用户安装和维修，这些产品的分销渠道一般都短而窄。汽车属于技术性高的产品，因此，渠道的长度和宽度不宜过大。

⑤ 产品的时尚性。式样或款式更新变化快的产品，如各种新奇玩具、时装等，分销渠道应尽量缩短，以免流转环节多、周转时间长。而时尚性不强、款式更新慢的商品，分销渠道可以适当长一点，以便广泛销售。

⑥ 是否为新产品。企业为了尽快把新产品推向市场，通常会采取强有力的推销手段，甚

至不惜为此付出大量的资金组建推销队伍，直接向消费者推销。当然，为节约成本，在情况许可时，也应考虑利用原有的分销渠道。

（2）市场因素。

① 市场范围的大小。在一般情况下，产品销售范围越大，则分销渠道就越长。如产品要在全国范围销售或进入国际市场，则应广泛利用中间商，要选择较长、较宽的渠道；如果产品销售范围很小，就地生产，就地销售，则可由生产者直接销售或通过零售商销售。汽车市场范围较小，一般需要通过中间商进行销售。

② 消费者的购买习惯。消费者的购买习惯也会影响分销渠道的选择。一些日常生活必需品，其价格低，消费者数量大，购买频率高，顾客不必仔细挑选，生产企业应尽量多利用中间商，扩大销售网点，其分销渠道应长而宽。对于一些耐用消费品，如汽车配件，其价格高，生产企业一般只通过少数几个精心挑选的零售商去销售，甚至在一个地区只通过一家零售商去推销，其分销渠道可以短而窄。

③ 竞争者的分销渠道状况。一般来说，企业要尽量避免与竞争者使用相同的分销渠道。如竞争者使用和控制着传统的分销渠道，企业就应当使用其他不同的分销渠道来推销产品。汽车配件市场竞争激烈，生产厂家比较多，可以采取与竞争者相同的分销渠道，以便让顾客进行产品价格、质量等方面的比较。

（3）企业自身因素。

① 企业的声誉与财力。企业的声誉越卓著，财力越雄厚，越可以自由选择分销渠道，甚至还可以建立自己的销售网点，采取产销合一的方法进行经营，而不经过任何其他中间商。如果生产企业财力微薄，或声誉不高，则必须依赖中间商提供服务。

② 企业自身的销售力量和销售经验。一般来说，如果企业自身有足够的销售能力或者有丰富的销售经验，就可以少用或者不用中间商；否则，就只有将整个销售工作交给中间商来做。

③ 企业对分销渠道的控制要求。如果企业想要严格控制产品的销售价格和新鲜程度或为了产品的时尚，则要选择尽可能短的分销渠道，对于短而窄的分销渠道，企业比较容易控制。

（4）社会环境及传统习惯因素。

社会环境主要是指政府的方针政策及对产品分销渠道的限制情况，主要包括经济形势、法律法规、传统习惯等方面的因素。由于汽车商品的特殊性及各个汽车生产企业自身因素的差异，在当前的社会环境条件下，企业应该对上述各种影响因素进行定量或定性分析，对各种渠道进行合理评价，进而拟定合理、完善的分销渠道。

（5）中间商方面的因素。

企业应考虑中间商的服务对象是否与自己所要达到的市场一致，这是最基本的条件。例如，汽车生产企业应该选择具有一定财力和管理能力的中间商来销售其汽车配件，而且还要具备较好的销售服务推广能力等。

2. 分销渠道的设计

经营汽车配件的企业在设计分销渠道时，必须在理想渠道与实际可用渠道之间进行选择。一般来说，新企业在刚刚开始经营时，总是先采取在优先市场上进行销售的策略，以当地市场或某一地区的市场为销售对象，因其资本有限，需要采用现有中间商。一旦经营成功，它可能会扩展到其他新市场。这家企业可能仍利用现有的中间商来销售其产品，虽然它可能在不同地区使用不同的市场营销渠道。总之，生产者的渠道系统需因时、因地灵活变通。

渠道设计问题可从决策理论的角度加以探讨。通常，要想设计一个有效的渠道系统，需经历 4 个阶段，即消费者需求分析、确定渠道目标、制订渠道方案和评估分销方案。

（1）消费者需求分析。

分销渠道是指产品或服务从生产者流向消费者（用户）所经过的整个渠道，因此，设计分销渠道首先应该了解目标市场上消费者的购买需求。分析消费者想要购买什么，如汽车配件市场，汽车企业购买较多，对于购买配件的方便程度要求越高，渠道的分销面就越广。

（2）确定渠道目标。

有效的渠道设计应以确定企业所要达到的市场为起点。从原则上来讲，目标市场的选择并不是渠道设计问题。然而事实上，市场选择与渠道选择是相互依存的。有利的市场加上有利的渠道，才可能使企业获得利润。渠道设计问题的中心环节是确定到达目标市场的最佳途径。每一个生产者都必须在顾客、产品、中间商、竞争者、企业政策和环境等所形成的限制条件下确定其渠道目标。

生产企业在进行分销渠道设计时，首先要决定采取什么类型的渠道，是直销还是通过中间商销售，即采用直接销售渠道还是采用间接销售渠道。如果企业决定通过中间商分销其产品，就要决定中间商的类型：是批发商还是零售商？什么样的批发商和零售商？用不用代理商？具体选择哪些中间商？企业可以采用本行业传统类型的中间商和分销渠道，也可以开辟新渠道，选择新型中间商。企业在具体选择中间商时还要考虑以下因素：一是市场覆盖面。中间商的市场覆盖面是否与生产企业的目标市场一致，如某企业现打算在西北地区开辟市场，所选中间商的经营地域就必须包括这一范围；二是中间商是否具有经销某种产品必要的专门经验、市场知识、营销技术和专业设施等。

（3）制订渠道方案。

在研究了渠道的目标之后，渠道设计的下一步工作就是明确各主要渠道的执行方案。渠道方案主要涉及以下几个基本因素：

① 选择中间商的类型。企业首先要明确可以完成其渠道任务的中间商类型。根据目标市场及现有中间商的状况，可以参考同类产品经营者的现有经验，设计自己的分销渠道方案。中间商的不同对生产企业的分销渠道会产生影响。例如，汽车收音机厂家在考虑其分销渠道时，可以选择与汽车厂家签订独家合同，要求汽车厂只安装该品牌的收音机；借助通常使用的渠道，要求批发商将收音机转卖给零售商；也可以在加油站设立汽车收音机装配站，直接销售给汽车使用者，并与当地电台协商，为其推销产品，并付给相应的佣金。

② 确定中间商的数量。中间商类型的确定，实际上也决定了分销渠道的长度。企业必须确定在每一渠道层次利用中间商的数量，由此来选择分销渠道的类型，即独家分销、选择分销或广泛分销。分销渠道的选择主要取决于产品类型：便利品需要广泛分销，选购品一般适合选择分销，特殊品可选择独家分销，汽车配件、大型电子产品等多选择独家分销。

③ 确定渠道成员的权利和责任。为保证分销渠道的畅通，企业必须就价格政策、销售条件、市场区域划分、相互服务等方面明确中间商的权利和责任。主要有以下几个方面：

价格政策：要求企业必须制定出具体的价格，并有具体的价格折扣条件，如数量折扣、促销折扣、季节折扣等政策。这样可以刺激中间商努力为企业推销产品，扩大产品储备，更好地满足顾客的需求。

销售条件：要求企业制定出相应的付款条件，如现金折扣；对中间商的保证范围，如不合格产品的退换、价格变动风险的分担等方面的保证。这样有利于中间商及早付款，加速企业的资金周转，同时可以引导中间商大量购买。

区域销售权利：这是中间商比较关心的一个问题，尤其是独家分销的中间商。因此，企业必须把各个中间商所授权的销售区域划分清楚，以便中间商拓展自己的业务，也有利于企业对中间商的业绩进行考核。

相互服务：企业必须制定相应的职责与服务范围，明确企业要为中间商提供哪些方面的服务，承担哪些方面的职责；中间商要为企业提供哪些方面的服务，承担哪些方面的职责。一般情况下，相互的职责和服务内容包括供货方式、促销的相互配合、产品的运输和储存、信息的相互沟通等。

（4）评估分销方案。

分销渠道方案确定后，生产者要根据各种备选方案进行综合评价，以便找出最优的分销渠道方案。对每个分销渠道进行评估，一般都需要遵循以下3个标准：

① 经济性标准评估。该评估主要是比较每个方案可能达到的销售额及费用水平。一是比较企业推销人员直接推销与使用销售代理商的销售额水平，确定哪种方式的销售额水平更高；二是比较企业设立销售网点直接销售所花的费用与使用销售代理商所花的费用，看哪种方式支出的费用大。企业对上述情况进行权衡后，从中选择最佳的分销方式。

② 可控性标准评估。一般来说，采用中间商可控程度较低，企业直接销售可控程度较高。分销渠道长，可控性难度大，分销渠道短，可控性难度会降低些，企业必须进行全面比较、权衡，选择最优方案。

③ 适应性标准评估。在评估各渠道方案时，还有一项需要考虑的标准，那就是分销渠道是否具有地区适应性和中间商适应性。首先是地区适应性，在某一地区建立产品的分销渠道，应充分考虑该地区的消费水平、购买习惯和市场环境，并据此建立与此相适应的分销渠道；其次是中间商适应性。企业应根据各个市场上中间商的不同状态采取不同的分销渠道。如在某一市场若有一两个销售能力特别强的中间商，渠道可以窄一点；若不存在突出的中间商，则可采取较宽的渠道。

此外，如果生产企业同所选择的中间商的合约时间长，而在此期间，即使其他销售方法更有效，如直接邮购，但生产企业不能随便解除合同，该企业选择的分销渠道便缺乏灵活性。因此，除非在经济或可控性方面具有十分优越的条件，否则，生产企业必须考虑选择策略的灵活性。

（二）分销渠道的管理

汽车配件企业选定分销渠道方案后，还要决策如何来管理分销渠道。一般来说，制造企业不可能像控制产品、定价和促销那样直接控制分销渠道，因为中间商是独立的经营者，他们有自身的利益要追求，有权在无利可图或不满意时撤出。客观上，制造企业和中间商之间也存在诸多矛盾，如零售商希望存货尽可能少些为好，以节约空间和减少资金占用。一旦发生断档，又要求制造商提供紧急订货服务，以抓住市场机会。而频繁供货又增加了制造企业的送货成本，特别是小批量的紧急送货。另外，从根本上来说，制造商和经销商的利益又是一致的，两者都只有通过将商品顺畅地卖给使用者才能获得效益，因此又要加强渠道内部各成员之间的协调与合作。企业必须安排专人负责分销渠道的管理，具体的管理程序包括以下几方面的内容：

1. 选择渠道成员

渠道方案确定以后，如何进行间接销售渠道管理，必须明确中间商应具备的标准。从生产企业来看，合适的中间商应具备以下几个条件和特点。

（1）中间商的服务对象应与生产厂商的目标顾客基本一致，这是确定中间商最基本的条件。

（2）零售商应该位于顾客流量大的地段，具有较好的交通运输及仓储、分销条件。

（3）拥有经销该产品必备的知识、经验和技术，具有较强的售前、售中、售后服务能力。

（4）制造企业可以综合考评中间商的开业年限和行业经验以及经营汽车产品的范围、企业盈利及发展状况、财务支付能力、协作愿望与信誉等级等。

2. 激励渠道成员

销售渠道由各渠道成员的结合构成。一般来说，各渠道成员都会为了共同的利益而努力工作。但是，由于中间商是独立的经济实体，拥有自己的经营理论，在处理供应商与顾客的关系时，往往偏向顾客一边，或者过分强调自己的利益，影响其为企业分销产品的积极性。因此，企业必须在了解中间商需求和欲望的基础上，用行之有效的手段对其进行激励。

（1）采取有效措施提高中间商的积极性，密切双方的合作关系。例如较高的职能折扣、合作广告、举办展销、组织销售竞赛等，对中间商的工作进行及时考核，对于经营效果好的给予奖励或优惠待遇，建立长期合作关系。

（2）企业应着眼于与有关中间商建立稳定、长期的伙伴关系。通过研究，明确各方在销售领域、产品供应、市场开发、技术指导、销售服务和财务等方面的相互要求，共同对这些方面的有关政策进行协商，并按照其信守承诺的程度确定合理的奖酬方案，给予必要的奖励。

（3）把汽车制造商与中间商双方的需要结合起来，建立一个专业化的垂直营销管理系统。汽车制造商在企业内部设立相应的经销商关系管理部门，任务是了解中间商的需要，制订市场营销计划，帮助每一个中间商以最佳的方式经营。通过该部门与中间商的共同工作，引导中间商深刻理解双方彼此依存、共同获利的关系。

3. 定期评估渠道成员的工作

要定期对中间商的工作绩效进行评估，目的是及时了解和发现问题，以便对不同类型的中间商有针对性地实施激励和推动工作，对表现较好的给予奖励，对于长期表现不佳者，果断终止合作关系。评估的具体内容包括以下几个方面：

（1）检查每位渠道成员完成的销售量和利润额，统计每位经销商的平均存货水平。

（2）调查经销商是否积极努力地推销本企业的产品。

（3）检查每位渠道成员同时经销多少种与本企业相竞争的产品。

（4）检查每位经销商商品定价的合理程度、为用户服务的态度和能力。

（5）计算每位渠道成员的销量在企业整个销量中所占的比重，并与前期比较。

通过上述各方面的评估，企业可鉴别出贡献较大、工作努力的渠道成员。对这些中间商，企业应给予特别关注，建立起更密切的伙伴关系；对于那些不胜任的渠道成员，必要时应做出相应的调整。

4. 协调渠道成员间的矛盾

渠道存在的基础是专业化分工所带来的相互依赖，制造商、批发商（代理商）、零售商只有依靠各自的专业化分工协作才能共同完成整条价值链的价值实现。渠道成员一般各有特定的专业职能：制造商可能专门负责生产和全国范围内的促销，而零售商也许专门从事分销和当地促销，这种专业化产生了相互依赖。然而，各渠道成员都力图获得最大限度的自主权，于是相互依赖关系的建立就带来了利益上的冲突。渠道冲突，是指某渠道成员从事的活动阻碍或者不利于本组织自身目标的实现，进而发生种种矛盾和纠纷。分销渠道的设计是渠道成员在不同角度、不同利益和不同方法等多种因素的影响下完成的，因此，渠道冲突是不可避免的。渠道冲突包括以下 3 种类型：

（1）水平渠道冲突。水平渠道冲突是指在同一渠道模式中，同一层次中间商之间的冲突。产生水平冲突的原因大多是生产企业没有对目标市场的中间商数量分管区域做出合理的规划，使中间商为各自的利益互相倾轧。究其原因，当生产企业开拓了一定的目标市场后，中间商为了获取更多的利益，必然要争取更多的市场份额，在目标市场上展开"圈地运动"。例如，某一地区经营 A 家汽车配件产品的中间商，可能认为同一地区经营 A 家企业配件产品的另一家中间商在定价、促销和售后服务等方面过于进取，抢了他们的生意。如果发生了这类矛盾，生产企业应及时采取有效措施，缓和并协调这些矛盾；否则，就会影响渠道成员间的合作及产品的销售。另外，生产企业应未雨绸缪，采取相应措施防止这些情况的发生。

（2）垂直渠道冲突。这种冲突是指在同一渠道中不同层次企业之间的冲突，较水平渠道冲突更常见。例如，某些批发商可能会抱怨生产企业在价格方面控制得太紧，留给自己的利润空间太小，而提供的服务（如广告、推销等）太少；零售商对批发商或生产企业可能也存在类似的不满。

垂直渠道冲突也称渠道上下游冲突。在某些情况下，生产企业为了推广自己的产品，越过一级经销商直接向二级经销商供货，使上下游渠道间产生矛盾。因此，生产企业必须从全局着手，妥善解决垂直渠道冲突，促进渠道成员间更好地合作。

（3）多渠道间的冲突。随着顾客细分市场和可利用渠道的不断增加，越来越多的企业采用多渠道营销系统。不同渠道间的冲突是指生产企业建立多渠道营销系统后，不同渠道服务于同一目标市场时所产生的冲突。例如，汽车配件企业在同一地区通过几家经销商销售，当地既有品牌专营店，汽车制造商自己又开店直销，三者之间会引起诸多冲突与不满等。多渠道间的冲突在某一渠道降低价格（一般发生在大量购买的情况下）或降低毛利时，表现得尤为强烈。因此，生产企业要重视引导渠道成员之间进行有效竞争，防止过度竞争，并加以协调。

导致以上渠道冲突的原因：一是各自目标不同；二是没有明确的授权；三是对未来的预期不同；四是中间商对制造商过分依赖。协调渠道成员间的矛盾冲突必须从以下几方面着手控制：

① 构建渠道伙伴关系，确立共同的目标和价值观。要解决渠道冲突，特别是要解决企业和渠道组织的冲突，首先要认识到渠道组织作为外部组织，与企业一起构成的价值链，是产品价值实现的必要环节。因此，企业首先要从理念上认识到企业和渠道组织的关系不应是对立关系，而应该是价值实现的伙伴关系。只有在这个正确理念的指引下，企业才能正确地采取一系列措施和渠道共同实现价值。确立共同的目标和价值观，有助于渠道成员增强对渠道环境的认识，更有助于互相为对方考虑，从整体考虑，最终避免冲突的出现。

② 对渠道成员间的权利、责任、义务尽可能明确界定。渠道成员之间冲突发生的差异性原因多种多样，目标不相容、渠道分工的差异、技术的差异等都可能产生渠道冲突。实际上大部分差异是可以通过明确界定渠道成员间的权利、责任、义务等来避免的。因此，这就要求企业在进行渠道规划时尽可能多地考虑实际情况，详细界定渠道成员间的权利、责任、义务，从而尽可能地减少以上差异所带来的渠道冲突。

③ 渠道成员间要成立渠道管理组织。企业和渠道组织之所以能在一起，是因为要通过各自的专业化分工协作来共同完成分销任务。因此，为了更好地分工协作，同时更好地处理渠道冲突，企业和其他渠道成员有必要共同成立渠道管理组织，如渠道委员会。它可以及时处理随时出现的渠道冲突，并且最重要的是通过建立定期或不定期的沟通机制，使企业和渠道组织、渠道成员间能加深对共同目标的认识，加深相互理解，最终避免冲突的实现。

5. 调整分销渠道

由于汽车消费者购买方式的变化，市场扩大或缩小，新的分销渠道的出现，现有渠道结构不能带来最高效的服务产出。在这种情况下，为了适应市场环境的变化，现有分销渠道经过一段时间的运作后，就需要加以修改和调整。调整分销渠道主要有如下几种方式：

（1）增减渠道成员。这是一种结构性调整，即对现有销售渠道里的中间商进行增减变动。企业要分析当增加或减少某些中间商时，对产品分销、企业收益等会带来什么影响，影响的程度如何等。例如，企业决定在某一目标市场增加一家批发商，不仅要考虑所带来的直接利益，还应考虑对其他经销商的需求、成本和情绪有何影响。

（2）增减销售渠道。这属于功能性调整，如果增减渠道成员不能解决问题，企业可以考虑增减销售渠道的做法。增加或减少一条销售渠道都需要对可能带来的直接、间接反映及效应做系统的分析。例如，某汽车配件公司发现其经销商注重家用轿车市场而忽视商用车市场，导致其商用车销售不畅，为了促进商用车市场的开发，需要增加一条销售渠道，必须做出系统的分析。

（3）调整改进整个渠道。这属于功能性调整，即企业对原有的分销体系、制度进行通盘调整，这类调整难度最大。因为它不是在原有渠道基础上的修补或完善，而是全面改变企业的渠道决策，它会使市场营销组合有关因素发生一系列的变动，通常由企业最高管理层做出。

当营销环境发生较大变化，造成现有分销渠道系统在满足目标顾客需求和欲望方面与理想系统之间出现越来越大的差距时，厂商就要考虑对原有分销渠道进行调整。厂商可借助投资收益率分析，确定增加或减少某些分销渠道或对整个分销渠道做出调整。当目前已有的渠道成员不能很好地经营目标市场时,可以考虑重新选定某个目标市场的渠道成员来占领市场;当现有的渠道成员不能将厂商产品有效送至目标市场时,优先考虑的不应该是将这个渠道成员剔除,而是考虑能否将其用于其他目标市场。

(三)我国汽车市场分销渠道的模式

根据与 WTO 成员方签署的协议,我国政府已于 2006 开始逐步降低关税和增加进口汽车配额。之后我国汽车市场面临前所未有的竞争,尤其是汽车服务贸易领域的开放,意味着跨国汽车企业集团进入中国的最后屏障被消除,民族汽车工业被迫与通用、戴克、大众等汽车企业同台竞技。在短期内,资金、技术、管理经验的差距很难迅速缩小。如何积蓄实力,确立民族汽车工业的核心竞争力是摆在中国汽车人面前的一个紧要问题。汽车分销渠道是汽车工业产品销售的重要基础和保障。在短短几年时间里,通过构造强劲控制力的汽车分销渠道体系,获得与跨国汽车公司抗衡的资本,这将是增加我国汽车工业生存与竞争能力最现实的竞争优势。

1. 我国汽车市场分销渠道模式

(1)品牌专营是轿车市场的主流渠道模式。现今国内的品牌专营模式几乎普遍按照国际通用的汽车分销标准模式建设,采用"三位一体"(3S)制式或"四位一体"(4S)制式:以汽车制造企业的营销部门为中心,以区域管理中心为依托,以特许或特约经销商为基点,集新车销售、零配件供应、维修服务、信息反馈与处理于一体,是受控于制造商的分销渠道模式。

广州本田是国内公认的较为成功的品牌专营模式。它直接采用日本本田公司的品牌专营模式,是国内首家采用"四位一体"制专营店分销网络的汽车制造商。目前广州本田已拥有250家品牌专卖店,在专卖店的后面就是售后服务中心。品牌专营店在外观形象和内部布局上统一规范、统一标识,给人强烈的视觉冲击,有助于提升品牌形象;实行以直销为主的终极用户销售;将汽车销售与售后服务融为一体,从而赢得客户的信赖。

但同时,品牌专卖店的运营成本较高,特许经营带来的垄断使终端服务很难尽如人意,导致品牌短期利益和长期利益难以平衡,这是目前品牌专营亟待解决的问题。

(2)集约式汽车交易市场是用户购买汽车产品的主要场所。汽车市场集中了国内外各种品牌、价格、档次的汽车,由多个代理经销商分销,形成集中的多样化交易场所,使购车人在同一地点即可比较选择各种品牌的车辆。就总体水平看,北京、上海等大型城市的汽车交易市场发展得较为完善,并且各具特色。汽车交易市场极大地适应了私人购车的需要,并且将汽车销售过程中涉及的十几个部门的监督管理服务集中到一地,方便了消费者;通过交易市场的规模优势,形成汽车销售、配件供应、维修保养、信息反馈四位一体,从而形成综合的社会效益,并有利于维护消费者的合法权益。

从经营模式上看,汽车交易市场主要有以下 3 种类型:

① 以管理服务为主。管理者不参与经营销售活动,而是由经销商进场经营销售,交易市场只负责做好硬件建设及完善管理。北京亚运村汽车交易市场就是这一模式的典型代表。由

于市场内汽车品种齐全，交易规范，吸引了全国各地的顾客到交易市场购车。特别是政府有关综合部门直接驻场，不仅有力地规范了市场交易秩序，而且方便消费者办理一系列的交易手续。

② 以自营为主。其他进场经销商非常少，即市场管理者同时也是主要的汽车销售者。该类型的汽车交易市场约占有形市场的 80%~90%。

③ 从销量上看，自营与进场经销商各占 50%。传统的汽车交易市场大多只是各种品牌汽车的集中展厅，硬件和软件条件都无法满足消费者日益增长的需求，而且同一品牌的汽车在市场内往往因为恶性竞争而导致价格混乱。

（3）汽车工业园区是有形市场新的发展方向。随着北方汽车交易市场入股北京国际汽车贸易服务园区，汽车园区这一全新的分销渠道模式也首次呈现在人们面前。汽车工业园区结合中国市场"既集中又分散"的特点，将国外几种渠道模式有机结合，成为集约式汽车交易市场发展的新方向。但它绝不是汽车交易市场简单的平移和规模扩张。汽车园区相对于汽车交易市场和品牌专营店的最大优势就是功能的多元化。汽车园区具有全方位的服务集成功能，把传统的集约型融入现代专卖的渠道模式，以 3S、4S 店集群为主要形式；在规划和筹建上力求与国际接轨，并适度超前。如北京国际汽车贸易服务园区设计了 9 大功能园区：国际汽车贸易区、汽车试车区、二手车贸易区、汽车特约维修区、国际汽车检测中心、汽车物流配送中心、北京国际汽车保税区、休闲娱乐区、汽车解体厂，在某种程度上诠释了汽车园区的功能内涵，实现了现金交易、信贷交易、租赁交易 3 种方式集成，并且具有销售、融资、办理手续一站式的服务功能，成为国际汽车交易中心、售后服务中心、展览信息交流中心和国内外汽车厂商咨询服务中心。

（4）汽车连锁销售业已开始发展。"加盟亚飞，做当地汽车销售大王"的广告语揭开了汽车连锁经营的序幕。通过与制造商建立品牌专营或买断资源经营方式，建立全国性的统一服务网络，利用连锁规模为用户提供服务。北京亚飞汽车连锁总店是 1997 年 3 月经原国家经贸委、国家工商行政管理局批准的汽车特许连锁经营试点单位，已在全国 218 座城市设立了近400 家连锁分店。亚飞总店与分店采用"统一定货、统一配送、统一管理、统一形象、统一服务标准"，以消费信贷、租赁销售等新方式进行销售，在推动汽车流通和市场秩序化方面发挥了一定的作用，并且形成了一个具有较强市场覆盖力和突破力的销售网络。目前亚飞积极借鉴国际成功经验，把市场网络与先进的营销方式及相关行业的优势结合起来，与欧洲汽车国际有限公司合作，在全国汽车联网租赁上取得进展；与中国人民保险公司、中国农业银行、北京市商业银行合作，推动消费信贷的规模化进程，稳步发展市场优势。

目前中国汽车市场已经全面进入品牌经营时代。在这种分销模式中，如何将连锁经营的规模优势与制造企业的品牌经营结合起来，利用网络和资金优势，强化品牌，是当前亟须解决的问题。

2. 汽车市场分销渠道模式的建议

（1）坚持品牌专营的主渠道地位。品牌专营，对汽车工业的发展起着积极的推动作用，并且也是目前最为有效的一种渠道模式。尤其是在消费者对汽车服务功能的延伸具有较高需求的时候，品牌专营具有无法比拟的优越性。制造商在品牌经营上要着重提高软件水平，降低成本，提高顾客满意度。

（2）虽然传统的汽车交易市场与现代汽车工业的发展需要相去甚远，在某种程度上已完成历史使命。但由于能够降低用户购买和比较的成本，依然受到消费者的认可。所以，在很长一段时间内，这种模式依然会存在，只是内容有所改变。为了适应今后汽车市场的发展趋势及私人购车的需要，汽车交易市场要进行战略调整，即引进各大汽车品牌专营店，使专卖店集群成为市场的主体形象；加大招商引资，完善"四位一体"功能；促进经营机制的改变，由管理型向经营管理型转变。

（3）对汽车园区进行合理规划。汽车园区的建设大多位于城郊，因此应顺应城市的整体发展规划，合理利用土地，加强交通设施的规划，以功能化、规模化、园林化等特点，体现"以人为本"的现代经营理念，加强园区周边设施的配套建设，调动投资者的积极性，打消顾虑，增加投资力度，促进汽车园区的建设和发展。

（4）汽车连锁经营，采用了世界第三次商业革命的成果——特许连锁经营作为手段，以低成本、低风险迅速发展销售网络。当前应完善连锁服务体系，将保险、维修、零部件供应和汽车救援等在全国建立起连锁体系，真正实现汽车连锁经营的规模经济优势效益。

（5）探索开拓电子商务等创新型渠道模式。通过电子商务提供的模块化服务网络系统，在满足顾客需求、降低流通成本、减少交易环节、便利沟通等方面具有传统分销渠道无可比拟的优越性。通过网络进行信息传播，加强客户关系管理，实施有针对性的沟通，极大地提高顾客满意度，创造消费价值。

【知识拓展】

美国汽车分销模式

美国汽车生产厂商采取的渠道模式追求简单实用。大多数企业采用地区销售分公司的做法，直接协调产销关系，力求直接对终端市场进行有效调控。美国汽车厂商一般不参与直接销售，而是由零售商来完成。目前，美国市场共有汽车专卖店 2.2 万个，但是汽车零售店只负责销售，售后服务部分则仍由厂家分公司运营。汽车销售渠道以"低成本、低投入、高产出、高效率、高素质"为特点，美国汽车经销商税前利润平均 29.3%，人均销售 18 辆/年，而中国人均销售则不足 1 辆/年。

英国汽车分销模式

英国汽车分销模式相对比较保守，大多采用的是较为传统的区域分销代理模式，这与欧洲发达的贸易体系是密不可分的。由于区域分销贸易企业相对比较稳定，汽车厂商相对较多，因此渠道利润也比较丰厚，很多分销商逐渐成长为世界级品牌代理商。但是，由于汽车经销采取"5S"终端模式（新车销售、旧车回收及销售、零配件供应、维修服务和信息反馈），终端压力很大，甚至成为包袱。

优势：汽车生产厂商可以迅速收回生产成本，获得再次开发和扩大生产的资金。同时，由于分销商对渠道具有较大的控制权，可以及时根据市场情况进行有针对性、地域性的促销来拉动汽车的销售。

劣势：英国模式的劣势在于经销商的压力和成本都较大，再加上激烈的市场竞争，汽车销售商的利润急剧缩水。专卖店网络已显颓态。销售网点过于密集，利润空间逐年减少，合并或者破产的经销商越来越多。因此，欧盟也积极调整策略，决定"开放汽车销售形式"，重新设计适应新环境的营销形式，将销售和维修完全分开，并且对汽车零售业进行改革，允许多品牌经营，减少中间环节，以达到降低成本、促进消费的目的。英国销售渠道的改革，也给中国热火朝天的4S店建设潮带来有益的反思。

日本汽车渠道模式

日本汽车分销渠道大多采取独立的经销商模式，而且独立经销商与企业合作紧密，有些企业还会直接投资分销渠道建设。在日本分销渠道中，没有 4S 店的形式，而是采用遍布全国、安排有序的品牌汽车分销点。这些分销点除了销售汽车外，也提供一定的基本汽车维修和配件服务。日本汽车分销网络与生产厂商联系紧密令全世界咋舌。美国当年通过艰苦的贸易谈判，终于迫使日本开放了其汽车市场。但是，美系汽车厂商在进入日本市场后，却发现没有一个渠道愿意代理来自日本以外的汽车品牌。

中国当前几种汽车渠道模式的比较

中国汽车分销渠道在传统上一向采用总代模式，但是随着国外品牌的涌入、家用轿车的普及，传统的分销渠道已经不能满足市场的需求。汽车厂商为加快渠道流通，提高品牌形象，完善售后服务，纷纷进行渠道转型。特别是随着国外汽车企业不断进入中国市场，在带来汽车产品和品牌的同时，也带来了高效的分销模式。目前，国内汽车行业分销渠道改革总的趋势是扁平化，以加快产品和资金流动，加强对市场和终端的控制。

模式 A：通过与原代理商合资合作，成立省级联营公司。省级联营公司一般只代理联营企业的产品，其销售范围内的终端，既可以是以厂家为主体的多型号、多品牌销售中心，也可以是以单一品种为销售目标的品牌专营。厂家通过与联营公司的紧密合作，来确保渠道独享、信息畅通和物流的有效调配。

模式 B：区域代理模式的缺陷和优势都非常明显。优势在于企业可以较快地获得资金回笼，通过代理商的保证金或者预支进货款，甚至可以弥补前期生产流程管理和市场营销费用。但是厂家对终端的控制不足，分销渠道不够稳定，特别是在汽车行业竞争越来越激烈的情况下，渠道冲突也越来越容易发生。同时，代理商积压大量库存以抵消企业的库存压力与成本，往往导致销售渠道不畅，车型更新换代速度缓慢，各地区车型差异很大，给企业的市场战略带来了重大影响。

模式 C：一些汽车企业在模式 B 的运作过程中，逐渐感受到模式 B 的缺陷越来越大。为了追求渠道的扁平化和对终端的直接控制，一些汽车厂商开始抛开原有代理商或者联营分销商，直接招标，利用经销商资源，大建品牌专卖店、4S 店等，谋求通过分销得到市场、品牌的双重受益。但是，这种模式也存在巨大的隐患，经销商投资过大，导致终端在市场竞争中捉襟见肘，特别是市场行为不规范，也使经销商在争夺代理权时对生产企业分销部门行贿、受贿。

汽车渠道年终返点促进"热销"假象。汽车厂商对于完成或者超额完成全年销售任务的汽车经销商提供返点奖励，根据品牌不同，奖励金额比例在 0.5%～1.5%。这种销售鼓励的确对提高销售量起到一定的促进作用，但是同时也搅乱了市场价格。很多经销商为了提高销售量，以低于厂商市场指导价数千乃至上万元的价格抛售汽车，目的只有一个，就是赚取年终销量返点。

汽车物流除了在市场上为企业提供储运服务外，还承担着汽车仓储的责任。一般来说，汽车储运服务商与厂商合作的利润来源有3种：汽车运输利润、汽车仓储费用和汽车销售利润。一些储运企业免费为厂商提供仓储运输服务，赚取汽车销售利润，成为汽车销售渠道的重要一环。

资料来源：散晓燕. 汽车营销[M]. 北京：人民邮电出版社，2014.

【任务实施】

汽车分销策略分析

1. 目的要求

（1）分析比亚迪汽车分销渠道的发展历程。

（2）分析比亚迪汽车分销渠道设计的特点。

（3）提出改进比亚迪分销渠道的对策及建议。

（4）学会整理和分析汽车分销渠道信息资料，提出改进比亚迪汽车分销渠道的对策及建议，并撰写汽车分销策略分析报告。

2. 任务要求

（1）本次任务以小组为单位完成。

（2）任务完成过程参考知识准备中汽车分销策略进行。

3. 实训步骤

（1）由教师把学生分为若干组（每组 4～6 人），各组分工合作，每组指定专人负责，协调完成本次任务。

（2）各小组根据任务要求分工协作完成任务。

（3）各小组派代表上台讲解本小组的分析报告，用 PPT 形式展示。

（4）其他小组成员和任课教师对各小组的分析报告进行提问，并提出相应的修改意见。

（5）各小组根据教师和学生所提的意见修改分析报告。

（6）上交修改后的分析报告。

4. 分析报告提交方式

上交书面汽车分销策略分析报告。

【评价与反馈】

实习指导教师检查作业结果，并针对任务实施过程中出现的问题提出改进措施及建议。评分标准如下：

（1）分析报告的内容是否完整、科学。

（2）分析报告是否正确。

（3）发言代表口头表达是否流畅，仪态是否大方得体。

（4）PPT 制作是否简明，重点突出。

（5）回答问题是否到位、准确。

任务七　汽车促销策略

【学习目标】

1. 了解汽车促销的含义和 4 种主要方式。
2. 理解在制定汽车促销组合策略时应考虑的各种因素。
3. 掌握人员促销、广告、销售促进和公共关系 4 种汽车促销方式的具体实施细节及其执行、评价方式。
4. 学会制定有效的汽车促销策略。

【任务描述】

汽车广告赏析：通过相关知识学习，以小组为单位寻找一则令人印象深刻的汽车广告，并向全班同学分享，说明该广告的特点及成功之处。

【知识准备】

现代汽车市场营销要求开发优良的汽车产品，给予有吸引力的汽车定价，以便让目标消费者接受。除此之外，还要求汽车企业与现有的消费者、潜在的消费者和公众沟通，激发消费者的购买欲望，实现汽车产品销售。这些都需要汽车企业制定并执行有效的汽车促销策略来完成。因此，汽车促销策略已成为汽车企业整个营销策略中最重要的一环。

一、汽车促销概述

（一）汽车促销的含义

汽车促销是促进汽车销售的简称，是指汽车企业对汽车消费者所进行的信息沟通活动，通过向消费者传递汽车企业和汽车产品的有关信息，使消费者全面了解汽车生产企业和销售企业，了解感兴趣的汽车产品，产生购买欲望。为了支持和促进汽车销售，需要进行多种方式的促销。通过人员促销，面对面地向消费者介绍，帮助消费者选购汽车；通过广告，传播有关汽车企业和汽车产品的信息；通过销售促进，加深消费者对汽车产品的了解，促进其购买汽车；通过各种公共关系及宣传手段，改善汽车企业和汽车产品在公众心目中的形象。

1. 汽车促销的原则

（1）目的性。制定汽车促销策略的主要目的就是促进销售与提升品牌。

（2）针对性。所有的汽车促销行为，都必须针对目标市场。不把握目标消费者的消费形态、消费习惯、消费心理及消费需求而开始的促销活动，无异于盲人骑瞎马。

（3）创新性。由于汽车市场竞争激烈，汽车促销必须要有一定的创新性。如果促销形式陈旧，促销效果就不会太好。

（4）系统性。汽车促销是一个科学的系统，需要每一个促销阶段都能达成一个目的，并整合起来形成一个系统来发挥作用。

2. 汽车促销的作用

（1）主动沟通。主动与汽车消费者沟通，加强消费者对促销活动的理解，加强品牌本身与消费者的互动，促进品牌信息传递的准确性及广泛性。

（2）品牌推广。好的促销活动可以直接促进汽车品牌推广，建立起消费者对品牌的忠诚依赖关系，并在此基础上直接促进销售。

（3）促进销售。汽车促销的原始目的就是促进汽车销售。

（4）提升竞争力。一个好的汽车促销策略，不但可以提升汽车销售，促进汽车品牌传播，同时也可提升汽车品牌的竞争力。

（5）整合资源。好的促销一定是一次资源整合的过程，在这一过程中，不但利用了各种社会资源，同时也会用最小的投入，达到最佳的促销效果。

（6）促进传播。成功的汽车促销活动，除了促进汽车销售外，同时一定也是一次成功的汽车品牌传播过程。这一过程甚至能通过新闻、广播等传播形式，把汽车促销活动的效果无限放大。汽车促销本身就具有一定的传播色彩。

（7）建立忠诚度。科学、系统的汽车促销活动，可使顾客建立起对汽车品牌的忠诚度。

（8）长期互动。好的汽车促销活动一定是有计划、与汽车消费者长期互动的。比如各种汽车俱乐部、会员优惠等，都是比较好的长期互动的汽车促销形式。

（9）营造氛围。好的汽车促销活动，不但可以提升汽车销售额，同时也可使汽车品牌形成强势的氛围，进而更大范围地提升汽车品牌知名度，促进销售。

（二）汽车促销的方式

汽车促销的方式主要有两类：人员促销和非人员促销。人员促销主要是指派出汽车销售人员进行汽车销售活动。非人员促销，又分为广告、销售促进、公共关系等多种方式。汽车促销策略就是这几种方式的最佳选择、组合和运用。

1. 人员促销

人员促销是经销商与消费者的直接沟通，面对面地传达汽车信息。这种方式灵活，针对性强，容易促成即时成交。而且，人与人之间的沟通，可以培养经销商与消费者之间的感情，以便建立个人友谊及长期的合作关系，亦可迅速反馈消费者的意见及要求。

2. 非人员促销

（1）广告。汽车广告是一种高度大众化的汽车信息传递方式，其信息传播面广，形式多样，渗透力强，可多次重复同一汽车信息，便于消费者记忆。

（2）销售促进。

销售促进也称"营业推广"，是一种沟通性极好的促销方式。通过提供汽车信息，诱导消费者接近汽车产品；通过提供优惠，对消费者产生招徕效应；通过提供奖励，对消费者产生激励。

（3）公共关系。公共关系具有较高的可信度，其传达力较强，吸引力较大，容易使消费者接受，可提高企业的知名度，树立汽车企业良好的社会形象。

（三）汽车促销组合应考虑的因素

所谓汽车促销组合就是把人员促销、广告、销售促进和公共关系等各种不同的汽车促销方式有目的、有计划地结合起来，并加以综合运用，以达到特定的促销目标。这种组合既可包括上述4种方式，也可包括其中的2种或3种。由于各种汽车促销方式分别具有不同的特点、适用范围和效果，所以要结合起来综合运用，才能更好地突出汽车产品的特点，加强汽车企业在市场中的竞争力。

制定汽车促销组合时应考虑下述因素：

1. 汽车促销目标

要确定最佳的汽车促销组合，首先需考虑汽车促销目标。汽车促销目标不同，应采用不同的汽车促销组合。如果汽车促销的目标是提高汽车产品的知名度，那么汽车促销组合的重点应放在广告和销售促进上，辅之以公共关系宣传；如果汽车促销的目标是让消费者了解汽车产品的性能和使用方法，那么汽车促销组合应采用适量的广告、大量的人员促销和某些销售促进；如果汽车促销的目标是立即取得某种汽车产品的销售效果，那么重点应该是销售促进、人员促销，并安排一些广告宣传。

2. 汽车"推动式"销售与"拉动式"销售

在汽车销售过程中，采用"推动式"销售还是"拉动式"销售，对汽车促销组合有较大的影响。"推动式"销售是一种传统式的销售方式，是指汽车企业将汽车产品推销给总经销商或批发商；而"拉动式"销售则是以市场为导向的销售方式，是指汽车企业（或中间商）针对最终消费者，利用广告、公共关系等促销方式，激发消费需求，经过反复、强烈的刺激，使消费者向中间商指名购买这一汽车产品。这样，中间商必然要向汽车企业要货，从而把汽车产品拉进汽车销售渠道。

3. 汽车市场性质

不同的汽车市场，由于其规模、类型、潜在消费者数量不同，应该采用不同的促销组合策略。规模大、地域广阔的汽车市场，多以广告为主，辅之以公共关系宣传；反之，则应该以人员促销为主。汽车消费者众多却又零星分散的汽车市场，应以广告为主，辅之以销售促进、公共关系宣传；汽车消费者少、购买量大的汽车市场，则应以人员促销为主，辅之以销售促进、广告和公共关系宣传。潜在汽车消费者数量多的汽车市场，应采用广告促销，有利于开发需求；反之，则应采用人员促销，有利于深入接触汽车消费者，促成交易。

4. 汽车产品档次

不同档次的汽车产品，应采取不同的促销组合策略。一般来说，广告一直是各种档次汽车市场营销的主要促销工具；人员促销是中、低档汽车的主要促销工具。

5. 汽车产品寿命周期

汽车产品寿命周期阶段不同，促销目标也不同，因而要相应地选择、匹配不同的促销组合策略。在导入期，多数消费者对新产品不了解，促销目标是使消费者认知汽车产品，应主要采用广告宣传介绍汽车产品，选派促销人员深入特定消费群体详细介绍汽车产品，并采取展销等方法刺激消费者购买。在成长期，促销目标是吸引消费者购买，培养汽车品牌偏好，继续提高汽车市场占有率，仍然可以广告为主，但广告内容应突出宣传汽车品牌和汽车特色，同时也不要忽略人员促销和销售促进，以强化产品的市场优势，提高市场占有率。在成熟期，促销目标是战胜竞争对手、巩固现有市场地位，需综合运用促销组合各要素，应以提示性广告和公共关系为主，并辅之以人员促销和销售促进，以提高汽车企业和汽车产品的声誉，巩固并不断拓展市场。在衰退期，应把促销规模降到最低限度，尽量节省促销费用，以维持一定的利润水平，可采用各种销售促进方式来优惠销售汽车存货，尽快处理库存。

图 2.10 显示了在汽车产品寿命周期中不同阶段的 4 种促销工具的相对效益。

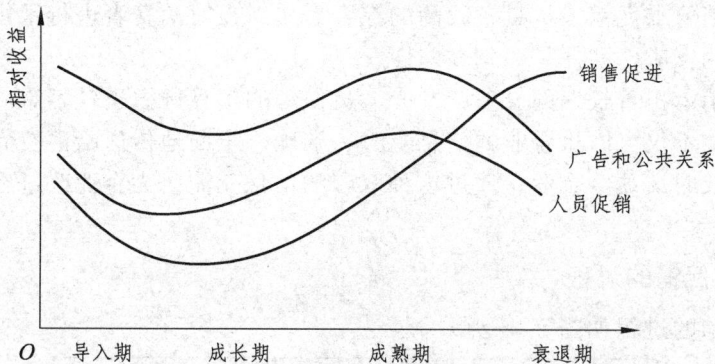

图 2.10　汽车产品寿命周期不同阶段促销工具的相对效益

【案例 2.6】

奥迪 A6 产品生命周期新老产品延伸换型成功的案例

奥迪 C5（老 A6）从 1999 年国内投产到 2000 年投放市场，计划产品生命周期 6 年，生产规模 12.6 万辆，而在实际运作中奥迪 A6 在 2003 年就已经提前完成了 12.86 万辆，达到了规划产品生命周期的规模。截止到 2006 年停产时已累计生产 201 764 辆，超规模 75 000 辆。

新 C6（A6L）于 2005 年 1 月投放市场时与老奥迪 A6 同步生产了一年，通过逐步加大国产化率的进程促进 C5（老 A6）退市，新 C6（A6L）的销量远远超出了产品投放市场时的预期目标。

奥迪的成功在于新产品投放市场时卓有远见的战略性的价值定位，重视产品维护的技术升级和改进工作，给消费者一种真正意义上的技术领先，符合品牌核心价值理念。稳定的价格控制、渠道覆盖、随市场的发展而发展，足以证明其品牌建设成功，营销战略节奏清晰。

奥迪带给我们的启示：好产品更需要面向未来适合市场的战略定位，否则会因给自己设立的门槛过高而把机会留给对手。

资料来源：金立江，裘文才. 汽车市场营销[M]. 北京：机械工业出版社，2023.

二、汽车人员促销策略

（一）汽车人员促销的特点及过程

1. 汽车人员促销的特点

汽车人员促销是指汽车企业的推销人员利用各种技巧和方法，帮助或劝说消费者购买该品牌汽车产品的促销活动。由于汽车具有技术含量高、价值较大等特点，人员促销在汽车销售中有很重要的地位。与广告宣传和销售促进相比，人员促销有5个明显的特征。

（1）人员促销是在两个或更多的人之间，在一种生动的、直接的和相互影响的关系中进行的，是一种面对面的接触，要求促销人员观察消费者的需求和特征，在瞬息之间做出调整，具有很强的针对性和灵活性。

（2）人员促销要求建立各种关系，从销售关系直至个人友谊，优秀的促销人员会把消费者的兴趣爱好记住，以建立长期的、良好的关系，培养顾客的忠诚度。

（3）人员促销要求促销人员具备较高的综合素质，在对消费者进行销售访问时，促销人员必须做出积极的反应，即使是一句"谢谢"。

（4）人员促销承担着长期的义务，改变人员促销的预算规模也较困难。

（5）人员促销不仅可以将企业的信息及时、准确、全面地传递给消费者，而且能听到消费者的意见，并及时反馈给企业，通过这种双向的信息交流，为企业改进经营管理和营销活动提供依据。

2. 汽车人员促销的过程

汽车人员促销的过程如图2.11所示。

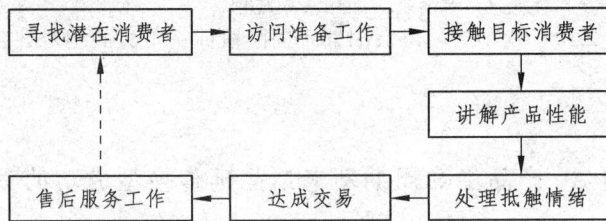

图2.11　汽车人员促销的过程

（二）汽车人员促销的任务

在现代汽车营销活动中，单纯依靠汽车产品本身已难以在竞争中取胜，越来越多的汽车企业采取了营销服务的总体战略。通过完善的售前、售中和售后服务，最大限度地提高消费者的价值，从而提高汽车产品的竞争力，扩大市场份额。所以，人员促销的关键任务，就是向消费者提供优质的服务，从而加深消费者对企业的了解和对产品的信赖，树立起良好的企业形象。日本汽车公司在这方面做出了榜样，日本人常风趣地说："要想摆脱曾经卖给你一辆汽车的推销员的唯一办法，就是离开这个国家。"

1. 售前服务

售前服务即企业与潜在用户的沟通。企业促销人员要有计划地、主动地收集消费需求信息，及时将企业及汽车产品的情况传递给潜在用户（如企业的宗旨、规模，在同行业中的地位，产品的性能、规格、销售方式及售后服务的内容等），并了解其反应，更好地满足用户的要求，达到引导消费，坚定潜在用户的购买信心和决心的目的。例如：东风汽车公司宣布，只要用户要求，东风汽车售后服务队伍可以在 48 小时之内到达用户身边。

2. 售中服务

售中服务即企业与现实消费者的沟通。企业的促销人员要将自己产品的优势、产品能给消费者带来的特殊利益传达给消费者，协助引导消费者使用本品牌的汽车。如发放汽车宣传资料，介绍汽车的有关技术指标，讲解新车的性能特点等，这些工作一般都由推销人员完成。

3. 售后服务

售后服务即企业与产品用户的沟通。企业要及时征询用户的意见，提供优质的售后服务，了解用户的反馈信息，改进服务方式，建立持久的合作关系，树立良好的服务形象。有人说：第一辆汽车是靠推销人员卖出去的，第二辆、第三辆则是靠售后服务卖出去的，可见售后服务对汽车销售的影响。法国的雷诺、雪铁龙称 24 小时全天候接受和受理用户的售后服务要求，由此培养了自己忠实的顾客群体。

在我国台湾地区，汽车业的营销是广告量最大，促销最卖力，创意最丰富、最突出的行业。除了广告和促销外，各厂家也十分注重服务、公关及形象的建立。因此，各种手法相继出笼。像福特的 CQC 等，无不以建立顾客的忠诚与信心为目的，希望以此创造自己的口碑，赢得较高的市场占有率。

综上所述，可以将汽车人员促销的主要任务归纳为以下几项：

（1）寻找消费者。寻找新的潜在消费者，培养主要的消费者。

（2）设定目标。决定怎样在工作和寻找消费者之间分配有限的时间。

（3）信息传播。熟练地将汽车产品和服务的信息传递出去。

（4）推销产品。与消费者进行售前沟通，向消费者介绍汽车产品，提供汽车报价，回答消费者的疑问并达成交易。

（5）提供服务。提供售中、售后服务。例如，提供咨询意见，给予技术帮助，进行维护培训等。

（6）收集信息。进行市场调查和调研工作，建立消费者信息档案，整理反馈意见。

（7）分配产品。对消费者的信誉进行评价，汽车产品供不应求时进行合理分配。

【案例 2.7】

标致 205 俱乐部——售后服务的新模式

在众多性质不同的服务中，令人感觉比较清新特殊而印象深刻的，当属标致汽车的"205俱乐部"。

标致汽车是羽田机械公司下的主要品牌之一，与法国技术合作生产，交由全欧汽车总代理，而其中的 205 截至均为原装进口。由于其外形设计典雅，曾连续 5 年获得世界越野大赛总冠军，所以是欧洲市场极受欢迎的车种之一，销售量已经超过 300 万辆。羽田把标致 205引进我国台湾地区后，即将其视为主力产品，准备大力推广。

标致 205 因在赛车中有杰出的纪录，在台湾被定位为兼具都市和越野双重性能的汽车，加上它的轴距有 2 420 mm，所以在排气量方面虽被归属为小型车，但是却具有中型车的宽敞空间，即使身高 1.85 m 的人驾乘其间也没有局促压迫之感，这是它的两大特色。这两大特色无疑是他们宣传的重点，同时也使它的价位高出其他同级车。羽田汽车相信即使消费者多花几万元买了 205，但开过之后也一定会认为值得。所以与其在价格方面竞争，不如加强售后服务。

在"不怕货比货，只怕不识货"的信心之下，羽田成立了"205 俱乐部"。所有购买 205 的顾客都是其会员，其经费是从每部车出售后的利润中抽取的定额基金，以此基金定期举办车友联谊活动。"205 俱乐部"的联谊活动大多采取家庭式的旅游，其中穿插娱乐及由厂家技师指导的车辆检修研讨会，让车友们相互交流，除联络感情外，也交流驾驶体会，是一项结合了交友、观光和益智的活动。

"205 俱乐部"吸引了媒体和汽车业杂志的注意。不但有深入的报道，而且每次活动时均有记者随行采访，而车队所到之处，更引起群众的驻足围观，数百辆的 205 大车队，实为难得一见的奇观。

资料来源：陈永革. 汽车市场营销[M]. 北京：高等教育出版社，2008.

（三）确定促销人员的结构

1. 按区域结构划分

对于汽车经销商来说，只对分布在各地的最终消费者销售汽车这一种产品，促销人员结构比较简单，一般按区域结构来安排促销人员，即对市场进行区域划分后，每个促销人员负责一个区域。

其优点是：促销人员"定岗负责"，责任明确；有利于促销人员与消费者建立长期联系，提高促销成功率；促销人员仅在某一区域工作，可减少差旅费等管理费用。

2. 按消费者结构划分

经销商可以按照消费者细分市场，即出租车公司、工商务用户和私人用户 3 个市场来安排促销人员。

其优点是：每个促销人员对该特定消费群体的消费习惯和特定需要十分熟悉。但如果消费者分散范围广，则会增加相应的管理费用。

3. 按产品结构划分

经销商按销售的汽车产品的不同来安排促销人员。如整车销售和零部件销售需要不同类型的促销人员。这种促销人员十分熟悉所促销的汽车产品，有利于更好地与消费者沟通，向消费者传递产品信息，进行专业化的销售。

4. 根据复合结构划分

当汽车公司在一个广阔的地理区域内向许多不同类型的消费者推销多种汽车产品时，可以将以上 3 种促销人员结构根据不同情况加以综合采用，充分发挥各种结构的优势。

（四）确定汽车促销人员的规模

确定汽车促销人员的结构之后，就可以安排促销人员的规模了。促销人员是经销商极具生产力和最昂贵的资产之一。扩大促销人员的规模，将使销售量增加，但同时也会使成本相应增加。因此应该使促销人员保持在一个合理的规模。

一般可以采取工作量法和销售百分比法来确定促销人员的规模。

1. 工作量法

（1）按年销量大小将消费者分类。

（2）确定每类消费者所需访问的次数（对每个消费者每年的促销访问次数）。通常参考竞争对手的水平，也可以根据过去的经验确定。

（3）计算推销访问的总次数，即将消费者数量乘以各自所需促销访问的次数。

（4）确定一个促销人员每年可进行的平均访问数。

（5）计算所需促销人员的数量，即将访问总次数除以一位促销人员的年平均访问数。

例如：某汽车销售企业将消费者分为 A、B 两类，每类消费者的数量及访问次数如表 2.9 所示。

表 2.9 A、B 两类消费者的数量及访问次数

消费者的类别	消费者的数量	年访问次数	总访问次数
A 类	30	20	600
B 类	90	10	900
合计	120		1 500

该企业每年对消费者进行 1 500 次访问。如果一个促销人员每年平均访问 300 次，则该企业需要促销员 5 人。

促销人员数量=年访问总数/人均年访问次数=1 500/300=5（人）

2. 销售百分比法

汽车企业根据一个特定的销售量或销售额（现行的或预测的）的百分比计算促销人员的耗费，从而确定促销人员的数量。汽车生产企业往往以计划的汽车价格为基础，按固定的百分比决定促销人员的规模预算。

其优点是可根据公司的能力相应变动促销人员规模，但没有考虑到市场机会对促销人员规模的影响。

（五）汽车促销人员的管理

1. 招聘和挑选

促销工作要获得成功，关键在于选择高效率的促销人员。好的促销人员，可以从企业内招聘，也可以从社会上招聘。

（1）制定招聘标准。对消费者来说，好的促销人员应诚实、可靠、十分了解产品知识、热心助人。对经销商来说，促销人员应该是能承受风险、认真对待每一位消费者和每一次访

问，具备市场学、行为心理学、口才表演等综合知识与能力的人。

（2）安排具体的招聘工作。经销商可以通过各种途径招聘，包括由现有促销人员推荐、利用人才市场、通过媒体刊登招聘广告等。挑选过程可以是一次非正式的单独面谈，也可以采用各种能力测试、经历调查等，从众多招聘人员中挑选最优秀的人选。

【案例 2.8】

优秀的丰田汽车推销员

丰田汽车公司之所以能在汽车销售方面取得成绩，是因为他们拥有一支优秀的丰田汽车推销员队伍。"丰田精神已经彻底贯彻到丰田系统的推销员中去了。""丰田系统的推销员不但人数多，而且他们都坚决相信丰田公司的汽车是最好的。"他们具有踏实的工作作风，持之以恒的热情和信心。推销员发现替在用户时，两星期之内的拜访能达到 20 次，以使潜在用户变成丰田汽车的用户。

资料来源：陈永革. 汽车市场营销[M]. 北京：高等教育出版社，2008.

2. 培　训

招聘到合格的促销人员后，应对他们进行必要的培训。培训方法主要有讲课、讨论、示范、学习以及以老带新等。日本丰田汽车公司将录用的促销人员送到设在丰田市的公司培训中心接受为期 3 天的培训。以后每年 4—6 月定期开展培训。培训期内，新促销员接受从促销入门到交货全部促销过程的培训。由于丰田汽车公司的促销人员工作十分出色，被日本企业界誉为最有促销能力的丰田"销售军团"。1990 年，雪铁龙公司在 Villeipinte 开办了一个商业培训国际中心（CIFC），也取得了良好的效果。

对促销人员的培训应包括以下内容：

（1）公司的历史、经营目标、组织机构设置、财务状况等各方面的情况。

（2）公司汽车产品的型号、性能、制造过程、技术工艺特点、产品配置等汽车产品情况。

（3）各种类型的消费者的购买动机、购买习惯、购买行为特点等目标消费者情况。

（4）竞争对手的战略、政策、实力等情况。

（5）促销要点、促销说明、促销话术的基本原理。

（6）促销的工作程序和职责。

（7）促销人员的气质、风度、礼仪、社交能力等综合素质的培训。

3. 激　励

尽管有的促销人员不需要公司的监督就会竭尽全力工作，并且热爱促销工作，具有自发精神。但是公司如果能采取适当的激励措施，则会更好地调动大多数促销人员的工作积极性，激发他们的工作潜力。激励措施包括报酬激励措施和辅助激励措施两种。

报酬激励措施有：促销员的薪金和佣金，以及一些其他福利，如带薪假期、无偿用车等。

辅助激励措施有很多。定期的销售会议为销售人员提供了一个社交场所，一次摆脱日常例行性工作的休息。销售竞赛是一个重要的沟通和激励方法，提供旅游、现金等奖品激励促销人员比平常更努力地工作。总之，公司可以采用传统的报酬方式之外的方式去激励促销人员并获得满意的效果。

4. 评　价

公司必须对促销人员的工作业绩加以考核和评价，以作为激励促销人员的依据，也可为企业制定营销战略提供必要的参考。另外，公司应及时向促销人员反馈对其评价的标准和结果，以使他们能尽力按照公司的目标和要求去改进工作。

（1）评价的信息来源。

公司获取促销人员工作业绩的信息来源主要是销售报告，如促销员工作计划、区域营销计划、访问报告等，其他来源有消费者与其他促销人员的评价意见，主管领导的综合考察等。

（2）评价的方法。

① 现在与过去销售额的比较：就是把促销人员目前的成绩与过去的成绩进行比较，从而获得该促销人员工作进展的直接指标。

② 消费者满意评价：通过信件调查表或电话访问收集消费者对促销人员服务的意见，用作对促销人员激励的依据之一。

③ 促销人员品质评价：包括促销人员对公司、产品、消费者及竞争对手的了解程度，对自身职责、有关法规的执行情况。例如，促销人员的陈述必须与广告内容一致，不能误导消费者，不可诽谤竞争对手等。

三、汽车广告策略

（一）汽车广告的作用

汽车广告是汽车企业用来对目标消费者和公众进行说服性传播的工具之一。汽车广告要体现汽车企业和汽车产品的形象，从而吸引、刺激、诱导消费者购买该品牌的汽车。

1. 建立知名度

通过各种媒介的组合，向汽车消费者传达新车上市的信息，吸引目标消费者的注意。汽车广告宣传可避免促销人员向潜在消费者描述新车时花费大量时间，快速建立知名度，迅速占领市场。

2. 促进理解

新车具有新的特点，通过广告，可以向目标消费者有效地传递新车的外观、性能、使用等方面的信息，引发他们对新车的好感和信任，激发其进一步了解新车的兴趣。

3. 有效提醒

如果潜在消费者已了解了这款新车型，但还未准备购买，广告能不断地提醒他们，刺激其购买欲望。这比人员促销要经济得多。

4. 再保证

广告能提醒消费者如何使用、维修、保养汽车，为他们再度购买提供保证。

5. 树立企业形象

对于汽车这样一种高档的耐用消费品，消费者在购买时，十分重视企业形象（包括信誉、名称、商标等），广告可以提高汽车生产企业的知名度和美誉度，扩大其市场占有率。

（二）确定汽车广告目标

制定汽车广告策略的第一步是确定汽车广告目标。汽车广告目标是指在一个特定时期内，对某个特定的公众所要完成的特定传播任务。这些目标必须服从先前制定的有关汽车目标市场、汽车市场定位和汽车营销组合等决策。汽车广告按其目标可分为通知性广告、说服性广告和提醒性广告 3 种。

1. 通知性广告

通知性广告主要用于汽车新产品上市的开拓阶段，旨在为汽车产品建立市场需求。日本丰田汽车公司在进入中国市场时，打出"车到山前必有路，有路必有丰田车"的广告，震撼人心。

2. 说服性广告

说服性广告主要用于竞争阶段，目的在于建立对其某一特定汽车品牌的选择性需求。在使用这类广告时，应确信能证明自己处于优势的宣传，并且不会遭到更强大的其他汽车品牌产品的反击。例如"三星骏马快！优！新！"的广告，不仅朗朗上口，还突出了该汽车产品的优势。

3. 提醒性广告

提醒性广告用于汽车产品的成熟期，目的是保持消费者对该汽车产品的记忆。例如，上海大众仍经常为已经处于成熟期的桑塔纳轿车做广告，提醒消费者对桑塔纳轿车的注意。

（三）制定汽车广告预算

汽车广告有维持一段时期的延期效应。虽然汽车广告被当做当期开支来处理，但其中一部分实际上是用来逐渐建立汽车品牌与产品商誉这类无形价值的投资。因此，制定汽车广告预算时要根据汽车企业实际需要和实际财务状况。此外，还要考虑以下 5 个因素：

1. 产品生命周期阶段

推出新车型时，一般需要花费大量广告预算，才能建立其市场知名度。

2. 市场份额和消费者基础

想增加市场销售或从竞争者手中夺取市场份额，则需要大量的广告费用。

3. 竞争程度

在竞争者众多和广告开支很大的汽车市场上，一种汽车品牌必须加大宣传，才能引起目标消费者的注意。

4. 广告频率

把汽车产品传达到消费者的重复次数，即广告频率。广告频率也会决定广告预算的大小。

5. 产品替代性

当一家整车厂打算在汽车市场众多品牌中树立自己与众不同的形象，宣传自己可以提供独特的物质利益和特色服务时，广告预算也应相应增加。

（四）设计汽车广告内容

汽车广告的有效性远比广告花费的金额更重要。一则汽车广告只有获得消费者的注意才能增加销量，因此汽车广告内容能否引起消费者注意十分重要。

标题、文稿的选择等能对汽车广告的效果产生不同的影响。一个汽车广告标题为"一辆新轿车"，另一个广告标题为"这辆轿车是为你设计的吗"。第二个标题运用了"贴标签"的广告策略。在这种策略中，消费者被表明是对这类汽车产品感兴趣的人。两则汽车广告的区别在于：第一则广告描述了汽车的特点，而第二则广告描述了汽车的利益。试验表明，第二则广告在整个印象方面远胜于第一则广告，消费者更容易对购买该产品产生兴趣，还有可能向朋友介绍。

在此，再举几则成功的汽车广告：

"福特永远关心您"系列广告寓企业于公益，包括"为了您和您的孩子，请遵守交通规则""在高速公路上只有福特关心您""在高速公路上您不再孤立无援""在高速公路上福特帮您再上路"等，颇能赢得信赖与好感。

德国大众的甲壳虫车，曾有一则广告是这样写的："如果有人发现我们的甲壳虫车发生故障，被修理厂拖走，我们将送你一万元美金。"广告充分表现了对甲壳虫车品质和性能的自信。

（五）选择汽车广告媒体

1. 汽车广告媒体的种类

广告媒体种类繁多（见图2.12），功能各有千秋，只有选择适当的汽车广告媒体，才能使汽车企业以最低的成本达到最佳的宣传效果，对汽车的销售起到推波助澜的作用。

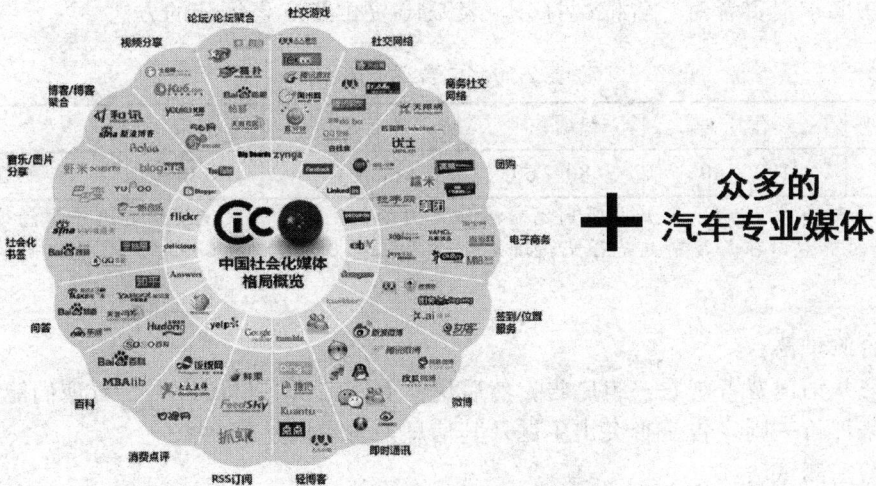

图 2.12　丰富多彩的社会化媒体

2. 选择汽车广告媒体应考虑的因素

（1）目标消费者的媒体习惯。如购买跑车的大多数消费者是中青年人士，所以互联网就是宣传跑车的最有效的广告媒体。

（2）汽车产品。对汽车来说，电视和印刷精美的杂志由于在示范表演、形象化和色彩方面十分有效，因而是最有效的媒体。有的汽车的杂志广告主要选用了能充分体现汽车外观美的设计，利用杂志印刷精美的特点，给受众以视觉上的冲击。而有的汽车广告就未必适合用在杂志和报纸上。

（3）广告信息。包含大量技术资料的汽车广告一般要求专业性杂志作媒介。一般情况下，汽车产品的针对性很强，因此比较适合在专业杂志和报纸上做广告，能直接面向特定的受众，有助于用较低的预算实现预期效果。

（4）费用。电视广告费用非常昂贵，以播出时间长短和播放时段来计费，而报纸广告相比而言则稍便宜。

（六）评价汽车广告的效果

有一则汽车电视广告，画面中是一辆翻山越岭、长途跋涉的汽车。观众中有的认为，这是一辆节省油料的车；有的认为，这是一辆乘坐舒适的车；有的认为，这是一辆行驶平稳的车。而该广告的本意是想告诉观众，这是一辆安全的车。可见，该广告所要传达的信息和受众对画面的理解有相当大的距离，并没有准确、有力地揭示主题。因此，将广告信息传递给受众后，企业还要及时对广告效果进行评价，以修正和改进广告目标和预算。评价广告效果一般有两种方法：一是传播效果评价；二是销售效果评价。

1. 传播效果评价

汽车广告的传播效果，即汽车广告对消费者知晓、认知和偏好的影响，是衡量汽车广告效果的重要方面。传播效果的评价可在广告发布之前或广告发布之后进行，其方法有以下几种：

（1）直接评分法。

这种方法要求消费者对广告依次打分。表2.10提供了广告评分的方法。

表2.10 广告评分表

广告等级	最佳广告	好的广告	普通广告	中等广告	劣等广告
分值	100～80	80～60	60～40	40～20	20～0

注：以下5项各为20分：此广告吸引消费者注意力如何；此广告促使消费者进一步细读的可能性如何；此广告的中心内容或其利益是否交代清楚；此广告诉求的有效性如何；此广告激起购买行为的可能性如何。

（2）组合测试法。

这种方法是请消费者观看一组广告，然后请他们回忆所看过的广告，看他们能记住多少内容，以此来评价一则广告是否突出主题及其信息是否易懂易记。

（3）实验室测试法。

这种方法是利用仪器来测量消费者对广告的心理反应情况，如心跳、血压、瞳孔的变化等现象，以此来测量广告的吸引力。不过，此类试验只能测试广告的吸引力，而无法测量受众对广告的信任情况、所持态度和意图。

2. 销售效果评价

一般来说，汽车广告的销售效果比其传播效果更难于测量。因为除了广告因素外，销售还受到许多因素的影响，如产品性能、价格、售后服务、竞争对手的行为等。通常用历史分析法和试验分析法来衡量汽车广告的销售效果。

（1）历史分析法。这种方法主要运用统计技术将过去的销售和过去的广告支出与当前的销售和当前的广告支出联系起来分析，以此来评价广告的效果。

（2）试验分析法。在某些地区广告开支高些，在另一些地区开支低些。如果高开支试验导致销量大增，说明广告开支过少；如果高开支试验没有增加销量或者低开支试验没有导致销量下降，说明广告开支过大。这种方法必须持续足够的时间，以观察改变广告开支水平后的滞后效应。

【案例 2.9】

为"汽车店"做广告

某汽车店最近开发了一种新型的汽车附件产品，准备通过当地汽车配件店和全国性连锁店进行销售。市场调查表明，许多驾车人都感觉普通汽车车厢内的放物空间既小，又不顺手。公司要推销的这个产品就是一种多功能的带锁放物匣，它可以很方便地固定在车厢里的几乎任何地方，可以放置像太阳镜、钱包、零钱、钥匙之类小件物品。该产品有各种规格，色泽明丽，设计精巧。公司希望该产品能成为一种时尚用品，特别是能在年轻的男性驾车人中流行起来。

初步的市场调查表明，该产品的主要目标消费群体是居住在伦敦或英格兰东南部，年龄在 25～40 岁的有车男士。关于与这一群体沟通最有效的方法是什么，大家有些不同意见。表 2.12 是广告部经理所做的初步量化分析，比较了在两大媒体——首都调频（广播）和《用什么车？》（杂志）上做广告的一些情况。广告经理在分析报告中是这样概括的（见表 2.11）：

据估计，有 970 万成年人会不时收听首都调频的节目，其中有 20% 属于我们的目标人群。因此，通过在首都调频上做广告，可以让目标人群中的 194 万人了解该产品（称他们为潜在消费者）。但一般说来，每次广告又只有其中的 4% 能收到（即 7.8 万人）。

《用什么车？》杂志有 180 万读者，他们平均每 5 期读 1 期，故每期广告有 20% 的潜在消费者可以读到。首都调频在任何时段平均都有 4% 的听众在收听。

因为广告的目的是让目标群体中的 80% 听见该广告，所以估计共需在首都调频做 40 次广告。乍一看你可能会感到奇怪，因为按计算来讲，每次 4%×40 次不就等于 160% 的目标群体都能听到该广告了吗？但是目标群体中的许多人（也许是那些边开车上班边收听广播的人）会多次听到这则广告。如果只准备播 20 次（根据 4%×20=80%），那么实际上至少听到过一次该广告的人会远远少于 80%。因为虽然每次播广告时都有约 4% 的人听到，但其中不少人已经是第二次、第三次听到，故不能计算在内。之所以建议播 40 次，是因为估计每播一次时平均约有 2% 的听众是第一次听见该广告（当然第一次播出时听见的人远不止 2%，但随后播出时属于第一次听见的人数会依次递减）。

表 2.11　在两大媒体上做广告的情况比较

各项指标	首都调频	《用什么车？》
听众（读者）总数	970 万人	180 万人
媒体对目标群体的渗透率	20%	60%
潜在消费者	190 万人	108 万人
广告制作费	1 000 英镑	5 000 英镑
每次广告费	1 800 英镑	500 英镑
广告目标	80%的人听到	80%的人看到
需做广告次数	40 次	8 次
广告总费用	73 000 英镑	45 000 英镑
听到（看到）的潜在消费者	160 万人	86 万人
人均广告费	0.046 英镑	0.052 英镑
"心动—行动"转换率	1.0%	1.25%
实际购买者人数	16 000 人	10 750 人
平均每售一份产品的广告支出	4.60 英镑	4.19 英镑

在首都调频上播广告，广告的制作费用约是 1 000 英镑。在开车高峰时间每播 30 秒广告收费是大约 1 800 英镑。所以，一则准备播 40 次的广告的总费用是 7.3 万英镑左右。现在，假设听到该广告的目标人群中有大约 1%的人真的行动起来购买该产品，则一共可售出约 16 000 份产品（9700 000×20%×80%×1%）。用 73 000 英镑除以 16 000 份，得到每售一份产品的广告支出为 4.60 英镑。用同样的方法对在汽车杂志上做广告进行分析，结果得到每售一份产品的广告支出为 4.19 英镑。不过这一结果的准确与否，在很大程度上取决于我们假设的"心动—行动"转化比率的准确性。

资料来源：陈永革.汽车市场营销[M].北京：高等教育出版社，2008.

四、汽车销售促进策略

（一）汽车销售促进的概念和目标

1. 汽车销售促进的概念

汽车销售促进是汽车市场营销活动的一个关键因素。汽车销售促进包括各种短期性的刺激工具，用以刺激汽车消费者和经销商较迅速或较大量地购买某一品牌的汽车产品或服务。汽车销售促进在汽车行业中被广泛使用，是刺激销售增长，尤其是销售短期增长的有效工具。

2. 汽车销售促进的目标

汽车销售促进的具体目标要根据汽车目标市场的类型变化而变化。

（1）对消费者来说，汽车销售促进的目标包括鼓励消费者购买汽车和促使其重复购买，争取未使用者购买，吸引竞争者品牌的使用者购买。

（2）对经销商来说，汽车销售促进的目标包括吸引经销商经营新的汽车品牌，鼓励他们购买非流行的汽车产品；抵消竞争性的促销影响，建立经销商的品牌忠诚度和获得进入新的经销网点的机会；促使经销商参与制造商的促销活动。

（3）对促销人员来说，汽车销售促进的目标包括鼓励他们支持一种新的汽车产品，激励他们寻找更多的潜在消费者。

（二）选择汽车销售促进的工具

选择汽车销售促进的工具时，要综合考虑汽车市场营销环境、目标市场的特征、竞争者状况、销售促进的对象与目标、每一种工具的成本效益预测等因素，还要注意将汽车销售促进同其他促销工具如人员促销、广告、公共关系等互补配合。

1. 用于消费者市场的工具

（1）分期付款。由于汽车价格一般比较高，如果普通消费者一次付款较困难时，可以分期付款。1997 年岁末长安奥拓推出分期付款方式，车型就是定价为每辆 58 800 元的奥拓轿车，第一次付款 18 000 元即可提车，余款在其后的 18 个月内付清，"首付一万八，奥拓开回家"。此举使这种微型车的销量在较短时期内在北方市场增长了一倍，并且有 80% 的产品走入家庭。目前日本丰田公司有 2/3 的新车销售是由汽车生产企业提供分期付款金融借贷服务的。2000 年的京城车市，有近一半的消费者采取了分期付款的购车方式。

分期付款通过"首期付款"的方式，把价格"降"下来，实现了较低消费层次的现实购买力，并以余款延期缴纳的方式，解决了购销双方资金和资源的双重闲置。但对汽车生产企业来说，分期付款占用资金大，周转回收慢，企业承担了较高的风险。因此，需要制定分期付款的法规，明确各方的权利和责任，建立信用评估机构，推进"分期付款购车"健康发展。

（2）汽车租赁销售。汽车租赁销售是指承租方向出租方定期交纳一定的租金，以获得汽车使用权的一种消费方式。汽车专业租赁公司，是继出租用车市场后又一大主体市场，是汽车生产企业长期、稳定的用户之一。租赁销售是刺激潜在需求向现实需求转化的有效手段。

租赁销售促进了汽车销售，使汽车工业获得了自我发展的资金来源，为汽车生产企业技术更新提供了资金保证。租赁销售促使经销商不断改进服务，以提高用户满意度。

（3）汽车置换业务。汽车置换业务包括汽车以旧换新、二手汽车整新跟踪服务、二手汽车再销售等项目的一系列业务组合。汽车置换业务已成为全球流行的销售方式。1997 年美国新车销量不足 1 500 万辆，二手汽车销量却高达 1 850 万辆。

汽车置换业务加速了汽车的更新改造。汽车置换业务的投资回报很快，加速折旧及置换，还可使企业在税赋方面享有实惠。

（4）赠品。购买汽车可附带赠送某些礼品，如计算机、印有产品标识的日常用品、打火机、手表、真皮笔记本、夹克衫、伞、烟灰缸等小型纪念品，不同年限的汽车维修卡，不同价值的保险费（如第三者责任险），不同里程的汽车免费保养卡，免费代办汽车牌照等。对汽车这样的产品来说，尽管一般的小礼品对销售促进的影响不大，但可以提高消费者满意度，在一定程度上刺激消费者的购买欲望，使某些汽车产品品种特别是家用经济型轿车在局部地区的销售直线上升。

（5）免费试车。邀请潜在消费者免费试开汽车，刺激其购买兴趣。免费试车为消费者提供亲身体验，有利于进一步加强消费者的购买欲望，最终达成交易。

（6）售点陈列和商品示范。在汽车展厅通过布置统一标准的室内装饰画、广告陈列架等，结合汽车的陈列，向消费者进行展示。上海大众帕萨特轿车上市时，上汽销售总公司为所有特许经销商提供统一的装饰画，带有浓烈的现代感，符合大多潜在消费者的审美观念。

（7）使用奖励。企业为了促进汽车销售，对使用该企业汽车产品的优秀用户给予精神或物质上的奖励。一汽大众对哈尔滨地区 30 万～40 万千米无重大修理的汽车驾驶员给予在德国参观学习的重奖。东风汽车公司对使用本企业汽车达到数万千米，且从未出过事故的驾驶员给予物质奖励，举行庆功表彰大会等。

2. 用于经销商的工具

（1）价格折扣。对经销商的购车给予低于定价的直接折扣，如鼓励其购买一般情况下不愿购买的汽车型号；增加其进货的数量；如果经销商提前付款，还可以给予一定的现金折扣等，从而刺激其销售的积极性。

（2）折让。汽车生产企业的折让用以作为经销商宣传其产品特点的补偿。广告折让用以补偿为该产品做广告宣传的经销商；陈列折让用以补偿对该产品进行特别陈列的经销商。例如，一汽大众对其产品的专营公司免费提供广告宣传资料，以成本价提供捷达工作用车，优先培训等。

（3）免费商品。对销售特定车型的汽车或销售达到一定数量的经销商，额外赠送一定数量的汽车产品，也可赠送促销资金，如现金或礼品等。

3. 用于人员促销的工具

（1）贸易展览会和集会。组织年度汽车展览会，在大型汽车展览会上租用摊位，展示概念车、新车的优点和性能。如每年在北京、上海等地举办的汽车展览会，更是云集了国内外各大汽车企业，成为其展示汽车风采的舞台。

（2）销售竞赛。汽车生产企业出资赞助经销商和促销人员的年度竞赛，对完成销售目标的中间商给予一定的奖励，刺激他们增加销量。

（3）纪念品广告。促销人员向潜在消费者赠送标有产品信息但价格不贵的物品，换取消费者的姓名及地址。这些物品及宣传资料通常由汽车生产企业提供。

例如：一汽大众汽车销售有限公司于 2002 年下半年在全国范围内推出"帕萨特周末动感试驾活动"，试驾者可以亲身试驾上汽大众提供的帕萨特 1.8 自动、帕萨特 1.8 手动、帕萨特 1.8T 自动、帕萨特 2.8V6 等各款轿车，让更多汽车消费者对上海大众的产品有比较全面的理性认识和真实的感性体验。

现代社会讲究体验实际，面对着众多新款轿车面世和各款醒目的汽车广告，消费者更需要通过自身的驾驶体验来全面、客观地了解各种轿车的性能、外观和装备，进行试驾活动也成为消费者与轿车之间最直接的沟通方式。

试驾活动主要由静态观察、体验动感两个部分组成。静态观察是"静的感受"：试驾者在专业人士的讲解下，通过现场观察演示对各款轿车进行比较全面深入的认识和了解。体验动感是"动的接触"：试驾者通过亲身驾驶，充分体验帕萨特卓越的技术性能和上海大众产品的优良品质，坚定了他们购买帕萨特轿车的决心。

（三）汽车销售促进的实施及评价

1. 制订汽车销售促进方案

制订汽车销售促进方案可以按以下过程来进行：

（1）确定汽车促销所提供优惠的大小。一般来说，优惠越高，产生的销售反应越明显，但是销售反应的增加要大于优惠的增加。同时，促销优惠的作用还受到需求弹性的影响。

（2）确定汽车促销的对象。汽车促销的优惠只向符合特定条件的个人或团体提供，如促销资金对某些区域的消费者、公司的家属等不予提供。

（3）决定汽车促销持续的时间。一般来说，理想的促销持续时间约为每季度3周，其时间长度即平均购买周期的长度。当然，合理的汽车促销周期长度还要根据不同类型的汽车产品来确定，以发挥交易优待的最佳效力。

（4）选择汽车促销时机。应当制定出全年的汽车促销活动的日程安排，有计划、有准备地进行，以配合汽车产品的生产、销售和分销。有时需要安排临时的汽车促销活动，这就需要做出短期内的组织协作。

（5）确定汽车促销预算。确定汽车促销预算有两种方法：一种是根据所选用的各种促销办法来估计它们的总费用；另一种是按习惯比例来确定各促销预算费用占总促销预算费用的百分比计算总促销预算费用。

2. 汽车销售促进的实施

汽车销售促进方案制订后，必须经过试用，再向市场投放。可以邀请消费者对备选的几种不同的优惠办法做出评价和打分等，也可以在有限的地区范围内进行试用性测试，以此明确促销工具选用是否适当，刺激效果是否最佳等。

汽车销售促进方案的实施必须包括销售准备阶段和销售延续阶段。销售准备阶段包括：最初的计划工作、设计工作、配合广告的准备工作和销售点的材料准备，通知现场促销人员，为个别分销网点建立分配额，购买或印刷特别赠品或包装材料存放在中间商处准备在特定日期发放等。销售延续阶段是指从开始实施优惠办法起，到大约95%的采取此优惠办法的汽车产品已在消费者手里为止的这段时间。

3. 汽车销售促进的评价

一般用两种方法对汽车销售促进的效果进行评价：销售数据和消费者调查。

（1）销售数据。

通过销售数据可以对比消费者在促销前后的购买行为，分析各种类型的消费者对促销的态度，以及购买促销汽车产品的消费者后来对该品牌或其他品牌的行为。图 2.13 是某汽车企业在促销前后其品牌的汽车产品在市场上的份额变化情况。显然，促销吸引了新的消费者，长期市场份额效果表明这个促销活动为汽车企业赢得了新的消费者。

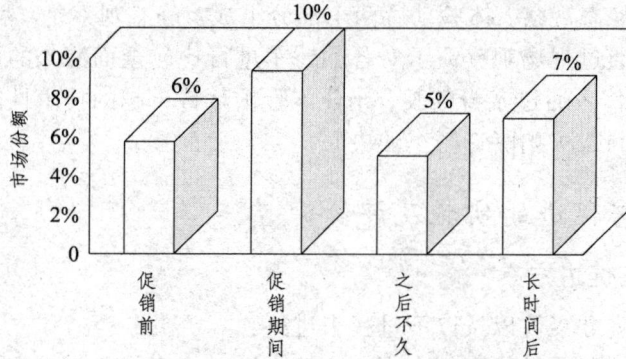

图 2.13　某品牌汽车产品市场份额变化情况

（2）消费者调查。

进行消费者调查可以了解有多少人记得这次促销，他们的看法如何，以及这次促销对于他们随后选择品牌行为的影响程度。

在评估促销结果时，决策层还要注意一些可能的成本和问题。例如：促销活动可能会降低消费者对品牌的长期忠诚度，因为消费者会形成重视优惠的倾向而不是重视广告的倾向；某些促销方式还可能刺激经销商，使他们要求额外的折让；促销费用可能比计划的更昂贵等。

【案例 2.10】

买一送一，汽车厂起死回生

美国一家叫奥兹莫比尔的汽车厂，由于推销方式不灵活，产品大量积压，资金不能回笼，仓租利息负担沉重，工厂面临倒闭。面对这种情况，该公司总裁在对竞争者及其他商品的推销术进行认真比较的基础上，大胆设计了一种"买一送一"的推销方式，并在全国主要报纸上刊登特别广告：谁买一辆托罗纳多牌轿车，就可以免费获得一辆南方牌轿车。

奥兹莫比尔汽车厂以买一辆轿车赠送一辆轿车的超群出众的办法，一鸣惊人，使很多对广告习以为常的人也刮目相看，并相互转告。许多人看了广告以后，不辞远途来看个究竟。该厂的经销部一下子就门庭若市，过去无人问津的积压轿车果真以 21 500 美元一辆被人买走，该厂也一一兑现广告所承诺的：凡是买一辆托罗纳多牌轿车者，赠送一辆崭新的南方牌轿车，如买主不要赠送的轿车，可给 4 000 美元的回扣。

奥兹莫比尔汽车厂实施的这一招，虽然使每辆轿车少收入约 5 000 美元，但却使积压的汽车一售而空，减少大量的仓租、利息、保养等费用。不仅如此，它也使托罗纳多牌轿车名扬四海，提高了知名度，增强了市场占有率，还推出了一个新牌子——南方牌。这样奥兹莫比尔汽车厂就起死回生了，生意从此兴旺发达起来。

资料来源：陈永革. 汽车市场营销[M]. 北京：高等教育出版社，2008.

五、汽车公共关系策略

（一）汽车公共关系的概念

与广告和销售促进一样，汽车公共关系是另一个重要的汽车促销工具。汽车公共关系是指汽车企业在个人、公司、政府机构或其他组织间传递信息，以改善公众态度的政策和活动。

1. 汽车公共关系的含义

公共关系不仅在于汽车产品的公共宣传，而且在于树立汽车企业的形象、汽车产品的品牌形象。公共关系有助于妥善处理与公众的关系，为汽车企业的发展创造了一个良好的外部环境。公共关系通过媒体或直接传播的方式传播信息。

2. 汽车公共关系的作用

（1）建立知晓度。公共关系利用媒体来讲述一些情节，吸引公众对汽车产品的兴趣。如在上海帕萨特的诞生过程中，便充分利用了媒体宣传和各种公关活动，来吸引目标消费者对该款车的注意力。

（2）树立可信度。如有必要，公共关系可通过社论性的报道来传播信息以增加企业及其产品的可信度。例如："一汽汽车质量万里行"的报道，获得了公众对一汽及其产品的认可和信任，提升了企业形象。

（3）激励促销人员和经销商。公共关系有助于提高促销人员和经销商的积极性。新车投放市场之前先以公共宣传的方式披露，便于经销商将新车销售给目标消费者。

（4）降低促销成本。公共关系的成本比广告的成本要低得多，促销预算少的企业，适宜较多地运用公共关系，以便获得更好的宣传效果。

（二）汽车公共关系的工具

越来越多的汽车生产企业、汽车销售企业应用汽车公共关系策略来支持他们的营销部门树立和推广品牌形象，接近和影响目标市场。

汽车公共关系策略的工具有以下几类：

1. 公开出版物

公开出版物包括汽车年度报告、小册子、文章、视听材料以及公司的商业信件和汽车杂志等。美国克莱斯勒公司的年度报告几乎就是一份促销小册子，向其股东促销每一种新车。小册子能在向目标消费者介绍汽车产品的性能、使用、配备等方面起到很重要的作用。汽车企业领导人撰写的文章能引起人们对汽车企业及其产品的注意。企业的商业信件和汽车杂志可以树立汽车企业形象，向目标市场传递重要新闻。如《中国汽车报》《中国交通报》等，都是较权威的汽车行业报刊，易获得消费者的信赖。视听材料的成本高于印刷材料，但是电影、幻灯、录像等形象、生动，能给消费者很深的印象。

2. 事 件

汽车企业通过安排一些特殊的事件来吸引人们的注意力，使人们对该企业的新产品和企业其他事件感兴趣。这些事件包括记者招待会、讨论会、展览会、竞赛、周年庆祝会、运动会和各类赞助活动。1998年上海汽车工业销售总公司为了配合新型桑塔纳"时代超人"的推出，与上海大众合作在新疆举行桑塔纳轿车拉力赛活动；美国福特公司的雷鸟牌汽车推出时，发邀请信给有关主管，向他们提供当天的汽车使用权；日本丰田汽车公司的破坏性试验等，都是比较成功的案例。这些事件不同程度地为新产品上市在目标消费者中产生了良好的影响。

3. 新　闻

公关人员发展或创造对汽车公司及其汽车产品有利的新闻，并争取传媒录用新闻稿和参加记者招待会。

【案例 2.11】

别开生面的新闻发布会

福特汽车公司在甲板上发布新产品就是一次成功的公关策略。福特汽车公司的"金全垒打"在上市之前，针对新闻媒介的发布会极具创新性和新闻性，因而引起广泛关注。媒体不但做了图文并茂的介绍，甚至创造了话题，使该新车未上市先轰动。

这项被传媒界称为"海陆大餐"的别开生面的发布会，是福特汽车公司在高雄港外租用的一艘豪华游轮的甲板上举行的，总费用包括记者的食宿、交通费用等，大约在 100 万美元以上。但这项花费是值得的，因为第二天的报纸就都刊登了这则新闻，甚至电视台也不避讳当作新闻处理，而且还将甲板上的热闹气氛播映出来。

所以，与其花费少量的钱而达不到任何效果，不如有大手笔的魄力，让记者也争相报道。不过，关键还在于发表方式的创新性。这次福特将汽车搬上轮船，在海上举行发布会，不但在我国台湾地区尚属创举，也吸引了众多记者深入了解这项新产品，可谓一举两得。

资料来源：陈永革. 汽车市场营销[M]. 北京：高等教育出版社，2008.

4. 演　讲

公关人员和公司领导人鼓动性的演讲能创造汽车公司和汽车产品的知名度，大大推动汽车产品的销售。公司负责人应经常通过宣传工具圆满地回答各种问题，并在销售会议上演说，树立汽车公司良好的品牌形象。如美国汽车业奇才、克莱斯勒公司原总裁艾科卡在众多听众面前的具有超人魅力的讲话，大大增强了公众对克莱斯勒汽车的喜爱。

5. 公益服务活动

公司可以通过向公益事业捐赠一定的款项和实物，提高公司信誉。1998 年上海汽车工业销售总公司在辽宁和湖南捐资援建希望小学，同年向遭受洪灾的地区捐款 105 万元。此举扩大了公司在这些地区的影响力，提高了公司的美誉度。

日本丰田公司为了确保汽车销售的市场，采用了一些"以迂为直"的公关策略。他们的做法是：

（1）从解决城市的汽车与道路问题入手，成立"丰田交通环境保护委员会"。通过投资修路和建"人行道天桥"及对交通问题的调查研究缓解了交通拥挤的现象。

（2）为儿童修建汽车游戏场，从小培养他们对汽车的兴趣。

（3）开办汽车学校。1957年丰田公司投资4亿多日元，创办日本汽车学校，让更多的人学会开汽车。

以上这些活动，在一般人看来，是平常的小事，但它是一种"以迂为直"的公关策略，达到了开拓市场、增加销售、提高效益的目的。

6. 形象识别媒体

形象识别媒体指通过公司的持久性媒体——广告标识、文件、招牌、企业模型、业务名片、建筑物、制服标记等来创造一个公众能迅速辨认的视觉形象，赢得目标消费者的注意。

（三）汽车公关活动的内容

汽车公共关系的主要任务是沟通和协调汽车企业与社会公众的关系，以争取公众的理解、支持、信任和合作，从而扩大汽车销售。根据汽车企业公共关系的对象和汽车企业的发展过程，汽车公共关系的内容主要包括以下方面：

1. 汽车企业与消费者的关系

"顾客就是上帝。"汽车企业要加强与消费者的沟通，促使消费者对汽车企业及其品牌汽车产品产生良好的印象，提高汽车企业和汽车产品在社会公众中的知名度与美誉度。

2. 汽车企业与相关企业的关系

汽车是一种集机械、电子、化工等产品于一体的商品，企业是不可能独立完成从自然原料到产品销售的整个过程的，它无时无刻不与中间商、供应商及竞争企业发生着各种各样的关系。

3. 汽车企业与政府及社区的关系

汽车工业是国家的支柱产业，汽车企业必须处理好与政府相关职能部门的关系，赢得政府的信赖和支持；必须建立起融洽的社区关系，树立起企业在社区居民中的良好形象，为企业发展创造良好的环境。

4. 汽车企业与新闻界的关系

在现代社会中，新闻媒体和新闻工作者的作用日益突出。它们不仅可以创造出社会舆论，而且会引导消费，从而间接调整企业行为。汽车作为一种耐用消费品，公众在购买时是很谨慎的，因而汽车企业要想争取社会公众，必须处理好与媒体的关系。

5. 汽车企业内部的公共关系

通过完善企业的规章制度，加强企业文化建设，满足员工的物质和精神要求，加强企业内部团结，协调好企业、员工及投资者的关系，生产出优质的汽车产品，以实现汽车企业的经营目标。

（四）汽车公共关系计划的执行与评价

1. 公共关系计划的执行

执行公共关系计划要求认真谨慎的态度，当公共宣传包括了各种层次的特别事件时，如纪念性宴会、记者招待会、全国性竞赛等，就需要格外认真。公共宣传人员需要有细致认真的态度，灵活处理各种可能情况的能力。

2. 公共关系计划的评价

由于公共关系常与其他促销工具一起使用，故其使用效果很难衡量。汽车公共关系的效果常通过展露度、公众理解和态度情况、销售额和利润贡献 3 个方面来进行衡量。

（1）展露度。展露度是计算出现在媒体上的展露次数。这种方法简单易行，但无法真正衡量出到底有多少人接受了这一信息及这一信息对他们购买行为的影响。

（2）公众理解和态度情况。这是指由于公共宣传活动而引起公众对汽车产品的品牌理解、态度方面的前后变化水平。

（3）销售额和利润贡献。公共关系通过刺激市场、与消费者建立联系，把满意的消费者转变成品牌忠诚者，提高了销售额和利润。计算销售额和利润贡献率，是衡量公共关系效果的最科学的方法。

【案例 2.12】

奇瑞汽车进庙会，汽车文化为春节添风采

2002 年中国汽车市场的良好走势让众厂商备受鼓舞，临近年尾，整个市场更是热闹非凡。推新品、降价、搬家、重组，每一家都忙得不亦乐乎。春节这个良机给了大家一个难得的宣传和促销的机会。有机会还要看怎么掌握，常用的各种宣传花样都不再新鲜，奇瑞想到了把汽车开到庙会。

从初一到初七，奇瑞公司在北京朝阳公园的庙会上举办了"奇瑞之春"的主题活动，除了不可或缺的新车展示，还有试用活动：对奇瑞汽车有兴趣的朋友有机会在庙会就把车开回家试用几天，而且不需任何费用。同时奇瑞还为老主顾们准备好了车位，这样逛庙会就不愁没地儿停车了。除了庙会，它们还把活动搬到了网上。在此期间奇瑞和易趣网合作，举行"网上竞拍"，给车友们一个难得的购车良机。奇瑞的这次春节活动攻势声势浩大，除了庙会和网拍，还在全国范围内开展了"拥有奇瑞，新春惊喜不断"的促销活动。新春期间全国的奇瑞经销商照常开业，恭候主顾们的光临。

在汽车领域，销售的增长必然要伴随着成功的宣传策略。把汽车摆在庙会，精明的厂商无疑已经发现了庙会这块尚未开发的难得商机，既可以给自己做宣传，又能为庙会增添别样风情，可谓于人于己都有利。在通常的手段都不新鲜的时候，把汽车和中国传统文化结合起来，推出文化牌，对国内厂商来说尤为有效。这不但给了老百姓一种亲切感，也增强了品牌

的民族味道。想想现在的汽车广告大多标榜靓车美人或成功人士，用多了难免乏味。奇瑞适时地打出"汽车+民俗"的文化概念，可谓异军突起。这种创新的方式无疑引起了业界和用户的普遍关注。

资料来源：陈永革. 汽车市场营销[M]. 北京：高等教育出版社，2008.

【任务实施】

汽车广告赏析：通过相关知识学习，以小组为单位寻找一则令人印象深刻的汽车广告，描述该广告的内容，说明该广告的特点及成功之处。

【评价与反馈】

学习过程评价：根据上述资料，以小组为单位对任务完成情况进行成果展示与反思，在成果展示过程中进行小组间互评和教师点评。评价标准如表 2.12 所示。

表 2.12　考核评价表

评估指标	评估等级		
	好	一般	差
工作准备（20分）	能够通过对汽车促销策略相关学习内容进行精心准备	能够事先对汽车促销策略相关知识进行准备，但是不够充分	无准备
学习参与度（20分）	小组成员积极主动参与活动，学习热情高涨	小组成员积极主动参与活动情况一般，学习热情一般	小组成员缺乏积极主动性，学习热情较差
知识运用（40分）	能够正确运用相关知识完成上述任务，有自己的观点及认识，能够用事实和数据说话。回答问题正确率在80%以上	基本能够正确运用相关知识完成上述任务，有自己的观点及认识，能够用事实和数据说话。回答问题正确率在60%以上	不能正确运用相关知识完成上述任务，没有自己的观点及认识，不能用事实和数据说话。回答问题正确率在 60%以下
表达分析能力（20分）	表情诚恳、逻辑关系清晰、行为举止自然规范、语言表达能力强、知识面宽	表情诚恳、逻辑关系较清晰、行为举止较自然规范、语言表达能力较强、知识面较宽	表情不诚恳、逻辑关系不清晰、行为举止不自然规范、语言表达能力较弱、知识面较窄

学习单元二　如何成为一名优秀的汽车市场专员

项目三　开展汽车市场调研与市场预测

🚗 项目说明

　　小王在一汽大众的一家 4S 店市场部工作。一天，市场部赵经理把小王叫过去，对他这段时间的工作做出了肯定，同时也给他布置了一个任务。由于最近新能源汽车在国内蓬勃发展起来，竞争也日趋激烈，为了增加竞争力，了解新能源汽车使用者与潜在使用者的需求与建议，以作为制定营销策略的有效参照，市场部赵经理希望小王能组织人员对本市汽车消费者进行调研，并将本次调研的实施情况、调研结果及分析结果付诸文字，形成《××市新能源汽车消费者调研报告》，作为本次调研的最终结果。接到这个任务后，小王既高兴又有所担忧，领导这么器重自己，可是自己又该如何编写《××市新能源汽车消费者调研报告》呢？汽车市场调研报告书的格式又是怎样的呢？

　　本项目就是小王寻找答案的过程，该过程又分为两个任务，分别为：

　　任务一　汽车市场调研；

　　任务二　汽车市场预测。

　　下面，请同学们以小王的身份，去寻找以上问题的答案，并完成相应的任务。

🚗 思政引导

没有调查，就没有发言权

　　1930 年 5 月，毛泽东为了反对当时红军中存在的教条主义思想，专门写了《反对本本主义》一文，提出"没有调查，没有发言权"的著名论断。

　　他指出："你对某个问题没有调查，就停止你对某个问题的发言权。""注重调查！""反对瞎说！""中国革命斗争的胜利要靠中国同志了解中国情况。""本本主义"者必须"速速改变保守思想！换取共产党人的进步的斗争思想！到斗争中去！到群众中作实际调查去！"

　　1931 年，他又进一步提出："我们的口号是：一，不做调查没有发言权。二，不做正确的调查同样没有发言权。"在《实践论》和《矛盾论》这两部哲学著作中，毛泽东深刻阐明了反对主观主义特别是教条主义、坚持实事求是的重要意义，为调查研究提供了坚实的马克思主义哲学基础，为坚持党的优良传统，深入实际的调查研究提供了重要的理论指导。

　　这个论断后来成为中国共产党人深入实际，深入群众，形成正确工作方法的行动口号。

　　资料来源：没有调查，没有发言权[OL]. 360 百科，https://baike.so.com/doc/6808569-7025522.html.

任务一　汽车市场调研

【学习目标】

1. 掌握市场调研方案的内容和结构、抽样调研的组织方式、抽样误差的分析以及市场调研问卷的设计过程。

2. 掌握市场调研资料整理的一般程序及方法，明确市场调研报告撰写的意义及其类型，了解市场调研报告撰写的基本要求。

【任务描述】

汽车市场调研的组织与实施：小王根据赵经理给出的任务，确定调研主题后，根据资源情况会同小组其他成员制订出调研计划书，然后根据计划组织实施调研，最后对收集到的数据进行整理分析，得出相关结论，并撰写调研报告。基于以上任务，要求做到以下几点：

1. 以小组为单位共同完成调研计划的制订，并撰写筹划书。
2. 设计出调研问卷。
3. 开展调研活动。
4. 分析调研数据，得出结论，撰写市场调研报告。

【知识准备】

一、市场调研的概念和作用

美国市场营销协会对市场调研的定义为：市场调研是一种通过信息将消费者、顾客和公众与营销者连接起来的职能。

汽车市场调研（即汽车市场营销调研），是指汽车企业对用户及其购买力、购买对象、购买习惯、未来购买动向和同行业的情况等方面进行全部或局部的了解。

汽车市场调研的主要任务是弄清涉及汽车企业生存与发展的市场运行特征、规律和动向，以及汽车产品在市场上的产、供、销状况及其有关的影响因素和影响程度。市场调研是企业经营的一项经常性工作，是企业增强经营活力的重要基础，它的作用如下：

（1）市场调研是销售人员了解市场环境，掌握市场动态，开发潜在客户的重要手段。

（2）市场调研为企业的经营决策提供信息，有利于企业在科学的基础上制定营销战略与计划。

（3）市场调研有利于发现企业营销活动中的不足，保持同市场的紧密联系和改进营销管理。通过市场调研，企业可以及时掌握竞争对手的动态，掌握企业产品在市场上所占份额，针对竞争对手的策略，对自己的工作进行调整和改进。

（4）市场调研有利于企业进一步挖掘和开拓新市场，开发新产品，发挥竞争优势。

二、汽车市场调研的主要内容

汽车企业市场调研的内容取决于市场预测的目的和经营决策的需要，是为了获取影响企业经营活动的市场信息，为制定经营决策和发展规划提供科学依据。市场调研的内容从识别市场机会和问题开始，到制定营销决策，再到评估营销活动的效果，涉及企业市场营销活动的各个方面。按照不同的分类方法，汽车市场调研分为多种类型。市场调研的内容主要有消费者的情况调研、企业竞争者的情况调研、市场方面的情况调研，如图 3.1 所示。

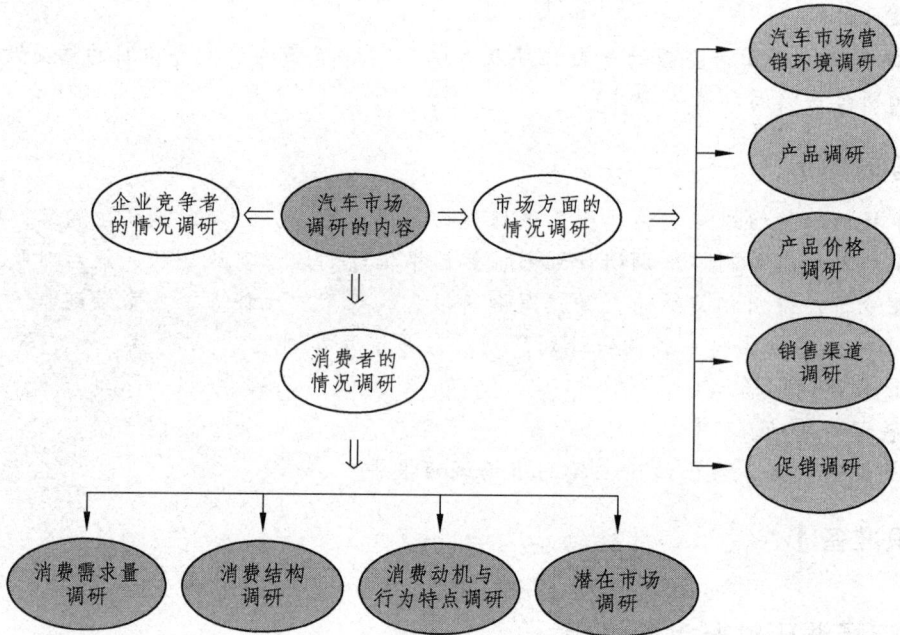

图 3.1　汽车市场调研的内容

（一）消费者的情况调研

市场营销的核心是如何最好地满足消费者的需求，消费者是市场营销活动的主体，消费者的行为习惯和消费特点直接影响营销企业的命运。因此，开展市场调研的首要任务是了解消费者的情况。消费者的情况主要包括消费需求量、消费结构、消费动机与行为特点、潜在市场等。

1. 消费需求量调研

消费需求量直接决定市场规模的大小。影响消费需求量的因素是货币收入及适应目标消费人群两个方面。估计市场需求量时，应综合考虑人口数量和货币收入。

2. 消费结构调研

消费结构是消费者将货币收入用于不同商品的比例，它决定了消费者的消费取向。对消费结构的调研包括以下几部分：人口构成、家庭规模和构成、收入增长状况、商品供应状况以及价格的变化。

3. 消费动机与行为特点调研

实施这方面的调研主要是试图通过对消费者购买本企业产品的原因，购买的时间、地点和方式，消费者对产品的喜好、忠诚、偏爱的程度等的调查分析，为企业确定产品的质量、品种、式样、价格、销售渠道以及促销方式等提供资料。

4. 潜在市场的调研

实施这方面的调研主要是发现潜在目标市场。调研渠道是驾驶学校、已有用户、目标群体、汽修场所等。

（二）企业竞争者的情况调研

企业竞争者的情况调研包括一般竞争状况调研和主要竞争者调研两方面的内容，重点是对主要竞争者进行调研。调研时要了解以下情况：

（1）主要的竞争者对市场的控制能力有多大，消费者对主要竞争产品的认可程度如何。

（2）汽车市场容量以及竞争者的市场占有率是多少。

（3）市场竞争程度如何。

（4）竞争者的销售能力和市场计划如何。

（5）竞争者对经销渠道的控制程度和方法如何。

（6）竞争者所售的车型和服务的优势、劣势是什么等。

（三）市场方面的情况调研

市场方面的情况调研是指对企业在市场营销活动中涉及的各种可控因素和不可控因素的变化状况的调研，通常包括汽车市场营销环境调研、产品调研、产品价格调研、销售渠道调研和促销调研。

1. 汽车市场营销环境调研

市场营销环境调研是对影响企业市场营销的环境因素进行的调研，可以分为微观环境调研和宏观环境调研。前者的调研对象包括企业自身、营销中介、顾客和竞争者等因素，后者包括人口、经济、自然、科技、政治法律以及社会文化等因素。通过这些市场环境因素调研，企业可以根据市场环境的变化发展状况，合理有效地组织营销活动。

2. 产品调研

产品调研包括汽车销售服务能力、产品实体和产品生命周期的调研。汽车销售服务能力调研主要包括供货渠道、售后服务的质量、维修设备的先进程度、技术水平、资金使用状况、人员素质等。产品实体调研是对产品本身各种性能的好坏程度进行调研，包括产品规格、产品类型和产品外观认可程度等。产品生命周期是指产品从进入市场开始到被市场淘汰为止所经历的全部过程。在产品的不同生命周期，所调研的内容也不同，如在投入期，调研的主要内容是消费者购买此种产品的动机、对价格的承受力、需求程度和优势所在等。

3. 产品价格调研

制定汽车价格时不仅要考虑产品的成本支出，还要看市场竞争情况，因此就有必要了解市场中商品的价格情况，为企业定价提供依据。汽车产品价格调研主要包括以下内容：

（1）目标市场不同阶层顾客对产品的承受能力。

（2）竞争车型的价格水平及销售量。

（3）提价和降价带来的反应。

（4）目标市场不同消费者对产品的价值定位。

（5）现有定价能否使企业盈利，盈利水平在同类企业中居于什么样的地位等。

4. 销售渠道调研

销售渠道调研主要是了解企业应选择什么样的销售渠道将产品顺利地分销出去，了解企业应该选择何种运输方式，怎样的运输路线才能将产品以较低的运输费用尽早地送到消费者手中。

5. 促销调研

促销调研就是要了解不同促销方式的优缺点，以选择正确的促销组合。促销调研的内容包括广告宣传、公关活动、现场演示和优惠活动等。

三、汽车市场调研的主要步骤

汽车市场调研一般可分为 3 个阶段，即调研准备阶段、调研实施阶段和分析总结阶段，如图 3.2 所示。

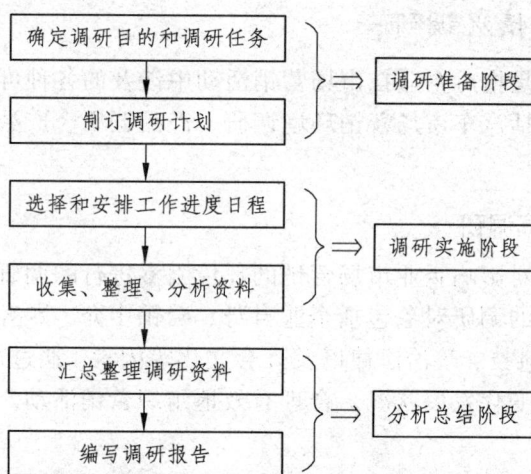

图 3.2　汽车市场调研的主要步骤

（一）市场调研准备阶段

准备阶段是调研工作的开端，准备得充分与否直接影响实际调研工作的开展及调研结果的质量。准备阶段主要解决调研目的、要求、范围及调研力量的组织问题，并在此基础上制订一个切实可行的调研计划。工作步骤大体如下：

1. 确定调研目的和调研任务

市场调研的主要目的是收集与分析资料，以帮助企业更好地做出决策，减少决策的失误。

因此，调研的第一步就是要求决策人员、调研人员认真地确定和商定调研的目的。俗话说："对一个问题做出恰当的定义等于解决了一半问题。"在任何一个问题上都存在着许许多多可以调研的事情，如果对该问题不做出清晰的定义，收集信息的成本可能会超过调研提出的结果价值。

调研任务是指在调研目的既定的条件下，市场调研应获取什么样的信息才能满足调研的要求。明确调研的目的和任务是调研方案设计的首要问题，因为只有明确调研目的和任务，才能确定调研的对象、内容和方法，才能保证市场调研具有针对性。确定调研目的与调研任务需注意以下几点：

（1）确定调研任务时，任务不能过于宽泛，而应明确、具体。

（2）确定调研目的时，对调研问题应该量化，以方便审核与评估调研结果。

例如，某汽车企业发现其销售量已连续下降达半年之久，管理者想知道真正的原因究竟是什么？是经济衰退、广告支出减少、消费者偏爱转变，还是促销手段不给力？

做出假设、确定调研目的主要是为了限定调研范围，确定问题之后，下一步就应决定要收集哪些资料。例如，消费者对本公司产品及其品牌的态度如何？消费者对本公司品牌产品的价格的看法如何？本公司品牌的电视广告与竞争品牌的广告，在消费者心目中的评价如何？不同社会阶层对本公司品牌与竞争品牌的态度有无差别？

2. 制订调研计划

明确调研目的以后，就应着手编制一份专门的调研计划。调研计划的内容应包括收集整理资料、选择调研方法和估算调研费用等项目。

如果没有适用的现成资料（第二手资料），原始资料（第一手资料）的收集就成为必需的步骤。

（1）收集整理资料。采用何种方式收集整理资料，与所需资料的性质有关，主要有实验法、观察法和询问法等。

（2）选择调研方法。如果选择的调研方法是抽样法，那么，在调研设计阶段就应决定抽样对象是谁，应采用何种抽样方法，是采用随机抽样还是非随机抽样，具体要视该调研所要求的准确程度而定。随机抽样的估计准确性较高，且可估计抽样误差，从统计效率来说，自然以随机抽样为好，不过从经济性来看，非随机抽样设计简单，可节省时间与费用。

（3）估算调研费用。每一次的市场调研都需要支出一定的费用，调研目标不同，调研方法不同，调研项目多少不一，所需费用就不相同，而调研规模、方式对费用更是有着直接的影响。因此在制订调研计划时，应编制调研费用预算，合理估计调研的各项开支。调研费用一般包括总体方案策划费、抽样方案设计费、调研问卷设计费、印刷费、调研实施费（包括调研员培训、差旅费、礼品、劳务费等）、数据统计分析费、办公费用、咨询费等。

（二）调研实施阶段

1. 选择和安排工作进度日程

选择和安排工作进度日程，列出工作时间表。工作进度日程是对各类调研项目、调研方法的工作程序、时间、工作方法等做出的具体规定。

2. 收集、整理、分析资料

调研中的数据收集阶段是花费时间最多且又最容易失误的阶段，因此，调研人员在计划实施过程中，要尽量按计划进行，使获取的数据尽可能反映事实，这就要求调研人员应具备一定的素质，在整个信息搜集过程中能排除干扰，获得理想的信息资料。由于从问卷和其他调研工具获取的原始资料是杂乱无章的，所以无法直接使用。调研人员应按照调研目的的要求进行统计分析，以发现那些有助于营销管理决策的信息。

（三）分析总结阶段

这一阶段的工作主要是汇总整理调研资料和编写调研报告。

1. 汇总整理调研资料

首先应对资料进行校核，剔除不必要的，排除不可靠的资料，以保证资料的可靠性和准确性。对校核后的资料要按内容分类和编码，编制每一类别的统计表。在此基础上，调研人员应运用统计方法对资料做必要的分析，并将分析结果提供给有关方面作为参考。一般使用的统计方法有多维分析法和回归分析法等。

2. 编写调研报告

调研人员可以通过分析资料得出结论。一次完整的市场调研，要求市场调研人员必须将他们通过调研所获得的结论，以调研报告的方式汇总提出。市场调研报告按内容来分，可分为专题性报告和一般性报告。前者是供专门人员做深入研究用的，后者着重报告市场调研的成果，提出调研人员的结论及建议，供营销决策者参考。但无论何种形式的调研报告，都应包括以下 4 项内容：

（1）引言。要说明调研的目的、对象、范围、方法、时间和地点等。

（2）摘要。要简明扼要地概括整个调研结论和建议事项，可能是企业决策层人士阅读报告的唯一一个部分。因为他们太忙并对复杂的细节不感兴趣。

（3）正文。要详细说明调研目标、调研过程、结论和建议。

（4）附录。要包括样本分配、数据图表、问卷附件、访问记录和参考资料目录等。

四、汽车市场调研的方法

市场调研的方法可分为两大类：第一类按选择调研对象来划分，分为全面普查、重点调研、随机抽样和非随机抽样等；第二类按对调研对象所采用的具体方法来划分，分为观察法、访问法和实验法。

（一）按选择调研对象划分

1. 全面普查

全面普查是指对调研对象总体所包含的全部个体都进行调研。对市场进行全面普查，可以获得非常全面的数据，能正确反映客观实际，便于剖析事物变化的实质，但涉及面广，工作量大，人力、物力、财力和时间消耗多，应慎重选用，一般只在较小范围内采用。当然，有些资料可以借用国家权威机关的普查结果，如可以借用全国人口普查所得到的有关数据资料等。这种方法在汽车市场调研中很少用到。

2. 重点调研

重点调研是指以总体中有代表性的单位或消费者作为调研对象，进而推断出一般结论。采用这种调研方式时，由于被调研的对象数目不多，企业可以较少的人力、物力、财力，在很短的时间内完成。如通过对我国几个主要汽车生产集团年产量增长情况的调研，可以推测出我国汽车工业的发展趋势等。当然，由于所选对象并非全部，调研结果难免有一定误差。市场调研人员应高度重视，特别是当外部环境发生较大变化时，所选择的重点调研对象可能不具有代表性。

3. 随机抽样

随机抽样是指在总体中随机任意抽取个体作为样本进行调研，根据样本推断出一定概率下总体的情况。随机抽样在市场调研中占有重要地位，在实际工作中应用广泛。随机抽样最主要的特征是从母体中任意抽取样本，每一样本有相等的机会，即事件发生的概率是相等的，这样可以根据调研样本的结果来推断母体的情况。如通过对世界轿车市场变化规律的调研，可以推断出整个世界汽车市场的变化规律等。

随机抽样又可以分为以下 3 种：

（1）简单随机抽样，即整体中所有个体都有相等的机会被选作样本。

（2）分层随机抽样，即对总体按照特征（如年龄、性别、职业等）分组（分层），然后从各组中随机抽取一定数量的样本。

（3）分群随机抽样，即将总体按一定特征分成若干群体，然后从各群体中随机抽取一定数量的样本。

分群抽样与分层抽样是有区别的：分群抽样是将样本总体划分为若干个不同的群体，这些群体间的性质相同，然后对每个群体进行随机抽样，这样每个群体内部存在性质不同的样本；而分层抽样是将样本总体划分为几大类，这几大类间是有差别的，而每一类则是由性质相同的样本构成的。

4. 非随机抽样

非随机抽样是指市场调研人员在选取样本时并不是随机选取，而是先确定某个标准，然后再选取样本数，这样每个样本被选择的机会并不是相等的。非随机抽样可分为以下 3 种：

（1）随便抽样，又称随意抽样，即市场调研人员根据最方便的时间、地点任意选择样本。如在街头任意找一些行人询问其对某产品的看法和印象。这是市场调研中常用的一种方法。

（2）判断抽样，即市场调研人员根据自己的以往经验判断由哪些个体作为样本的一种方法。当样本数不多，样本间的差异又较为明显时，采用此方法能起到一定效果。

（3）配额抽样，即市场调研人员通过一些控制特征，对样本进行分类，然后由调研人员从各类中任意抽取一定数量的样本。例如，如果房地产公司需要调研消费者购买房屋的潜力，特别要了解中、低收入消费者购房的欲望，以便使企业把握机遇、做好投资的准备。现根据收入与年龄对消费者进行划分，按收入分为高、中、低 3 档，按年龄根据中国国情划分为 27 岁以下和 28 ~ 35 岁、36 ~ 55 岁、55 岁以上 4 组，调研人数为 300 人，再对每个标准分配不同的比例后，就可得出每个类别的样本数。

（二）按对调研对象所采用的具体方法划分

1. 观察法

观察法是由调研者直接或利用仪器来观察、记录被调研对象的行为、活动、反应或现场事物，以获取资料的一种方法。观察时，调研人员既可以耳闻目睹现场情况，也可以利用照相机、录音机、摄像机等设备对现场情况进行间接观察，以获取真实信息。使用观察法的优点是可以搜集到调研对象不能自我提供的资料，具有较大的灵活性，调研观察到的都是比较真实的、可靠的资料。但是这种方法也有局限性，表现为观察对象的局限性，观察结果容易受到观察者和外界因素的影响，观察不到内在因素，有时需要做长时间的观察才能得出结果。观察法在汽车市场调研中运用得比较广泛，如对车型保有量的观察、对汽车营销展厅的现场观察、对车辆库存的观察等。

2. 访问法

访问法是通过直接或间接的问答方式来收集信息，以获得所需资料的调研方法，是汽车市场调研人员常用的方法。通过该方法，调研人员可以灵活地提出各种设计好的问题，通过被调研人员对问题的回答来收集信息，针对性强。访谈法又可分为问卷调研、面谈调研、电话调研和邮寄调研。

（1）问卷调研。它是目前汽车企业广泛采用的一种调研方法，即根据调研目的设计好各类调研问卷，然后采取抽样的方式确定调研样本，通过调研人员对样本的访问，完成事先设计的调研项目，最后经过统计分析得出调研结果。问卷调研的成功与否取决于问卷的设计是否合理。

（2）面谈调研。面谈调研是调研人员与被调研人员进行面对面的谈话，询问有关问题，从而获得信息的一种方法。这种方法的最大特点是调研灵活、调研的信息全面、调研的真实性较强。面谈调研的问卷回收率较高，样本代表性强，有助于提高调研结果的可信度。面谈调研的主要缺点是调研费用高、时间长。如果调研样本多，需要分别面谈，就会花费更多时间。面谈调研可以是个人访谈，也可以是集体座谈。

按照访问的地点和访问的形式，面谈调研又可分为入户访问和拦截访问两种。

①入户访问，是指调研人员到被调研人员的家中或工作单位进行访问，直接与被调研人员接触，从理论上说，这是一种最佳的调研访谈的方式。但这种情况在中国除了政府部门的调研外，普通的调研公司一般只能进入相关公司或商店进行访问。

②拦截访问，是指在某个场所（如商业区、商场、街道、医院或公园等）拦截在场的一些人进行面访调研并说明填表要求，由被调研人员填写后交给调研人员。这是目前大多数调研公司所采用的比较流行的一种调研方法。例如，在汽车城的前台拦截顾客，询问他们对各种汽车品牌的偏好以及购买行为等。商场拦截访问的好处在于效率高，因为是被调研人员向调研人员走来，而不是调研人员寻找被调研人员。但是无论如何控制样本及调研的质量，收集的数据都不会对总体具有很好的代表性。这是拦截式访问的最大问题。

（3）电话调研。电话调研是调研人员通过电话交谈来了解顾客意见的一种方法。例如，打电话定期询问顾客对汽车销售企业服务的感觉，有什么需要改进的方面等。其主要优点是：调研人员能够对调研进行有效控制，能确保调研的质量，电话的覆盖率极大，所以只要选用恰当的抽样效果，几乎可以调研到整个母体；调研的反馈率很高，并且有利于回访，电话调研在办公室内即可完成，能加快访问速度，并且节约调研成本和时间；被调研人员不受调研人员在场的心理压力，因而能畅所欲言，回答率高。电话调研不受被调研人员所在地域的限制。

同时电话调研也存在不足：作为母体的电话号码簿通常是不完整的，所以存在潜在的抽样偏差；电话调研受时间长度的限制，过多的问题容易引起调研对象的反感，消极态度下的回答也会影响回答的质量；没有可视化工具的辅助，所以不能将材料展示给调研对象。

（4）邮寄调研。邮寄调研是调研人员将预先设计好的问卷或表格邮寄给被调研人员，请他们按要求填好后再邮回的一种方式。

邮寄调研的主要优点：①调研的空间范围大，在一个地方可以邮寄到全国甚至国际市场进行调研，不受调研人员所在地域的限制，只要通邮的地方，都可选为样本单位；②调研的样本数目可以很多，而费用支出少，按随机原则选定的调研样本，可以达到较大数量，可同时发放和回收问卷；③被调研人员有充裕的时间来考虑回答问题，并可避免面谈中受调研人员倾向性意见的影响，从而得到较为真实可靠的信息。

邮寄调研的不足之处：①问卷回收率低，因而可能影响样本的代表性；②不直接接触被调研人员，不能了解其回答问题的态度，也不能了解问卷中未涉及的问题，有可能遗漏重要的市场信息；③被调研人员可能误解问题而给出错误答案。

随着互联网的发展，现在多采用电子问卷形式，发放和回收问卷更方便，也便于调研数据统计。

3. 实验法

实验法是指在汽车市场调研中，从影响调研对象的若干因素中选出一个或几个因素作为实验因素，在其他因素均不发生变化的条件下，将调研范围缩小到一个比较小的规模，进行实验后取得一定结果，观察分析顾客的反应和市场结果，然后决定是否值得大规模生产推广，从而通过实验对比来取得市场信息资料的调研方法。例如汽车企业在开发新车型时，一般都是先少量投入生产，生产出部分样品对市场进行试探，如新车型汽车展销、试销、价格试探等，根据试探的结果再进行预测和决策。

（1）实验法的优点如下：①可以有控制地分析、观察某些市场现象之间是否存在因果关系，以及相互影响的程度；②通过实验取得的数据比较客观，具有较高的可信度。

（2）实验法的缺点如下：①实验所需的时间较长，而且在实验中实际销售商品，费用也较高；②影响市场变化的因素错综复杂，很多因素无法严格控制，在一定程度上会影响实验结果的可靠性。

上面讲述了关于汽车市场调研的多种方法，在实际调研过程中，应该根据调研目的和调研内容等因素来选择其中较适合的调研方法。但总的来说，问卷调研的方法是汽车市场调研中运用较为广泛的一种方法，而调研问卷的设计又是问卷调研的关键所在。下文介绍问卷的设计技巧。

五、汽车市场调研问卷的设计

在汽车市场调研中，应该事先了解汽车市场的信息资料，以实现调研目的和完成调研任务。采用问卷进行调研是国际通行的一种调研方式，也是中国近年来推行最快、应用最广的一种调研手段。

问卷设计是根据调研目的，将所需调研的问题具体化，使调研者能顺利地获得必要的信息资料，并便于统计分析。由于通常是靠被调研者通过问卷间接地向调研者提供资料，所以作为调研者与被调研者之间中介物的调研问卷，其设计是否科学合理，将直接影响问卷的回收率，影响资料的真实性、实用性。因此，在市场调研中，应对问卷设计给予足够的重视。

（一）问卷设计的基本要求

调研者在编制调研问卷时应符合以下要求：

（1）尽量减轻被调研者的负担，凡是那些与调研目的关系不大或隐含答案的问题均可省去，那些让调研者需要反复回忆、计算或查找资料方能回答的问题也应避免。否则，被调研者可能会对调研置之不理。

（2）问题要具体，用语要准确，让被调研者选择的主要答案应尽量完备。

（3）调研题目不应具有诱导性，不应让被调研者受工作人员态度倾向影响。

（4）问题必须是被调研者有能力回答和愿意回答的问题。

（5）问题应简单明了，并注意问题间的逻辑顺序，同一方面的多个问题应连续列出，符合人们的一般思维过程。

（6）问题要与被调研者的身份与知识水平相适应，如对专家可使用专业术语，而对一般群众则应使用通俗语言。

（7）交代必要的填写说明及其他注意事项，如调研活动的背景、目的等，以让被调研者理解和支持调研活动。否则，调研活动就难以得到被调研者的积极配合，调研效果也就较差。

（二）问卷设计的原则

调研问卷的设计是营销调研的重要一环，调研问卷设计得是否完善，直接影响调研效果。一份好的调研问卷既能使调研部门达到调研目的，又能使被调研者乐意合作。问卷设计应遵循的原则如图 3.3 所示。

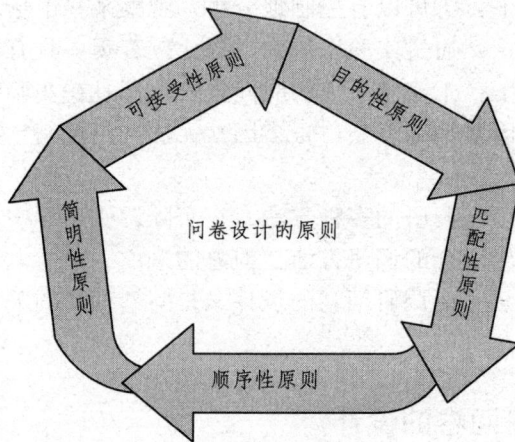

图 3.3 问卷设计的原则

1. 目的性原则

问卷调研是通过向被调研者询问问题来进行调研的，所以，询问的问题必须是与调研主题有密切关联的问题。这就要求问卷设计时重点突出，避免可有可无的问题，并把主题分解为更详细的纲目，即把它分别做成具体的询问形式供被调研者回答。

2. 匹配性原则

答案要便于分类及解释调研目的，便于检查处理，便于分析数据。

3. 顺序性原则

顺序性原则是指在设计问卷时，要讲究问卷的排列顺序，使问卷条理清楚，顺理成章，以提高回答问题的效果。问卷中的问题一般可按下列顺序排列：容易回答的问答（如行为性问题）放在前面；较难回答的问题（如态度性问题）放在中间；敏感性问题（如动机性、涉及隐私等问题）放在后面；关于个人情况的事实性问题放在末尾；封闭性问题放在前面；开放性问题放在后面。

封闭式问题有一组事先设计好的答案供调研对象选择。这类问题比较容易提问、回答、处理和分析。

例如：对于购买私人汽车，您认为是否应有适当限制？

A. 是　　　　　　　　　B.否　　　　　　　C. 看情况而定

开放式问题不提供事先设计好的答案供调研对象选择。

例如：你对私人购车有何看法？　　　　　　　　（　　　　　）

4. 简明性原则

简明性原则主要体现在以下 3 个方面：

（1）调研内容要简明。没有价值或无关紧要的问题不要列入，同时要避免重复，力求以最少的项目设计必要、完整的信息资料。

（2）调研时间要简短，问题和整个问卷都不宜过长。设计问卷时，不能单纯从调研者的角度出发，而要为被调研者着想。调研内容过多，调研时间过长，都会招致被调研者的反感。通常，调研的场合一般都在路上、汽车 4S 店内或居民家中，被调研者行色匆匆，或不愿让调研者在家中久留等，而有些问卷多达几十页，让被调研者望而生畏，一时勉强作答也只会草率应付。根据经验，设计问卷回答时间一般应控制在 30 分钟以内。

（3）问卷设计的形式要简明易懂、易读。

5. 可接受性原则

调研问卷的设计要比较容易让被调研者接受。被调研者对是否参加调研有着绝对的自由，如果调研对他们来说是一种额外负担，他们既可以采取合作的态度来接受调研，也可以采取对抗行为来拒答。因此，请求合作就成为问卷设计中一个十分重要的问题。应在问卷说明词中将调研目的明确告诉被调研者，让对方知道该项调研的意义和自身回答对整个调研结果的重要性。问卷说明词要亲切、温和，提问部分要自然，有礼貌且有趣味，必要时可采用一些物质鼓励，并代被调研者保密，以消除其某种心理压力，使被调研者自愿参与，认真填好问卷。此外，还应使用适合被调研者身份和水平的用语，尽量避免列入一些会令被调研者难堪或反感的问题。

（三）问卷的构成

在调研主题确定以后，如采用问卷的形式获取所需的资料，就要将调研目的分解成更详细的题目；同时还要针对调研对象的特征进行设计，如调研对象是企业、消费者还是老顾客。

一份比较完善的调研问卷通常由以下 5 部分构成：

1. 问候及填写说明

应以亲切的口吻问候被调研者，使被调研者感到礼貌、亲切，从而增加回答问题的热情。简要说明填写要求，以提高调研结果的准确性。

2. 调研问卷说明

其内容主要包括填表目的和要求、被调研者注意事项、交表时间等。

3. 被调研者的基本情况

基本情况包括被调研者的年龄、性别、文化程度、职业、住址、家庭人均月收入等。

4. 调研内容

调研内容是指所调研的具体项目，它是问卷最重要的组成部分。

5. 编　号

有些问卷需要编号，以便分类归档，汇总统计。

（四）问卷设计的注意事项

问题是问卷的核心部分，被调研者对各个具体问题的答案，提供了研究、理解和预测有关现象、行为或态度所需的资料。在设计问题时，通常要考虑问题的内容、类别、格式、措辞和顺序。问卷中的问句要简明、生动，注意概念的准确性，避免提似是而非的问题，具体应注意以下几点：

（1）问题排列的顺序必须符合普通人的思考顺序，由简单到复杂、由表面直觉到深层思考。

（2）问卷中的问句要通俗易懂，意思明确，不用模棱两可、含混不清的问句，避免使用"一般""经常"等词语。

例如问："您最近经常驾驶汽车吗？"这里"最近"是指"近一周"还是"近一月""近一年""经常"是指间隔多久，表意不明。

例如问："您对×××汽车是否满意？"

这样的问题不够具体明确，也不易达到所要调研的目的。若需要的调研资料涉及汽车质量或售后服务，则可分别询问：

"您对×××汽车的质量是否满意？为什么？"

"您对×××汽车的售后服务是否满意？为什么？"

（3）避免使用引导性问题或带有暗示性的问题。

例如："您喜欢××轿车吗？"

这样的问句容易将答案引向喜欢而造成偏差，应改为：

"您现在开的是什么牌子的汽车？"

（4）调研语句要有亲切感，并考虑被调研者的自尊。

例如问："您没有购买××小轿车的原因是：_____。"

A. 买不起　　　　B.款式不好　　　　C. 没有车库　　　　D.不会开车

这种提问方式易引起被调研者的反感，可以换一种方式。

例如问："您暂不购买××小轿车的原因是：_____。"

A. 价格不满意　　　B.款式不合适　　　C. 停放不方便　　　D. 准备购买

（5）避免涉及个人隐私。

例如问："您今年几岁？""你结婚了吗？"可转换为"您是哪一年出生的？""您先生从事什么职业？"

（6）问卷中各问题之间的间隔要适当，印刷要清晰，以便被调研者看问卷时有舒适感。

（7）设计调研问卷时，不宜过长，问题不能过多，一般控制在 15 分钟左右回答完毕，否则，会使被调研者因时间过长而敷衍答卷，影响问卷调研的效果。

（五）问卷设计的方法

在市场调研中，无论是何种类型的问题，都需要事先对问题答案进行设计。封闭式问题在市场调研问卷中占有重要地位，因此，在设计答案时要注意掌握以下原则：

1. 答案的互斥性

即同一个问题的若干个答案之间是相互排斥的，不能有重复、交叉、包含的情况，从而保证答案的特定含义，使调研者不至混乱。

2. 答案的完备性

即所排列的问题答案应是所提出问题的全部可能，不能有遗漏，有时很难将所有的答案列出，这种情况一般多出现在多选题中。对此，通常在列出主要选项后，再列出其他备选项。

3. 答案的客观性

即问题的设计要考虑调研对象的实际情况，答案的划分要符合客观事实。因此，设计答案时，可以根据具体情况采用不同的设计形式。

（1）二项选择法。二项选择法也称真伪法或二分法，是指提出的问题仅有两种答案可以选择。"是"或"否"，"有"或"无"等，这两种答案是对立的、排斥的，被调研者的回答非此即彼，不能有更多的选择。这种问题的形式一般如下：

例如："您家里现在有汽车吗？"

答案只能是"有"或"无"。

又如："您是否打算在近 5 年内购买汽车？"

答案只能是"是"或"否"。

这类问题的答案通常是互斥的，调研结果统计得到"是"与"否"的比例。由于回答项"是"与"否"之间没有任何必然的联系，得到的只是一种定性分析，说明不同回答所占的比例，比例大的部分影响力和重要性比较大。

（2）多项选择法。

有些问题为了使被调研者完全表达要求、意愿，还需采用多项选择法，它是指对所提出的问题事先预备好两个以上的答案,被调研者可任选其中一项或几项,然后根据多项答案选择的统计结果,得到各项答案重要性的差异。

例如:"您买家用轿车是因为＿＿＿＿。"

A. 经济条件允许   B. 自己开着玩,个人娱乐

C. 送给朋友   D. 上下班驾驶,代步工具

E. 气派、赶时髦   F. 周围邻居或熟人的推荐

由于所设答案不一定能表达出被调研者所有的看法,所以在备选项的最后通常可设"其他"项目,以便使被调研者表达自己的看法。

此方法的优点是:比二项选择法的强制选择有所缓和,答案有一定的范围,也便于统计处理。

(3)程度尺度法。将问题答案按不同程度列出,供调研对象选填,则可以找到调研对象满意的评价,也便于调研者获得定量评价。研究同质间的不同程度差别,通常用"很好""较好""一般""较差""差"一类的回答来表述。

例如:"请问您是否想买一辆家用轿车?"

A. 很想买   B. 想买   C. 不一定

D. 不想买   E. 很不想买

例如:"请问您觉得当前家用轿车的价格如何?"

A. 很贵   B. 贵   C. 适中   D. 便宜

(4)顺位法。顺位法是列出若干项目,由被调研者按重要性决定先后顺序。顺位法主要有两种:一种是对全部答案排序;另一种是只对其中的某些答案排序。究竟采用何种方法,应由调研者来决定。具体排列顺序,则由被调研者根据自己所喜欢的事物和认识事物的程度等进行排序。

例如:"您所知道的家用轿车品牌有哪些?"

A. 奔驰   B. 宝马   C. 桑塔纳   D. 捷达

E. 富康   F. 别克   G. 凯越   H. 其他

例如:"您最喜欢哪两种? "

A.首先 (　　)   B. 其次 (　　)

顺位法便于被调研者对其意见、动机、感觉等做衡量和比较性的表达,也便于调研者对调研结果加以统计。但调研项目不宜过多,过多则容易分散,很难顺位,同时所提出的排列顺序也会对被调研者产生某种暗示。这种方法适用于要求答案有先后排列顺序的问题。

(5)自由回答法。自由回答法是指提问时可自由提出问题,被调研者可以自由发表意见,并无已经拟定好的答案。

例如:"您觉得软包装饮料有哪些优缺点?"

"您认为应该如何改进电视广告?"

这种方法的优点是涉及面广,灵活性大,被调研者可充分发表意见,可使调研者收集到某种意料之外的资料,缩短调研者和被调研者之间的距离,迅速营造一个调研气氛;缺点是由于被调研者的想法和角度不同,在答案分类时往往会出现困难,资料较难整理,还可能因为被调研者表达能力的差异形成调研偏差。同时,由于时间关系或缺乏心理准备,被调研者往往放弃回答或答非所问,因此,此种问题不宜过多。这种方法适用于那些不能预设答案或不能限定答案范围的问题。

例如："您认为什么是女性轿车？"

"您认为中国女性汽车市场的发展前景如何？"

六、汽车市场调研报告的撰写

调研报告（以下简称报告）是指对某一情况、某一事件、某一经验或问题，经过在实践中对其客观实际情况的调研了解，将调研了解到的全部情况和材料进行去粗取精、去伪存真、由此及彼、由表及里的分析研究，揭示出本质，寻找出规律，总结出经验，最后以书面形式陈述出来。调研报告的核心是实事求是地反映和分析客观事实。市场调研报告的提出和报告的内容、质量，决定了它对企业领导据此决策行事的有效程度。从汽车市场调研报告的一般结构来看，一篇完整的汽车市场调研报告应包括以下内容：标题、目录、概述、正文和附件等。

（一）标　题

标题是市场调研报告的题目，一般有两种形式：

1. 公文式标题

公文式标题，由调研对象和内容、文种名称组成，即把被调研单位、调研内容明确而具体地表示出来，如《关于杭州市家用轿车的市场调研报告》。

2. 文章式标题

即用概括的语言形式直接交代调研的内容或主题，如《全省城镇居民潜在购买力动向》。

在实践中，这种类型的市场调研报告的标题采用双题（正、副题）的结构形式，更能引人注目。作为一种习惯做法，市场调研报告题目的下方，紧接着注明调研者或单位、报告日期，然后另起一行，注明报告呈交的对象。这些内容编排在调研报告的首页上。

（二）目　录

如果调研报告的内容、页数较多，应使用目录或索引的形式列出主要纲目及页码，编排在报告标题的后面，并注明标题、有关章节及页码，从而方便读者查找和阅读。一般来说，目录的篇幅不宜超过一页。

例如：

目录

1. 调研设计与组织实施

2. 调研对象构成情况简介

3. 调研的主要统计结果简介

4. 综合分析

5. 数据资料汇总表

6. 附录

如果报告含有图表，那么需要在目录后设计一个图表目录，目的是帮助读者快速找到对一些信息的形象解释。因为图和表是独立的数字编号。因此，在图表目录中，应列出每一个图表的名称，并按在报告中出现的先后顺序排列。

（三）概　述

概述主要阐述调研课题的基本情况，一般按照汽车市场调研课题的顺序展开问题，并阐述在调研过程中对原始资料的选择、评价、做出结论、提出建议的原则等。概述主要包括以下 3 方面的内容：

1. 简要说明调研目的

即简要地说明调研的由来和委托调研的原因。

2. 简要介绍调研对象和调研内容

包括调研时间、地点、对象、范围、调研要点及所要解答的问题。

3. 简要介绍调研的方法

介绍调研的方法，有助于人们确信调研结果的可靠性，因此应对所用方法进行简短叙述，并说明选用方法的原因。例如，是用重点调研法还是随机抽样法，是用邮寄调研法还是问卷调研法。

另外，对分析中使用的方法，如指数平滑分析、回归分析、聚类分析等方法都应做简要说明。如果某一部分内容很多，应有详细的工作技术报告加以补充说明，附在市场调研报告最后部分的附件中。

（四）正　文

正文是市场调研报告的主体部分，应依据调研提纲设定的内容充分展开，主要包括以下几个方面：

1. 引　言

引言主要对调研的起因、目的和中心问题做出解释说明。调研的每个问题在正文的某一部分都应提供相应的结论。

2. 调研方法

在调研方法部分要阐明以下 5 个方面的内容：

（1）调研设计。说明所开展的调研项目属于探索性调研、描述性调研还是因果性调研，以及为什么适用于这一特定类型的调研。

（2）资料采集方法。说明所采集的资料是初级资料还是次级资料，结果的取得是通过调研、观察还是实验。所用调研问卷或观察记录表都应编入附录。

（3）抽样方法。说明总体目的是什么、抽样如何确定、是什么样的样本单位、它们如何被选取出来，对以上问题的回答依据及相应的运算都须在附录中列明。

（4）实地工作。说明起用了多少名、什么样的实地调研人员；对他们如何进行培训、监督管理；实地工作如何检查。这些方面对于最终结果的准确程度有十分重要的影响。

（5）分析方法。说明所使用的方法是定量分析方法还是定性分析方法。

3. 结论和局限性

结论在正文中占有较大篇幅，这部分内容应按一定的逻辑顺序提出紧扣调研目的的一系列结论。在结论中，还可以配合一些总括性的表格和图像加以说明。

完美无缺的调研是难以做到的，所以，必须指出调研报告的局限性，诸如调研过程中无法回避的误差和抽样程序存在的问题等。在报告中，如果将调研成果绝对化，不承认它的局限性，这不是科学的态度。当然，也没有必要过分强调它的局限性。

4. 建 议

建议主要是调研小组根据调研结果给汽车企业提出的一些发展意见和思路，建议应该建立在调研结果的基础上，符合实际情况，符合企业的发展目标，而且确实具有可操作性。建议部分应该写得详细、具体、通俗。

（五）附 件

附件是指调研报告正文包含不了或没有提及，但与正文有关而必须附加说明的部分，是正文的补充或更为详细的专题性说明。附件通常包括数据的汇总表、统计公式、参数选择的依据、图表目录、调研提纲、调研问卷和观察记录表等。每一部分均可单独成为报告的附件。

【任务实施】

开展一场汽车市场调研

1. 目的要求

（1）能够进行完整的汽车市场调研，主要包括制定市场调研方案、独立设计市场调研的方式。

（2）学会各种市场调研方法并熟练运用，主要包括访问法、观察法和实验法。

（3）学会整理和分析市场调研信息资料，并撰写市场调研报告。

2. 任务要求

（1）针对本市新能源汽车消费者市场进行调研，制订市场调研方案并实施，形成《××市新能源汽车消费者调研报告》。

（2）本次任务以小组为单位完成。

（3）任务完成过程参考知识准备中汽车市场调研步骤进行。

3. 实训步骤

（1）由老师把学生分为若干组（每组4~6人），各组分工合作，每组指定专人负责，确定各调研小组成员，并商量确定本次调研的主题或项目。

（2）各调研小组根据已选定的调研项目设计市场调研方案。

（3）各调研小组派代表上台讲解本小组的市场调研方案，用PPT形式展示。

（4）其他小组成员和任课教师对各小组的市场调研方案进行提问，并提出相应的修改意见。

（5）各调研小组根据老师和学生所提出的意见修改市场调研方案。

（6）上交修改后的市场调研方案。

4. 调研报告提交方式

上交书面市场调研报告。

【评价与反馈】

实习指导教师检查作业，并针对任务实施过程中出现的问题提出改进措施及建议。评分标准如下：

（1）市场调研方案的内容是否完整、科学。

（2）市场调研方案是否可行。

（3）发言代表口头表达是否流畅，仪态是否大方得体。

（4）PPT 制作是否简明，重点突出。

（5）回答问题是否到位、准确。

任务二　汽车市场预测

【学习目标】

1. 了解汽车市场预测的概念。

2. 掌握汽车市场预测的步骤和方法。

【任务描述】

新能源汽车市场预测：汽车市场预测就是利用市场调研所获得的资料，运用已有的知识、经验和方法，对其汽车市场未来的发展趋势进行预计和推测，定性或定量地估计出汽车市场的发展规律。汽车市场预测是企业进行经营决策的重要前提条件，是企业制订经营计划的重要依据，同时可使企业更好地适应市场变化，提高企业的竞争能力。

本任务要求学生在任务一的基础上做到以下几点：

1. 以小组为单位共同完成汽车市场预测的内容。

2. 了解汽车市场预测的概念。

3. 掌握汽车市场预测的步骤和方法。

4. 完成《××市新能源汽车市场预测报告》。

【知识准备】

汽车市场运行规律比较复杂，市场需求经常出现波动，给汽车营销工作带来了很多困难，在加强研究汽车市场运行规律的基础上做好预测工作，对于提高市场营销水平具有重要的现实意义。市场预测是汽车企业经营管理的重要组成部分，能为汽车企业更好地确定经营战略、经营方针、经营思想、经营目标、经营计划等提供可靠的依据，是增强企业活力，提高经营管理水平和市场竞争能力的重要手段，是汽车企业经营决策的基础。为了保证市场预测的科学性和准确性，市场预测人员必须了解市场预测的必要性、分类、内容和原则，掌握市场预测的步骤和方法。

一、汽车市场预测的概念及作用

（一）汽车市场预测的概念

汽车市场预测是建立在汽车市场调研基础上的，是根据汽车市场的相关信息，以及汽车市场宏观环境和微观环境的状况，运用科学的方法和逻辑推理，对汽车市场未来的发展趋势进行估计和推测，定性或定量地估计出汽车市场的发展规律，并对此做出评价，以指导或调节人们未来的行动和方向。汽车市场预测主要包括汽车市场需求预测、汽车供给预测、市场销售预测、汽车产品价格预测、汽车技术发展趋势预测、汽车企业的竞争形势预测、汽车企业本身经营能力的预测等。对汽车企业而言，最重要的就是汽车市场需求预测。

（二）汽车市场预测的作用

汽车市场预测是企业进行经营决策的重要前提条件，是企业制订经营计划的重要依据；同时可使企业更好地适应市场变化，提高企业的竞争能力，为汽车市场营销指明方向。具体来说，汽车市场预测的作用主要表现在以下几个方面：

1. 市场预测是企业制订营销计划的前提

通过市场预测，汽车企业能够了解竞争对手的情况，掌握市场需求的特点及发展变化趋势，从而制订出更科学合理、更有针对性的企业营销计划和策略，不断巩固和开拓市场。

2. 市场预测是汽车企业进行经营决策的重要前提条件

通过市场预测，汽车企业能更有效地了解和掌握市场购买力及消费水平、消费结构，对未来汽车企业的购销情况、本行业的竞争状况心中有数，更好地帮助汽车企业做出正确的经营决策，减少盲目性和失误。

3. 市场预测可使汽车企业更好地适应市场变化

通过市场预测，企业的竞争能力得到提高，经营管理得以改善，经济效益得以提高，从而更好地适应市场变化。

通过市场预测，企业可将营销总目标层层分解到各部门、各岗位、各人员，促进企业加强内部管理，改善外部环境，提高经济效益。

汽车市场预测的作用还可以用图形象地表示出来，如图3.4所示。

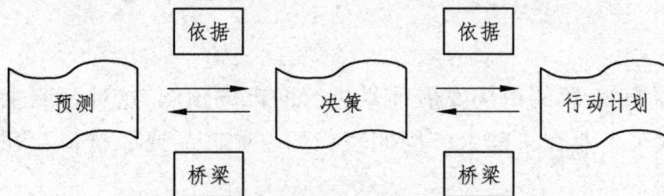

图 3.4　汽车市场预测的意义

目前由于我国汽车产业正处于快速发展时期，各大汽车公司都在迅速地扩大规模，抢占市场份额，汽车市场的运行规律极为复杂，汽车市场经常处在剧烈的波动中。在这样的形势下，汽车企业更加有必要在市场调研的基础上，科学地做好市场预测工作，准确地把握未来汽车市场发展的形势，建立科学的企业发展决策，从而在复杂的汽车市场环境中生存和发展。

二、汽车市场预测的分类

市场是一个大系统，内容丰富，种类繁多。因此，市场预测的范围广，分类标准也较多。一般汽车企业的生产经营活动所涉及的市场预测主要有 3 种分类：第一类是按预测的程度和范围分类；第二类是按预测期限分类；第三类是按预测性质分类。

（一）按预测的程度和范围分类

市场预测按预测的程度和范围，可分为宏观预测和微观预测。

1. 宏观预测

宏观预测是从宏观经济管理的角度对整个国民经济发展的趋势所做的预测，如对整个国家的政治生活、经济生活、人口政策以及资源、能源、自然环境等综合开发和治理方面的预测。宏观预测通常是由国家有关部门进行的，企业可通过有关途径获得。

2. 微观预测

微观预测是企业确定生产目标和进行营销决策的重要依据。它可指示市场未来的发展趋势，帮助企业确定经营方向，增强企业的应变能力，如对本行业或本企业产品的需求情况预测、生产能力预测、销售预测、潜在用户预测等。

（二）按预测期限分类

市场预测按预测期限，可分为长期预测、中期预测和短期预测。

1. 长期预测

长期预测是指预测期在 5 年及 5 年以上的市场预测，主要为企业制订长远规划、选择战略目标提供决策信息。例如，汽车企业对厂房建设、生产线设备的更新添置、新产品投资等都要做长期预测。

2. 中期预测

中期预测是指对 1~5 年的市场发展前景进行的市场预测，这种预测主要是为企业的中期计划服务。例如，汽车企业在采购生产周期较长的一些产品或原材料、开发一款新车型时，一般都要做中期预测。

3. 短期预测

短期预测是指 1 年以内的市场预测，这种预测主要是为了企业的日常经营管理及编制年度生产经营计划。例如，企业在确定年度生产产量、财务计划和销售目标时，都要以短期预测为依据。

（三）按预测性质分类

市场预测按预测性质，可分为定性预测、定量预测和综合预测。

1. 定性预测

定性预测是以有关人员的直觉和经验，对预测对象目标运动的内在机制进行质的判断。

2. 定量预测

定量预测是依据必要的统计资料，借用数学方法特别是数理统计方法，通过建立数学模型，对预测对象的未来在数量上的表现进行预测等方法的总称。

此外，还可按市场的地区范围等分类标准对预测进行分类，在此不多述。

三、汽车市场预测的主要内容

市场营销活动受宏观和微观的多种因素影响和制约，因而汽车企业进行市场预测的内容很多，涉及市场营销的各个方面，既包括对市场发展趋势的预测，又包括对具体汽车产品的供求数量、质量及各种影响因素和影响程度的预测，归纳起来主要有以下几个方面：

（一）市场需求预测

市场需求预测是根据有关资料对汽车产品未来的需求变化进行细致的分析研究，掌握需求的内在规律，对其发展趋势做出比较正确的估计和判断。市场需求预测根据人口的变化、国民物质文化生活水平提高的程度、社会购买力的增减，以及消费者爱好习惯、消费结构的变化等因素，分析市场对产品的需求，既包括对产品数量的需求，同时也包括对产品质量、造型、规格、价格等方面的要求。市场需求预测是制定企业营销战略的重要依据，因而是市场预测的首要内容。预测包括多项因素，市场需求预测的主要内容如下：

1. 产销趋势的中长期预测

这是把重点放在汽车企业的长期经营方向上，侧重根据科学技术的发展，深入研究影响产销的技术因素，并结合市场竞争、资源条件等的变化，制定汽车企业的产品发展计划。

2. 产销趋势的短期预测

产销趋势的短期预测要求以本企业产品的原材料来源、成本、价格等为依据，与同行业同类产品比较，做好近期内市场需求对本企业产销影响的预报，以指导本企业做出相应的决策。

3. 单品种专题预测

单品种专题预测主要是对本企业新产品投入市场后的销售状况和顾客对产品在价格、质量、造型、装饰等方面的反应进行研究和分析，提出改进和扩大新产品产销的建议。

4. 国民经济发展趋势预测

预测国民经济的发展趋势，实际上就是预测企业的投资方向和发展方向，它在市场需求预测中起到宏观指导的作用。

5. 市场需求量预测

市场需求量是指在理想的市场条件下，某种商品可能达到的最大市场销售量。是从部门的角度来预测某种产品的市场需求量。市场需求量的大小，既受外部环境的影响，也受内部条件的制约。即使企业不增加任何营销力量，在市场极不景气的情况下，市场需求也不会等于零，总有一个最低需求点。在企业付出同等营销努力的情况下，由于市场环境的影响，也会出现不同的需求量。因此，企业的市场需求量预测值只局限于需求最低点和需求最高点之间。由于产品的差别，其市场需求最高点与最低点之间的差距是不同的。在可拓展的市场中，其差距较大，在不可拓展的市场中，其差距较小。因而在预测时必须全面考虑各种因素。

（二）市场占有率预测

企业市场占有率的高低，同企业营销力量的大小有直接关系。因此，市场占有率指在一定的市场范围内，企业某种产品中的销售量或销售额与该市场上同类产品的总销量或销售额之间的比例。市场占有率预测是对某种产品的某品牌需求量或最好销量的预测，着重考虑产品本身的特性和销售力量对销售量的影响。

市场占有率＝企业某种产品销售量（销售额）/
市场上同类产品的总销售量（销售额）×100%

（三）生产情况预测

企业的根本目标是在不影响社会效益的前提下，努力提高企业的经济效益。在了解市场需求和市场占有率的同时，必须深入了解自己和竞争者的生产情况，了解市场上所有汽车产品的生产能力和布局、资源、能源等情况，以及汽车产品的数量、质量和性能等。企业只有在弄清楚这些基本情况后，才能针对竞争者制定出正确的竞争目标和竞争策略，并且预测其发展变化趋势。

（四）市场销售预测

市场销售预测是对本企业汽车产品销售量、销售价格及营销效益进行的预测。它是在市场需求预测基础上进行的一种深层次预测。

销售量预测是在市场需求预测和市场占有率预测的基础上，对今后一定时期内销售水平的具体测算。其计算公式为：

销售量＝市场需求量×市场占有率

四、汽车市场预测的步骤

汽车市场预测涉及面较广，为了提高预测工作的效率和质量，必须按照一定的工作程序来进行。汽车市场预测的步骤如图 3.5 所示。

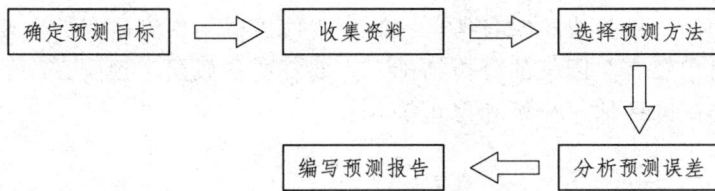

图 3.5　汽车市场预测的步骤

（一）确定预测目标

进行预测，首先要解决为什么预测的问题，即通过预测要解决什么问题，同时还应规定预测的期限和进程，划定预测的范围。有了明确的预测目标，才能为进一步收集资料、选择预测方法指明方向。预测目标确定以后，就应根据目标的难易程度制订预测计划，包括调配预测人员、编制费用预算、安排工作日程等内容，使预测工作有计划、有步骤地展开。

（二）收集资料

收集资料是指围绕预测目标，通过调研、搜集、整理、筛选、分析与主题有关的各种资料，如汽车行业及有关行业的统计资料、国内外有关汽车工业经济情报和反映市场动态的资料等。这样才能对市场变动的规律性和预测对象的发展趋势进行具体分析，同时为建立预测模型提供必要的数据。市场预测的资料包括历史资料和现实资料，收集资料一定要以预测的目标和要求为依据，力求使资料具有广泛性和实用性。预测所需资料包括与预测对象有关的各种因素的历史统计数据资料和反映市场动态的现实资料。其中，市场调查资料是一个重要的信息来源，收集、分析和整理数据资料是预测工作中的重要一环。因为只有正确、充分地总结过去，才能正确地推测未来。数据资料收集要注意广泛性、实用性和可靠性。

（三）选择预测方法

选择适当的预测方法及模型进行预测是取得预测成果的关键一步。汽车市场预测应根据预测目标和现有的资料，选择适当的预测方法。在选择预测方法及模型时，应综合考虑预测目标的要求、所收集到的资料情况、预测人员的专业技术水平等，因为每一种方法和模型都有其适用的条件及范围。预测的方法及模型很多，各有其预测对象、范围和条件，通常是几种方法交叉使用、互相补充。所以，应根据预测问题的性质、占有资料的多少、预测成本的大小，选择一种或几种方法。

（四）分析预测误差

预测是对未来事件的预计推测，很难与实际情况完全吻合，因而要对预测结果进行判断、评价，还要进行误差分析，分析产生误差的原因并判断误差大小。若误差较大，应修改调整预测模型得出的预测值，或考虑用其他更适合的预测方法，以得到较准确的预测值。一般应将误差控制在 $\pm 10\% \sim 15\%$。

（五）编写预测报告

预测者在对预测结果进行必要的评价、检验和修正后，要确定最终预测值，并编写预测报告、递交有关部门，供其决策时参考。预测报告应该概括预测研究的主要活动过程，包括预测目标、预测对象及有关因素的分析结论、主要资料和数据、预测方法的选择和模型的建立，以及对预测结论的评估、分析和修正等。

五、汽车市场预测的方法

迄今为止，预测理论产生了很多预测方法，其中常用的方法有 20~30 种。归纳起来，预测方法大体可分为两大类。

（一）定性预测法

定性预测法称判断分析法，是由预测者根据拥有的历史资料和现实资料，依据个人的知识和综合分析能力，通过对有关资料的分析推断，凭借个人的主观判断来预测未来汽车市场发展趋势的一种方法。从本质上来讲，它属于质的分析的预测方法，比较适合于对预测对象未来的性质、发展趋势和发展转折点进行预测，适合于缺乏数据的预测场合，如技术发展预测、处于萌芽阶段的产业预测、长期预测等。

定性预测法的优点是易学易用，便于普及推广，成本低，费时少。其缺点是受预测者的主观因素影响较大，依赖预测人员本身的经验、知识和技能素质，不同的预测人员对同一问题的预测结论，往往会有较大差别。但由于市场活动有许多偶然因素，很难用定量的方法直接计算，所以即使在科学技术现代化的情况下，定性预测法仍然被广泛采用，已成为在历史资料不全或不准的条件下采用的主要方法。常用的定性预测法主要包括以下几种：

1. 德尔菲法

德尔菲法亦称专家小组法，是 20 世纪 40 年代由美国兰德公司的梅默等人发明的预测方法，可以用于技术预测和经济预测、短期预测和长期预测。尤其是对于在缺乏统计数据而又需要对很多相关因素的影响做出判断的领域，以及事物的发展在很大程度上受政策影响的领域，更适合应用德尔菲法进行预测。

德尔菲法是市场预测的一个重要的定性方法，应用十分广泛。这种方法是按规定的程式，采用背对背的反复征询方式，征询专家小组成员的意见，经过几轮的征询与反馈，使各种不同意见渐趋一致，经汇总和用数理统计方法进行分析，得出一个比较统一的预测结果供决策者参考。在采用德尔菲法进行预测的过程中，选择专家与设计意见征询表是两个最重要的环节，他们是德尔菲法成败的关键。德尔菲法的预测程序如图 3.6 所示。

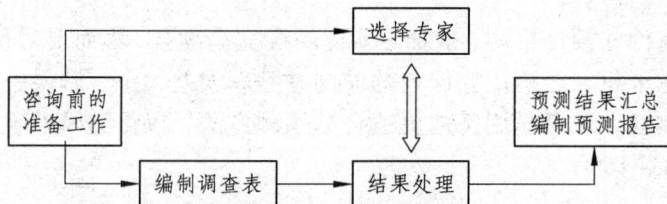

图 3.6 德尔菲法的预测程序

该方法的优点是：专家互不见面，使参与预测的专家能够背靠背地充分发表自己的看法，避免了屈服于权威或屈服于多数人意见的缺点，可以减少多数意见造成的晕轮效应或见风转舵效应，从而使各预测专家可以独立完成工作，保证了预测活动的民主性和科学性。

该方法的不足之处是：需要进行多轮反馈调查，花费的时间相对较长，一旦有专家由于某种原因中途退出，预测结果的全面性将会受到影响；预测结论是根据专家的主观判断做出的，而专家的意见没有经过严格的论证，进而会影响预测结果的准确性；专家意见的正确与否，缺乏客观的检验标准。

2. 集中意见法

集中意见法适合于做近短期的市场预测，是将有关汽车企业的管理、业务、销售、计划等相关人员集中起来，交换意见，凭他们的经验和判断共同讨论市场变化趋势，进而做出预测的方法。经营管理人员、业务人员等对市场的需求和变化较为熟悉，因而他们的判断往往能反映市场的真实趋势。

具体做法是：预测组织者首先向企业管理人员、业务人员等有关人员提出预测项目和期限，并尽可能地向他们提供有关资料。有关人员根据已收集的信息资料和个人经验分析、判断，提出各自的预测方案。接下来，预测组织者计算有关人员预测方案的方案预测值，并将参与预测的有关人员进行分类，计算各类综合期望值，最后确定最终的预测值。

这种方法的优点是简单易行，成本较低。在市场的各种因素变动剧烈时，能够考虑到各预测定量因素的作用，从而使预测结果更接近现实。它可以与其他定量预测法配合使用，取长补短，以确保预测值的可靠性和准确性。这与德尔菲法既有共同点，也有不同点。这是面对面讨论的办法，能够相互启发，简便易行，没有繁复的计算。在缺少历史资料或对其他预测方法缺乏经验的情况下，是一种可行的办法。但其最大的缺点是易受到预测人员知识和经验的限制。

3. 类推法

类推法是应用相似性原理，把预测目标同其他类似事物加以对比分析，推断其未来发展趋势的一种定性预测法。它一般适用于开拓市场，预测潜在的购买力和需求量以及预测增长期的商品销售等，而且适用于较长期的预测。

定性预测法还有社会（用户）调查法（即面向社会公众或用户展开调查）、小组讨论法（会议座谈形式）、单独预测集中法（由预测专家独立提出预测，再由预测人员予以综合）、领先指标法（利用与预测对象关系甚密的某个指标变化对预测对象进行预测，如通过对投资规模的监控来预测汽车需求量及需求结构）、主观概率法（预测人员对预测对象未来变化的各种情况做出主观概率估计）等。

总之，随着社会经济及科学技术的发展，预测方法也在不断发展和完善。汽车市场预测人员应不断加强理论学习，并通过实际预测，总结出一些实用的方法。

（二）定量预测法

定量预测法也叫统计预测法，是根据掌握的大量数据资料，运用统计方法和数学模型近似地揭示预测对象的数量变化程度及其结构关系，并用来预测未来市场发展变化情况的方法。在使用定量预测法进行预测时，要与定性预测法结合起来，才能取得良好的效果。

1. 时间序列法

时间序列法是指将过去的历史资料和数据，按时间顺序排列起来形成一组数字序列，然后向外延伸，预测市场未来发展趋势。某产品历年的销量（均以时间序列）可以按趋势、周期、季节和意外事件4个主要因素来分析。例如某汽车销售商今年已销售出汽车 12 000 辆，现在预测明年的销量。已知年增长趋势为每年递增 5%，估计明年的销量为 12 600（12 000×1.05）辆。但由于经济下滑，预计销量仅为正常情况下的 80%，即 10 080（12 000×0.8）辆。如果每月销量相等的话，那么月平均销量应为 840（10 080÷12）辆。然而，12 月往往是销售高峰，高于其他月份，季节指数为 1.4。所以，预计明年 12 月的销量可能达到 1 176（840×1.4）辆。这种方法简单易行，应用较为广泛。但经济事件的未来状态不可能是过去的简单重复，因此，这种方法适用于短期预测或中期预测。时间序列的数据随时间的变化波动很大，市场环境变化也很大，国家的经济政策也有重大变化，经济增长也会发生转折，长期预测时一般不宜采用这种方法。

时间序列法具有以下特点：

（1）假定事物的过去会同样延续到未来。

（2）时间序列的数据变化同时存在规律性和不规律性。

（3）不考虑市场发展的因果关系。

为确保对经济现象的发展过程及其规律性进行动态分析的正确性，就要保证时间序列中各数值之间具有可比性。因此，在编制时间序列的过程中，应尽量做到总体范围、时间单位、指标的经济内容、指标的计算方法和计算单位等一致。

时间序列预测模型有多种，主要有移动平均法、加权移动平均法、指数平滑法和直线趋势法4种。

2. 因果预测法

市场的发展变化是由多种因素决定的，市场的发展趋势是多种因素作用的综合结果，因此，市场的发展变化与影响其变化的各种因素的变化之间存在一定的依存关系，即因果关系。因果预测法（演绎推论法）就是通过分析市场变化的原因，利用经济现象之间的内在联系和相互关系来推算未来变化，根据历史资料的变化趋势配合直线或曲线，用来代表相关现象之间的一般数量关系的预测方法。它用数学模型来表达预测因素与其他因素之间的关系，是一种比较复杂的预测技术，理论性较强，预测结果比较可靠。由于需要从资料中找出某种因果关系，所以需要的历史资料较多。因果分析法又可分为回归分析法、矩阵分析法、经济计算法等。

3. 市场细分预测法

市场细分预测法是指对产品的使用对象按其具有同类性划分类别，确定出若干细分市场，然后对各个细分市场根据主要影响因素，建立需求预测模型的预测方法。如对我国轿车市场进行预测可按下述结构进行细分预测，如表 3.1 所示。

表 3.1　我国轿车市场预测表

市场划分	主要影响因素	需求预测模型
县级以上企事业单位	单位配车比	单位数×配车比
县级以下企事业单位	单位配车比	单位数×配车比
乡镇企业	经济发展速度	需求量=f（乡镇企业产值）
出租旅游业	城市规模及旅游业发展	各类城市人口数×各类城市每人配车比
家庭私人	人均国民收入	需求弹性分析

【任务实施】

完成一份《××市新能源汽车市场预测报告》

1. 目的要求

（1）了解汽车市场预测的概念。

（2）掌握汽车市场预测的步骤和方法。

（3）掌握汽车市场预测的方法，主要包括访问法、定性预测法和定量预测法。

（4）学会整理和分析市场调研信息资料，并撰写市场预测报告。

2. 任务要求

（1）本次任务以小组为单位完成。

（2）任务完成过程参考知识准备中汽车市场预测步骤进行。

3. 实训步骤

（1）沿用任务一分组（每组 4~6 人），各组分工合作，完成本次市场预测报告。

（2）各小组根据任务一调研报告结果和市场预测步骤展开讨论，并形成《××市新能源汽车市场预测报告》。

（3）各小组派代表上台讲解本小组的市场预测报告，用 PPT 形式展示。

（4）其他小组成员和任课教师对各小组的市场预测报告进行提问，并提出相应的修改意见。

（5）各调研小组根据教师和学生所提的意见修改市场预测报告。

（6）上交修改后的市场预测报告。

4. 市场预测报告提交方式

上交书面市场预测报告。

【评价与反馈】

实习指导教师检查作业结果，并针对任务实施过程出现的问题提出改进措施及建议。评分标准如下：

（1）市场预测报告的内容是否完整、科学。

（2）市场预测报告是否具有可参考性。

（3）发言代表口头表达是否流畅，仪态是否大方得体。

（4）PPT 制作是否简明，重点突出。

（5）回答问题是否到位、准确。

项目四　策划并开展一场汽车营销活动

项目说明

小王是 4S 店的一位营销策划专员。他的主要工作就是策划并组织各种营销活动。"营销是企业的生命，策划是营销的灵魂。"为了保证汽车营销策划工作的顺利进行，完成一次汽车营销策划，应该按照一定的程序或步骤来制订与实施，即汽车营销策划的前期准备阶段、方案制订阶段和实施评估阶段。要完成一个出色的策划案，他必须认真学习，熟练掌握汽车营销策划的各个程序和步骤，同时还必须具有创新精神，制作出富有创意且可以实施的营销策划案，给主管领导交出一份满意的答卷。

本项目就是小王开展汽车营销策划的过程，该过程又分为两个任务，分别为：

任务一　汽车营销策划书的撰写；

任务二　汽车营销策划方案的实施。

下面，请同学们以小王的身份，撰写一份优秀的营销策划案，并完成相应的任务。

思政引导

2020 年 7 月 30 日，中共中央政治局召开会议，决定 2020 年 10 月在北京召开中国共产党第十九届中央委员会第五次全体会议，研究关于制定国民经济和社会发展第十四个五年规划（简称"十四五"规划）。8 月 16 日起，"十四五"规划编制工作开展网上意见征求。10 月 29 日，中国共产党第十九届中央委员会第五次全体会议审议通过了《中共中央关于制定国民经济和社会发展第十四个五年规划和二〇三五年远景目标的建议》。

什么是五年规划？五年规划原称五年计划，全称为中华人民共和国国民经济和社会发展五年规划纲要，是中国国民经济计划的重要部分，属长期计划，主要是对国家重大建设项目、生产力分布和国民经济重要比例关系等作出规划，为国民经济发展远景规定目标和方向。70 多年来，每一个五年规划，都是一幅治国蓝图，对我国的政治、经济、文化、社会变革产生着巨大的影响。

"十四五"时期是我国由全面建成小康社会向基本实现社会主义现代化迈进的关键时期，"十四五"（2021—2025 年）规划是开启全面建设社会主义现代化新征程的第一个五年规划，绘好"十四五"发展蓝图，对各地方政府、国有企业意义重大。"十四五"规划在指导思想上，要坚持习近平新时代中国特色社会主义思想；在编制思路上，要贯彻现代化新征程全局战略；在编制方法上，要科学运用各类战略工具与方法。

"十四五"规划建议，主要包含 6 个方面的内容。一是提出全面建设社会主义现代化国家；

二是统筹发展和安全；三是三个"新"贯彻始终，即进入新发展阶段、坚持新发展理念、构建新发展格局；四是坚持四个"全面"，即全面建设社会主义现代化国家、全面依法治国、全面深化改革、全面从严治党；五是新发展理念，即创新、协调、绿色、开放、共享；六是"十四五"经济社会发展的"六新"目标，包括经济发展取得新成效、改革开放迈出新步伐、社会文明程度得到新提高、生态文明建设实现新进步、民生福祉达到新水平、国家治理效能得到新提升。"欲穷千里目，更上一层楼"，各地方政府、企业在新的历史时期必将承接新使命、确立新定位，进而实现新发展、达成新突破。

任务一　汽车营销策划书的撰写

【学习目标】

1. 掌握策划的构成要素和分类，了解汽车营销策划的含义和特点。
2. 能够正确写出汽车营销策划的编写内容。
3. 能够运用汽车营销策划书的编写技巧提高策划书的质量。
4. 能够正确表达策划的思想，进行策划书的报告工作。

【任务描述】

撰写汽车市场营销策划方案：通过相关知识学习，按照汽车营销策划方案撰写步骤，在了解汽车市场的背景下，学会如何从界定问题入手，针对所在地区汽车市场营销环境的现状，以节假日促销为主题，以小组为单位，策划一场店内营销活动，制订可行有效的汽车营销策划方案并进行PPT汇报。

【知识准备】

一、汽车营销策划的内容认知

（一）认识策划

1. 策划的含义

关于策划的含义，仁者见仁、智者见智，不同的学者研究领域不同，看问题的角度也不同，没有一个统一的说法。日本策划家和田创认为：策划是通过实践活动获取更佳效果的智慧，它是一种智慧创造行为。美国哈佛企业管理丛书认为：策划是一种程序，"在本质上是一种运用脑力的理性行为"。更多人认为，策划是一种对未来采取的行为做决定的准备过程，是一种构思或理性思维程序。也就是说，策划是针对未来要发生的事情做当前的决策。换言之，策划是找出事物的因果关系，衡量未来可采取的、作为目前决策的依据，即策划是实现决定做什么、何时做、如何做、谁来做。

2. 策划的构成要素

综合分析策划的描述可知，策划由策划主体、策划对象和目标、策划资源和策划方案 4 大要素组成。

（1）策划主体。策划主体是指策划人或决策者，可以是某个自然人或某个组织。策划主体在整个策划活动中处于决定性的位置。策划人的综合能力和水平直接决定着策划的成功和实际效果。在现实生活中就某个策划而言，一般策划主体由这个领域里的专业特长人员担任。在复杂的策划活动中，策划者可以由多方面的专业人员组成智囊团共同担任。

（2）策划对象和目标，即策划的具体对象以及策划所要达到的具体目标。策划目标是指策划人员所希望达到的预期结果。策划本身就是为了达到一定目的所进行的创造性思维互动，策划目标是策划努力的方向，也是衡量和评价策划效果的标准。

（3）策划资源。策划资源泛指策划人在策划时，所有可控制和利用的人力、物力与财力。任何策划的制订、实施都要有足够的资源和条件进行支撑，策划活动同时也是最大限度地整合自身优势力量和资源，以最小的投入获得最佳的实际效果的一种行为。

（4）策划方案，即在策划目标的指导下，利用策划资源进行的创造性活动。策划方案就是实施策划的结晶，是实现策划目标的"指路明灯"，也是更好地实施策划的保证。

3. 策划的分类

（1）按策划内容不同，可分为活动策划、调研策划、广告策划、营销策划等。
（2）按策划体系不同，可分为总体策划、专项策划、具体操作策划等。
（3）按策划主体不同，可分为国家策划、企业策划、团队策划、个人策划等。
上述各划分方式间、各策划类型间并不是绝对泾渭分明的，而是存在一定的交叉、重叠。

（二）汽车营销策划的含义及特点

1. 汽车营销策划的含义

汽车营销策划有广义和狭义之分。广义的汽车营销策划即汽车市场营销规划，指策划人员根据汽车企业现有的资源状况，在充分调查、分析市场营销环境的基础上，激发创意，为整个汽车企业制定出一套营销战略、策略规划，并组织实施的全部过程。它包括设计、制订市场营销方案，开展营销活动，实施营销方案，以及监督、控制并评估营销活动及其方案等多项内容。狭义的汽车营销策划仅指为汽车企业的某个部门，或某个产品，或某项业务活动设计方案。

汽车营销策划主要包括 6 个基本要点：

（1）汽车营销策划的对象可以是某一个汽车企业整体，也可以是某一种（项）汽车产品和服务，还可以是一次活动。

（2）汽车营销策划的范围经常会涉及汽车企业的各个部门，甚至包括本汽车企业以外的企业或个人。

（3）汽车营销策划要立足于汽车企业的营销现状和营销目标两个前提。

（4）汽车营销策划需要设计和运用一系列筹划，这是汽车市场营销策划的核心和关键。

（5）汽车营销策划需要制订周密的计划并做出精心的安排，以保证策划的成功。

（6）汽车营销策划的表现形式是以书面形式展现的营销策划方案——汽车营销策划书。

2. 汽车营销策划的特点

（1）主观性。汽车营销策划以人力资源为本。一个好的汽车营销策划方案必须充分发挥策划人员的想象力和创造力，是人的一种创造性的思维活动，具有主观性，不能抛开人的因素孤立看待营销策划问题。策划人员受到自身经历、知识水平、性格特点等多方面的影响，对事物的看法会有差别，所以策划人员要集思广益、取众家之所长，发挥各自的积极性和创造性，以形成好的创意。

（2）超前性。汽车营销策划是一种决策、一种判断，是汽车企业依据现实汽车行业的各种资料进行抽象思维、一定的逻辑推理和创意，对未来环境进行判断并对未来做出安排的一种超前行为。在汽车行业实践中，汽车企业能否敏锐地发现商机，比竞争对手更迅速、更有效地制订和实施营销策划方案，占领市场至关重要。

（3）复杂性。汽车营销策划是一项系统工程，是一项非常复杂的智力工作，它强调对现有的资源和可以利用的资源进行整合，营销策划人员要把所策划的对象视为一个整体，用系统的观念来处理策划对象各要素之间的关系。汽车营销策划的复杂性主要表现在 3 个方面：

①汽车营销策划需要一定的力量支撑和大量的知识投入。一个优秀的汽车营销策划方案，需要经济学、市场学、管理学、商品学、心理学、社会学、文化学、策划学、营销学等多门学科的综合运用和融会贯通，并且较灵活地与策划知识结合起来。

②要有大量的当前知识和直接经验运用到营销策划中。营销策划过程是一个动态过程，需要与当前的形势与环境相适应，而非纸上谈兵。优秀的汽车营销策划往往来源于现实，来源于对现实大量信息的获取、分析和提炼，能集灵活性和变通性于一身，能随时适应变化着的市场。

③汽车营销策划需要进行庞杂的信息处理。在准备策划时，需要积极主动地收集信息，包括政治、经济、法律、市场等各方面的信息，然后对这些信息进行筛选，找出有用的进行加工，最后检验信息处理结果。

（4）创新性。创新是策划的灵魂，失去了创新性的策划活动就不能被称为策划。只有通过创新性的营销策划才能使企业在竞争中脱颖而出。在策划过程中，不仅要求对策划的内容、方案有所创新，同时要求对营销策划手段有所创新。一个好的营销策划切忌一味模仿他人，否则会缺少持久的生命力。

3. 汽车营销策划的类型

汽车营销策划根据不同的划分依据，可分为不同的类型，具体如表 4.1 所示。

表 4.1 汽车营销策划的类型

划分依据	类型	描述
根据策划对象划分	企业策划	对汽车企业整体进行的策划
	商品策划	围绕汽车企业某一商品（如某一车型）的开发和销售进行的策划，主要目的是扩大销路和推广商品
	服务策划	以服务为产品，以更好地满足客户需要出发而进行的策划，主要目的是提高客户满意度
根据营销过程划分	目标市场策划	为产品确定适当的市场位置所做的策划
	产品策划	为产品的开发、创新、改进、提高所进行的策划
	品牌策划	为汽车品牌赢得客户喜爱所做的策划
	价格策划	确定恰当的价值策略的一种策划
	分销策划	有效地选择分销路线的一种策划
	促销策划	关于开展人员推销、广告、公共关系、营业推广的策划
根据汽车营销的不同层次划分	汽车营销战略策划	从汽车企业整体的角度明确企业任务，区分战略经营单位，决定企业的投资组合战略和成长战略
	汽车营销战术策划	汽车营销人员在战略性汽车营销策划的基础上，对汽车营销的产品、价格、分销、促销等汽车营销手段所进行的组合策划和个别策划

（三）汽车营销策划的基本原则

1. 信息性原则

信息是汽车营销策划的基础，没有足够的信息资源做支撑，营销策划就成了空中楼阁，缺乏信息的营销策划将导致营销策划的盲目性和误导性。拥有大量的真实、准确、全面、及时的市场信息是汽车营销策划及实施成功的保证，因此汽车营销策划人员必须做好信息的收集和整理工作。

2. 创新性原则

面对当前多变的汽车市场营销环境和日益激烈的汽车市场竞争，创新格外重要。在汽车营销策划实践中，创新不仅包括内容创新，还包括表现手法创新，要努力做到"人无我有，人有我优，人优我新，人新我变"，确保策划创意出奇制胜。

3. 时效性原则

时效是指时机和效果及两者间的关系。在策划中，决策方案的价值将随着时间的推移和条件的改变而发生变化。时效性原则要求在策划过程中把握好时机，重视整体效果，尤其要处理好时机和效果的关系。汽车市场变化迅速，利益竞争十分激烈，时机往往转瞬即逝，而时机和效果又具有紧密的联系，失去时机必然会严重影响效果，甚至完全没有效果。因此，在策划过程中，应尽可能缩短从策划到实施的周期，力图使决策发挥作用的时间更长、效果更好。

4. 可行性原则

汽车营销策划必须具有现实的可操作性，否则再好的创意也没有实际价值。要使方案切实可行，汽车营销策划人员需要对汽车企业的资源有足够的认识，营销策划方案必须是企业能够接受的，必须是容易操作执行的，必须能得到相关部门领导和同事的大力支持，以确保营销策划方案能够顺利实施。

5. 经济性原则

汽车营销策划的一个最主要的目的就是以最小的投入使企业获取最大的收益，因为归根结底，汽车企业制订营销策划方案的直接目的是取得经济效益。因此，汽车营销策划方案必须做到以下几点：一是做好详尽的预算，做到资金投入最小化、效果最优化；二是厉行节约，减少不必要的开支；三是策划必须产生预期的经济效益，达到汽车企业要求的发展目标。

6. 系统性原则

系统性原则即要求汽车营销策划要整体规划，要有全局观念，把策划作为一个整体来考察，站在全局的高度，整体把握营销策划的目标。同时，运用系统论的联系观、层次观、结构观来分析汽车企业诸多因素的影响，将这些因素中最有利的一面进行有机整合，从整体上进行规划，提供一套切实可行的营销策划方案，以使营销策划活动的效果达到最优。

7. 以人为本原则

要保证营销策划方案的质量，人的因素最为关键。一方面，在实践中，营销策划主体往往是一个团队，这就要求汽车营销策划人员在做策划方案时，充分调动团队成员的积极性和创造力，集思广益；另一方面，在制订汽车营销策划方案时，一定要树立"以消费者为中心"的市场营销理念，要将企业的营销行为与消费者的利益紧密结合。孤立地站在企业立场上制订的营销策划方案在实践中是难以获得成功的。

（四）汽车营销策划的程序

为了保证汽车营销策划工作的顺利进行，汽车营销策划方案应该按照一定的程序或步骤来制订与实施。其制订与实施的全过程大致分为 3 个阶段、8 个步骤。3 个阶段即汽车营销策划的前期准备阶段、方案制订阶段和实施评估阶段，8 个步骤分别归于这 3 个阶段。在一般情况下，汽车营销策划可以参照图 4.1 的程序来进行。

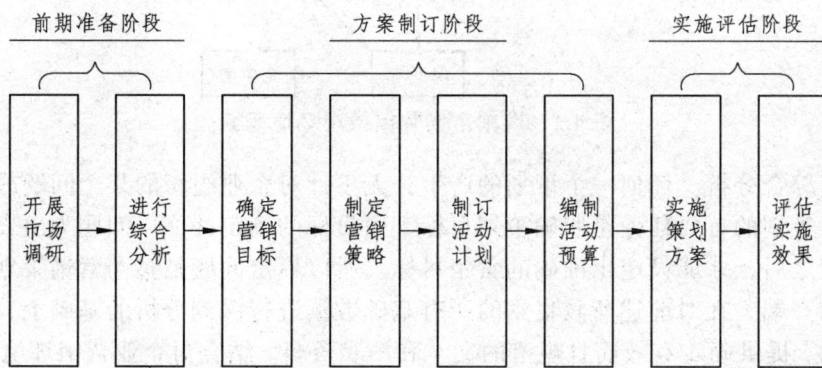

图 4.1　汽车营销策划的程序

1. 汽车营销策划的前期准备阶段

汽车营销策划的前期准备阶段主要包括开展市场调查和进行综合分析两个步骤。

（1）开展市场调研。营销策划的前期准备是否充分，决定了营销策划方案的质量好坏和营销策划进程是否顺利。首先，要针对企业所处的市场营销环境进行调研，包括对当地的市场经济状况、竞争对手情况、目标客户群体情况等进行调查，这是制订汽车营销方案非常重要的一环。其次，资料收集，包括对现状资料的收集和对历史资料的收集。市场调研主要针对汽车行业分析、购车者的心理分析、购车者购买的关注因素分析、企业资源的能力分析（如信贷能力、品牌代理能力、营销费用、人力资源、客户满意度、销售能力、分销能力）等。

①汽车市场营销宏观环境分析。宏观环境对市场营销十分重要，在宏观环境下的市场需求是企业发展的基本条件。宏观环境的状况和变化对汽车企业有着重大影响，只有研究分析透彻了，才可能寻找到商机，规避其风险，否则将陷入十分被动、盲目的局面。汽车市场营销宏观环境主要包括政治法律环境、经济环境、社会文化环境、人口环境和科技环境等。一般来说，企业对宏观环境因素只能适应，不能改变。宏观环境因素对企业的营销活动具有强制性、不确定性和不可控性。

②汽车市场营销微观环境分析。汽车企业不仅要注意汽车市场营销宏观环境的变化，还要了解汽车市场营销活动的所有微观环境因素。这些因素都会对汽车市场营销目标的实现产生影响。因此，一个汽车企业能否成功地开展市场营销活动，不仅取决于能否适应宏观环境的变化，而且取决于能否适应和影响微观环境的变化。

汽车市场营销的微观环境通常指制造商、供应商、竞争者、经销商、消费者和公众 6 个因素。它们之间的关系如图 4.2 所示。

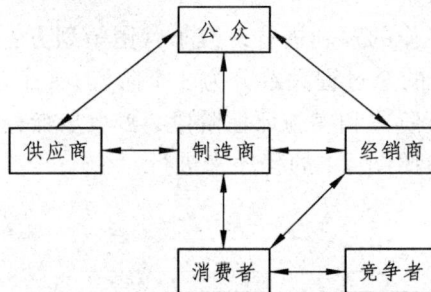

图 4.2　汽车市场营销微观环境因素

（2）进行综合分析。任何一个策划的产生，无不针对企业组织的某个问题或某个特定的目标。因此，策划的首要任务是明确策划目标，而目标的确定往往以问题为出发点，只有把问题界定清楚之后，才能设定出准确的营销目标。所以界定问题是整个营销策划活动的第一步，是策划的开端。在对前述所收集到的所有基础数据进行深刻分析的基础上，对数据分析结果进行总结，提供确实有效而且规范的文本和图表资料，结合对企业营销环境的 SWOT 分析，界定营销策划的问题，即明确本次营销策划要解决的问题是什么，问题的核心是什么，问题的要害是什么，问题的影响程度、重要程度等。

2. 汽车营销策划的方案制订阶段

汽车营销策划的方案制订阶段主要包括确定营销目标、制定营销策略、制订活动计划、编制活动预算4个步骤。

（1）确定营销目标。通过市场调查与 SWOT 分析，汽车企业根据自身的资源组合，确定进行营销策划的整体目标，即说明策划要达成什么目的，以及企业最终所要实现的目标。其特征体现在以下几个方面：一是具体，目标必须针对一个单一目的；二是可加以评估，结果必须予以量化；三是有特定期间，如本周、后半个月、本月、本季度等。工作内容包括：确定未来发展的设想以及营销的方向；对企业营销目标的期望值及论述；进行市场细分，寻找目标群体；进行目标车型、目标销量和目标顾客的确定；根据目标和背景分析进行策划活动定位；进行活动主题的设计等。有了明确、准确的营销目标，企业才能制订策划方案和开展营销活动。

（2）制定营销策略。这是汽车营销策划的关键步骤，决定了营销策划的成功与否、质量高低。制定营销策略在本质上是一种运用脑力的理性行为，是在已知目标、分析结果和资料的基础上从构思、分解、归纳、判断，一直到拟定策略、方案的过程。在设计营销策略时，市场专员需制定出营销组合策略，包括汽车定价策略、广告策略、促销策略、公共关系策略和异业联盟等内容，从而使活动能够达到预期目标及最佳效果。

（3）制订活动计划。营销策划人员应根据整体策划方案的要求，落实时间、项目、人力和物力等资源，明确规定由何人、在何时、以何种方式将营销策划方案中的各个营销活动项目付诸实施，并进一步将营销策划方案的各项任务和内容制订成营销活动计划，标明营销活动的项目、范围、费用、责任人和完成的日期，使策划的每一个活动项目的步骤、措施或行动方案都一目了然，以便有效地实施营销策划。

（4）编制活动预算。预算是汽车营销方案中的重要部分，主要包括如何编制活动预算、人员费用、场地费用、物料费用、宣传费用、礼包费用和特色活动费用等。预算应根据方案设计的内容来测算，活动预算实际上与前面的目标和营销策略制定是紧密联系的，不能把两者割裂开来。同时，往往活动的预算是有限、固定的，所以需要本着实事求是的原则精打细算，把钱用在刀刃上，不得借故浪费和滥用。对于费用预算不能只有一个笼统的总金额，而要进行分解，计算出每一项营销活动的费用。例如在计算宣传费用时，除了列出总金额外，还要分解成电视广告费用、电台广告费用、平面广告费用和网络广告费用等。此外，还要对活动经费做出预算，采取风险防范措施。

3. 汽车营销策划的实施评估阶段

汽车营销策划的实施评估阶段主要包括实施策划方案和评估实施效果两个步骤。

（1）实施策划方案。许多活动尽管有巧妙的构思和设计，却由于活动的组织与执行出现偏差而失败。所以为了使策划人员的构思得以实现，就必须做到以下几点：①对营销管理工作的各个细节分别进行仔细筹划。②做出具体的行动安排。③对有关部门人员进行活动培训。④在整个活动中加强控制和监督。

对每一项汽车营销工作都应确定实施和控制计划。实施和控制计划必须包括汽车营销活动前的控制、汽车营销活动的现场控制和汽车营销活动后延续时间的控制。

（2）评估实施效果。这一步骤主要有两个目的：一是企业本次营销活动是否完成了营销目标；二是本次营销活动存在什么问题。

一般从以下几个方面进行综合评定：①活动目标的达成。将活动中收集到的数据与促销活动前设定的数据进行比较，得出实际效果，如吸引了多少新客户、市场份额增减如何、预算实际使用如何等。②活动对销售的影响。评价活动对销售的影响有两种方法：一是纵向对比法，即将活动前、活动中、活动后的销量进行比较，扣除季节等因素的自然增长率，得出活动实际对销量的帮助有多大；二是横向对比法，即选择市场份额、品牌地位相当的竞争车型做同期销量对比。③活动利润的评估。活动利润的评估主要是将活动的开支和预算相比，检查费用的使用情况，并根据实际销量增长数得出活动的实际成本。④改变客户的态度。通过评价活动，改变客户对品牌的态度。

二、汽车营销策划书的编制

（一）汽车营销策划书的编写内容

1. 汽车营销策划书的要素与编制原则

营销策划书是营销策划文案的书面反映，又称企划案或企划书。它作为创意和策划的物质载体，使策划由一种思想一步步地变成现实，是创意和实践的连接点，在整个营销策划工作中起着承上启下的作用。

汽车营销策划书是汽车企业策划者根据营销策划项目的内容、特点，为实现营销策划目标而进行行动的实战方案。它是策划者前期工作与全部智慧的结晶，也是汽车企业策划者协调和指导策划参与者行动的规划。一般来说，汽车营销策划书没有一成不变的格式，它可依据产品或营销活动的不同要求，在策划的内容与编制格式上有所变化。但是，从营销策划活动的一般规律来看，其中有些要素是相同的。

（1）汽车营销策划书的要素。汽车营销策划书的框架包括下列基本要素，可以概括为"5W2H1E"。

What（什么）——汽车企业营销策划目标、内容：将策划目标和内容进一步具体化、指标化，并说明实现目标和内容的基本要求、标准。

Who（谁）——汽车企业营销策划人员：确定策划中承担各项任务的主要人员及其责、权、利。

Where（何处）——汽车企业营销策划实施场所：确定策划中承担各项任务的部门及场所。

When（何时）——营销策划日程：列出实现各个目标的时间进度表。

Why（为什么）——营销策划原因：主要向汽车企业策划实施人员说明策划目标，阐述策划的必要性、可行性等，以使实施人员理解和执行。

How（怎样）——营销策划手段：确定汽车企业各部门、人员实现目标及行为的顺序、时间、资金、其他资源等的管理控制方式。

How much（多少）——营销策划预算：按策划确定的目标（总目标或若干分目标）列出细目，计算所需经费，以控制策划活动严格按预算进行。

Effect（效果）——预测营销策划效果：确定实施项目策划情况的标准，检查评价工作和出现偏差时应如何处理，以及预测营销策划的结果、效果等。

（2）编制汽车营销策划书的原则是为了提高营销策划书撰写的准确性与科学性，需把握其编制的几个主要原则。

① 逻辑思维原则。策划的目的是解决企业营销中的问题，按照逻辑性思维的构思来编制策划书。首先是交代策划背景，分析产品市场现状，再把策划的中心目的全盘托出；其次是对具体策划内容进行详细阐述；最后是明确提出解决问题的对策。

② 简洁朴实原则。要注意突出重点，抓住企业营销中所要解决的核心问题，深入分析，提出可行性的相应对策，还要求针对性强，具有实际操作指导意义。

③ 可操作原则。编制的策划书用于指导营销活动，其指导性涉及营销活动中的每个人的工作及各环节关系的处理，因此其可操作性非常重要。不能操作的方案，创意再好也无任何价值。不易于操作的方案会耗费大量人、财、物，管理复杂、效率低。

④ 创意新颖原则。要求策划创意新、内容新、表现手法新，给人以全新的感受。新颖的创意是策划书的核心内容。

2. 汽车营销策划书的主要内容

一部完整的营销策划书包括封面、策划主体、附录等部分。

（1）封面。封面对汽车营销策划书来说具有形象效用。策划书的封面如同策划书的名片，能起到强烈的视觉效果，给人留下深刻的印象。封面设计的原则是醒目、整洁，字体、字号、颜色应根据视觉效果具体考虑。封面可以提供以下信息：

标题：营销策划书的名称（主题）。

委托方：被策划的客户，如"××公司××年度××策划"。委托方的名称必须具体、完整、明确、规范，不能出现错误。

策划者：营销策划机构或策划人的名称。

日期：营销策划的完成日期及适用时间段。

编号：策划书的保密级别及编号。

此外，还可在策划书的封面上附一段对策划书内容做简要说明的文字，但不宜过长。策划书的封面会给使用者带来很重要的第一印象，因此不可马虎对待，应该让封面给使用者传递出这样一个信息：我的策划是最好的。

（2）前言。前言的作用是统领全书，因此其内容应当包括策划的宗旨、目的及背景，以及对策划的必要性等问题的描述。它一方面是对内容的高度概括性表述，另一方面要引起读者的注意和兴趣。前言字数可以控制在 1 000 字以内，其内容主要集中在以下几个方面：①简单交代接收营销策划委托的情况；②说明进行策划的原因，就是表达清楚此次营销策划的重要性和必要性，以吸引读者进一步阅读正文；③进行策划过程的概略介绍和策划实施后要达到的理想状态的简要说明。

（3）目录。营销策划书的目录涵盖了全方案的主体内容和要点，读过后应能使人对营销策划的全貌、营销策划人员的思路、营销策划书的整体结构有一个大体的了解，并且为使用者查找相关内容提供方便。目录实际上就是策划书的提纲，策划者应认真编写，内容应精练（见图 4.3）。

图 4.3　营销策划书目录写法举例

（4）概要。概要主要是对策划的项目进行的概要说明，包括营销策划的目的、意义、创意的形成过程，相关营销策划的思路、内容介绍等。阅读者通过概要演示，可以大致理解营销策划的要点。概要应简明扼要，篇幅不能过长，字数需控制在 500 字左右。

（5）环境分析。"知己知彼，百战不殆"，这一部分需要营销策划者对环境比较了解。环境分析的内容包括市场状况、竞争状况、分销状况、宏观环境状况等。

市场状况：包括目前产品市场规模、广告宣传、市场价格、利润空间等。列出近期目标市场的数据，通过年度相对指标对比，得出分析结果。

竞争状况：对主要的竞争者进行辨认，并逐项描述其规模、目标、市场份额、产品质量、营销战略和其他特征，从而准确把握其意图和行为。

分销状况：列出在各个分销渠道上的销售数量资料和重要程度。

宏观环境状况：描述宏观环境的主要趋势（如人文的、经济的、技术的、政治法律的、社会文化的），阐述它们与本汽车企业产品的某种联系。

（6）机会分析。汽车营销策划方案是对市场机会的把握和策略的运用，因此分析问题、寻找市场机会，就成了汽车营销策划的关键。找准市场机会，可以极大地提高策划成功率。机会分析通常采取 SWOT 分析法，即对企业内部环境的优势（Strength）、劣势（Weakness），外部环境的机会（Opportunity）、威胁（Threat）进行全面评估。

优势/劣势：分析销售、经济、技术、管理、政策（如行业管制等政策限制）等方面的优势和劣势。

机会/威胁：分析市场机会与把握情况，市场竞争的最大威胁与风险因素。

SWOT 综合分析：综合分析市场机会、环境威胁、企业优势与劣势等战略要素，明确能够被企业有效利用的市场机会，尽可能将良好的市场机会与企业优势有机结合；同时，努力防范、化解因环境威胁和企业劣势可能带来的市场风险。

问题分析：在 SWOT 分析的基础上，明确在制订和实施市场营销战略计划过程中还必须妥善解决的主要问题。

（7）营销目标。营销策划书的营销目标，如市场占有率、销售增长率、分销网点数、营业额及利润目标，要具体明确并满足以下条件：目标必须按轻重缓急有层次地安排；在可能的条件下，目标应该用数量表示；目标必须切实可行；各项营销目标之间应该协调一致。

（8）战略及行动方案。首先，要清楚地表述企业所要实行的营销战略，主要包括市场细分、目标市场和市场定位 3 方面的内容。其次，确定相关的营销组合策略。最后，制订具体的行动方案。

在行动方案中，需确定以下内容：要做什么工作或活动，何时开始、何时完成，其中的个别工作或活动为多少天，个别工作或活动的关联性怎样，在何地、需要何种方式的协助，需要什么样的布置，需要建立什么样的组织机构，由谁来负责，实施怎样的奖酬制度，需要哪些资源，各项工作或活动收支预算为多少等。

（9）营销成本。营销成本主要是对营销策划方案各项费用的预算，包括营销过程中的总费用、阶段费用和项目费用等。其原则是以较少的投入获得最大的效益。预算费用是汽车策划书必不可少的部分。预算应尽可能详尽周密，各费用项目应尽可能细化。预算费用应尽可能准确，能真实反映该策划案实施的投入费用。同时，应尽可能将各项费用控制在最小规模，以求获得最多的经济效益。

（10）行动方案控制。营销活动的行动方案控制包括：①风险控制，即风险来源与控制方法；②方案调整，即在方案执行中都可能出现与现实情况不相适应的地方，因此必须随时根据市场的反馈及时对方案进行调整。

（11）结束语。结束语主要与前言呼应，使汽车策划书有一个圆满的结束，主要是重复一下主要观点，并突出要点。

（12）附录。附录是汽车营销策划的附件。附录的内容对营销策划方案起着补充说明作用，便于策划方案的实施者了解有关问题的来龙去脉，为营销策划提供有力的佐证。在突出重点的基础上，凡是有助于阅读者理解营销策划内容和增强阅读者对营销策划信任的资料都可以考虑列入附录，如引用的权威数据资料、消费者问卷的样本、座谈会记录等。列出附录，既能补充说明一些正文中的问题，又能显示策划者的责任心，同时也能增加策划方案的可信度。附录要标明顺序，以便查找。

3. 汽车营销策划书的格式设计

一般情况下，汽车营销策划书的结构应与汽车营销策划的构成要素（内容）保持一致，以提高汽车营销策划书的制作效率。结构框架比较合理的汽车营销策划书的一般格式如表4.2所示。

表4.2　汽车营销策划书的结构框架

序号	构成	特点
1	封面	脸面形象
2	前言／序	前景交代
3	目录	一目了然
4	概要提示	思路与要点
5	环境分析	依据和基础
6	机会分析	提出问题
7	营销目标	明确任务
8	战略及行动方案	对症下药
9	营销成本	计算准确
10	行动方案控制	容易实施
11	结束语	前后呼应
12	附录	提高可信度

（二）汽车营销策划书的编写技巧

1. 主题明确，理论支撑

一份营销策划书应该有一个明确的主线，使整个策划内容，无论是战略的确定还是策略的选择都围绕这个主线展开分析。同时，要提高汽车营销策划内容的可信性，并使阅读者接受，就要为策划者的观点寻找理论依据。有了理论的支撑，策划书就更有深度。虽然不同的营销策划书具有不同的主题，但是无论其侧重点如何，一份完整的营销策划书都应该囊括有关营销战略和营销策略的部分，这就需要策划人熟悉相关的营销理论，如 SWOT、STP（市场细分）、4P（产品、价格、渠道、促销 4 个基本策略的组合）等。对营销理论有整体的把握，编制的策划书内容层次会更清晰，从而更有效地开展工作。

2. 图表丰富，分析透彻

要保证营销策划书的完整，不可避免地会增加文案的篇幅。然而从营销策划书使用者角度来分析，企业在审核不同的策划书时，最基本的要求就是简明扼要，分析透彻。因此，在编制营销策划书时需选择一种最佳的方式，以满足企业的上述要求。以图表来说明恰恰体现了企业对于策划书的上述需求。图表可以将语言精练到最简化的程度，有助于阅读者理解策划的内容，有非常好的视觉效果。图表虽然能够做到语言简洁，但仅通过图表还不能反映一些深层次的内涵。因此，运用图表时需要辅之以必要的分析说明，分析得越深入，其可信度就会越高，从而提高营销策划书的实用价值。

【拓展阅读】

设计表格的技巧及注意事项

（1）表的各类标题应简明、清楚，并能确切地反映资料的内容、时间及属性。

（2）横栏和纵栏通常是先列各项目，后列总体，内容不宜过多。

（3）表中数字的排列要整齐、美观。如果出现相同的数据必须填写，不能在表中出现"同上""同首"字眼；没有数据的一律用"—"填写；缺乏数据的一律用"——"填写。

（4）若表中数据使用一种计量单位时，则在表头注明单位即可；若计量单位不统一，则分别在主词栏和宾词栏标注。

（5）引用他人资料来源后，要在表的下端注明"资料来源"；对于无法并入表格中的内容应用脚注说明，通常位于表格的下方、"资料来源"的上方。

3. 数字说明，适当举例

策划书是一份指导企业实践的文件，任何论据最好都有依据，而数字就是最好的依据。在汽车营销策划书中，利用各种国家宏微观经济数据、地区经济发展数据、企业财务数据等来辅助分析和比较是必要的，而且应用的时候各种数字都应有可靠的出处，以证明其可靠性。同时，还可以适当加入其他企业或本企业成功与失败的例子，这既能起到调节结构的作用，又能增强说服力，效果显著。

4. 重点突出，条理清晰

在策划过程中，过分贪求是要不得的。贪得无厌往往会使一个策划里包含太多的构想，目标变得过多。因此，一个优秀的汽车营销策划人员一定不会贪心，他会把构想浓缩，即使有很好的方案，只要与主题无关，就要舍得删除，适当的舍弃是重要的策划技巧；同时要理清思路，做到主旨明确、条理清晰。

5. 注重细节，美化版面

策划书要注重视觉效果，首先，不能有错别字词。如果策划书出现错字、漏字会影响阅读者对策划人的印象，也会影响对策划整体的信任度，因此对编制好的汽车营销策划书要反复仔细检查，不允许出现任何差错，特别是对汽车企业的名称、专业术语等应仔细检查。其次，有效的版面设计可提高策划书的视觉效果。设计版面包括打印的字体、字号大小、字与字的空隙、行与行的间隔、黑体字的采用以及插图和颜色的选用等。合理设计版面，可使营销策划书重点突出、层次分明、严谨而不失活泼。

【拓展阅读】

版面设计技巧及注意事项

（1）标题可以分为主标题、副标题、小标题、标题解说等。通过这种形式可使策划书的内容与层次一目了然。

（2）用空白突出重点。用空白将某部分与其他部分分开以示强调，这是策划文案常用的版面设计方法之一。在正文中调整段落的长度，使用列举等方法都需要留出更多的空白。

（3）限制同一版面出现字体的数量。绝大多数的策划文案只使用 3 种或更少的字体，因为过于纷繁的字体会使版面显得花哨、喧宾夺主，且影响阅读速度。通常中文文字使用宋体、黑体、楷体等，英文文字使用 Times New Roman、Elite 等。字号使用五号、小四号、11 磅等。

（4）使用阴影突出、适度着色和其他点缀方式。色彩可以有效地突出重点，尤其是蓝色、绿色、紫色深受年轻人喜爱，而 50 岁以上的读者对蓝色的接受程度渐渐降低。但如果策划方案只在普通打印上输出，就不必着色，因为无法看出效果。相反，着色过多还会适得其反。

（5）若要使用识别符号来增强策划书版面的美感，最好在标题前加上统一的识别符号或图案来作为策划内容的视觉识别，尤其可以使用一些重点符号、特殊版式、不同的字体和字号，对策划内容的主要观点给予强调、突出，以帮助读者快速准确地把握策划主题。

（6）版面的排列、设计不应一成不变。为了防止刻板老套，可以多运用图表、图片、插图、曲线图及统计图表等，并辅以文字说明，以增强可读性。

6. 备选方案，未雨绸缪

拟定策划书时，并没有硬性规定一次只能做一个策划案。对于同一个主题，可以同时做出 2～3 个策划案作为备选。当然，有时策划者会过于自信，认为自己的工作是完美无缺的。但从汽车企业的实践来看，在对策划进行审查时，一定会有不同意见，所以事先准备替代方案是明智的。有经验的营销策划人员会预测审查者可能提出的反对意见，或者了解他们的习惯，然后准备第二方案、第三方案。出现反对意见时，可拿出备用方案，以提高成功的概率，从而节约策划文案的筹备时间。

（三）汽车营销策划书的报告

完成策划书并非策划工作的结束，还有一项很重要的环节，就是向上级、同事或客户介绍营销策划书。一个杰出的创意、一份优秀的营销策划书如果不恰当地报告，可能会导致策划书被拒绝。策划书只有被采纳、付诸实施才有价值。因此，策划书的报告和组织实施是策划的关键。这一阶段的主要任务：一是要说服决策者采纳策划书，使策划案具有实施的现实可能性；二是要使实施策划的组织和人员了解、掌握策划组织实施的科学方法、技巧和程序。两者都要求营销策划人员与对方进行良好的沟通，能恰当正确地表达策划的思想，进行策划书的报告工作。

1. 前期准备

这里所谈的前期准备工作专指在营销策划书正式完成后和现场推销前这一段时间所进行的工作，主要如下：

（1）信息搜集准备。搜集参加说明会人员的信息，包括他们的文化背景和经营观念等，以便在说明会上报告策划书时具有针对性。资料搜集的多少、对听众情况掌握的多少，决定了说明会的效果好坏，也可以据此加以预测。

（2）说明会材料准备。要认真准备会议所要用到的各种资料，例如策划书、幻灯片、宣传资料（如小报、传单）、多媒体器材、设备等，都应事先准备好，并进行检查，确保所需的材料、时间或其他条件充足，使提供证据的数据完备。文字资料最好保证参会者人手一份，以便会议讨论时有所依循。

2. 制订计划

计划内容包括确定策划书报告会议的时间、地点、参加人员；会议程序和时间安排、设备使用等。如何在预定的时间内将策划内容交代清楚及当时如何利用各种器材等，都必须在事先做一个规划，以免临场出错。

3. 任务分工

策划一般是由几个人共同完成的，需要事先分配好工作。首先，要选好策划方案的主讲推介人，负责说明策划方案的内容，主讲人要熟悉策划方案并具有较强的语言表达能力；其次，需安排好负责器材的操作人员、会议服务人员、计时服务人员等，策划团队成员要各司其职，以保证会议有序进行。

4. 模拟演练

为了提高策划书报告的成功率，在提案前需进行模拟演练，按照说明会方式将所计划的时间核对一遍，在程序和内容方面做到万无一失。模拟排练的作用表现在以下方面：

（1）可调整说明会的内容安排。说话的用语、时间分配、说明方式等可利用演练机会做一次检查、修正。

（2）让主讲人练习。排练可以使主讲人对策划内容更熟悉，并试着以自己的话说出来，这样才能在临场时表现自然和生动，而不是紧张和做作。

（3）习惯使用器材。负责操作器材的人必须知道器材的用法并且能熟练操作，能与主讲人的说明相互配合。特别是需要使用某些特殊工具时，更要预先了解其用法。

5. 报告技巧

（1）介绍技巧。策划报告会中推销的不仅是策划内容，还包括营销策划人员自己。策划主讲人应以充满自信的语气进行汇报，以给人留下良好的印象，而对主讲人的良好印象常常被推及对策划的良好印象。营销策划人员需注意以下内容：

①自信、有礼。礼貌赢得好感，自信获得信任。汇报时不必过谦，应表现出良好的自信，从而让别人相信自己的策划案。

②牢记策划内容，用自己的语言来说明。不要照着策划书读，那样容易使人产生厌倦和乏味的感觉，讲和说才能打动人。

③把握重点。汇报策划时，必须突出策划的重点内容，使听众抓住策划的重点。如果语调一成不变、冗长乏味，容易分散听众的注意力。

④得体的身体语言。人的信息传达三分靠语言、七分靠非语言。语言技巧固然重要，但外观表现也是一个非常重要的因素，其主要作用是给人印象并加强记忆。因此，报告时要沉着冷静、表情温和，切勿呆滞。站姿要得体，并和听众有眼神交流。主讲人的视线应随时观察决策者，并与其他与会者的目光做适度接触，可以用眼神缓和地扫视全场，目光在每个听众身上停留 3~5 s。

报告会应是一种双向的沟通活动，需要视双方的反应、想法而随时调整、提高在场人士的参与度。如果只是单向地一个说一个听，那么沟通的程度就会差很多，而且可能产生理解上的差异。在讲解的过程中，主讲人要随时注意双向沟通，用自己的热情和自信感染对方，赢得对方的信任与认同。

【拓展阅读】

身体语言运用技巧

双脚：两脚间距同肩宽，勿过大或过小。

站姿：永远要面对听众，避免出现死角。

表情：自然放松，真心微笑，忌呆滞。

手势：多用手掌少用手指，充分伸展，忌检阅式、受伤式、遮羞布式的手势。

移动：如在开放的空间，应适当走动，有效地贴近听众，勿背对听众。

（2）答辩技巧。一般来说，主讲人汇报之后，答辩必不可少。答辩环节的问题不可预测，主讲人需要转换角度，站在听众的立场上审视自己的策划书，思考：策划创意的可行性如何、预算是否合理、应急措施保障如何等，并做好应对准备；或在团队中广泛征集意见，做好答辩问题的准备。答辩时要注意以下几个方面：

①主讲者要以"心"来进行演说，才能正中对方的心思，陈述回答时要胆大心细，对具体例子或数字要有条不紊地进行解说、回答，从而给对方留下深刻的印象。

②始终抱着欢迎提问的态度，充满自信地要求大家提出问题。

③回答中要反复强调自己的主要观点和主要主张，将策划书中易触动人心的部分巧妙地传递给对方。为了加深对方的印象，汇报的最后应再度强调重点，而答辩环节也正是策划人反复强调自己主张的最好机会。

④答辩结束时，要总结策划的概要。

【拓展阅读】

如何结束策划方案的介绍？

1. 在时间充足的情况下结束。因为时间紧迫往往会显得慌乱，从而带来不利的影响，所以要根据计划安排好介绍的节奏。

2. 确认目的是否已经达到。策划者一般希望当场得到明确的结论。这时要充分发挥对方支持者的作用。若结论不明确，则应努力确定以后所需进行的活动。

3. 要致辞表示谢意，不能失礼。

（3）多媒体文件的设计与制作技巧。策划书通常通过多媒体文件来展示，而成功的展示来自成功的设计。为了使策划主题精确地呈现出来，策划人需要考虑各种媒体的有效性，进行精心设计。多媒体的综合运用可以影响营销策划书汇报的效果。多媒体文件的设计不是无原则的拼凑和粘贴，更不是简单的资料存储器和播放器，而是有效展示营销策划内容的有力手段。要做到各种媒体的运用"度"，多媒体文件设计制作应注意以下几个方面：

①界面。屏幕界面的设计不仅是一门科学，而且是一门艺术。屏幕设计要生动、漂亮、实用，要有深度而且精巧，整体要具有一致性。

【拓展阅读】

背景设计注意点

（1）适当转换背景，避免背景图案过于单调。

（2）不同章节可以选用不同的背景图案，重点语句应采用粗体、斜体、下划线和色彩鲜艳的字，以便区分。

（3）背景画面的光线不宜太亮，光线太亮容易引起视觉疲劳，影响观看者的视力。

（4）背景画面不要让人感觉是多余的，否则会给画面带来额外负担，背景画面应力求简洁单一。

②文字。设计字幕的原则是字一定要大、要清晰，要充分利用整个屏幕空间，宜使用与背景反差强烈的高饱和度的纯颜色字，但同时必须注意色彩搭配协调。文字设计要规范化，标题及内容文字大小要一致、规范，形成统一的格式。有时为了取得好的视觉效果，也可使用不同字体和不同风格来修饰文字。屏幕内容没有必要自我解释，只有通过演讲人的分析和

解释，使画面内容能够被理解时，效果才会更加理想。屏幕内容是演讲者的辅助，而不是演讲者的替代。

【拓展阅读】

文字编辑注意点

（1）字体要粗大、清晰、美观。
（2）不能将策划书单纯地搬移到屏幕上，或者简单地理解为板书的替代品或变形。
（3）文字不能过多，要精练，要体现重点、难点。
（4）文字不能过密，要适中，既有悦目美感，又能降低阅读难度。
（5）每幅画的言辞不要过多，文字过多会让观众读不完或听不完。

③构图。为了更加生动、简洁、清晰地传达策划信息，往往需要采用各种图表工具来构图展示。构图需要充分利用显示屏的空间面积，做到画面均衡稳定，布局规整平衡，对称分布简明，整体连贯简单；画面背景和主要文字的对比强烈，反差大，字迹清晰；文字与背景的组合要充分考虑颜色的相融性，深浅搭配、冷暖色协调。

图表的种类多种多样，有柱状图（见图4.4）、饼状图（见图4.5）、曲线图、照片、图画、轮廓图等。不同的图表用来强调不同的内容。当需要让读者了解确切数值时，可以使用表，但如果文字和数据太多，就尽量不要用数据表，而应做出直观图。当一个因素同其他因素相比较时，用柱状图；部分同全局比较时，用饼状图；不同时期的同一因素进行比较时，用曲线图；显示频率或分布时，用条状图或线状图；强调方位时用地图；等等。复杂的系统图应该剪除不必要的细节或分解显示，以便将注意力集中在所关注的要点上。

④颜色。颜色是一种特殊的符号，运用色彩可以达到提醒和区分的作用，但是在一屏画面中不要使用太多的颜色，这样容易导致注意力分散。背景的变换不要特别频繁，也不要大幅度地跳跃，否则会增加观看者眼睛的疲劳度。背景颜色设定不合理时，会淡化和降低实际的显示效果，在应用中应尽可能将文字和背景设定成对比强烈、有较大差异的颜色，以保证文字清晰、主题突出。如果文字选用暖色调或亮度较高的颜色，背景色则宜选用冷色调或亮度较低的颜色。

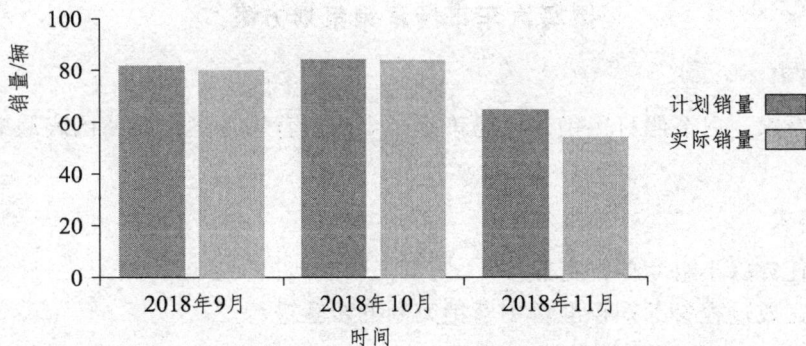

图 4.4　2018 年 9—11 月某汽车销量统计柱状图

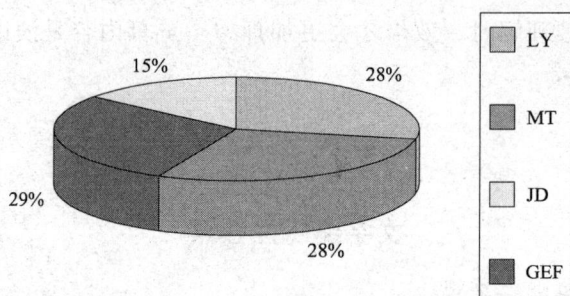

图 4.5　饼状图

⑤声音。播放的声音信息必须清晰、效果好，使听众充分感知策划的内容；背景音乐可渲染气氛，烘托环境，但使用时要特别慎重，一定要选好、处理好。幻灯片切换时，可适当加入声音效果，以提示或引起注意，但应严格控制，本着宁缺毋滥的原则，防止不必要的声音干扰。

⑥图片。图片一定要贴切，充分体现主题思想，宁缺毋滥，否则会分散注意力。画面必须醒目、简单，不要太小，要能让观众看清细节。白色的背景比有颜色的背景效果更好。

不管用什么颜色，必须确定在光线明亮的情况下观众能看清楚。图片的清晰度不是越高越好，一般来说，屏幕展示图片，其分辨率不必超过 75dpi。dpi 值越大，图片占用的磁盘空间越大，演示时文件调用就越慢，运行速度也会随之变慢，影响展示效果。

⑦链接。设计链接一定要注意能够进入新界面，也能够随时返回主界面。跳转要灵活，要根据知识点的认知规律设计跳转链接点。栩栩如生的动态图形较静态文字更容易让人接受和理解，更容易加深听众对策划内容的印象。动画设计一定要真实、生动、鲜明，交替使用不同的清屏方式会增加软件的美感，但一定要注意不能过多地使用特技切换，否则会分散听众的注意力。

总而言之，流畅的语言、清晰的表达、富有逻辑的观点、敏捷的思维、特色的展示都是汽车营销策划书报告环节的重要元素，同时营销策划人员还需要提高临场应变能力以提高策划书通过的成功率。

【任务实施】

撰写汽车市场营销策划方案

1. 目的要求

根据任务要求，以节假日促销为主题策划一个店内营销方案，抓住国庆假期促进店内汽车销量提升。

2. 任务要求

（1）本次任务以小组为单位完成。

（2）任务完成过程参考知识准备中营销策划的步骤进行。

3. 操作过程

（1）教师明确说明任务要求和策划步骤。

（2）以小组为单位明确分工，展开讨论，确定活动主题。

（3）以小组为单位撰写营销活动策划方案。

（4）将策划方案做成 PPT 演示材料。

（5）每组选出一名代表进行 PPT 材料汇报。

（6）评价并选出优秀小组。

【评价与反馈】

以竞赛的形式组织对营销策划方案和 PPT 汇报进行评价，由各小组推荐一名评委成员。教师担任裁判长，对学生作品进行评价打分。评分标准如表 4.3 和表 4.4 所示。

表 4.3 汽车营销策划方案评分标准

小组：　　　　　　　　　　　　得分：

考核要点		评分标准与细则	分值/分	选手得分
营销方案策划	营销策划方案规范性（22分）	文体规范，符合应用文写作基本要求	2	
		文中无错别字，排版美观，重点突出	2	
		方案逻辑清晰，层次分明	2	
		方案结构——背景调查（包含调查计划、需求分析、调查数据、目标客户、目标车型等内容，所用数据符合要求）	4	
		方案结构——活动策划（包含价格策略、活动创意、异业联盟、活动宣传、促销礼包设计、软文制作等）	8	
		方案结构——执行方案（包含活动分工、协议签订、应急方案处理等）	4	
	营销策划方案创新性（8分）	策划方案立意新颖，创新性强，体现互联网＋的时代特征，宣传方式与自媒体等互联网渠道相关	4	
		软文宣传有利于优化品牌和企业形象，品牌关联度高，结合当今时代热点	4	
	营销策划方案合理性（12分）	市场分析客观、翔实，包含数据图表	4	
		活动设计流程连贯，安排合理，包含时间、地点等基本要素，整体活动策划符合逻辑	4	
		人员安排详尽，责任落实到人，体现公司管理对策划方案实施的保障	4	
	综合评价可行性（10分）	策划创意与活动内容等可操作性强	2	
		促销政策设计合理、可行、利润高，价格策略选择得当	2	
		宣传活动体现集客效果，现场活动可吸引成交	2	
		人员安排详细，责任落实到人，体现公司管理对策划方案实施的保障	4	
	综合评价经济性（8分）	预算切合实际，物料清单翔实，基本符合市场常规价格	2	
		各类费用描述清楚	2	
		客户奖励方案（如奖品、优惠等）设置合理，销售人员的提成方案制定合理	4	
满分分值			60	

表 4.4 汽车营销策划方案 PPT 汇报评分标准

小组：   得分：

竞赛环节	考核要点	评分标准与细则	分值/分	选手得分
方案陈述	PPT 制作（11 分）	逻辑结构完整	2	
		主题突出，层次清晰	2	
		能准确表达策划方案精要	2	
		幻灯片衔接得当	1	
		体现与陈述内容的契合度	2	
		PPT 内容无错漏	2	
方案陈述	风采展示（5 分）	选手着装整洁	1	
		仪容规范	1	
		行为举止得体	1	
		自信大方	1	
		眼神坚定，表情自然	1	
	语言表达能力及沟通技巧（13 分）	表达流畅，口齿清晰、语速适中；语音、语调、语气得当	2	
		对方案陈述准确、恰当	2	
		用词准确，条理清楚	1	
		逻辑架构间有恰当的衔接语	2	
		市场分析	1	
		客户群定位	2	
		活动策略、内容、设计讲述清楚，突出创意点	3	
	时间管理（3 分）	能根据策划方案重点合理分配时间	2	
		规定时间内陈述内容完整(不得超时或用时太短)	1	
团队合作	语言表达及沟通技巧（4 分）	表达流畅，口齿清晰，语速适中，无明显卡顿，用词精炼、准确	2	
		沉着镇定，随机应变，体现良好的心理素质	2	
	评价总结（4 分）	紧扣选手现场表现，评价客观、准确	2	
		评价内容条理清楚	2	
满分分值			40	

任务二 汽车营销策划方案的实施

【学习目标】

1. 了解汽车营销策划方案实施的关键点。
2. 掌握汽车营销策划方案实施的注意事项。
3. 能够对汽车营销策划方案实施的效果进行测评。

【任务描述】

汽车营销策划方案的实施：小王的汽车营销策划方案（以下简称"策划方案"或"策划案"）已经得到了市场部经理的认可，公司决定实施小王的节日营销策划方案，并指定小王为此项目的负责人。小王非常高兴自己的策划方案能得到经理和公司领导的重视。可要把项目做好，自己该准备些什么呢？一步一步该如何去做呢？策划案在实施的过程中又该注意哪些事项呢？自己又该如何对策划效果进行评价呢？

完成策划方案后，应学会实施自己制订的营销策划方案。基于以上任务，营销策划方案实施环节要求做到以下几点：

1. 了解汽车营销策划方案实施过程中的注意事项。
2. 掌握汽车营销策划方案实施的关键点。
3. 能与团队成员合作实施汽车营销策划方案。
4. 能对汽车营销策划方案实施的效果进行测评。

【知识准备】

一、汽车营销策划方案实施的注意事项

汽车企业制订汽车营销策划方案的目的在于实施。实施是将计划转变为具体行动的过程，没有成功实施的策划案只是一堆废纸。汽车营销策划方案的实施有总体战略计划的实施，有职能部门计划的实施，也有单项产品或市场开发计划的实施，而且实施者可以在实施过程中说服更多的人去理解和支持营销策划活动，将方案付诸实践，使其转变为有效的成果。因此，汽车营销策划方案的实施是营销策划的重要组成部分，实施汽车营销策划方案涉及由什么人实施、在什么地方实施、什么时候实施、怎么实施等问题，是企业实施营销策划不可忽视的关键环节。

（一）汽车营销策划方案实施前的准备工作

1. 营造实施前和实施过程中的氛围

在营销策划方案实施前和实施的过程中，为了提升企业的形象，扩大企业在社会上的影

响力，改善公共关系，企业要注意对外宣传造势。比如：为了更加突出企业产品的市场定位情况，可以进行价格的宣传造势；为了提升企业的品牌力，可以进行产品品牌的宣传造势等。宣传造势有很多种形式，如可以通过宣传手册、多媒体、广告等来宣传造势。

2. 企业渗透

企业渗透是指在汽车营销策划方案实施之前和实施过程中，通过各种方式使企业全体员工了解策划方案，理解策划活动的必要性，从而支持并认真执行汽车营销策划方案的过程。企业渗透可以通过以下方法进行：印发内部刊物、举行报告会、进行培训、召开座谈会、填写调查表、进行非正式沟通等。

3. 办理手续

在营销策划方案活动确定以后，活动的开展要合法合理，因此企业还应该得到有关单位的审批。例如，某地一单位曾做过一个敬老活动策划，是整个营销策划方案的一个亮点。当时虽然该地还没有规定在城市放烟花要经过审批，但在公众场所进行活动必须经过审批。该单位是一个局级单位，他们认为有权在自己的场地上做敬老活动，就没有向有关单位报批。活动办得很热闹，有文艺节目演出，有很多赞助单位给老人送礼品，最后是放烟花。但烟花一放，就遭到了公安机关的追究，为什么？因为他们在飞机航线上放烟花，没有办理审批手续，也缺乏民航管理规范知识，这样做是违法的。

（二）实施中可能出现的问题及原因

在实际工作中，汽车企业在实施营销策划方案时经常会出现一些问题，即使正确的营销策划方案也不意味着肯定能带来出色的业绩，主要因为以下几个原因：

1. 营销计划脱离实际

营销计划制订的基础是汽车市场营销的实际情况，如果脱离对自身情况的准确把握，缺乏对竞争对手的全面了解，缺乏对营销目标的准确判断与定位，那么所做的策划只能是空中楼阁，不切实际，所制订的行动计划不仅不能指导具体的汽车营销实践，还可能导致企业的巨额投入得不到应有的回报。

2. 长期目标和短期目标相矛盾

营销策划通常着眼于企业的长期目标，但具体实施这些方案的营销人员通常是根据他们的短期工作绩效来评估和奖励的。因此，营销人员常选择短期行为。

3. 因循守旧的惰性

要想实施与旧方案截然不同的新方案，常常需要打破企业原有的运作模式，因此实施新方案必然会遇到阻力。

4. 缺乏具体明确的实施方案

实践证明，汽车营销之所以面临困局，就是因为缺乏一个明确而具体的策划方案。只有制订详尽的策划方案，规定和协调与营销相关的各部门活动，编制详细周密的项目时间表，明确相关人员的责任，该汽车营销策划方案的实施才有保障。

二、汽车营销策划方案实施的过程

汽车营销策划方案实施的过程如图 4.6 所示。

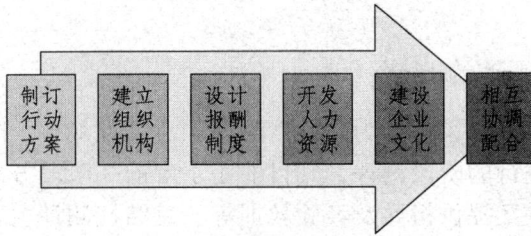

图 4.6　营销方案实施的过程

（一）制订行动方案

行动方案应明确营销策划方案实施的关键性决策和任务，并将执行这些决策和任务的责任落实到个人或小组。

（二）建立组织机构

首先，要有明确的分工，将全部工作分解成便于管理的几个部分，并将它们分配给各有关部门和人员；其次，要发挥协调作用，通过组织联系和信息沟通网络协调各部门和人员的行动。

（三）设计报酬制度

为完成实施前制定的汽车营销目标，还必须设计相应的决策和报酬制度，因为这些制度关系到营销策划方案实施的成功。

（四）开发人力资源

策划方案最终是由企业内部的相关工作人员来实施的，所以人力资源开发至关重要，要做好人员的考核、选拔、安置、培训和激励等工作。

（五）建设企业文化

企业文化指一个企业内部全体人员共同遵循的价值标准、基本信念和行为准则。企业文化对企业的经营思想和领导风格，以及职工的工作态度和作风均起着决定性的作用。

（六）相互协调配合

实施营销策划方案要求各要素间协调配合，为了有效地实施营销策划方案，企业的行动方案、组织机构、报酬制度、人力资源、企业文化 5 大要素必须协调一致，相互配合。

三、汽车营销策划方案实施效果的测评

方案实施后，其效果如何，要用特定的标准、方法及报告来检测和评价，主要包括以下几个方面的内容：

（一）实施效果测评的形式

策划方案实施的效果测评，可分为阶段性测评和总结性测评。阶段性测评主要是指在营销策划方案实施过程中进行的阶段测评，其目的是了解前一阶段方案实施的效果，并可以为下一阶段实施营销策划方案提供指导及经验教训等。总结性测评主要是指在策划方案实施的最后阶段所进行的总结测评，其目的是要了解和掌握整个营销策划方案的实施效果，为以后的方案设计提供依据。

（二）实施效果测评的方法和内容

因为营销策划的目的有经济目的和非经济目的之分，所以对于非经济目的实施效果的测评，如社会效果、政治效果、文化效果、法律效果等，可以用定性的方法来进行测评，而对经济目的实施效果的测评主要采用定量的方法，选择可用的指标来进行测评。

1. 市场占有率

市场占有率，又称市场份额，是指某一品牌产品某一时期在某地区的市场占有率，是指该品牌在该时期内的实际销售（量或额）占整个行业的实际销售（量或额）百分比。市场占有率既是测评企业经营态势和竞争能力的重要指标，也是测评市场营销方案实施效果的重要指标。

2. 汽车品牌及企业形象

汽车品牌及企业形象是反映企业在市场中的地位的重要指标，也是作为测评营销策划方案实施效果的一个重要指标。在今天的市场环境中，人们除了重视商品的实际功能外，还注重商品的软价值，如所获得的良好感、优越感、幸福感、超价值的服务等。所以在营销策划中，要把提升品牌及企业形象作为策划的重要内容。

在测评时，汽车品牌及企业形象是否得到提升以及提升的程度如何已成为常用指标。在具体测评过程中，可以根据实际情况对品牌及企业的知名度、美誉度、反应度、注意度、认知度、传播度、忠诚度及追随度等进行测评。

3. 成本指标

在营销策划方案实施进程中，成本指标也是测评的一个重要指标。这里所讲的成本指标，是指在策划活动进程中对各项成本的控制，如付给相关工作人员的报酬，调查、公关活动等专案费用。如果能恰当控制成本，则表明此营销策划方案实施的效果是较理想的。

（三）实施效果测评报告

实施效果测评报告的主要内容与具体结构如下：

1. 扉 页

扉页包括题目、执行该项目研究的机构名称、日期、负责人的姓名、所属机构、完稿日期等。

2. 目录或索引

索引也可以理解为一种特殊的目录。

3. 引 言

引言包括测评背景和测评目的。

4. 摘 要

阅读测评报告的人只知道测评所得的主要结果、主要结论，以及他们如何根据测评结果行事。因此，摘要也许是客户唯一阅读的部分。这部分内容应当用清楚、简洁而概括的手法说明测评的主要结果。

5. 正 文

正文包括测评的全部事实，从测评方法的确定，直到结论形式及其论证等一系列步骤都要包括进去。之所以要如此，原因如下：

（1）让阅读报告的人了解所得测评结果是否客观、科学、准确、可信。
（2）让阅读报告的人从测评结果中得出他们自己的结论，而不受策划人员解释的影响。

6. 结 构

（1）测评方法：测评地区、对象，样本容量、结构，资料采集方法。
（2）测评结果：包括说明、推论和讨论 3 个层次，以及结论、建议和附录。

四、汽车营销策划方案的控制

在营销策划方案实施的过程中，由于汽车企业处在动态的营销环境中，同时还有种种不确定性因素的干扰，任何完美无缺的营销策划方案在实施过程中都可能因环境的变化而失去或降低其效力，以致方案的实施常常偏离预先设定的计划轨道；同时，执行人员对计划或方案的理解有误和其能力不足也可能使既定的目标无法完成。因此，为了保证策划项目成功和各项目标的实现，在营销策划方案的实施过程中有必要采取必要的、有针对性的措施加以纠正，此过程即为策划方案的控制过程。

营销策划方案付诸实施后，我们必须了解方案的实施效果如何、方案所确定的目标能否顺利实现、策划目标本身制定得是否合理。要掌握这些情况并处理出现的问题，就需要开展有效的控制工作。

（一）汽车市场营销控制

营销控制（以下简称"控制"）是指通过测量和评价营销策略及计划实施的情况，就营销方案的实施活动是否符合预定的营销目标进行测定，并提出改进措施和建议，最终促进营销目标有效实现的过程。从狭义的角度来看，控制工作是纠偏，即按照策划方案标准衡量策划方案的完成情况，针对出现的偏差情况采取纠正措施，以确保营销目标得以最终实现。广义的控制并不仅限于纠偏，它同时包含着必要时修改策划方案，甚至启动备用方案，以使策划方案更加符合实际情况。营销控制是汽车企业在营销活动中必须进行的一项重要工作，许多企业因缺乏营销控制而导致营销目标无法完成，从而使前期的市场调查、营销策划等大量工作丧失了作用。随着汽车市场环境的动态变化和市场竞争的加剧，营销控制得越来越重要。现实中，营销活动是一个连续的过程，上一阶段的控制就可能导致确立新的营销目标，提出新的策划方案。因此，营销控制也可以理解为下一个工作的起点。

成功的汽车企业往往把营销控制制度化，通过建立营销控制制度来加强营销管理。在营销控制管理中需明确的主要问题是控制什么、谁来控制、如何控制。

1. 控制什么

一般来说，营销控制可能涉及营销的很多方面，如对人员、计划、费用（成本）、职能的控制等，这是最基本的营销控制。

（1）人员控制。人员控制是指对营销人员及其绩效的控制，尤其是对市场推广人员绩效的控制。

（2）计划控制。计划控制是指对各项营销计划按进度进行的情况进行控制，包括年度营销计划、新产品开发计划、广告计划、促销计划、人员推销计划等。

（3）费用控制。费用控制是指根据各项营销支出预算或对人员、活动、渠道等进行费用分析及获利性分析来实行控制。

（4）职能控制。职能控制是指对各项营销职能进行控制，如市场调查、广告、促销、分销、仓储、运输等。

有时汽车企业需要对整体市场营销业务进行总的效果评价，涉及营销的各个方面，如营销环境、营销观念、营销目标、营销策略、营销组织、营销程序、营销人员等是最根本的营销控制，通常采用营销审计的方法进行。

2. 谁来控制

在明确控制对象的前提下，控制人员必须能够发现实际情况与标准（目标）间的偏差，并有能力采取措施来纠正实际结果与标准间的偏差。因此，中高层营销管理人员应是营销控制的主要执行人。有些汽车企业为了加强营销控制的力量，还设立了专门的营销控制员或营销控制机构。

在进行涉及企业全局的营销审计时，通常要聘请企业外部专业人员或机构参与。这是因为他们有丰富的经验和充足的时间，更重要的是，在这种关于企业方向性、长期性、决定性的检查中，如果单纯依靠企业营销管理人员，可能会由于"身在庐山"或出于人事关系、利益等方面的考虑，他们对与上级领导相左或相反的意见有意回避，造成营销审计形式化，难以发现营销中致命的弱点或隐患。外部机构则旁观者清，能畅所欲言。当然，审计结果必须让营销管理人员信服、同意，并愿为之采取行动。因为单纯找出问题和原因并不是控制的最终目的，必须采取相应的对策才能使控制最终生效。

3. 如何控制

对汽车营销方案的控制按其进行的顺序可分为预先控制、现场控制和反馈控制。例如，挑选营销人员就是一种典型的预先控制。营销管理人员要求市场推广人员访问客户、直接参与各项营销活动的实施则是现场控制。大多数营销控制需通过反馈的信息或数据来进行获利性分析、效率测量和绩效分析等，这便是反馈控制。营销管理人员在进行营销控制时，要合理使用各种控制方式。

（二）汽车市场营销控制的目标

营销控制工作主要有以下两个目标：

1. 限制偏差积累

一般来说，市场营销策划方案在实施过程中不可避免地要出现一些偏差。小的偏差和失误不会立即给组织带来严重的损害，但随着积少成多，最终就可能对策划目标的实现构成威胁。有效的营销控制系统应当能够及时地获取偏差信息，及时地采取措施矫正偏差，以防止偏差积累而影响策划目标的顺利实现。

2. 适应营销环境的变化

营销策划方案及其目标在制定出来后总要经过一段时间的实施才能够实现，在这个过程中，企业的外部环境和内部条件都可能发生变化。这些变化不仅会妨碍策划方案的实施进程，甚至可能导致策划的前提条件发生改变，从而影响策划方案本身的科学性和现实性。因此，在营销策划实施过程中，执行人员必须时刻监测和把握营销环境的变化，并对这些变化带来的机会和威胁做出正确、有力的反应。

营销策划方案实施控制无论是着眼于纠正执行中的偏差，还是适应营销环境的变化，都是紧紧围绕策划目标进行的，具有很强的目的性。

（三）汽车营销控制的程序

汽车营销控制应按照一定的步骤进行，通常包括 6 个环节，如图 4.7 所示。

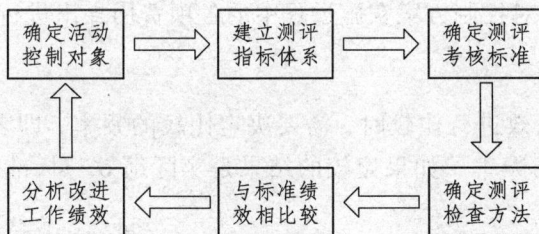

```
┌────────┐    ┌────────┐    ┌────────┐
│确定活动│ →  │建立测评│ →  │确定测评│
│控制对象│    │指标体系│    │考核标准│
└────────┘    └────────┘    └────────┘
    ↑                            │
    │                            ↓
┌────────┐    ┌────────┐    ┌────────┐
│分析改进│ ←  │与标准绩│ ←  │确定测评│
│工作绩效│    │效相比较│    │检查方法│
└────────┘    └────────┘    └────────┘
```

图 4.7　营销策划控制程序

1. 确定活动控制对象

确定市场营销活动控制的内容、范围和额度时，汽车企业应注意使控制成本小于控制活动所带来的利益。最常见的控制内容是销售收入、销售成本和销售利润，同时对市场调查、推销员工作、消费者服务、广告等营销活动也应通过控制加以测评。

2. 建立测评指标体系

建立测评指标体系是将控制与计划联结起来的主要环节，汽车企业应根据营销策略制定系统的测评体系。

3. 确定测评考核标准

考核标准指以某种衡量尺度来表示控制对象的预期活动范围或可接受的活动范围，即对衡量尺度加以量化。在很多情况下，汽车企业的营销目标就决定了它的考核标准，如目标销售收入、利润率、市场占有率、销售增长率等。由于大多数企业都有若干个管理目标，所以在多数情况下营销控制的考核标准也较多。

4. 确定测评检查方法

（1）营销人员的选配。选配营销人员是营销控制的一部分，它是一种预先控制。新营销人员的挑选可根据职位要求，对应聘人员从姿容仪态、语言表达、分析判断、策划、计划、应变、人际协调、情绪稳定性等方面进行综合测评。如在原有营销人员中选拔，可以根据其以往的业绩、能力以及新职位的要求等来决定。

（2）策划方案的控制。

①年度计划控制。汽车营销策划方案的实施计划是方案的重要组成部分。年度计划控制的目的在于保证企业实现它在年度计划中所制定的销量、利润以及其他目标，是一种短期的即时控制。年度计划控制的中心是目标管理，包括建立每月或每季度的目标；随时跟踪掌握市场上的执行情况；当营销实际业绩与计划发生偏差时，找出原因并做出判断；采取措施，弥合目标与实际业绩之间的缺口。这一控制模式适用于企业各层次，区别仅在于最高主管控制的是整个企业年度计划的执行结果，而各部门或地区经理只控制各个局部的计划执行结果。

②获利能力控制。一般财务处理中所列的营销费用，如营销人员工资、办公费、包装费、广告费、促销费、市场研究费等，多为一个总数，没有按客户、地区、营销人员及营销职能来区分。通过获利能力分析，营销管理人员能够明确各分项的获利能力，并采取相应的对策加以控制。

③费用预算控制。即对控制方案实施过程中的各项费用支出进行控制。

5. 与标准绩效相比较

将标准绩效与实际绩效进行比较时，需要决定比较的频率，即多长时间进行一次比较，这取决于控制对象的变动频率。如果比较的结果是实际绩效与标准绩效一致，则控制过程结束。

6. 分析改进工作绩效

汽车营销策划方案在实施过程中会因两种问题产生偏差，即实施中的问题与方案本身的问题。两种情况往往交织在一起，使分析偏差的工作成为控制过程中的一大难点。如果发现问题，就要及时改进。

【任务实施】

汽车营销策划方案的实施

1. 目的要求

根据任务要求，为保证活动执行效果，小王需在执行方案之前将活动执行的步骤和要点以文档的形式进行归纳、总结，为活动的顺利实施保驾护航。

2. 任务要求

（1）本次任务以小组为单位完成。
（2）任务完成过程参考知识准备中的内容进行。

3. 操作过程

教师明确说明任务要求和工作内容。以小组为单位明确分工，展开讨论，确定活动流程和实施步骤。讨论结果以小组为单位填写在表 4.5 和表 4.6 中。

表 4.5　营销活动流程

时间 （可具体到几点几分）	活动内容

表 4.6　营销活动的执行步骤和要点

序号	工作流程	操作要点
1		
2		
3		
4		
5		
计划审核	审核意见： 　　　　　年　　月　　日	签字：

【评价与反馈】

实习指导教师检查作业结果,并针对任务实施过程中出现的问题提出改进措施及建议(见表 4.7)。

表 4.7 教师评价结果

序号	评价标准	评价结果
1	根据活动策划书,梳理出活动前期的物料准备、人员安排、场地布置等工作	
2	能够预料活动执行时出现的突发情况,并提供相应的解决方案	
3	对活动进行后续跟进,利用活动余温促进汽车销售	
综合评价	☆ ☆ ☆ ☆ ☆	
综合评语		

学生根据自己在本次任务中的实际表现进行评价（见表 4.8)。

表 4.8 学生自评结果

序号	评分标准	分值/分	得分
1	明确工作任务	5	
2	掌握工作相关知识及操作要点	15	
3	工作计划合理可行,人员分工明确	10	
4	根据活动策划书,梳理出活动前期的物料准备、人员安排、场地布置等工作	20	
	能够预料活动执行时出现的突发情况并提供相应的解决方案	20	
	对活动进行后续跟进,利用活动余温促进汽车销售	20	
5	按照要求完成相应任务	5	
6	经验总结到位,评价合理	5	
合计（满分 100 分）			

学习单元三　如何成为一名优秀的汽车销售顾问

项目五　汽车展厅推介

项目说明

这是一个刚步入汽车销售行业的大学毕业生小王的实习感受。他是这样写的：

我很向往实习生活，因为做汽车销售一直都是我的梦想，想象着自己西装革履、文质彬彬地向客户介绍公司的车。但是经过 3 个月的实习生活我才知道，汽车销售真不是这么一回事。

刚进入 4S 店的第一个月，我们的工作基本上都是培训，学习汽车基础知识、汽车文化、汽车销售技巧……一开始，我们不以为然，这些基本的东西我们在学校早看腻了，我们需要的是实实在在的实战经验。但是经理只是淡淡一笑，先培训一个月再说吧。

进入销售的第一天（严格来讲，只是站在展厅接待一下客户），我们几个人都斗志昂扬。但是第一天之后，我的气就泄了一半。一开始以为来买车的客户只是爱车但不懂车，满以为自己的知识应对他们绝对绰绰有余。但第一天就让我碰壁了，因为来的不是一个普通的买车人，而是已经购买过 3 辆车的客户。当我被他用专业知识问得哑口无言的时候，我才明白自己是多么无知。

最后，那个客户直接要求经理给他换一个销售顾问咨询。这对我的打击可想而知。好在经理并没有借此来打击我，而是鼓励我。告诉我做汽车销售不是动动嘴皮子就行，首先自己基本的汽车知识、汽车文化必须过关；其次一定要了解汽车销售的整个流程，还要清楚竞争对手的产品以及和公司车型的对比；最后是必要的谈判与销售技巧。

3 个月的实习中，我没有再急着去卖车，而是在和每一位客户的交流当中，不断去补充和完善自己的知识。在汽车销售行业，没有基本功根本就无法立足。而我作为一名汽车销售实习生，首先要做的就是先把所有的知识都吸收。这 3 个月的实习感受，我相信对自己今后的工作，一定会有很大的帮助。

本项目可以帮助小王学习汽车展厅销售的流程与技巧，共分为 8 个任务：

任务一　汽车整车销售基本流程认知；

任务二　顾客开发；

任务三　客户接待；

任务四　需求分析；

任务五　汽车产品介绍；

任务六　试乘试驾；

任务七　促成成交；

任务八　新车交付。

下面，让我们一起跟着小王来学习吧。

🚗 思政引导

比亚迪新能源战略引领全球市场：从国内领先到国际前十的跨越

近年来，比亚迪在全球新能源汽车领域展现出了惊人的崛起势头，其独特的"比亚迪模式"正逐步成为新能源时代发展的一个典范。比亚迪的成功不仅仅体现在销量上的持续攀升上，更在于它如何在全球范围内重塑了新能源汽车的市场格局，挑战并超越了传统汽车巨头。

一、销量与排名的双重突破

比亚迪的崛起之路始于其在国内市场的稳固地位。多年来，比亚迪始终占据中国新能源汽车销量榜首，这一成就不仅证明了其在国内市场的强大竞争力，更为其走向国际市场奠定了坚实的基础。近期，比亚迪更是凭借强劲的市场表现，成功跻身全球新能源汽车销量前十。这一成就不仅标志着中国汽车品牌首次在世界舞台上取得如此高的排名，也彰显了比亚迪在新能源汽车领域的深厚实力。

值得注意的是，比亚迪此次入围全球前十，是在全球汽车市场尚未全面转向新能源的背景下实现的。在2023年这样一个燃油车与新能源车并存的过渡时期，比亚迪能够凭借纯电动车型取得如此佳绩，实属不易。这不仅是对比亚迪产品力的肯定，也是对其市场策略、技术创新能力的高度认可。

二、技术创新与产业链优势

比亚迪之所以能够在全球市场上脱颖而出，离不开其在技术创新和产业链构建方面的持续投入。比亚迪自主研发的刀片电池、DM-i超级混动系统以及e平台3.0等核心技术，不仅提升了产品的性能和安全性，也极大地降低了生产成本，使比亚迪在激烈的市场竞争中保持了价格优势。此外，比亚迪还通过垂直整合产业链，实现了从原材料供应到整车制造的全方位控制，进一步提升了产品质量和利润空间。

三、海外市场的快速拓展

比亚迪的国际化战略是其实现全球销量突破的关键。近年来，比亚迪加快了海外市场的布局步伐，通过设立海外工厂、拓展销售渠道、推出适应当地市场的产品等方式，不断提升品牌在国际市场的知名度和影响力。特别是在欧洲市场，比亚迪凭借其出色的产品力和强大的技术实力，迅速赢得了当地消费者的青睐。随着销售渠道的不断拓展和新产品的不断引入，比亚迪在欧洲市场上的销量有望实现快速增长。

四、市场反应与未来展望

比亚迪的崛起不仅赢得了市场的广泛赞誉，也引起了业界的广泛关注。许多分析人士认为，比亚迪的成功模式为中国汽车品牌走向世界提供了宝贵的经验。通过持续的技术创新、产业链整合以及国际化战略的实施，比亚迪不仅实现了自身的快速发展，也为中国新能源汽车产业的崛起贡献了力量。

随着全球汽车市场的进一步转型和升级，新能源汽车将成为市场的主流趋势。比亚迪的崛起是中国新能源汽车产业快速发展的一个缩影。它不仅证明了中国汽车品牌在全球市场上的竞争力和发展潜力，也为全球新能源汽车产业的未来发展提供了新的思路和方向。随着比亚迪等中国新能源汽车品牌的不断崛起和壮大，相信中国将在全球新能源汽车领域发挥出更加重要的作用和影响力。

资料来源：杀入全球销量前十"比亚迪模式"成新能源时代发展范本[OL]. [2023-09-22]. https://www.dongchedi.com/article/7281669191369867810.

任务一　汽车整车销售基本流程认知

【学习目标】

1. 了解汽车销售顾问的工作内容与职责，树立职业自信心，培养敬业爱岗、务实进取的职业操守。

2. 掌握汽车销售流程的 9 大环节。

【任务描述】

做一名合格的汽车销售顾问：汽车销售在企业中承担了非常重要的责任。汽车销售顾问应该具备什么样的能力和素质才能胜任工作？你知道在汽车销售过程中有哪些基本流程吗？

【知识准备】

一、认识汽车销售岗位

（一）汽车销售部的岗位设置

汽车销售企业一般设置销售部、市场部、服务部（售后服务部）、客户关系管理部、综合管理部（行政部）和财务部等重要部门（见图 5.1），但是并不是每个汽车销售企业都会设置上述部门。

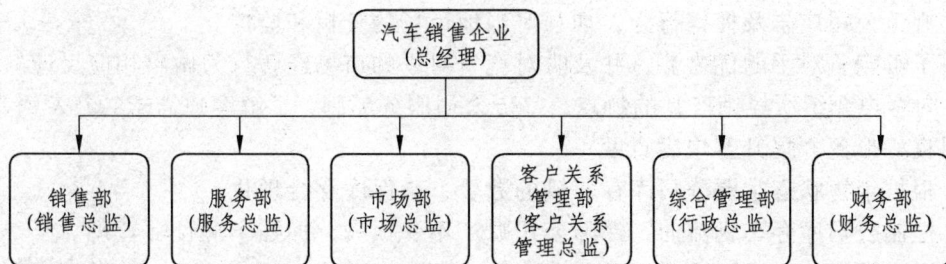

图 5.1　汽车销售企业机构设置

汽车销售企业根据自己的实际情况和汽车市场的特点来设置汽车销售部的岗位，所以，不同的汽车销售企业，销售部的岗位设置也不完全相同。但是一般的岗位设置都是在总经理的直接领导下设销售总监岗位，也有的直接设置销售经理；然后根据业务范围下设展厅销售经理、大客户销售经理、延伸服务经理、二手车经理和附件精品经理等管理岗位；管理岗位下设试乘试驾专员、销售顾问、大客户销售顾问、库管员、延伸服务顾问、二手车评估师和附件精品销售员等业务岗位，具体如图5.2所示。

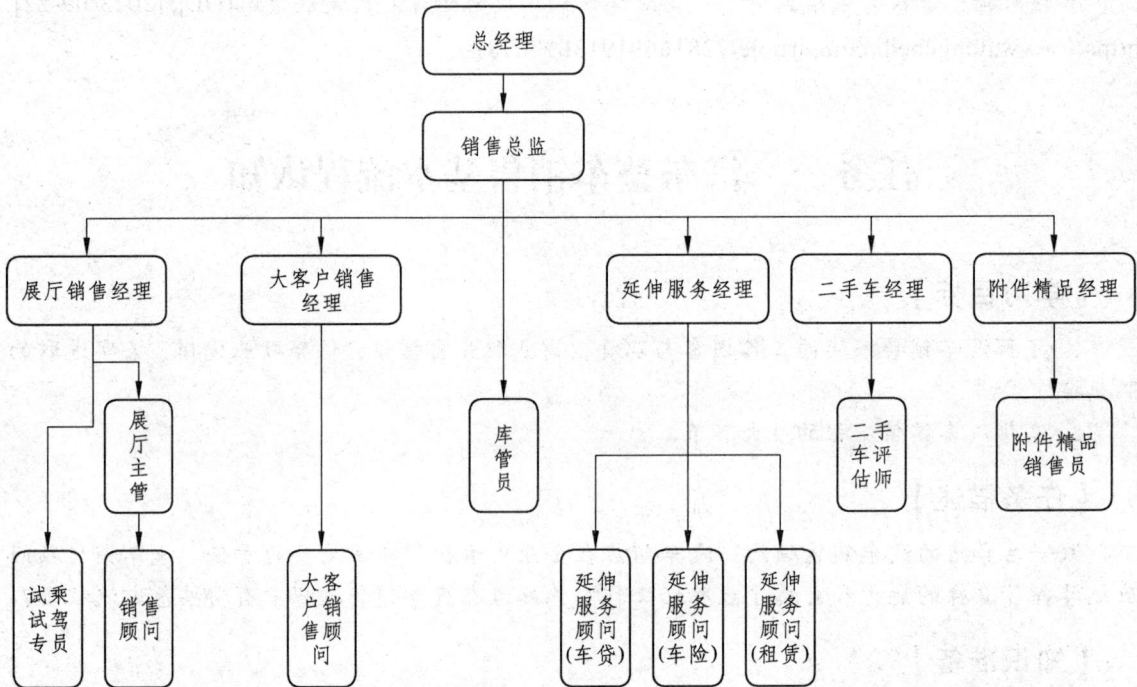

图 5.2　汽车销售部岗位设置

（二）汽车销售部的职能及岗位职责

1. 汽车销售部的职能

汽车销售是使产品价值得以实现的环节。汽车生产商生产出来的汽车，如果没有销售，那就是一堆废铁，通过销售转交给客户换取收益，就是实现价值的过程。汽车销售的职能主要表现在以下方面：

（1）规范公司广告及促销行为，加强对当地市场的分析和监控。

（2）了解竞争对手的优劣势，并及时对竞争对手的市场经营行为做出相应反应。

（3）向客户介绍所经销产品的特点，宣传公司服务品牌，了解客户需求，开发潜在客户，展示公司良好形象，提升客户满意度。

（4）根据销售状态掌握公司库存车辆的数量，确保库存合理化。

（5）控制公司库存车辆流向，保障公司财产不受损失，加强车辆日常管理。

（6）沟通供需，制订年/月度销售计划，为公司向工厂进车提供保障，并做好工厂订单跟踪，随时了解商品车辆的在途情况。

（7）建立客户档案及工厂通告信息并实行分类管理，加强和工厂的沟通并及时报送各类报表。

（8）根据市场情况，制订年/月度促销计划并实施，从而提升公司知名度。

2. 汽车销售部各岗位职责

（1）销售总监（经理）岗位职责：

①保证销售部人流、物流、信息流的顺畅，主持部门例会、月总结会，负责当地市场及竞争对手信息收集和销售顾问业务培训指导工作；

②明确销售部各岗位职责，落实各项规章制度的执行情况；

③编订销售部工作计划，报公司领导（按月、季、年）；

④督促和检查销售部各项工作完成情况，并加强日常工作的管理；

⑤掌握市场动态，及时采取相应对策并报公司领导；

⑥调配公司商品车辆资源，并与厂家建立良好的业务关系。

（2）展厅销售经理（主管）岗位职责：

①制定本组每月/周的销售目标，并加强本组的日常工作管理；

②负责每月的任务分解目标，督促销售顾问完成任务指标；

③负责本组销售顾问业务培训指导，解决本组销售顾问业务上的异议；

④收集市场及竞争对手的信息，并提交每月/周工作计划；

⑤主持本组日常的早/夕会和周会、月总结会；

⑥负责每天展厅日常工作的安排和监督，检查每天客户回访情况；

⑦每天早上进行展厅内外 6S 检查；

⑧每天不定时检查和监督该日展厅流量的记录。

说明：有部分汽车销售企业只设展厅客户经理，也行使销售主管职责。

（3）销售顾问岗位职责：

①开发新客户，维系老客户，建立个人客户档案；

②统计客户信息资源、认真记录展厅客户来电信息，及时跟进客户信息，掌握客户动向，促使成交，并详细记录回访情况；

③热情主动地接待展厅来访的每位客户，并积极引导客户试乘试驾；

④每天擦拭及清理展厅展示车辆，以保持展示车辆的清洁，树立品牌及公司良好形象；

⑤为客户提供周到的售前、售中、售后咨询，帮助客户解决困难和问题，指导客户新车的正确使用及各项保养；

⑥服从公司领导的各项工作安排，团结同事，尊敬领导，树立团队精神，积极参加公司的团队活动。

（4）试乘试驾专员岗位职责：

①向客户讲解试乘试驾路线、体验项目以及安全规定；

②向客户介绍车辆基本操作和功能使用；

③为客户提供试乘试驾服务和产品性能讲解；

④负责管理试乘试驾车辆，进行定期检查、日常维护，使试乘试驾车辆保持最佳状态，并保存相关记录。

（5）大客户销售经理岗位职责：

①负责巩固、维护大客户关系，建立良好的大客户网络，宣传企业形象及产品；

②完成全年大客户销售目标，定期完成大客户返款，保证企业及时收取回款；

③指导大客户销售顾问制订销售计划并督促执行；

④定期研究行业竞争对手及合作伙伴的大客户政策；

⑤制定大客户销售政策，定期制作大客户销售报告；

⑥负责本企业的车型进入政府采购目录并积极参与政府招标；

⑦负责本组人力资源建设，通过加强培训、精细管理等方式提高本组业务能力。

（6）大客户销售顾问岗位职责：

①收集、整理有关市场销售信息，及时向大客户销售经理反馈大客户资源信息，做好拜访前的外围调查工作，分析判断实现销售的可能性；

②发掘客户线索，深入了解客户需求，为其提供有价值的方案；

③负责实施大客户销售，维护现有客户关系，发掘客户需求，拓展销售业绩；

④及时掌握行业竞争对手及合作伙伴的大客户政策变动，提出应对建议。

（7）延伸服务经理岗位职费：

①制定延伸业务管理制度及相关标准，制订和实施年度/月度延伸业务工作计划，完成延伸业务工作目标；

②收集和分析本地汽车延伸业务市场和竞品延伸业务信息、动向，负责延伸业务市场调研与分析，为市场部提供延伸业务信息；

③与市场部共同制订与执行延伸市场宣传及活动方案；

④负责向市场部提出物料制作需求；

⑤负责沟通相关延伸工作和传递延伸业务信息；

⑥监督延伸业务的开展效果，并督导改善。

（8）延伸服务顾问岗位职责：

①接受客户当面及电话车险咨询，负责为客户解答保险业务的专业知识，对各保险公司车险进行测算和出具保单，负责为客户打印正式保单；

②填写投保单并定期整理给保险公司；

③为老客户续险，发展新客户，定期短信提示客户车险的相关内容；

④为客户办理车辆贷款业务；

⑤为客户办理车辆租赁业务。

说明：延伸服务顾问可以分工明确，有人专门负责办理保险业务，有人专门办理贷款业务，有人专门办理车辆租赁业务。

（9）二手车经理岗位职责：

①关注区域二手车市场动态，开发区域二手车市场；

②制订月度、季度及年度的二手年经营计划，上报并组织实施；

③负责二手车检测、评估、整修和展示，确定二手车收购及销售价格；

④组织学习相关的法规文件。

（10）二手车评估师岗位职责：

①负责二手车的收购、评估及销售；

②办理二手车过户手续；

③管理维护二手车客户；

④促成二手车置换，推进新车销售。

（11）附件精品经理岗位职责：

①负责汽车附件与精品销售管理；

②为内部员工提供汽车附件与精品的产品培训。

（12）附件精品销售员岗位职责：

①制订附件与精品销售方案，负责活动策划，并促进销售指标的达成；

②建立展厅精品进销存日报表，每月编制精品销售月报表；

③配合销售人员和售后人员促进精品销售目标任务的达成。

（13）库管员岗位职责：

①接车、入库，通知交车前检查；

②保管随车资料及随车物品；

③负责车辆在库维护及日常检查统计；

④每日向销售总监或展厅销售经理通报库存信息；

⑤办理出库车辆手续，检验并发放随车工具；

⑥管理订单，登记车辆出入库记录；

⑦每月与财务人员进行账务及实物盘点。

二、汽车整车销售流程

汽车销售是指在顾客选购汽车产品时，为帮助顾客购买到汽车所进行的所有服务性工作。在整个汽车销售过程中，汽车销售人员应遵循本岗位的服务规范，为顾客提供全方位、全过程的服务，满足顾客的需求。

汽车销售这个过程不是单纯地销售汽车，而是极其复杂的，包括客户开发、客户接待、需求分析、汽车产品介绍、试乘试驾、处理客户异议、签约成交、交车服务、售后跟踪服务9大环节。下面分别介绍汽车销售各环节的概况。

（一）客户开发

客户开发是销售的前期活动，而寻找准顾客是销售活动成功的关键之一，是开展销售活动的前提和基础。对于汽车销售人员来说，要想有效地开展销售工作，与各类推销对象最终达成交易，满足供需双方的利益需求，首先就要运用恰当的方法找到最好的销售机会，选择最有成交希望的推销对象。

对汽车销售人员来说，如何寻找适合自己产品的目标客户是汽车整车销售流程的第一步。汽车销售人员应该根据自己的产品特征，明确目标客户群，分析他们的特征，然后根据这些条件去寻找和开发客户，并为日后与客户的销售洽谈打下良好的基础。

（二）客户接待

客户来店到达销售现场时，汽车销售人员要主动热情地上前迎接，开始客户接待的第一步，与客户进行有效沟通，引起顾客的兴趣，激起顾客的购买欲望。能否销售成功，第一印象至关重要。客户可以从汽车销售人员的声音、语调等判断其是否友好、专业、自信，而且还会从其一举一动中来考察是否是自己心目中理想的汽车营销人员。

（三）需求分析

不同的客户有着不同的消费需求。对于每一位走进销售现场的客户，汽车销售人员都必须清楚地掌握他们的购车动机，以便有针对性地向他们推荐最适合客户的车辆，否则无论汽车销售人员准备得再充分，解释得再详细，客户都很难因此而有所触动。在需求分析中，汽车销售人员应以客户为中心，以客户的需求为导向，对客户的需求进行分析，为客户介绍和提供一款符合客户实际需要的汽车产品。

（四）汽车产品介绍

在整车介绍中，汽车销售人员应紧扣汽车这个产品，结合客户的需求，对整车的各个部位进行互动式的介绍，将产品的亮点通过适当的方法和技巧进行介绍，向客户展示该款汽车能够带给他哪些利益，以便顺理成章地进入下一个环节。

（五）试乘试驾

试乘试驾是汽车产品介绍环节的延伸，客户可以通过试乘试驾的亲身体验和感受以及对产品感兴趣的地方进行逐一的确认。这样可以充分地了解该款汽车的优良性能，从而增加购买欲望。

（六）处理客户异议

顾客异议是销售活动中的必然现象，从接近客户、推销面谈直至成交签约的每一个阶段，顾客都有可能提出异议。汽车销售人员只有正确地认识和把握客户的异议，并针对不同类型的客户异议，采取不同的策略，妥善处理客户异议，最终才能促成交易。

（七）签约成交

成交是整个销售过程中最关键的阶段。它决定了从寻找顾客到处理异议等一系列活动最终能否取得预期的成果。在成交阶段，汽车销售人员的核心任务就是促使顾客采取购买行动。没有成交，汽车销售人员的一切努力都是徒劳。因此，一个优秀的汽车销售人员应该有明确的销售目标，尽力促成交易。

（八）交车服务

交车服务是指成交以后，要安排把新车交给客户。在交车服务中，汽车销售人员应具备规范的服务行为。

（九）售后跟踪服务

交车并不意味着销售活动的结束。其实，圆满的结束不仅是汽车销售人员与顾客签订了合约，更重要的是，要以完美的姿态为下一次的销售活动铺平道路。对于保有客户，销售人员应该运用规范的技巧进行长期关系维系，以达到让客户替你宣传，替你介绍新的意向客户来看车、买车的目的。因此，售后服务是一个非常重要的环节，可以说是一个新的开发过程。

三、汽车销售人员职业能力要求

（一）丰富的知识

丰富的知识包括产品知识、汽车专业知识、行业知识、用户知识。

1. 产品知识

产品知识指了解生产汽车的厂家、品牌、各款车的功能和配置。

2. 汽车专业知识

汽车专业知识指了解汽车的结构、性能、先进技术、养车、用车知识。

3. 行业知识

行业知识指了解汽车行业的发展现状及前景，以及对客户所在的行业在使用汽车时的需求的了解。很多销售人员认为只要有丰富的产品知识、专业知识就能做好汽车销售。其实在实际销售中，这些知识占的比例可能不到 30%。因为销售是一个与人打交道的过程，怎样才能拉近和客户的关系，与客户交朋友，这需要丰富的行业知识。例如，面对的潜在客户是一个礼品制造商，而且经常需要带样品给他的客户展示，那么，他对汽车的要求将集中于储藏空间、驾驶时的平顺等。客户来自各行各业，如何做到对不同行业用车的了解呢？其实，这个技能基于销售人员对所销售汽车的了解。比如，客户属于服装制造业，那么也许会用到汽车空间中可以悬挂西服而不会导致皱褶的功能。行业知识不仅表现在对客户所在行业用车的了解上，还表现在对客户所在行业的关注上。当你了解到客户是从事教育行业的时候，也许可以表现得好奇地问："听说，现在的孩子越来越不好教育了吧？"其实不过是一句问话，对客户来说，这是一种获得认同的好方法。当客户开始介绍他的行业特点的时候，你已经赢得了客户的好感，仅仅是好感，就已经大大缩短了人与人之间的距离。汽车销售中这样的例子非常多，但并不容易掌握，关键是要学会培养自己的好奇心。当你有了对客户的行业的好奇心之后，关切地提出你的问题就是销售技能的一种表现。

4. 用户知识

用户知识主要包括客户群体、客户的消费习惯、客户的购买动机、客户的爱好、客户的决策人、客户的购买力等。比如：从事小商品行业的客户喜欢汽车的空间大一些，可以顺带一些货物，像 SUV、SRV 这样的多功能车比较受他们的欢迎；从事路桥工作施工作业的客户偏好越野性能好的吉普车、SUV。

和一般商品不同，汽车属于高科技产品，结构复杂、技术含量高、专业性强，一名专业的销售人员必须具有丰富的汽车专业知识、产品知识，并对所销售的汽车了如指掌，从而更好地展示给客户。

（二）娴熟的销售技巧

作为一名销售人员，满足客户需求、销售产品是他们的最终任务，因此，娴熟的销售技巧、促成成交的能力尤为重要。另外，如何与客户交往以及怎样处理客户投诉，提高顾客满意度，也是销售人员的基本职业能力。

　　一般以销售为核心的企业注重客户关系，偏重在维持长久的客户关系上，从而可以不断提升客户的忠诚度，让客户终身成为自己企业的客户，而且还会不断介绍新的客户进来，这也是一种营销手段。销售过程中的客户关系包括3个层次：第一个层次是客户的亲朋好友。来汽车销售企业看车的客户基本上没有单独来的，多数都是全家或朋友陪同。陪同来的朋友通常是客户的朋友，或者是公司同事，销售人员通常只注重购车者，而忽视与客户同来的其他人，然而他们的意见对客户是有一定影响的，所以一定要重视客户的亲朋好友。第二个层次就是客户周围的同事。第三个层次就是客户的商业合作伙伴，或者客户的上游或者下游业务合作伙伴。

　　汽车销售人员必须学会如何与客户周围的人建立有效的某种关系，通过对这些关系的了解和影响来对客户产生影响，从而缩短销售过程，使其向有利于自己的方向发展。

（三）良好的沟通能力和现场应对能力

　　销售人员的主要工作就是接待客户、与客户沟通了解客户的需求、展示产品、处理客户的异议，最后完成交易，所以沟通能力和现场应对能力尤为重要。良好的沟通能力并不是能说能侃就行，而是要说得有理有据，令人信服，要求有条理、有逻辑地说。

1. 沟通能力

　　沟通能力，就是要与客户沟通，了解客户的需求。一个成功的销售人员应该是销售给客户一辆让客户不后悔的汽车。只有这样客户才会信赖你，才会帮你"销售"。怎么样才能做到这一点呢？就要与客户沟通，了解客户的真正购车需求。只有了解客户的需求后才能为客户量身定做一套属于客户的购车方案，使销售给客户的车最适合客户。

　　沟通能力的提高不仅对于销售行为有着明显的促进作用，甚至对周围人际关系的改善都起着明显的作用。在销售的核心能力中，沟通能力被看成一个非常重要的能力。在沟通中最重要的不是察言观色，也不是善辩的口才，而是倾听。倾听是沟通中一个非常重要的技能，但是，比倾听更加重要的是在沟通中对人的赞扬。因此，在销售人员的核心能力测试中，赞扬是销售沟通能力中一个非常重要的指标。

　　赞扬他人的本能一般人都有，但是缺乏将其系统地运用在销售过程中、运用在与客户沟通的过程中的能力。汽车行业的销售人员应该如何运用呢？需要反复练习以下3个基本方法直到掌握。

　　（1）在客户问到任何一个问题的时候，不要立刻就该问题的实质内容进行回答，要先加一个沟通中的"垫子"。这里说的垫子，就是我们上面提到的赞扬。

　　例如：

　　客户问："听说，你们最近的车都是去年的库存？"（一句非常有挑衅味道的问话）

　　销售人员："您看问题真的非常准确，而且信息及时。您在哪里看到的？"（最后的问话是诚恳的，真的想知道客户是怎么知道这个消息的）

　　（2）经常赞扬客户的观点和看法，尤其是客户对汽车的任何评价和观点，从而建立良好的沟通。

　　（3）运用赞扬的技巧时，切记要真诚，要有真实依据。

2. 现场应对能力

现场应对能力就是面对不同客户不同问题灵活、机智、快速反应处理的能力，也就是面对机遇时能牢牢把握，面对危机时能化"危"为"机"。

【任务实施】

一、访问 4S 店

任务内容（见表 5.1）：

（1）任意选择品牌走访 4S 店，了解汽车 4S 店的环境、结构。

（2）观察 4S 店的人员组织结构，销售工作人员的着装、妆容、表情、动作等。

（3）与销售顾问进行沟通，了解该店的汽车销售情况。

（4）每组派一位代表汇报总结。

表 5.1　访问 4S 店

任务名称	访问汽车 4S 店
任务实施	4S 店名称： 地址： 走访时间： 该店环境： 现有销售顾问的姓名，与你接触的销售顾问的姓名： 该销售人员仪容仪表： 该店销售情况： 交谈内容：

二、根据对销售部的了解做自我职业定位

任务内容（见表5.2）：

（1）以小组为单位，评价小组中每个成员的优缺点。

（2）进行自评，了解自己的优缺点。

（3）分析汽车行业对服务人才的要求，做个人职业定位，规划自己的发展，并说明理由。

表5.2　自我职业定位

任务名称	根据对销售部的了解做自我职业规划
任务实施	小组成员对自我的评价： 自评： 优点： 缺点： 我适合的岗位： 理由： 我的人生发展规划：

任务二　顾客开发

【学习目标】

【学习目标】

1. 掌握评估和分类管理潜在客户的方法。
2. 了解可以找到潜在客户的主要途径，能制订和实施客户开发方案。

【任务描述】

了解你的客户：每位销售顾问都要十分清楚你的汽车要卖给谁，他们具有怎样的特征，主要需求是什么，能够在哪里找到他们，你所接待的哪些潜在客户未来能够成为现实客户，应该分别采用什么销售对策跟踪直至取得最后的成功？

【知识准备】

一、潜在客户的分类与评估方法

（一）潜在客户的分类

潜在客户是指那些还没有实施购买，但有购买某种产品或服务的需要，有购买能力，有购买决策权，对产品所提供的功能有需求的客户。

1. 潜水客户

潜水客户是指尚未与之接触，也未购车的客户。这些客户有一定的购买力，有购车动机，但是没有确定购买的时间、品牌和车型。销售顾问对这样的客户需要深度了解，长期跟踪，与客户不断交流，了解其购买的动机和真正的需求，并向其推荐合适的产品，有机会请客户试乘试驾，在企业做促销活动时及时发送邀请，让客户在活动的氛围中增强购车的欲望。

2. 有望客户

有望客户是指已经通过电话、进店、网络等渠道开始初步沟通的客户。客户基本明确了购车需求，有购车的计划时间，并且已经开始了解各种车型情况，购车预算也比较明确。这类客户属于优质客户，交易成功的可能性比较大。销售顾问要向其推荐合适的车型，邀约其进店交流，试乘试驾，消除客户的疑虑，争取在最近的一次促销活动中促成交易。

3. 战败客户

战败客户是指销售顾问与客户已有多次接触，但最终客户放弃购买本品牌产品，转而购买了其他品牌产品的客户。对于这类客户，销售顾问要了解客户放弃本企业产品的真正原因，是品牌、外形、价格，还是促销力度，要总结战败原因，找出应对策略，以防其他客户因为同样的原因流失。

4. 基盘客户

基盘客户是已经购买了本企业产品的客户，俗称"老客户"，也是企业的忠诚客户。这类客户对本企业产品比较了解，对品牌认可度高，是最好的宣传范例。销售顾问要管理好这类客户，在做好售后服务的工作外，还要挖掘这类客户的周边资源，让老客户带动新客户购车，通过老带新的促销活动，让基盘客户引流更多的消费者进店交流，进而达成交易。

（二）评估潜在客户的方法

潜在客户的评估原则：用 MAN 法则来判断客户是否可以作为潜在客户，即从客户的购买能力、购买决策权及购买需要 3 个方面加以判断。

1. 购买能力（Money）

该客户是否具有购买汽车和服务的经济能力，也就是有没有购买能力或筹措资金的能力。

顾客购买能力评价的目的在于选择具有推销价值的目标客户，那些不具有购买能力的顾客，对其推销的价值不大。顾客的需求欲望和需求量具有一定的弹性，购买力是实实在在的，虚假不了，对于没有购买能力的客户，销售顾问的一切努力都是徒劳。对客户购买能力的评价可以有效防止坏账损失，降低商业风险，从而提高推销工作的实际效果。

购买能力评价的主要方法：

（1）现有购买能力的评价。对顾客现有购买能力的评价主要是通过对顾客现有收入水平、经营状况等进行调查，在此基础上做出估计和判断。对于单位购买的客户，可以从单位的性质、规模、所属行业等加以判断，如石油、电力、通信行业的财力一般比较雄厚；个人消费者可通过对顾客表象，及沟通交流中的观察做出估计，如从客户所在单位、职务、个人爱好、着装档次、配饰品牌、谈吐等方面就能够做出初步的判断。例如，销售顾问问起客户有什么业余爱好，客户回答喜欢打高尔夫球，昨天刚请朋友去某地玩了一场。由此判断，顾客的经济状况应该不错，顾客的经济状况，或多或少会通过其行为表现出来，只要用心观察，还是可以发现。

（2）潜在购买能力的评价。在现实的推销活动中，有些顾客因处于发展过程之中，或因贷款未及时收回等原因，出现暂时支付困难，过一段时间后仍然可以支付的，即为潜在购买能力。对于具有潜在购买能力的顾客，销售顾问如果认为风险不大，可以主动帮助解决支付困难的问题，如分期付款或延期付款；如果认为存在一定风险，可以保留其准客户身份，待经济状况好转后再行推销，但要注意与顾客保持必要的联系。

2. 购买决策权（Authority）

在成功的销售过程中，准确地了解真正的购买决策人是销售成功的关键。与一个没有购买决策权的人谈判，无论怎样拉关系、讲交情，都无助于推销。对顾客购买决策权评价的目的就在于缩小推销对象的范围，避免盲目性，进一步提高推销的效率。

3. 购买需要（Need）

顾客需求评价的目的在于确定顾客是否真正需要销售顾问所推销的商品。如果向一位不需要自己产品的顾客进行推销，无论如何都难以成功。因此，需求评价是进行顾客资格审查的首要内容，此项如果不能成立，其他方面的评价则没必要进行。对顾客的需求评价一般从以下两个方面进行：

（1）估计顾客需求的可能性。如果顾客明确表示他需要该商品，这无疑就是目标顾客。但现实中的情况往往并非如此，需要对表示不需要该商品的顾客进一步做出判断。

①顾客确实不需要销售顾问所推销的商品，则立即将其从顾客名单中划掉。

②顾客尚未认识到他对推销商品有需求，销售顾问凭自己的判断，经过引导使这种待发掘的需求变成现实。

③因某种原因暂时不需要，如刚刚购进一批同样的商品，或者因资金问题暂时无力购买的，应该保留其准顾客资格。

④顾客因传统习惯的影响表示不需要。如顾客固定购买某品牌的产品，或有固定的进货渠道，对这样的顾客要作为重点顾客来对待，认真比较本公司产品与其采购产品的优劣之处，找到推销的突破口。

（2）估计顾客的需求量。评估顾客的需求量可以寻找高价值顾客，推销的重点应该是那些需求量较大，又有长期需要的顾客。在进行顾客需求量估计时，一方面要看顾客现实的需求量，另一方面还要看顾客将来的发展趋势，快速发展的小公司也会蕴含大需求。

优秀的客户开发人员，必须对需求有真正的认识，不仅要满足需求，还要创造需求。

4. 成为潜在客户的条件

潜在客户至少应具备3个条件：有购买能力（M）、有购买决策权（A）、有购买需要（N）。通过3个条件的组合可以判断客户的购买可能性，进而采取有针对性的推销策略（见表5.3）。

表5.3　潜在客户的条件分析及应对策略

要素组合	客户评估	推销对策
M+A+N	理想客户	紧密跟踪，快速响应，成功把握很大
M+A+n	有望客户	积极争取，配上熟练的销售话术，有成功的希望
M+a+N	培养客户	可以接触，设法找到具有决策权的人
m+A+N	培养客户	提供信用条件，需要调查其业务状况、信用条件等
m+a+N	接触客户	应长期观察、培养，使之具备另一条件
m+A+n	接触客户	应长期观察、培养，使之具备另一条件
M+a+n	接触客户	应长期观察、培养，使之具备另一条件
m+a+n	非客户	停止接触

注：小写字母表示不具备这一要素。

二、潜在客户的开发方法

（一）4S店（或汽车销售卖场）展厅渠道

4S店（或汽车销售卖场）展厅渠道主要是指各个汽车品牌专卖店或各大汽车销售卖场的展厅，如汽车超市、汽车大道、汽车销售一条街等汽车销售企业的现场展示场所。该渠道开发的客户主要是来现场看车的客户或来电咨询的客户。具体开发要点如下：

（1）来店客户。该渠道的客户开发主要以汽车销售顾问与客户的接洽为主要形式。一般来说，通过该渠道开发的潜在客户都有很强的购车意向并且最终成交率相对比较高，因此正规的汽车销售卖场对来店客户的接待都有硬性的管理标准。对于来店客户进门的瞬间，销售顾问要礼貌相迎并使客户进入最佳客户服务区，创造最好的客户看车环境，既能给客户一个独立看车的空间，又能保证在客户需要帮助的时候能被注意到并及时提供专业的帮助。对此类客户，汽车销售顾问要充分利用"询问"和"聆听"的需求分析技巧，充分挖掘客户需求，在满足其需求的基础上变潜在客户为现实客户。

（2）来电客户。来电客户一般对所购车辆的相关信息已经非常了解，可能在相关汽车网站上或其他汽车销售卖场已经物色好了中意的车型，只是打电话过来进一步比较或核实同一车型的相关销售信息，如所要车型是否有货、具体价位、该车型的具体销售优惠等。对于此类客户，汽车销售顾问一定要争取到让客户来店面谈的机会。如果对方实在没有时间，就争取留下电话、姓名、公司地址等信息，为日后进一步跟进做好准备。对于来电客户，汽车销售顾问在接完电话后，要将谈话内容详细地记录并及时登记在专用的来店/来电客户登记表上，定期整理归档，以便在日后的管理中有据可查，及时跟踪。对其中有价值的客户可以采取定期电话跟踪甚至登门拜访的方法，争取客户。

（二）汽车售后服务渠道

汽车售后服务渠道主要指汽车销售以后，为保证汽车的正常使用而提供的以保养、维护、修理为主的各类服务及衍生性汽车服务企业的渠道。常见的如汽车 4S 店维修部、汽车美容店、汽车租赁公司、汽车俱乐部等。这些汽车服务企业因为业务需要通常都会拥有大量的汽车客户信息，汽车销售顾问首先要想方设法收集这些客户信息，然后进行汇总、筛选并做进一步分析，从而锁定潜在客户并制定具体的潜在客户开发方案。比如：对于汽车 4S 店中有重大维修记录的客户，汽车销售顾问可以断定在一段时间内该客户可能有选购新车的倾向，而汽车维修记录中维修比较频繁的客户也有可能隐藏着重购汽车的信息；同样在汽车租赁公司客户登记表上名字出现频率较高、租赁车辆的时间又相对较长，并且具有一定规律性的客户很有可能就是潜在的优质购车客户；驾驶培训学校拿到驾驶执照的人员、汽车俱乐部的会员客户等都是汽车销售顾问应该紧密跟踪并重点挖掘的潜在客户。

（三）书面资料渠道

汽车销售顾问通过查阅各种书面资料来寻找潜在客户也是一种非常有效的渠道。很多汽车销售企业都要求其销售顾问把经常在当地报纸、电视、广播及街头广告载体上露面的企业，作为收集信息的重点对象。这就是一种典型的书面渠道收集潜在客户的方法，具体来说该渠道包括以下 3 个方面的资料：

（1）统计资料。统计资料主要指国家汽车相关部门的统计调查报告，如中国汽车统计年鉴、汽车行业统计调查资料、汽车行业团体公布的调查统计资料等。从这些资料的报告中，销售顾问一方面可以了解整个汽车市场行情，另一方面可以了解汽车相关企业的市场发展趋势、最新动态、相关政策等。从这些信息中找出隐藏在其中的汽车销售机会，再根据统计资料提供的信息找到该企业的具体名称、联系电话等，依此销售线索进行跟踪，就有可能实现销售目标。

（2）名录类资料。名录类资料主要指各大企事业单位内部成员名录或社会上各种正式或非正式团体的会员名录，包括企业客户名录、同学名录、会员名录、协会名录、职员名录、电话黄页、企业年鉴等。销售顾问首先要想方设法获取到这些名录类资料，然后进一步筛选这些名录类资料信息，根据是否能成为现实客户的概率进行分类，对于概率比较大的客户争取到登门拜访的机会，对于概率稍小的用电话访谈的方式进行开发。

（3）报刊类资料。报刊类资料主要指与该汽车销售企业市场范围相关性较大的各类地方报纸，以及全国范围内颇具影响力的专业性报纸和杂志等。由于报刊类资料提供的信息都具有较强的时效性，所以该类资料常常成为汽车销售顾问寻找潜在顾客最有效的工具。汽车销售顾问阅读报刊类资料的同时不要忘做笔记，或者直接在报纸上标记出发现的销售机会，再统一整理成销售线索。

（四）互联网渠道

互联网上很多的分类项目可以让汽车销售顾问在很短的时间找到有可能成为潜在客户的客户信息，汽车销售顾问可以浏览专门的网站收集信息。一是各类门户网站的汽车频道：网易汽车、新浪汽车、搜狐汽车等；二是专业的汽车网站，如汽车之家、易车等网站，收集潜在客户信息；三是各类招标网站，如中国采购与招标网、千里马招标网以及各地政府的招标网站，常常能找到政府的购车招标公告。当然，汽车销售顾问也可以通过将自己公司的汽车产品信息上传到互联网上的方式，来吸引潜在客户。

（五）专业汽车 CRM 软件

汽车 CRM（Customer Relationship Management）软件是一种专门为汽车产品的销售管理服务的管理软件和技术，是一系列实现汽车销售、汽车营销和汽车服务流程自动化的系统工具。汽车销售顾问可以通过 CRM 软件系统建立自己的客户数据库，在对客户进行管理的过程中挖掘潜在客户。

（六）汽车展示会渠道

各种专门的汽车展示会是汽车销售顾问收集潜在客户信息的一种重要途径，常见的汽车展示会分为两种：一种是自己公司举办的专场汽车展示会；另一种是其他公司或组织举办的汽车展示会。比如由专门机构定期举办的国际汽车展览会、汽车新品发布会、汽车产品交易会、订货会、技术交流会等。这两种类型的展示会都是收集潜在客户信息的重要途径。在参加此类会议之前汽车销售顾问必须做到"有备而战"，具体如下：

（1）对于自己公司的专场汽车展示会要参与策划整个展示会的方案设计，了解展示会的整个流程和具体环节，有针对性地设计潜在客户信息收集问卷或表格，预测客户的兴趣点，并准备一些客户关心较多的问题，以便实现最佳现场解答。

（2）对于参加大型的其他组织举办的展示会，要收集全面、准确的最新展会信息，了解参展单位以及参展品的特征，收集竞争对手和潜在客户资料，制订有效的间接收集潜在客户信息的方案并充分论证其可行性。

（3）准备好专门的客户信息收集工具。比如纸、笔、名片公司宣传册、客户信息登记表、数码相机、笔记本电脑等。

（七）连锁介绍法

连锁介绍法是指推销人员依靠他人，特别是现有客户，推荐和介绍有可能购买产品的潜在客户的一种方法。这种方法要求推销人员设法从自己的每一次推销谈话中寻找到更多的潜在客户，从而为下一次推销访问做好准备。连锁介绍就是利用客户的相互关系，通过各个客户之间的连锁介绍，寻找更多的新客户。一份调查报告显示，在寻找新客户的各种途径中，由现有客户推荐而取得成功的占38%，而其他方法均在22%以下。

连锁介绍法在西方被称为最有效的寻找客户的方法之一。之所以如此，主要有以下几个原因：

（1）在这个世界上，每个企业都有一张联络图，每个人都有一群关系人，这些人是他们的亲戚、朋友、邻居、同事、同学。如果你能发挥自己的才能，有效利用一个客户，就等于得到一群人的关系，其中就可能有要购买你产品的客户。

（2）每个客户都有自己的信息来源，他可能了解其他客户的需求情况，而这些信息是推销人员较难掌握的。研究表明，日常交往是耐用品消费者信息的主要来源，50%以上的消费者是通过朋友的推荐而购买产品的。

（3）连锁介绍法能够增加推销成功的可能性。一般来说，客户对推销人员是存在戒心的，如果是客户所熟悉的人推荐的推销人员，就增加了可信度。客户帮助销售顾问找客户，能起到花钱登广告所起不到的作用。研究表明，朋友、专家及其他关系亲密的人向别人推荐产品的影响力高达80%。

连锁介绍的方法有很多。比如，推销人员可以请现有客户代为转送海报、资料及名片等，促使现有客户的朋友转为准意向客户，并建立一定的联系，最好能成为客户的朋友，进入他们的生活圈，进而赢得更多的客户。

潜在客户的开发是一项颇为磨炼人心智的工作，作为专业的汽车销售顾问，除了知晓这些开发潜在客户的渠道外，还要具备开发潜在客户的心理素质和相应的业务水平以及娴熟的人际沟通技巧，同时灵活运用潜在客户的渠道分析以锦上添花，提高汽车销售业绩。

三、分级管理潜在客户

在取得客户的信任、缩短与客户的距离之后，销售顾问需要做好对来店、来电客户等意向客户的管理工作。4S店一般都通过客户管理工具将与客户交流的过程，包括客户的想法和要求、客户的意向级别等详细记录下来，并用计算机信息管理系统管理这些信息。

客户管理的目的有两个：一是通过有规划地广拓客源、科学地层层筛选及维护，建立资源丰富的客户宝库；二是在现有客户中产生最大的销售回报。客户管理的工作均围绕这两点展开，具体的方法有以下几种：

（一）建立客户档案

要进行有效的客户管理，首先要对客户有充分的了解，能及时了解客户的各种变化，能够科学地记录、分析、整理、归类各种相关资料，也就是要建立客户档案，填写客户资料卡（见表5.4）。

表 5.4　客户资料卡

基本信息	姓名		日期	
	公司地址		电话	
	私人地址		职业	
	最佳联系时间			
	影响购买的因素			
	兴趣爱好			
购买需求	车型		特殊选装要求	
	信息来源		交易类型	
	资金来源		竞争对手	
当前车辆	品牌		型号	
	生产年份		注册日期	
	车辆状态		里程	
	牌照号码			
补充信息				
交易失败信息				
汽车销售顾问				

日期	联系报告	下次联系	联系报告	下次联系

（二）客户级别分类及意义

首先，按照潜在客户可能购买的时间，将客户分为 6 个级别，级别不同，应对办法也不同（见表 5.5）。

表 5.5　不同客户的优先等级

级别	定义	对策
O 级	当场签约或交纳定金的客户	每天保证与客户沟通，洞察任何细小的不满，保证 100% 成交
H 级	7 日内可能购车的客户	紧紧抓住客户需求，用促销手段促使客户下单
A 级	15 日内可能购车的客户	保持与客户的紧密联系，组织试乘试驾活动，提高接触频率，开展促销活动，促使其下单
B 级	30 日内可能购车的客户	经常保持交流，用老客户说服，邀请多次来店
C 级	2~3 个月内可能购车的客户	保持跟踪，不断发送各种新车和促销信息
N 级	购车时间暂时无法确定	保持跟踪

将客户进行分类后，可按照意向级别将其分别填在表上，以便以后根据客户意向级别按

照设定的时间追踪方法对其进行追踪联系。客户级别分类的意义主要表现在以下两个方面：

（1）对于销售经理来说，可以及时了解到很多信息，便于对日常工作的掌控和管理，合理有效地安排工作和资源。例如，可以了解来店、来电客户的购车意向级别，各时段来店的客户情况，客户留下资料的比例，来店成交率，来店客户的喜好车型，值班销售顾问的销售能力等。

因此，销售顾问需要不断地联系和管理客户，不断地重新认定客户的购车级别，从而准确把握公司的意向客户，把握住各阶段的市场信息，提高自身管理客户的能力。

（2）对于销售顾问来说，便于其改进工作质量，提高工作水平；便于登记和保留来电、来店的客户资料；便于作为其继续联系客户和判断客户级别的依据；便于了解个人的销售能力；便于通过与其他销售顾问的业绩对比来增强自己提高销售业绩的动力；便于获得同事的帮助。

【任务实施】

一、设计客户开发方案

任务内容：根据所学知识和每组的实际情况，将本小组作为一个销售团队，选择一个具体的产品，设计本组客户开发的方案，并进行可行性分析（见表5.6）。

表 5.6　设计开发方案

任务名称	设计客户开发方案
任务实施	所选产品： 所选产品的优势： 竞争产品比较： 目标客户分析： 客户开发使用的方法： 可能遇到的障碍： 解决方案：

二、结识陌生人

任务内容：每组的成员在校内或校外结识 3 个陌生人，并通过沟通得到陌生人的姓名、职业等相关资料（见表 5.7）。同组成员根据描述试着扮演所结识的陌生人，把结识过程用情境的方式模拟出来。

表 5.7　结识陌生人

任务名称	结识陌生人
任务实施	陌生人 A 的相关信息描述： 陌生人 B 的相关信息描述： 陌生人 C 的相关信息描述：

任务三　客户接待

【学习目标】

1. 掌握电话接待流程和规范。
2. 掌握进店客户的接待流程与规范。

【任务描述】

做好客户接待工作：进店客户的目的各有不同，你要做好哪些准备才能十分顺畅地与客户交流，并让他们愉快地留下联系方式呢？来电客户的要求千差万别，你能礼貌地接听，并尽可能地留下客户的信息吗？接待客户有很多技巧，需要熟练运用，才能有效地提高销售业绩。

【知识准备】

一、接待前的准备

每个客户都希望自己是在一个干净、舒适、亲切、有品位的环境中选购自己的爱车。接待准备的目的，就是通过对人、车、物的完善的准备，保证展厅处于接待客户的最佳状态，营造一种有品位、有档次的营销环境，不自觉地感染客户，使客户的注意力更集中于其得到的价值上。

（一）展厅环境准备

汽车销售环境对于整个销售工作非常重要，一个好的展示环境可以提升客户对产品的认识，使客户的注意力在价值上而非价格上。良好的氛围会使展厅与众不同，更能激发客户的购买欲望。所以要确保展厅所有硬件设施整洁、完好、可用，同时确保展车的完好与整洁。展厅可根据当地风俗习惯及自身状况做一定布置。比如展厅文化氛围的营造、汽车装饰品展示区的设计、客户休息区的布置、展车的摆放等。

1. 展厅整体布置

（1）展厅内、外墙面、玻璃墙等保持干净整洁，应定期（1次/半年）清洁，墙面无乱贴的广告、海报等。

（2）展厅的地面、展台、空调、灯具、视听设备等保持干净整洁。

（3）展厅内部相关标识的使用应符合各品牌公司形象和标志要求。

（4）应按公司要求悬挂标准的品牌汽车营业时间看牌。

（5）展厅内摆设型录架，在型录架上整齐地放置与展示车辆相对应的各种型录。

（6）展厅内保持适宜、舒适的温度。

（7）展厅内的照明要求明亮，令人感觉舒适，依照标准，照度应在 800lx 左右。

（8）展厅内须有隐蔽式音响系统，在营业期间播放舒缓、优雅的轻音乐。

（9）展厅内所有布置物应使用公司提供的标准布置物。

2. 车辆展示区

（1）在每辆展车附近的规定位置（位于展车驾驶位的右前方）设有一个规格架。规格架上摆放与该展车一致的规格表。

（2）展厅车辆除库管人员外，其他人员无特殊情况不得随意摆放。

（3）新进展车进入展厅，原则上必须由库管人员负责。

（4）销售顾问如发现展厅车辆损伤，应及时通知库管人员进行维护处理。

（5）当展厅有展位空闲时，库管人员应及时停放。

（6）展车必须时刻保持干净，做到"远看无灰尘，近看无手印"，车轮表面光亮无灰；车内无任何杂物，玻璃上无任何多余标贴，内饰、仪表板、门护板、座椅、地毯保持清洁。

3. 顾客休息区（见图5.3）

（1）顾客休息区应保持整齐清洁，沙发、茶几等摆放整齐并保持清洁。

（2）顾客休息区的桌面上备有烟灰缸，烟灰缸内若有3个以上（含3个）烟蒂，应立即清理；每次在客人走后，立即将用过的烟灰缸清理干净。

（3）顾客休息区应设有杂志架、报纸架，各备5种以上的杂志和报纸，应有汽车杂志、报纸。报纸应每天更新，杂志超过1个月需要更换新版。

（4）顾客休息区应设有饮水机，并配备标准的杯托和一次性杯子。

（5）顾客休息区需摆放绿色植物盆栽，以保持生机盎然的氛围。

（6）顾客休息区需配备大屏幕彩色电视机、影碟机等视听设备，在营业时间内可播放汽车广告宣传片或专题片。

图 5.3　4S 店休息区

4. 业务洽谈区（见图5.4）

业务洽谈区整齐有序，保持洁净，桌面上备有烟灰缸。每次在客人走后，立即把用过的烟灰缸清理干净。

图 5.4　4S 店洽谈区

5. 顾客接待台

（1）顾客接待台台面要保持干净整洁，无任何杂物，各种文件、名片、资料等整齐有序地排放在台面下，不许放置与工作无关的报纸、杂志等杂物。

（2）顾客接待台处的电话、电脑等设备保持良好的可使用状态。

6. 卫生间

（1）卫生间应有明确、标准的标识牌指引，男女标识应易于区分；客人和员工分离，客人在一楼，员工在二楼，由专人负责卫生清洁，并由专人负责检查与记录。

（2）地面、墙面、洗手台、设备用具等保持清洁，台面、地面无积水，大小便池不能有黄垢等脏物。

（3）卫生间内无异味，应采用自动喷洒香水的喷洒器来消除异味。

（4）卫生间内相应位置应随时备有充足的卫生纸，各隔间内设有衣帽钩，小便池所在的墙面上应悬挂赏心悦目的图画。

（5）卫生间洗手处须有洗手液、烘干机、擦手纸、绿色盆栽等，洗手台上不可有积水或其他杂物。

（6）在营业时间播放舒缓、优雅的背景音乐。

7. 儿童游戏区（见图 5.5）

（1）儿童游戏区应设在展厅的里端，位置应相对独立，有专人负责儿童活动时的看护工作（建议为女性），不宜离楼梯、展车、电视、型录架、规格架等距离太近，但能使展厅内的顾客看到儿童的活动情况。

（2）儿童游戏区要能够保证儿童的安全，所用的儿童玩具应符合国家有关安全标准，应由相对柔软的材料制作而成，不能使用坚硬锐利的物品作为儿童玩具。

（3）儿童游戏区的玩具有一定的新意，色调丰富，保证对儿童有一定的吸引力。

图 5.5　4S 店儿童游戏区

（二）销售顾问的准备

销售顾问在与顾客交往时，第一印象十分重要。第一印象在心理学上被称作"最初印象"，是指人们初次对他人形成的印象，就是和他人初次见面进行几分钟谈话，对方在你身上所感受的一切印象，包括仪表、礼节、言谈举止，对他人态度、表情，说话的声调、语调、姿态等诸多方面，人们依此对你的基本评价和看法。第一印象一旦形成，便很难改变。对销售顾问来说，你给顾客的第一印象往往决定交易的成功。顾客一旦对你产生好感，自然会对你和你推销的产品产生好感。

1. 销售顾问的自我心理准备

每个人从很小的时候起，就在不断地把自己推销给周围的人，让别人喜欢自己，接纳自己，说服别人借给自己某种东西，和别人达成交换某个物品的协议等。我们需要推销自己的才能，推销自己是每个人都具备的才能。但真正需要我们有意识地去运用自己的这种推销才能或许就会感到无所适从。有意识地推销商品与无意识地推销自己是有差距的，怎样才能使自己的推销才能充分发挥出来？

（1）相信自己。相信自己会成功，这一点非常重要。销售顾问要对所在企业、销售的产品还有自己充满信心，自信也将传导给客户。客户会因为你的自信而信任你和你的产品。所以，推销人员尤其要自信，鼓起勇气面对自己的客户。

（2）树立目标。销售顾问必须给自己定一个远期和近期的目标，全年销售目标，每月、每周的目标，落实到每天打多少个电话，拜访多少个客户。销售业绩要用数字说话，没有目标，则难以达到胜利的彼岸。

（3）把握原则。一是满足需要原则，即销售顾问在营销过程中要善于发现客户的需要，使客户发现销售顾问所销售的产品正好能够满足他们的这种需要，极力避免"强迫"推销。

二是诱导原则。营销就是使根本不了解或者根本不想买这种商品的客户产生兴趣和欲望，使有了这种兴趣和欲望的客户采取实际行动，使已经使用了该产品的客户再次购买，当然能够让客户成为产品的义务宣传员则更是成功之举。每一个阶段的目标都需要推销员把握引导原则，使客户由没想法到有欲望，最后实现成交。三是照顾客户利益原则。现代营销术与传统推销术的一个根本区别在于，传统推销是单向的，只从企业的角度去推销产品，而现代营销则是以"诚信"为中心，从客户利益出发，为客户提供最有价值的服务。汽车销售顾问在营销过程中要让客户感到企业是真正站在消费者的角度来考虑问题的，客户的利益在整个购买过程中得到了满足和保护，汽车营销企业才可能从客户那里获利。四是保本原则，一般来说，汽车销售顾问在与客户谈判时可以根据情况与时机适当调整价格，给客户一定的折扣或优惠，但一般来说不能降到成本线以下。这就要求销售顾问不仅要详细了解产品的功能、特征，还应该了解产品的成本核算。

2. 销售顾问的形象准备

汽车销售顾问是公司和产品的代言人，在客户心目中甚至比公司负责人更具有代表性，仪表也是谈判的技术手段之一，用以动员对方向自己靠拢，它直接影响客户洽谈的情绪，影响谈判结果。仪表可反映在许多方面，如服饰整洁不华丽；谈吐大方不做作；手势适当不过分；行动果断不拘泥；礼节周到不夸张等。所以为了给客户留下良好的第一印象，汽车销售顾问必须注意自己的仪表，以最佳的形象展现在客户面前。

3. 销售顾问的知识准备

（1）产品专业知识。汽车销售顾问应对汽车的基本构造原理和最新的品牌及车型的发展信息有所掌握；对品牌的悠久历史、品牌定位和市场表现有所了解，并能用生动的语言加以描述；了解各种车型的特点和配备；会熟练运用销售话术；熟悉竞争对手的品牌和产品，能够进行比较客观的竞品比较等。只有熟练掌握汽车产品的专业知识，才能够在汽车销售中熟练应对客户的异议。

（2）非产品专业知识，经营业务知识，具体包括营销基础知识、汽车产品知识，市场销售工作的每个环节，熟悉各种票据、财务手续等；客户心理，讲究谈判和语言艺术；商务礼仪知识。

（3）优秀汽车销售顾问应具备的条件，比经理更了解自己的公司；比消费者更了解自己的消费者，比他们的知识面更广；比竞争对手更了解自己；比汽车设计师更了解汽车。

总之，销售顾问的服饰、仪表、举止礼仪是内在形象的外在表现，长期的知识储备和个人素养积累会使其散发出独特的魅力。因此，在销售活动中应尽力保持自己的最佳仪表，争取最佳的商谈结果。

（三）车辆和资料准备

展车是汽车销售顾问进行产品展示的主要工具，其他的销售工具包括展厅必备的物品和销售顾问自己的物品。

1. 车辆准备

（1）展车应尽可能型号齐全，展车的摆放数量应该按照汽车生产厂家的要求达到展厅设计图纸的要求。

（2）展车摆放时应该考虑汽车的颜色搭配和主题层次，主展台位置上建议摆放厂家主推车型中的最高配置，这样不仅能起到宣传作用，同时也能让消费者了解车辆所有的配置，方便消费者选择车型；当有促销车型时要考虑将其摆放在醒目的位置；畅销车型和滞销车型也要交叉摆放。

（3）可售车源的准备。要对展厅内的车进行清点，保证每一辆车都处于最佳状态。

（4）试驾车必须保持干净，铺脚垫，油量充足，每 5 000 千米保养一次。同时要准备好车钥匙，确保车辆处于最佳状态。

（5）建议展厅内摆放改装好汽车装饰的车型供客户参观选择，便于汽车装饰的销售。

（6）展车要保证电瓶有电，能随时参观车辆的电器设备。

2. 展车的清洁

（1）车身光亮完整，没有划痕和防护膜，车身及门把手无指纹印。

（2）展车轮胎表面没有灰尘，并且保持轮胎光亮。

（3）展车门锁和后备厢盖应保持开启状态，以方便客户参观。

（4）展车的前车窗建议完全放下，配备天窗的车型应打开遮阳内饰板。

（5）展车的轮毂品牌标志应该向上。

（6）展车的前后牌照位置应粘贴车型牌，并在展车旁边位置放置带有展车配置表的配置架。

（7）展车的价格牌、车顶展架、"××汽车"牌，必须按规定的位置摆设。

（8）展车应除去新车座椅保护套，座椅要调整标准。

（9）展车内饰、仪表板、门护板、座椅、地毯保持清洁、无破损，应使用统一指定的品牌展车脚垫。

（10）展车内的时钟要调到北京时间，并且要将收音机调到当地最清晰的、收听率最高的频道，将音量调到适中，以免惊扰客户。

（11）展车的音响系统处于解码状态，为展车 CD 准备 3 组风格不同的音乐光盘。

（12）要对车内的方向盘进行调试，应按照长度调整至最靠近仪表盘，高度调整到最高位置上。

（13）展车的前排座椅靠背建议调整到与 B 柱平行的位置，座椅的高度调整至最低的水平位置为好。

（14）展车随车附件要齐全，如备胎、随车工具、说明书、天线、点烟器和烟灰缸等，且需要安装到位。

（15）展车中除了装潢之外不能有其他附加物。

3. 资料准备

展示汽车产品的各种宣传材料，包括展车、多媒体影音资料、展览用零部件、照片、广告说明书、产品目录、价格表等，每个资料架上必须整齐摆放附近展车的车型资料，并贴上醒目的标示，资料数量充足。汽车销售顾问还应特别注意搭配运用这些资料，把要销售车型的卓越品质展现在客户面前。

（1）展厅需备有的物品：

①饮水机、饮品、杯子、糖果、烟灰缸（干净）、雨伞等。

②电脑、展厅集客统计表、洽谈记录本、名片、笔等。

③商品库存（品种、颜色、数量、优惠标准等）情况及即将到货情况。

④当月工作计划与分析表。

（2）销售顾问准备的物品：

①办公用品：计算器、笔、便笺纸，记录本、名片（夹）、面巾纸，打火机；来店顾客登记表及电话记录表、公司内部电话本等。

②资料：公司简介资料、荣誉介绍，产品介绍，竞争对手产品比较表，媒体报道剪辑、顾客档案资料、促销信息资料、售后服务有关信息资料等。

③销售表：产品价目表、（新、旧）车协议单、一条龙服务流程单，试驾协议单，保险文件、按揭文件、新车预订单等。

二、来电客户接待

（一）来电客户接待具体流程

来电客户接待具体流程如图 5.6 所示。

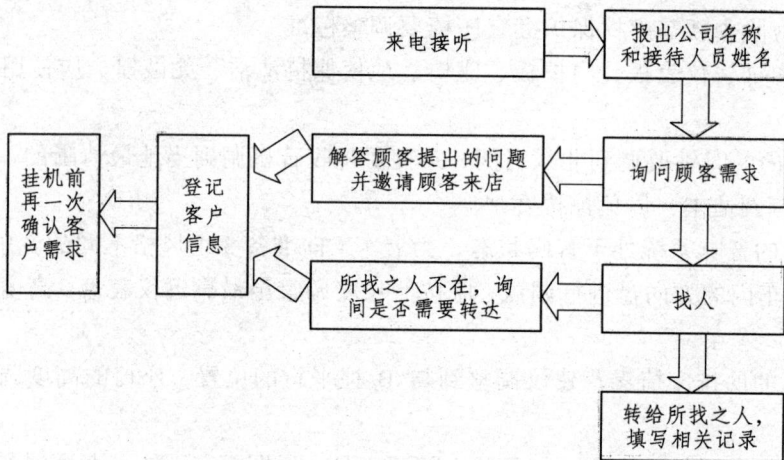

图 5.6　来电客户接待流程

（二）来电客户接待规范

1. 接电话的规范

电话来访是发掘潜在客户的重要渠道，按照电话礼仪要求，礼貌接听和交流。注意做好

3件事：一是做好客户信息的登记；二是根据交流的情况判断客户购车意向，采取跟踪对策；三是主动邀请客户来电洽谈或试乘试驾。

2. 转电话的规范

如顾客要找的人不在店内，或者后者由于其他原因不能迅速接听电话，必须委婉说明原因，如"正在洽谈案子或正在接听手机，有什么需要我为您服务吗？"询问客户是否要留话、留电或等待，尽量留下客户联系方式与方法，把客户的留言准确无误地传达给同事，请同事第一时间回拨客户电话。

3. 回答问题的规范

（1）让知道的人来回答。如果遇到来电客户询问一些汽车方面的问题，如新车具备哪些新的功能、新的装备、外观如何，与老款车有什么区别等。如果你知道答案，就可直接回答；如果不知道答案，绝不能勉强，一定要把电话转给了解该产品的人。

（2）区别标准装备和选装配置。销售顾问要把选装件的配置另外列一个清单，每加一个配件，都需额外增加费用。所以销售顾问必须了解清单里的内容和车本身配备的标准装备的价格。在回答客户对价格等咨询的时候，必须分门别类，向客户解释清楚。

（3）回答问题的规范。如果客户提出售后服务和二手车业务方面的问题，销售顾问不应包办代替，应让具体业务人员去回答。因为每个部门、每个专业都有各自的分工，他们的回答比较专业，特别是一些技术上的问题。所以，凡是遇到客户咨询其他部门的问题，最好转给具体部门来回答，避免回答错误，给后续工作带来麻烦。

三、展厅客户的接待

客户接待是汽车销售企业的对外窗口，代表着企业的形象，体现着企业的整体水平，同时影响企业的销售业绩。因此，良好的接待礼仪和服务规范、有效的沟通技巧和专业的产品介绍对汽车销售企业而言就尤为重要。

接待环节最重要的是主动与有礼貌。店内接待，就是要让客户感受到你的热情，有一种温暖的感觉。标准的店内接待，可以使客户感到舒适，可以消除客户的疑虑，建立客户的档案信息。

（一）展厅客户的接待流程和规范

1. 展厅客户的接待流程

店内接待的一般流程：迎接、问候、自我介绍、茶水、咨询（需求分析）、推荐和介绍商品、试乘试驾、协商、成交、交货、送货、跟踪等。对于一般客户、第一次来店的客户来说，店内接待从迎接到需求分析都是在做"打基础"的工作。

不同汽车销售店的来店顾客接待流程大致相同，具体如图5.7所示。

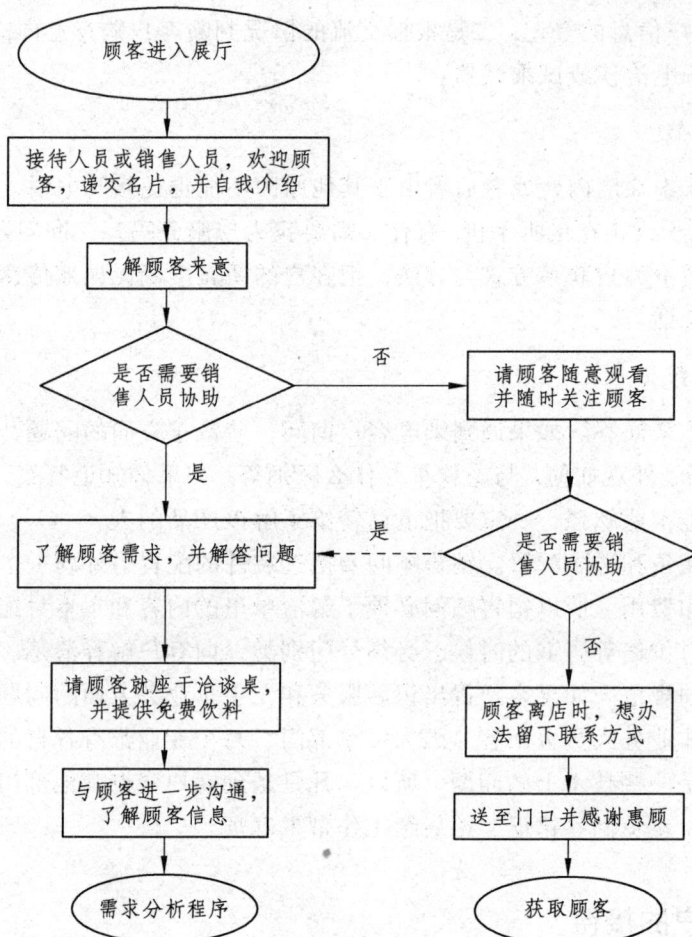

图 5.7 客户店内接待流程

2. 展厅客户的接待规范

（1）客户接近展厅时。若见客户开车来展厅，保安人员应示意客户停车，行举手礼，询问客户来店的目的。若客户是维修保养，引导车辆进入维修区；若是来展厅看车或其他目的，则引导车辆停入客户停车场。销售顾问应出门迎接客户，若正赶上雨雪天或炎热天气，销售顾问应主动拿出伞出门迎接，若客户开车前来，销售顾问应帮助客户打开车门。销售顾问出门时，展厅经理应安排其他销售顾问及时补位。

（2）客户进入展厅时。客户进店后，销售顾问上前迎接以表示欢迎，同时面带微笑，询问客户姓名，主动询问客户是否是第一次来店，是否有预约，如果不是第一次来店或是有预约，则通知之前的销售顾问或是预约过的销售顾问接待客户。如果是第一次来店或是没有预约，销售顾问则正常接待客户进行简短的自我介绍，并将名片以易于客户阅读的方向双手递给客户。销售顾问应免费提供茶水接待客户。除了与客户进行交谈外，还必须随时关注客户的同行人员，并一一招呼寒暄。

若客户表示想自行看车，销售顾问向客户说明自己的服务方位，并告知客户如有需要，就立即提供帮助。销售顾问应随时关注客户可能的需求，并保持一定的距离待命，避免给客户压力。

（3）客户想要交谈时。销售顾问主动邀请客户先入座，让客户坐在可以看到展车的位置，自己则坐在客户的右手边。当销售顾问与客户进行面对面交谈时，应询问客户所需要的饮料，并及时为客户提供免费的饮料服务。交谈应先从礼貌寒暄开始，再扩大谈话面，引导客户对话。保持适当的身体距离，适时引导客户谈论对车辆的感受，注重倾听客户的意见，了解更多客户的信息，并针对客户的情况进入相应的流程。与客户交谈的同时，也应随时关注客户的同伴，积极回应客户提出的话题。在客户说话的时候，注意倾听，不随意打断客户谈话。

（4）客户离开时。主动留取客户的信息，并让客户理解留取信息的好处。在顾客要离开时，顾客接待人员应送顾客到门外，销售顾问应向顾客表示今后有什么需求，可随时与自己联系并欢迎再次惠顾。

提醒顾客携带随身物品，送顾客至展厅门外，并道别。若顾客开车前来，销售顾问应陪同顾客到停车场，引导车辆驶出停车位，向离去的顾客挥手致意，并目送顾客离开。保安人员指挥客户车辆驶出门口，向客户行礼放行并目送其离开。

（5）客户离开后。销售顾问应整理资料，填写"来店客户登记表"和"客户管理卡"，3天内对客户进行电话追踪回访。

（二）展厅客户的接待要点

迎送客户是汽车销售公司最基本的活动，也是汽车销售公司在日常经营中重要的环节，是表达汽车销售公司情谊、体现礼貌素养的重要方面。尤其是迎接客户时，一定要给客户留下好的第一印象，为下一步深入接触打下基础。

1. 主动迎接

当客户走到汽车销售公司前时，负责接待的员工应主动出去热情地问候："××汽车销售公司欢迎您！"然后将客户领进汽车销售公司。销售顾问在看到有客户来访时，应立刻面带微笑主动上前问好。如果还有其他客户随行时，应用目光与随行客户交流。目光交流的同时，销售顾问应做简单的自我介绍，并礼节性地与客户分别握手，之后再询问客户需要提供什么帮助，语气尽量热情诚恳。

特别提示：无论任何情况，销售顾问的职责就是主动迎接，把顾客都当作需要帮助的人，只要走进车行，销售顾问就有义务给予协助。

2. 热情接待

接待客户时应主动、热情、大方、微笑服务，客户进入接待室后要请客户入座，倒水或泡茶，并说："请用茶。"然后了解客户的需要，并将汽车销售公司的名片、优惠卡等送给客户。

如来客较多，应按先后顺序接待，不能先接待熟悉客户。如客户要找的员工不在，要明确告诉对方该员工到何处去了，何时回店，并请客户留下电话、地址，明确是客户再次来店，还是员工去拜访客户。

当客户在汽车销售公司等待时，可为客户提供消遣的书报等，也可以请客户观赏陈列在店里的汽车产品，并认真地向客户介绍各种用品的特点，但切忌一厢情愿地向客户推销产品。

3. 认真倾听

店内接待中的倾听要做到以下几点：一是要倾听客户说话；二是要留心客户所说内容；三是等客户说完，再讲述自己的意见；四是客户说话时，不能叉着手、脚，或背对着客户；五是忘掉自己的观点；六是积极地回应；七是适度地提问与复述；八是不急于打断客户；九是边听边记。

4. 沟通禁忌

（1）做到"六不问"。一不问婚姻；二不问收入；三不问住址；四不问经历；五不问信仰；六不问年龄。应尽量选择高雅的、轻松愉快的、时尚流行的、对方擅长的、感兴趣的话题。

（2）正确面对客户的质疑。

①忌与客户争辩。当汽车销售顾问与客户沟通的时候，接受不了客户所提出的意见，就会试图以质问、说教的方式使客户认识并接受自己的观点，这是非常错误的一种沟通方法。与客户争辩，不但不能达到说服客户的效果，反而会增加客户的抵触心理。所以，汽车销售顾问不管在什么情况下都不要与客户争辩。

②忌对客户的态度不置可否。汽车销售顾问对客户提出的观点采取不置可否的态度，是很不专业的销售行为。不管客户的观点是对还是错，汽车销售顾问都应该为客户指明方向，为客户解答。如果采取放任的态度，客户会觉得你不专业，也会对你的服务感到失望和不满，从而加强客户的不良印象。

③忌在客户面前表现悲观。当客户觉得产品太贵，对汽车销售提出异议的时候，有的销售顾问会在客户面前说："我们也觉得产品的价格高了，可我们也没办法。"完全在客户面前表现出悲观的情绪，连销售顾问都对产品有异议，又怎能引导客户去购买产品呢？因此，不能在客户面前表现出悲观的情绪。

④忌对客户表示不屑。汽车销售不仅要销售产品，更要销售服务。服务的好坏在是否促进交易方面占有很大比重。有时候由于客户不了解，他们所表达的观点不对或者态度不太好，汽车销售顾问就表示出不屑于与客户交流的轻蔑态度。又或者说看客户在衣着打扮上不像是能购买产品的人，也就对客户没有耐心。

⑤忌哀求客户达成交易。汽车销售顾问可能会由于业绩问题，在应对客户的异议时不是积极去应对，而是采取纠缠、乞求客户去购买产品。哀求不仅不能达到让客户购买的目的，还有损企业的形象，会影响企业的长期利益。

【任务实施】

一、销售人员的自我考核

任务内容：每个小组的成员根据 4S 店对销售顾问的要求进行自我形象和利益的准备，准备组内成员进行互评，各小组间进行点评（见表 5.8）。

表 5.8　销售人员的自我考核

任务名称	销售人员的自我考核
任务实施	自我准备情况： 小组内成员自评情况： 优点： 缺点： 小组评价情况： 优点： 缺点： 应该如何改正： 个人体会：

二、体会展厅与展车的维护工作

任务内容：每个小组的成员负责一周内对汽车技术服务与营销实训室和实训室内展车的清理，要严格按照汽车 4S 店的要求进行实训室的清理和展车的清理与维护（见表 5.9）。此任务可以放在学期末进行总结。

表 5.9　体会展厅与展车的维护工作

任务名称	体会展厅与展车的维护工作
任务实施	销售人员进行展厅维护的体会： 销售人员进行展车维护的体会：

三、模拟店内接待流程

任务内容：以小组为单位，一名同学扮演销售顾问，其他同学扮演不同类型的客户，运用所学知识，选择不同的销售技巧，按照客户接待的具体要求进行全面接待。小组成员间角色轮流，完成后进行自评和互评（见表 5.10）。

表 5.10　模拟店内接待课程

任务名称	模拟店内接待流程
任务实施	所售车型： 所扮演客户类型： 运用的接待技巧： 小组间的互评情况： 所扮演客户类型： 运用的接待技巧： 小组间的互评情况： 所扮演客户类型： 运用的接待技巧： 小组间的互评情况：

任务四 需求分析

【学习目标】

1. 了解需求分析的意义、方法与技巧。
2. 掌握需求分析的提问内容和技巧。
3. 能够辨别客户的真实需求。

【任务描述】

了解客户需求：根据进店客户的目的、性格，你能准确地把握客户的心理，用问和听的技巧将客户的基本情况、需求动机了解清楚，进而为他们推荐合适的车型，提供精准的服务吗？

【知识准备】

一、需求分析概述

（一）需求分析的意义

汽车市场竞争日益激烈，汽车供不应求的局面已经一去不复返，取而代之的是为客户提供满足其个性需求和心理特征的汽车产品及服务。因此，分析客户需求，牢牢把握客户的需求特点，对成功的汽车销售顾问来说至关重要。

1. 详细准确的需求分析是满足客户需求的基础

做需求分析的主要目的是了解客户的真实需求。根据客户的真实需求有针对性地进行产品介绍，从而激起客户的购买欲望，达成交易。要满足客户需求有许多工作要做，而详细准确的需求分析是重中之重。这份需求分析既要详细，更要准确。这就要求销售顾问具备过硬的提问技巧、倾听技巧、表达技巧，从而进行详细而准确的需求分析。

2. 需求分析是保证精准营销的前提

从整个销售流程来看，需求分析的下一个环节就是商品说明，即产品介绍。要想使产品介绍非常有针对性，必须掌握客户的准确需求。后续的服务同样要在需求分析的基础上展开，客户对产品的需求、对价格的需求、对售后服务的需求，都要以此为依据。所以要尽可能多地去了解客户的信息，对销售顾客来讲，客户的信息就是宝贵的财富。

（二）客户需求类型及其特点

表面的现象即显性的问题，也叫作显性动机，还有一种是隐性的问题，也叫隐性动机。冰山理论就是用来解释显性和隐性问题的。冰山既有露在水面以上的部分，也有潜藏在水面以下的部分。水面以上的部分是显性的，就是客户自己知道的，能说出来的那一部分；水面以下的是隐藏的那一部分，有的是客户不想说出来的，也可能是客户自己没有意识到的需求。总体来说，汽车客户的需求有两大类：一类是显性需求或理性需求；另一类是容易被大家忽视，但在整个汽车销售过程中起关键作用的隐性需求或感性需求。

1. 显性需求

客户的显性需求一般为物质层面的。比如有的客户明确提出要买 2.0L 的银白色自动挡轿车，作为工作生活两用的代步工具。这种销售过程中尤其是购车的物色阶段，很少有客户会把自己的显性需求完整地表述出来。显性需求具有笼统性和不完整性，是由消费决策过程的特征决定的。因为汽车产品的特征参数有很多，消费者的购买过程本身就是一个不断收集信息、理解信息的学习过程，销售顾问要利用沟通技巧逐步让消费者将其显性需求清晰化。对于汽车消费者来说，其显性需求主要包括豪华舒适、质量可靠、安全性高等。

2. 隐性需求

显性需求是已经清晰地表达出来的，而隐性需求是没有表达出来的，但又的确是客户所需要的。隐性需求一般是精神层面的，客户潜意识中有需求，但对自己的需求很模糊，或者完全没有意识到，没有直接提出、不能清楚描述的需求。比如，有的客户只告知购买汽车是为了解决代步问题，能够确定车型、配置、排量等车辆特征，但没有意识到汽车品牌的内涵要符合车主的价值观，品牌将彰显车主的内在形象。消费者在买车时有些隐性需求需要销售顾问进一步挖掘，如有车一族不仅是拥有一部车，更重要的是拥有时尚的消费观念，拥有高品质的生活，使消费者对汽车需求上升为对精神层面的需求，更能激发其购买欲望。

隐性需求主要包括显示其身份地位，满足其生活追求，赢得女性的关注，获得周到的服务等。隐性需求来源于显性需求，并且与显性需求有着千丝万缕的联系。另外，在很多情况下，隐性需求是显性需求的延续，满足了用户的显性需求，其隐性需求也会随之而来；两者的目的都是一致的，只是表现形式和具体内容不同而已。在实际的汽车销售过程中，隐性需求是汽车销售顾问应重点挖掘的需求。针对隐性需求，汽车销售顾问应该站在更高的需求层次上，从社会认可、被尊重和自我实现等精神需求的角度去引导客户，把隐性需求逐步转变成显性需求，从而实现销售。

【案例 5.1】

老太太买水果的故事

一位老太太去买菜，路过 4 个水果摊。4 家卖的苹果品质相近，但老太太并没有在最先路过的第一家和第二家买苹果，而是在第三家买了一斤，更奇怪的是又在第四家买了两斤。

摊主一

老太太："苹果怎么样啊？"

摊主："我的苹果特别好吃，又大又甜。"

老太太摇着头走开了。（只讲产品卖点，不探求需求都是无效介绍，成不了单）

摊主二

老太太："你的苹果什么口味？"

摊主："早上刚到的货，没来得及尝尝，看这红润的表皮应该很甜。"

老太太二话没说扭头就走了。（对产品的了解一定是亲自体验出的，这才是卖点，只限于培训听到的知识，应对不了客户）

摊主三

摊主："老太太，您要什么苹果，我这里种类很全！"

老太太："我想买酸点的苹果。"

摊主："我这种苹果甜中带酸，请问您要多少斤？"

老太太："那就来一斤吧"。（客户需求把握了，但需求背后的动机是什么？丧失进一步挖掘的机会，属于客户自主购买，自然销售不能将单值放大）

摊主四

老太太："你的苹果怎么样啊？"

摊主："我的苹果很不错的，请问您想要什么样的苹果呢？"（探求需求）

老太太："我想要酸一些的。"

摊主："一般人买苹果都是要大的甜的，您为什么要酸苹果呢？"（挖掘更深的需求）

老太太："儿媳妇怀孕了，想吃点酸的苹果。"

摊主："俗话说酸儿辣女，将来您媳妇儿一定能给您生一个大宝贝。（适度恭维，拉近距离）前几个月附近也有两家要生孩子的，她们就来我这里买苹果。（讲案例，第三方佐证）您想要多少？"（封闭提问，默认成交，适时逼单）

老太太："我再来两斤吧。"

老太太被摊主说得高兴了。（客户的感觉有了，一切都有了）

摊主："橘子也适合孕妇吃，酸甜还有多种维生素，特别有营养。（连单，最大化购买）您要是给媳妇来点橘子，她肯定开心！"（愿景引发）

老太太："是嘛！好，那就来两斤橘子吧。"

摊主："你人可真好，媳妇儿摊上了您这样的婆婆，实在是太有福气了！"

摊主称赞着老太太，又说他的水果当天进货，天天卖光，保证新鲜。（将单砸实，让客户踏实）要是吃好了，让老太太再过来。（建立客户黏性）

老太太："要是吃得好，以后就在你家买了。"

案例讨论：从 4 位摊主的推销策略分析客户需求挖掘的重要意义。

二、需求分析的方法与技巧

首先要解除顾客的防备心理，进而让客户喜欢销售顾问，这样客户才愿意放松地和汽车销售顾问进行真实需求方面的沟通，可见需求分析的方法和技巧贯穿于客户签单之前的各个环节。因为汽车销售过程本身就是一个不断挖掘需求、满足需求的过程。因此，在汽车买卖过程中，必须遵循客户由防备（Guard）、喜欢（Like）、沟通（Communication）、相信（Believe）、购买（Buy）、交车（Deliver）这样一个循序渐进的过程。常见的顾客需求分析技巧包括 3 个方面的内容：一是仔细地"看"；二是巧妙地"问"；三是认真地"听"。

（一）仔细观察

（1）观察客户来店乘坐的交通工具。如果是自己开车来的，很可能是换车，或者为父母、子女、爱人看车，也可能是带朋友来看车。如果是乘坐公交车或出租车来的，可能是自己购车。所以销售顾问在自己没有接待客户的时候，尽量在店门口站着，从距离店门口100米左右开始观察可能的客户。

（2）观察客户的外表、神态、年龄。通过客户的衣着打扮、神态和年龄，可以初步判断客户感兴趣的车型。以大众品牌为例，中年成熟男子可作为途观、新帕萨特的目标客户，年轻白领可作为新Polo、朗逸的目标客户。

（3）观察客户的言谈举止。客户说话大声，动作幅度大，可以看出此类客户不拘小节，在交谈中可以适当开玩笑；客户沉稳，不苟言笑，交谈中要谨言慎行。

（4）观察分析客户的兴趣所在。客户一进门就直奔某种车型，说明客户对这款车已经观察很久了，有一定的了解，可以马上跟进，为客户解答疑问。

（5）对随行人员的态度。客户在接待中非常关注同行人的看法，则在后面的洽谈中要注意与客户同行者的交流，或者可以断定随行人中起决定作用的人。

在观察的过程中，就要准备好相应的提问，这样在交流的过程中就能增强需求分析的针对性，迅速抓住客户的心理，让客户觉得销售顾问很专业，能在最短的时间里建立起对销售顾问的信任。这种信任一旦建立起来，就会大大提高成交率。

（二）正确提问

1."问"的内容

（1）客户个人基本信息。首先要了解的是客户的基本状况，包括客户的姓名、电话、职业、职位等。获取客户个人信息有两个好处：一是可在谈话时礼貌地称呼对方；二是有利于后期跟进。在实际的汽车销售过程中，客户的个人信息通常是通过汽车销售顾问与客户交换名片的方式来获取的，以此获得完整或相对完整的客户个人信息。当然，如果是相对年轻的客户，对方的QQ、微信号也是重要的客户个人信息，这些也是汽车销售顾问应掌握的客户信息内容。因为这是客户需求挖掘的首要环节。

（2）客户的购车预算及动机。决定客户需求的第二个方面是客户的购车预算与动机，可以据此判断其购车的大概车型及特性，同时可以决定跟进的方式和时间，有针对性地进行车辆介绍。一般来说，购20万元以上车辆的购车原因多数是把车辆作为一种身份的象征，该客户考虑车辆无形产品价值（如品牌、服务等）的成分可能更多一些。购车预算在20万元以下的，购车动机可能以提高和改善全家人的生活品质为主。该类型客户一般以合适的性价比为主要购买决策标准。如果购车预算在5万元左右的话，其购车动机基本上属于侧重汽车产品本身的最核心层次——运输工具。这种类型客户通常是由于客观原因来购车，如公司离住处太远，乘车不方便，孩子学校离家太远，送孩子上学等。

（3）客户的职业。客户的职业与购车需求有直接关系，会影响其购车的品牌、档次和偏好，了解客户的职业可以在一定程度上预测客户的购买行为，为下一步制定有针对性的跟进策略和促销手段提供良好的参考信息。比如：有的消费者购车更多地考虑性价比；有的消费者购车时，品牌、汽车文化内涵是其考虑的因素；有的消费者将品牌的知名度、外形的豪华度等彰显身份的因素视为重要的考虑内容。

（4）客户以往用车状况。了解客户是第几次购车，如果是首次购车客户，一般来说其购车经验缺乏，对汽车销售顾问的专业介绍很感兴趣，在购车决策过程中受汽车销售顾问引导的可能性比较大；而对于换车客户来说，情况就不一样了，换车客户一般都有较丰富的购车经验，除了对车辆的构造、性能等特征有一定的了解外，对购车决策的关键因素，甚至与竞品之间的区别可能都比较了解，购车目的也比较明确。针对换车客户，汽车销售顾问应该充分尊重客户的想法，通过沟通把握其真实需求，以提供适时的帮助方式，协助其完成购车决策。

（5）消费者侧重的车辆性能。不同的客户在购车过程中对车辆性能的侧重点是不同的，有的人最看重车辆的安全性和舒适性，有的人最看重车辆的品牌和服务，有的人看重购车的价格、促销政策，有的人最看重车辆的颜色、外形、某一配置等。在实际的汽车销售过程中，大部分客户往往对汽车的性能都比较看重，多数情况是关注顺序不同，也有的会综合考虑各种因素，主要看车辆特征与客户需求的符合度大小。因此，为了准确了解客户需求，需要有技巧地与客户交流，全面准确地得到客户购车的相关信息。

2."问"的方法

提问有两种方法：一种是开放式；另一种是封闭式。开放式提问的目的是收集信息，封闭式提问的目的是确认信息。开放式提问不限制客户的答案，让客户根据自己的喜好，围绕谈话主题自由发挥。开放式提问可以让客户畅所欲言，有助于销售顾问根据客户的谈话了解更多更有效的信息。而且，开放式提问也不会让客户感到约束，他们通常会感到放松和愉快，这显然有助于与客户的进一步沟通。

开放式提问一般用"谁、什么、何时、何地、为什么、怎么样、如何"等字句来进行提问，如"您喜欢什么颜色的车""为什么您一定要买手动挡的车呢"。提开放式问题需要注意，不要天马行空、无所顾忌地乱提，要结合销售主题有的放矢地提问。封闭式提问从逻辑上来说可以用"是"或"不是""有"或"没有"来回答，如："您坚持要我们给您这个价，那您是否可以马上签单呢？"

（1）需求分析主导技巧。需求分析主导技巧就是汽车销售顾问在与客户的需求挖掘交谈中，不知不觉地控制谈话的内容，控制谈话的发展趋势和方向的一种谈话套路。汽车销售顾问在挖掘客户需求时必须想方设法不断按照自己想要的信息设定不同的谈话内容，不断抛出新的话题，引导客户的思路，使洽谈内容为自己的销售工作打下基础。主导技巧通常包括以下3种方式：

①数字主导话术。数字主导是指为了引起客户的兴趣，通过在语言中使用数字、逻辑线索以及相关排序来赢得客户的认同。例如，当客户是个即将步入婚姻殿堂的年轻人时，汽车销售顾问可以这样说："我总结了很多婚前购车人的特征，一般有3类，第一点事业……"毫无疑问客户肯定会饶有兴趣地倾听销售顾客接下来的讲述，如此一来汽车销售顾问就通过巧妙的"数字+兴趣"的主导技巧牢牢把握了谈话的主动权，为挖掘需求打下了良好基础。

常用的数字主导话术如下：拿到高薪的2个前提；时尚车型的3个必备特点；购买车辆必须重视的4个方面；节能车型的3个要点。

②结论主导话术。结论主导主要指在挖掘客户需求的沟通中，通过在语言中使用绝对结论，使客户对其绝对性有震惊之感，进而产生进一步倾听的欲望。该模式在需求挖掘的初级阶段或者是面对沉默型客户时，对于引起客户的兴趣，降低客户的戒备心理有着举足轻重的作用。下面是汽车销售在挖掘需求时常用的几种结论主导话术：您肯定是个商业高手！您的这句话很可能影响我的一生！我以前在哪儿绝对见过您！您最近肯定会有意想不到的财运！

③未来主导话术。未来主导主要指使用场景、人物、过程等展望来激发客户对美好未来的思考，从而引导客户思路的一种主导模式。例如，当汽车销售顾问已经分析到客户的隐性需求是买一辆彰显身份的高档轿车，但尚未决定品牌。此时汽车销售顾问就应该大胆地推测顾客的需求并且运用未来主导的需求分析技巧和产品本身的实际性能让客户感觉到自己在帮客户做一个决策，且让客户感觉到汽车销售顾问的专注和专业，从而达到需求的目的。

例如，奔驰汽车的销售顾问就可以运用未来主导话术实现对客户需求的挖掘："您看您公司的生意是越做越大，假如您开着这辆黑色奔驰轿车去洽谈生意，当您锃亮的黑色皮鞋踏出车门的一刹那，对方敬仰之情肯定会油然而生！"试想一下，假如您是这位客户的话，是不是也有进一步倾听汽车销售顾问具体解释的欲望。未来主导最大的优势就是可以激发客户的欲望，使汽车销售顾问有机会向客户展示自己产品的优点，在实际的汽车需求引导中常用的未来主导话术总结如下：如果购买了该辆车，周末你们全家肯定就不用……春天油菜花开的时候，一家人开着车行进在油菜花海中，满满的幸福感！您驱车来到海边，左手牵着可爱的女儿，右手挽着您的娇妻，一家人在海滩上尽享轻柔的海风和温暖的阳光，那将是多少人向往的场景啊！

（2）迎合技巧。迎合技巧就是汽车销售顾问承接客户话语的语义，形成顺应的语言背景，赢得宽松的交谈氛围。迎合不是鼓励汽车销售顾问讲假话，而是鼓励其赢得对方的信任。迎合的技巧中没有任何假话，讲假话就说明没有学到迎合的精髓。我们通常所说的一唱一和就是迎合的最高境界。在实际的汽车客户需求分析过程中，恰当地运用迎合技巧能够降低客户的戒备心理，营造轻松愉快的氛围，从而使客户说出其真实的需求。

【案例 5.2】

潜在客户："你这辆 1.6 升的车可比我刚看的另一家那辆 1.6 升的汽车贵多了。"

销售顾问："您说得很对，针对 1.6 升这个排量的汽车来看，这辆车的价格确实是高了些，比同排量汽车价格最低的 6.9 万元整整贵了 4 万元。不过，这个范围最贵的可是 14.8 万元呢。我们都知道一分价钱一分货的道理，一辆车的价格由 3 个关键因素决定：一是安全性能；二是车辆空间的大小和发动机性能；三是制造商品牌。该车品牌价值一般，其价格贵就贵在其优良的安全配置和动力配置，买经济型轿车不就是最看重这两点吗！"

案例讨论：客户还会提出哪些质疑性的问题，我们如何迎合解释？

在该案例中，汽车销售顾问就恰当地运用了迎合的技巧，首先肯定了客户的观点，然后顺着对方的语义，再告知客户他的看法是在仅考虑价格这一单一购车因素的条件下而得出的结论，有欠全面性；接着又以详细的客观事实一方面确认了客户认识的可理解性，另一方面帮助客户扩大了思考范围，发掘客户在汽车安全、动力性方面的需求，转移客户对价格的过度关注。

（3）需求分析使用"垫子"技巧。需求分析中使用"垫子"是一个形象的说法，就是在汽车销售顾问和客户说话时，当客户问到比较尖锐的问题时，汽车销售顾问不是先直接回答问题，而是抛出令客户容易接受的语言，迅速跳出眼前的话题，从一个全新的角度展开对话内容的一种需求挖掘模式。

使用"垫子"的目的就是消除汽车销售顾问和客户之间在对话时形成的习惯性对抗，从而创造舒服的需求分析环境。在实际与客户交流时，难免会出现一问一答的对话局面，尤其是碰到"好斗"型的汽车客户时，客户希望把汽车销售顾问问，而此时汽车销售顾问可能就会本能地想到一定不让对方问住，以避免谈话进入僵持状态。优秀的汽车销售顾问碰到此类情况时，要善于运用"垫子"技巧，引导客户跟着自己的思路走，而非被客户牵着鼻子走。

在实际的汽车客户需求分析过程中，常用的"垫子"套路有两种：一种是评论对方的问题很专业，另一种就是承认对方的问题具有普遍意义。这两种"垫子"技巧，要想运用成功，一个非常重要的基本功就是汽车销售顾问不能一听到客户对自己提问，只要自己知道答案就立即回答。在需求分析的"垫子"运用技巧中，汽车销售顾问一定要记住："垫子"不是对客户的吹捧，不是对客户本身的评价，而是对客户问题的评价，并且评价后要给予合适的事实依据，以使客户心服口服，让客户跟着自己的思路走，从而挖掘到自己需要的客户需求信息。

（4）需求分析制约技巧。需求分析制约技巧就是在汽车销售顾问和顾客进行互动式的谈话时，提前知道客户想要表达的内容，而当这个内容不一定对自己有利时，先把该内容表述出来，从而获得谈话优势地位的需求挖掘技巧。该技巧不仅需要汽车销售顾问具备伶俐的口齿，而且需要汽车销售顾问的思维方式具有一定的力度和深度。需求分析制约技巧的关键是准确地推测客户下一句话会向什么主题发展。在发现了这个趋势后，直接进入干预和控制，将客户要表达的话先说出来，提前一步控制客户的思路，控制客户对话语的体会，以及可能产生的各种心理影响，提前限定自己不希望发展的方向，从而牢牢把握谈话的主动权。

（三）认真倾听

可能有人会说，听有什么难的？要知道听也有讲究。如果销售顾问在很认真地听，客户就会认为销售顾问很尊重他，另外从听的过程中也可以获取很多客户信息。

1."听"的类型

"听"是汽车销售顾问了解和把握客户需求的主要手段与途径。"听"有两种类型：一种是积极地听；另一种是消极地听。

（1）积极地倾听。积极地倾听是指在交谈中汽车销售顾问要与客户密切呼应，对客户需要买什么样的车，有什么样的具体要求，有哪些顾虑，有哪些专业购车方面的疑惑等，销售顾问都应积极地倾听，并在倾听的过程中不断表示对客户的观点、想法的赞成和理解，表示乐于帮助的诚恳心态，使客户放松戒备心理，逐步相信销售顾问。我们都知道：客户只有相信销售顾问的人品，才会相信销售顾问的产品。可见，积极地倾听是确保客户相信销售顾问的最佳途径。

（2）消极地倾听。消极地倾听是指汽车销售顾问在与客户洽谈的过程中，销售顾问处于一种比较松弛的状态中，既没有对有声语言信息的反馈，也没有对无声语言信息如表情、姿势等的反馈。消极倾听很容易使客户产生厌烦的情绪，不利于挖掘客户的真实需求，因此消极倾听是汽车销售过程中应极力避免的一种倾听类型。

【案例 5.3】

消极倾听的后果

某汽车公司的销售顾问小赵正在接待一位女客户，这位女客户与他谈得非常愉快，谈着谈着就到了先付多少定金这个话题上。这位客户说："我看看我包里带了多少钱，如果带得多我就多付点，少我就少付点，我凑凑看，能凑两万我就把两万块全付了。"

客户一边打开包，整理钱，然后一边说话。因为这件事情基本上已经定下来了，她很开心，就把她家里的事情说了出来，主要是说她儿子考大学的事情。而这名销售顾问在旁边一句也没听进去。

这时又过来一名销售顾问，就问他："小赵，昨天晚上的那场足球赛你看了没有？"小赵也是个球迷，两个人就开始在那里聊起了昨天晚上的那场足球赛，把客户晾在了一边。这位女客户愣了一会儿，把拉链一拉，掉头就走了。小赵感觉不对劲，他说："这位女士，刚才不是说要签合同吗？"这位女客户一边走一边说："我还要再考虑考虑。"他说："那您大概什么时候过来啊？""大概下午吧。"他也没办法，只能看着她走了。

到了下午三点钟，这位客户还没来，他便打电话去询问，接电话的人说："你要找我们总经理呀，你就是上午接待我们杨总的那位销售顾问吧。"销售顾问就说："是呀。她说好下午要来的。"对方说："我是上午送杨总过去的驾驶员。你就别想了，我们杨总不会在你那儿买车了。"小赵问："为什么呀？"对方说："为什么你不知道啊，我坐在旁边都替你着急。我告诉你，我们杨总她儿子考上名牌大学了，她不仅在我们公司这么讲，只要一开心，她见谁跟谁说。而你在那边聊足球，把她晾到旁边，你没发现这个问题吧？"

这名销售顾问听了才明白女客户为什么走了。所以，倾听包含了很多学问。

案例讨论：请你谈谈消极倾听有哪些表现。

2."听"的技巧

销售顾问在了解客户的需求、认真倾听的过程中还要注意方法。真正成功的销售顾问都是一个好的听众，要善于倾听，听的学问很大。汽车销售顾问要把握要点：①创造良好的倾听环境，没有干扰，空气清新，光线充足；②精力集中，表情专注，身体略微前倾，认真记录；③用肢体语言积极回应，如点头、眼神交流等，并适时用感叹词（唔、啊）；④忘掉自己的立场和见解，站在对方角度去理解对方，了解对方；⑤适度地提问，含糊指出；⑥让顾客把话说完，不要急于下结论或打断他；⑦将顾客的见解进行复述或总结，确认理解正确与否。

（1）注意与客户的距离。人与人之间的距离也是很微妙的，那么什么距离才会让客户有安全感呢？当一个人的视线能够看到一个完完整整的人，上面能看到头部，下面能看到脚，这个时候感觉是安全的。心理学中基本的安全感就是出自这个角度，如果销售顾问与客户谈话时，双方还没有取得信任，马上走得很近，对方会有一种自然的抗拒、抵触心理。在心理学中曾经有过这样一个案例：当一个人对另一个人反感的时候，他连对方身体散发出来的味道都讨厌，当这个人对对方有好感的时候，他觉得对方身体散发出来的味道都是香味。所以，当客户觉得不讨厌你的时候，他会很乐于与你沟通。

（2）避免开小差，集中精力地倾听。精力集中是倾听艺术中最基本的要求。心理学家研究证明，一般人倾听及思维的速度大约要比说话的速度快4倍，因此在客户与销售顾问洽谈的过程中，往往是客户还没说完，汽车销售顾问就已经理解了大部分内容，而此时就很容易"开小差"。而试验证明：在倾听的过程中，很多信息是被倾听一方凭感情和兴趣来理解、接收的。一般情况下只有 1/3 的讲话内容是按原意听取的，1/3 的讲话内容是被曲解听取的，还有 1/3 的讲话内容是丝毫没有被听进去的。所以汽车销售顾问一定要在专心倾听的基础上去粗取精，去伪存真，准确抓住客户需求，促成销售。

（3）认同客户的观点。

【案例 5.4】

对客户的认同

一天，某客户来店后一直在看一辆车，看完以后，这位客户说："哎，这款车的轮毂好像比其他的车要大一些。"

（这个时候你就要抓住这个机会美言了。因为轿车的发展方向都是大轮毂。大家从车展上可以看出，一些新推出来的车型都是大轮毂，轮胎与地面的接触距离很短，这是一种潮流、一种趋势。）

这个时候销售顾问注意到该顾客对汽车的轮毂感兴趣，说明该客户比较关注汽车的性能。销售顾问赶紧说："哎呀，您真是观察得很仔细啊，说明您是一个行家啊。"

这样一说客户就会很高兴。这个时候客户还会说："大轮毂一般都是高档轿车，甚至是运动型的跑车才会配备。"

听了这话，销售顾问更坚定了自己的想法，该客户可能是一个中高档汽车的购买者。对汽车的配置和性能更感兴趣，于是他打算从这方面入手："哎呀，您真不愧是一个专家啊……"

案例讨论：如何称赞和认可客户才显得真诚，不做作？

销售顾问要认同对方的观点，不管对方是否正确，只要与买车没有什么原则性冲突，就没有必要去否定他。你可以说："对，您说得有道理。"同时还要点头，微笑，说是。这样客户才会感觉到你和蔼可亲，特别是有 3 个字要经常挂在嘴边，"那是啊"。这 3 个字说出来，能让对方在心理上感觉非常轻松，感觉到你很认同他。汽车销售顾问必须明确一点，倾听的目的是挖掘需求，所以与客户谈话不是谈判而是沟通，当客户的观点与自己不一致的时候没有必要讨论孰对孰错，要记住：在与客户洽谈的过程中，除了交谈内容本身之外，为了给客户创造一个愿意说话的环境也是洽谈的另一目标，所以认同客户的观点会让客户心情愉悦，客户愉悦才会更愿意说出自己更多的想法。他说得越多，销售顾问获取的有用信息就越多，挖掘出的潜在需求也就越多。

（4）善于应用心理学。对于汽车销售顾问，掌握心理学是非常重要的。从心理学的角度讲，当两个人成为朋友，一个人会把自己心里的秘密告诉另一个人。达到这种熟悉程度需要多少时间呢？权威机构在世界范围内的调查结果是：最少需要一个月。

汽车销售顾问与客户之间的关系要想在客户到店来的短短几十分钟里确立巩固，显然是很不容易的。在这种情况下，销售顾问要赢得客户不仅要有沟通技巧，还应适当掌握心理学知识。要本着以客户为中心的顾问式销售原则，本着对客户的购买负责任的态度，给客户提供一款适合客户需求的汽车，绝不能欺骗客户。

（四）正确判断

在提问和倾听过程中，有必要将客户的关键信息记录下来，对客户感兴趣的部分要在车辆型录上注明，方便以后跟踪客户。必要时，将整理出的客户对车辆的要求与客户逐一确认，当客户表达信息模糊时，应进行澄清。通过前面的观察和提问，要能够仔细分析出客户的真实需求。当无法回答客户所提的问题时，应保持冷静，切勿提供错误的信息，同时请求销售经理协助。

【任务实施】

一、赞美的练习

任务内容（见表 5.11）：

（1）以小组为单位，两人一组，分别扮演销售顾问和客户。

（2）从客户接近展厅开始进行情景模拟，在整个模拟过程中只要扮演销售顾问的学生能做到问 3 个问题，并根据客户的回答马上给予 3 次赞美，此次模拟就算结束。不是根据问题和客户的答案赞美不算在题目要求的范围内。

（3）每小组任意选择一个情景进行情景模拟练习，情景以外的部分由自己发挥，要求从客户接近展厅开始模拟。

（4）每小组情景模拟后，进行小组互评。

表 5.11　赞美的练习

任务名称	赞美的练习
任务实施	1.赞美记录：
	2.赞美记录：
	3.赞美记录：
	小组自评：
	优点：
	缺点：
	模拟情景后的感受与总结：

二、需求分析情景练习

任务内容（见表 5.12）：

（1）以小组为单位，每小组选出一人扮演销售顾问，一人或两人扮演客户。

（2）每小组任意选择一个情景进行情景模拟练习，情景以外的部分由自己发挥，要求从客户接近展厅开始模拟到需求分析结束。

（3）每小组情景模拟后，进行小组互评。

表 5.12　需求分析情景练习

任务名称	需求分析情景练习
任务实施	情景一：客户为一对夫妻，孩子马上要上幼儿园了，所以给妻子买一辆车。买车主要是为了接送孩子，要一款安全性高、舒适性好、20万元左右的家用车。主要问题在于不知道是买轿车还是买SUV，因为他们挺喜欢××的。 需求分析的内容记录： 小组评价综述： 优点： 缺点： 小组自评： 优点： 缺点： 改进之处： 情景二：客户为企业老板，买车主要是为了公司和家庭两用，身边的朋友开的都是20万元以上的车。爱好运动和旅游，追求高质量的生活。 需求分析的内容记录： 小组评价综述： 优点： 缺点： 小组自评： 优点： 缺点： 改进之处：

任务五　汽车产品介绍

【学习目标】

1. 掌握六方位绕车介绍法。
2. 掌握 FAB、FABE、FBSI（构图讲解法）、竞品分析法等汽车产品描述介绍法。

【任务描述】

熟练介绍汽车产品：每一家店都会有不同的车型，你能根据客户的需求，从客户的兴趣点出发，准确地介绍汽车产品吗？你能通过本店车型与竞品车型的对比分析，让客户充分认可本店车型的卖点和优势吗？

【知识准备】

汽车销售展示是销售汽车的关键环节。调研发现，顾客在展示过程中做出购买决策的占最终购买的 74%，但是，没有购车的顾客不成交的主要决定也是在汽车展示的过程中发生的。在汽车展示过程中，顾客通常会从以下 3 个方面来收集供其决策使用的信息：销售人员的专业水平，销售人员的可信任度，产品符合内心真实需求的匹配程度。其中有两个方面是销售人员自身的因素，因此，销售人员是汽车产品是否成交的关键。

销售人员在产品展示过程中，应充分展示自我的服务意识和态度以及丰富、专业的产品知识和业务知识，热情、积极地收集顾客需求并满足需求，充分体现产品的利益和价值，特别是从外观不易看到的价值点。

目前在汽车产品展示过程中，最常采用的汽车介绍方法为六方位绕车介绍法，并结合FAB、FABE 和 FABI 等产品描述的方法。

一、六方位绕车介绍法

六方位绕车介绍是指汽车销售人员在向客户介绍汽车的过程中，分别从汽车的车前方、车侧面、车尾、车后排、驾驶室、发动机舱 6 个方位展示汽车，如图 5.8 所示。

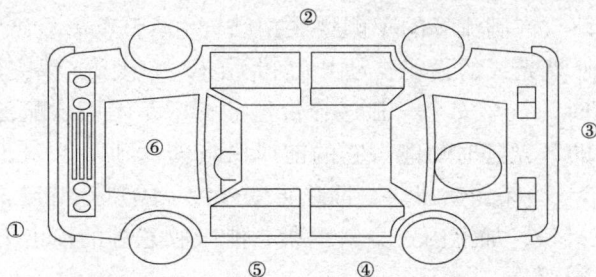

图 5.8　六方位绕车介绍方位图

注：①—车前方；②—车侧方；③—车后方；④—车后座；⑤—驾驶室；⑥—发动机舱。

六方位绕车介绍的目的主要是将产品的优势与用户的需求相结合，在产品层上建立起用户的信心。

（一）六方位介绍要点

六方位介绍要点如表 5.13 所示。

表 5.13　六方位绕车介绍要点

方位	关注要点	介绍要点
车前方	品牌、尺寸、造型	外部造型特征、车标车身尺寸、轴距、天窗（如配备）、前脸、风窗玻璃设计、前刮水器设计、发动机盖、进气格栅、前照灯总成、前雾灯总成、前保险杠设计、车头下方的过护板（如配备）风阻系数、车身尺寸、车辆标志、车辆线条、制造工艺、车身颜色、保险杠、轮毂、后视镜、轴距、前照灯等
车侧方	舒适性、便捷性	轮胎、轮毂、外侧反光镜、门把手、ABC柱设计、车身饰条、三角窗、燃油箱开启方式及容积，还可选择介绍悬架系统或制动系统
车后方	后部、设计、空间	车尾部设计、高位制动灯、后尾灯、后保险杠、倒车雷达（如配备）、后备厢开启方式、后备厢容积、备胎、随车工具、停车警示牌、音响装备等
车后座	内饰、安全性、舒适性	后排座的空间和舒适性、避震的设计、座椅变换角度或者平放
驾驶室	内饰的安全性、舒适性	内饰风格、颜色搭配、方向盘、仪表台、中控面板、高科技设备、前排安全气囊、全带、前风窗、内后视镜、变速器、手制动装置、储物盒、空调、内饰、音响、内后视镜、头枕、离合器、腿部空间等
发动机舱	发动机技术性能、经济性、动力性	发动机盖设计（外观/开启位置、开启方式/质量/隔热隔音护板），发动机舱布局介绍，发动机技术、变速器技术、制动系统简单说明、空气滤清器、散热器护板、醒目标志、铭牌讲解，如发动机排量、油耗、结构性能、参数、变速器、发动机底座，前保险杠、发动机管理系统、ABS、发动机布置形式等

（1）车前方。汽车展示往往从汽车的左前方开始，汽车销售人员首先应引导顾客站在车前方45°位置，上身微转向顾客，距离30厘米，左手引导顾客参观车辆。汽车的左前方是顾客最感兴趣的地方，这里的内容也最为丰富：顾客可以仔细观察汽车的标志、前照灯、前风窗玻璃以及车头的整体设计。汽车销售人员这时要做的就是让顾客喜欢上这辆车。

例如：本款车出自意大利名师之手，"X"元素代表着未知、创新、突破、无限扩展的意义。浑厚动感的前脸设计与饱满流畅的车侧腰线相结合，使整车彰显出大气稳重的成熟魅力。这款前照灯，能够根据外界光线的强弱自动开启和关闭，杜绝因光线突然变暗而导致的危险，确保您在过山洞和隧道时的行车安全，在这个价位的车中是唯一一款配备有这个安全智能前照灯的车。它还具有 60s 的灯光延时功能。它的前风窗玻璃达到了 $1.68m^2$，在同级别车中是最大的，同时采用了抗 UV 环保隔热玻璃，具有防紫外线、隔热等特点。吸能式双前保险杠采用的是特殊的吸震发泡材料，加上内置金属钢梁，能吸收意外的撞击力。镀铬格栅衬托车头设计，展现整车的大气与尊贵。

（2）车侧面。接下来，汽车销售人员可以引领顾客走到汽车的侧面，继续发掘顾客的深层次需求。一般而言，很少有顾客在第一眼看到汽车时就怦然心动，即便顾客对这款车心仪已久，也仍然会进一步考察其是否真的如想象得那么出色，那么适合自己。汽车销售人员可以带顾客听一听钢板的声音，看一看舒适的汽车内饰，感觉一下出入特性和侧面玻璃提高的开阔视野，体验一下宽敞明亮的内乘空间。汽车销售人员应该努力将汽车的各种特性与顾客需求进行对接，并适当地赞美顾客。

例如：本款车的 17 寸铝合金轮毂，多辐设计，刚性极佳。全封闭笼形承载式高强度车身，采用高张力钢板进行无缝焊接，科学运用不对称设计，使整车在受到碰撞时，能够科学地化解来自不同角度的冲击力。超高强度的 A、B、C 柱全部进行了加粗吸能式设计，A 柱加粗加强来自正面的防撞击能力，B 柱加粗加强来自侧面的防撞击能力，C 柱后方吸能设计与宝马的安全设计相同，当受到撞击时能有效保护内驾乘人员的安全。四车门全部装有坚固的双重防侧撞钢梁，当车侧发生意外碰撞时，防撞钢梁能强有力地阻止外力冲撞的直接伤害，形成有效的防护网，加强对人、车的保护。后视镜上增加了醒目的 LED 显示，使预警效果更加明显。它的电动调节可折叠功能方便您在狭小的空间里行驶与停车（必须动手演示）。本车采用双腰线的设计，中部主腰线由前照灯上边缘引出向后过渡，顺势串起前后门把手再滑至后尾灯上边缘，线条平直、不拖沓，一气呵成。为了保障人体的安全，侧围使用整块钢板冲压成形，并进行了加厚处理，增强车侧的车身刚性，能有效地缓冲来自侧面的撞击，提高车侧安全性，保障驾乘人员的安全。银色镀铬门把手安放在中间主腰线的线条轨迹上，轻松、自然，在车身侧面起到了很好的点缀作用。本车采用了目前很多高端车型才会使用的，世界上最为先进的 Bosch 9 代 ABS/ESP 系统。本套系统整合了 6 大功能模块及 4 个主动式转速传感器，4 通道 ESP 模块，集成式横摆角速度传感器和加速度传感器，功能更为强大。在一键式电动车窗上升的过程中，如果肢体或其他物品影响车窗上升时，上升动作将会立即停止并下降到最低点，以确保安全。

（3）车后方。汽车销售人员引领顾客站立在距离轿车约 60 厘米的地方，从行李舱开始，依次介绍高位制动灯、后风窗加热装置、后组合尾灯、尾气排放、燃油系统。随着自驾游的日益增多，很多顾客对行李舱的要求也越来越高。因此汽车销售人员一定要掀开备胎和工具箱外盖进行简略介绍。汽车的正后方是一个过渡的位置，但是，汽车的许多附加功能都可以在这里介绍，如后排座椅的易拆性、后门开启的方便性、存放物体的容积大小、汽车的尾翼、后风窗玻璃的刮水器、备用车胎的位置设计、尾灯的独特造型等。

例如：车顶尾部装配的扰流板可以有效利用气流来给车体带来下压力，提供更好的抓地力，更加稳定安全。而且它独特的线条设计还与侧窗弧线相融合成为一个大大的"X"造型，很是亮眼。后保险杠横梁采用 B 型断面梁，材料选用抗拉强度的高强度钢板。比传统保险杠防撞梁更能分散和降低撞击力，能更好地对撞击力进行分散传导，从而对驾驶舱形成有效保护。后尾灯总成采用了 9 颗直线排布的 LED 后位灯，点亮后颗粒状发光，呈现晶莹剔透的光效。整个红色的尾灯区域增加了深度感和层次感，且打破了普通后尾灯大面积红色造型出现的视觉疲劳，新颖别致，抓人眼球。倒车影像系统通过安装在车辆后部行李舱盖上的摄像头，将车辆后方影像显示在车内中控台区域 DVD 显示屏上。只要将挡位挂入倒挡，无论此时 DVD 屏幕上播放何种内容，倒车影像功能都会自动开启，使驾驶人随时能够通过显示屏的即时影像，更加便捷、安全地控制车辆倒车入库。本车采用"四通道"泊车雷达系统，通过安装在车辆后方的 4 个传感器，侦测车辆后部障碍物。当发现障碍物时，雷达会通过蜂鸣声进行报警，同时在车内音响信息娱乐显示屏上进行侦测距离显示，最大限度地保证您的驾驶安全。

（4）车后座。汽车销售人员应该适时争取顾客参与谈话的机会，邀请他们打开车门、触摸车窗、观察轮胎，并邀请他们坐到乘客的位置上。在此过程中，汽车销售人员要做到"眼中有活"，细致观察顾客的反应，认真回答顾客的问题，激发顾客的购车热情。

例如：本款车在后排座椅配备了 ISO FIX 系统，在靠背和坐垫的结合处装有两个锚固点，座椅头枕后面还有一个"防倾斜"锚固点。这套标准的固定系统能将儿童座椅或增高器牢牢地固定在座位上。后排座椅配备了可收折的中央扶手，需要使用时就可放下。同时扶手上配备了杯托、存储等功能。这款车有高强度钢制成的后座椅金属背板，可以在车辆发生追尾时，形成后排乘客与行李舱之间的保护屏障。儿童安全门锁设计需以专用钥匙才能解锁，防止误触而发生意外。后座配置三点式安全带，使后座人员更加安全。

（5）驾驶室。顾客观察完汽车的外形，那么接下来，汽车销售人员就要告诉顾客驾驶的乐趣和基本的操作方法。此时，汽车销售人员可以打开车门，邀请顾客坐进驾驶室，一边展示汽车的各种功能，一边引导顾客操作。介绍的内容包括座椅的调节、转向盘的调控、前窗视野、腿部空间、安全气囊、制动系统及空调音箱等。

例如：本车内饰造型以字母"V"字形为主，分别在驾驶座前、中、后 3 个位置有体现，仿佛随时预示着胜利（Victory）。进入驾驶室，请看这左右横向贯穿的超大"V"字形镀铬饰条，金属质感及科技感十足。仪表盘按键灵敏度高，按压后阻尼回馈的感觉又让人爱不释手，非常方便您触碰操作。转向盘采用头层牛皮包覆把圈+镁铝合金骨架，盘面上也有一个"V"字形镀铬饰条。左边控制音响功能及通信功能；右边控制定速巡航及行车电脑功能。各主要功能键的转向盘集中布置为您大幅度提高操控便利性，同时对于行车安全性也起到了一定作用。这种组合仪表层次分明，错落有致，这样设计的好处就是符合人体工程学的原理。当驾驶人获取仪表信息时清晰、直观，可缩短视线在仪表盘上的停留时间，大幅提升驾驶安全性。MMI 拥有友好的人机交互界面，让驾驶人操作起来就像使用电视遥控器一样方便。这种平台化的软件设计不仅方便了驾驶人控制车内各个系统，更重要的是他能针对不同的驾驶人预先设定好其所需要的各种模式，从而使驾驶人省去烦琐的设置过程。前排座椅带有电加热功能，高、低档供您随心选择（邀请客户试坐，并为其调节到最佳高度）。加厚坐垫和靠背的采用，使乘员身体对座椅各支撑点、面受力均匀，保证了您乘坐的舒适性。整车设定 309 项精确全面的振动噪声控制目标，诸多先进的控制技术的应用，使 X80 具有良好的整车振动噪声表现，达到同级别车型相应标准，甚至超越大部分竞争车型。另外，X80 内饰绝大部分采用软性搪塑材质也起到了一定作用。当主驾位和副驾位乘员对温度的感受度不同时，可以非常方便地调节成两个不同的温度环境。行驶过程中，您可以在 40～200km/h 的车速范围内启动该系统，人为设定车速后，巡航控制系统就会根据行驶阻力的变化自动增减节气门开度，使车辆保持一定速度。此时您将不需再操控加速踏板，只要握住转向盘即可正常行驶。在车辆点火开关处于 ON 位时，将挡位置于倒挡，无论此时 DVD 屏幕上播放何种内容，倒车影像功能都会自动开启，使您随时能够通过显示屏的即时影像，更加便捷、安全地控制车辆倒车入库。X80车型标配了前排双安全气囊，高配车型装备座椅侧安全气囊和侧气帘。通过六气囊配置为车内乘客打造全方位的气囊保护，降低车辆发生碰撞时对人体造成的二次伤害。

（6）发动机舱。介绍发动机时，势必涉及一些专业的数据，汽车销售人员可以根据顾客类型分别对待，对于一些中老年顾客或者一些对汽车并不是很了解的顾客，只需简单向他们说明发动机的原产地、油耗等基本资料；当遇到一些汽车爱好者或者年轻顾客时，则需要在征询他们同意之后，引领其站在车头前缘偏右侧，打开发动机盖，依次向他们详细介绍发动机舱盖的吸能性和降噪性、发动机布置形式、防护底板、发动机技术特点、发动机信号控制系统，以及发动机的基本参数，包括发动机缸数、气缸的排列形式、气门、排量、最高输出功率、最大转矩等。

例如：本款车的发动机罩内板采用了折弯设计，从外观上看，简洁大方；从功能上看，具有吸声、隔热、降低风阻和保护车内乘员以及行人安全的功能。当车辆发生碰撞时，发动机罩设计折弯区域发生折弯并向上拱起，充分吸收碰撞能量。这款车采用的是 2.0/2.3L 高性能全铝合金发动机，不仅具备良好的燃油经济性，排放标准高，节能环保，同时还拥有高功率、低速大转矩的出色动力表现。这款先进的发动机具有低噪声、高环保的特点，尾气排放已达欧亚标准。这一点，我们刚才在试乘试驾时已体会到了，噪声很小，几乎听不见。本车采用了发动机下沉式设计。这个设计是当发动机一旦受到撞击力超过固定机构的承受能力时，该装置可以保证发动机能够马上坠落到地面，从车底挤出车外，避免发动机冲入驾驶室，提高车辆的安全性。当车辆发生碰撞，ECU 检测到前部气囊弹出的信号时，供油系统立即停止向发动机供给燃油，从而阻止发动机的燃料燃烧，停闭发动机，避免二次事故的发生，提高车辆安全性。多点电喷系统采用计算机精确控制直接点火，依照点火先后顺序精确控制其油量。

绕车走一圈，看似简单，其实大有学问，很考验汽车销售人员的销售技术，但只要大体遵循以上 6 点，必能给顾客留下深刻的印象。当然，任何技术性的沟通都比不上设身处地地满足顾客的需求，因此，汽车销售人员始终不能忘记将汽车的特点与顾客的需求相结合这一销售原则。

如此规范的汽车产品展示流程是由奔驰品牌首先启用的，但在启用之初并不完善，后来被雷克萨斯品牌采用并发扬光大。经过调研，每位汽车消费者平均要在汽车展厅花费 90 分钟，其中有 40 分钟用来参观展示汽车。所以，这样一个包含 6 个标准步骤的展示应该使用 40 分钟。每一个位置大约花费 7 分钟，有的位置时间要短一些，有的要长一些，如在车后座、驾驶室、发动机舱的位置所用的时间要长一些。

当然，不同的品牌在进行六方位绕车介绍时，虽然都是绕车一周，在车辆左前方、车侧方、驾驶席、车后排、车辆尾部和发动机舱 6 个位置进行车辆的全面、系统的讲解，而且六方位绕车介绍法是世界通用的汽年销售方法，经历了市场的检验。但这种方法并不是一种僵化的产品展示流程，不同的汽车品牌进行产品介绍的顺序不尽相同。如东风悦达起亚六方位绕车介绍法的介绍顺序为：车左前方 45°位置——发动机室——驾驶席——车左侧——车后排——车尾部；比亚迪六方位绕车介绍法的介绍顺序为：车左前方 45°位置——发动机室——车右侧——车尾部——车后座——驾驶席。

此外，有些汽车品牌在六方位绕车介绍的基础上开发了"6+1"绕车介绍法，在原有的车辆左前方、车辆侧方、车辆驾驶室、车辆后排、车辆尾部、发动机舱 6 个方位的基础上，增加了一个方位——车辆正前方，将本应该在车辆左前方介绍的前照灯、保险杠、散热格栅、风窗玻璃等正面更加容易观察到的车身附件在此位置进行介绍。

（二）六方位绕车介绍行为规范

销售顾问为了更好地体现专业性和服务性，在进行车型介绍时，每个方位的介绍都应按照礼仪规范进行，从而提高车辆静态展示的效果。产品介绍过程的行为规范标准如表5.14所示。

表5.14　静态体验——汽车产品介绍行为规范

操作环节	动作规范要求
主动邀请车型介绍	主动邀请顾客进行静态体验； 向顾客介绍大概的流程和方位； 在不妨碍顾客看车视线的前提下，让顾客站在最佳的位置和角度看车； 从顾客重视的功能、方位开始进行介绍
车前方	引领顾客站在车头的左前方1.2~1.5米处； 站在顾客左侧，保持0.5~0.7米的距离； 侧向面对顾客，面带微笑； 用适当的姿势引导和介绍功能
驾驶室	引导顾客体验驾驶席； 为顾客调节座椅至舒适的位置； 征得顾客同意后，坐到前排乘员位上，按照一定的方位顺序，从左至右或从上至下地为顾客介绍车内功能
车尾	侧向面对顾客，面带微笑； 主动引导顾客，为其介绍尾部功能和配置； 打开尾箱，介绍其空间和实用性； 介绍随车工具和备胎
后排座椅	主动引导顾客体验后排座椅； 采用适当的姿势引导和介绍后排座椅的功能及特性； 为顾客展示后排的腿部空间和头部空间
车侧面	侧向面对顾客，面带微笑； 主动引导顾客并介绍车侧面； 采用适当的姿势引导和介绍车侧面的功能； 向顾客展示车侧面的线条和功能特性
发动机舱	侧向面对顾客，面带微笑； 主动给顾客介绍发动机舱； 采用适当的姿势引导和介绍发动机性能； 向顾客介绍发动机性能和节能表现

（三）六方位绕车介绍的基本技巧

六方位绕车介绍的基本技巧：①严格遵守商务接待礼仪。②在进行绕车介绍时，不要将产品资料交到顾客手上。③永远把最佳的观赏位置留给客户，销售顾问应站立在不影响顾客观赏展车的位置上。④任何时候都不得倚靠在展车上向客户作介绍。⑤向顾客操作演示展车上的各种设备时，保持小心、优雅，动作熟练。⑥尽量鼓励顾客自己尝试动手操作展车的各种设备。⑦如果顾客手持饮料或食品进入展车，应礼貌地请其将手中物品放在车外或由销售顾问在车外代为保管。⑧顾客在开关车门或接触展车时，注意顾客的服装、饰品或指甲是否有尖锐突出物，避免划伤车漆。⑨销售顾问在说明产品时，语言要简洁易懂，不要与顾客争辩。⑩不同顾客的关注点不同（见表5.15），在进行产品说明时要具有针对性。

表 5.15　顾客关注内容

顾客类型	关注内容
女性顾客	安全性、颜色、操作便捷性、大存储空间、时尚的外观造型、内饰、优惠的价格
男性顾客	刚毅的造型、功率、速度、越野性、操控性
工薪阶层	价格、油耗、维修费用、实用性
白领阶层	造型、色彩、新概念、价格
成功人士	豪华、舒适性、加速性能、越野性能
熟悉汽车的顾客	发动机功率、转矩、气门数量、其他新技术
不熟悉汽车的顾客	外观、内饰、仪表盘、前照灯造型

1. FAB 利益销售法

在销售顾问了解了汽车产品的造型与美观程度、动力与操控性、舒适性与实用性、安全能力以及超值性5个方面之后，还必须掌握另外一种销售技能，也就是在汽车产品销售过程中对产品的描述方法——将复杂的技术描述为顾客能够理解的对他们自身的益处。FAB 利益销售法就是目前所有产品销售过程中最有效的介绍方法。

谈到 FAB，销售领域内还有一个著名的故事——猫和鱼的故事。

一只猫非常饿了，想大吃一顿。这时销售员推过来一摞钱，但是这只猫没有任何反应——这一摞钱只是一个属性。

猫躺在地上非常饿了，销售员过来说："猫先生，我这儿有一摞钱，可以买很多鱼。买鱼就是这些钱的作用。"但是猫仍然没有反应。

猫非常饿了，想大吃一顿。销售员过来说："猫先生请看，我这儿有一摞钱，能买很多鱼，这样你就可以大吃一顿了。"话刚说完，这只猫就飞快地扑向了这摞钱——这个时候就是一个完整的 FAB 的顺序。

猫吃饱喝足了，需求也就变了，它不想再吃东西，而是想见它的朋友。那么销售员说："猫先生，我这儿有一摞钱。"猫肯定没有反应。销售员又说："这些钱能买很多鱼，你可以大吃一顿。"但是猫仍然没有反应。原因很简单，它的需求变了。

这个故事很好地阐释了 FAB 法则：销售员在推荐产品的时候，只有按 FAB 的顺序介绍产品，才能有效打动顾客。

（1）FAB 利益销售法的概念。

FAB 利益销售法是指在商品推介中，将商品本身的特点、商品所具有的优势、商品能够给顾客带来的利益有机地结合起来，按照一定的逻辑顺序加以阐述，形成完整且完善的销售劝说。

FAB 利益销售法将一个产品分别从产品特点、具有的优势以及给顾客带来的利益3个层次加以分析、记录，并整理成产品销售的诉求点，向顾客进行说服，促进成交（见图5.9）。

但需要注意顾客本身所关心的利益点，然后投其所好，使我们诉求的利益与顾客所需要的利益相吻合，才能发挥效果。

①F（Feature）：特征或特性。一个产品的特征就是关于该产品的数据和确定的信息，包括汽车的配置、参数等。如奥迪 A6 2.4 技术领先型的轿车配备了 4 个安全气囊、防盗报警系统、电子防抱死安全制动系统，这些都是产品的特征。

每一个产品都有其功能，否则就没有了存在的意义，这一点是毋庸置疑的。对一个产品的常规功能，许多销售顾问也都有一定的认识。但需要特别注意的是：要深刻发掘自身产品的潜质，努力找到竞争对手和其他销售顾问忽略的、没想到的特性。当你给了顾客一个"情理之中，意料之外"的感觉时，下一步工作的展开就会比较容易。

②A（Advantages）：优点或优势，即产品所具有的特征的功用或作用，帮助顾客解决了用车过程中所遇到的哪些问题。①中所列的商品特性究竟发挥了什么功能？是要向顾客证明"购买的理由"：同类产品相比较，列出比较优势；或者列出这个产品独特的地方，可以直接或间接地加以阐述。

③B（Benefit）：利益或好处，也就是产品特征以及优点是如何满足顾客表达出来的需求的。如优越的产品质量所带来的使用上的安全可靠、经久耐用，可以给顾客带来省时、省力、省钱的好处。

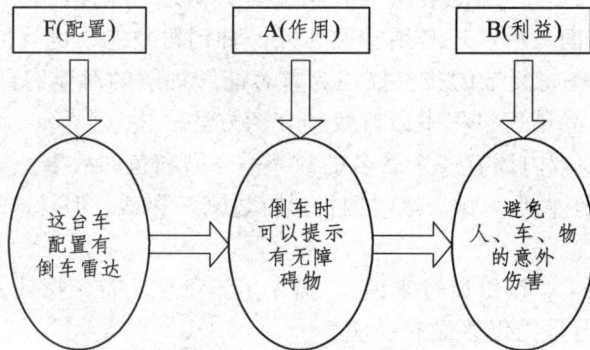

图 5.9　FAB 法图解

利益销售已成为销售的主流理念，一切以顾客利益为中心，通过强调顾客得到的利益和好处激发其购买欲望。这种介绍法贯穿于产品介绍的因果关系中，在产品介绍中，它形成了"因为……，所以……，对您而言……"的标准句式。即"因为+属性，所以+作用，对您而言+利益"。例如："（因为）这辆车配有 12 缸发动机，（所以）从 0 到 100 千米的加速时间仅为 12 秒，（对您而言）这可以让您快速提升行车速度，享受这种快感。"

可见，商品的特征是客观存在的，商品的优势是在与其他商品的比较中发掘出来的，而商品的利益则需要把商品的特点和顾客的消费需求、购买心理结合起来，需要与特定的顾客联系起来。同一商品对不同的顾客可能意味着不同的利益，而不同的商品对同一顾客也可能意味着相同的利益。

销售顾问要熟悉在各个不同位置应该阐述的对应的汽车特征能带给顾客的利益，即展示出汽车独到的设计和领先的技术,也可通过展示来印证这些特性满足顾客利益的方法和途径。

例如：ABS 的 FAB 利益销售法话术：

"您一定有多年的驾驶经验了，或者您注意到一些有经验的驾驶人，在遇到紧急情况时，不是完全将制动踏板踩到底，而是会间断地松开制动踏板。因为他们不想失去对车辆行驶方向的控制，想在制动的同时还可以控制转向盘，这个动作则表明那辆车是没有 ABS 的。由此可见，ABS 是在紧急制动的时候帮助驾驶人获得对汽车方向控制的一个装置，这样就可以大大地增强您的行车安全性。"

销售顾问从 ABS 这个特征以及该特征的优点，从顾客的需求角度来陈述了 ABS 带来的利益，让顾客将这个优点与自己感受的实际情况密切结合起来。这种产品描述方法可以大大加深顾客对产品的印象。

例如：FAB 介绍法打动客户。

汽车销售顾问："张先生，您选车主要是为了方便接送孩子，是吧？"

客户："是呀，我孩子快上幼儿园了，可淘气了。学校离家比较远，有车要方便些。"

汽车销售顾问："孩子四岁到十二岁，是最调皮、最好动的时候，行驶途中的安全是第一位的。孩子对车外总是充满好奇，喜欢攀爬车窗，如果碰到车窗上升按钮，很容易被玻璃夹伤。我们这款车采用的是电动防夹车窗。车窗上升的时候，如果孩子将手搭在了玻璃上，车窗会从上升的趋势改为下降，可以避免发生夹伤事故。好动的孩子还有可能在车子行驶途中打开车门，这是非常危险的。您看，我们这款车只要您细心地把开关设到 'LOCK' 的位置，车门就只能通过车外的门把手打开，而孩子从车内是打不开的，这样能够有效地防范风险。您来试试……"

客户："这样设计不错，我们家那孩子要是不预防着点，还真怕他出事。"

销售顾问："欧洲的 NCAP 新车碰撞测试代表了世界最严格的碰撞安全标准，我们这款车载的测试得到了综合评定五星的最高评价，无论是正面碰撞还是侧面碰撞，这款车对一岁半幼童和三岁孩童的保护都得到了满分，可以说是同类车型中安全系数最高的，它一定能最大限度地保护您和孩子的安全。"

案例讨论：怎样用 FAB 法将所售车型的特征与客户的需求对接起来？

（2）使用 FAB 利益销售法的原则。

①实事求是。实事求是是非常重要的。在介绍产品时，切记要以事实为依据。夸大其词，攻击其他品牌以突出自己的产品都是不可取的。因为顾客一旦察觉到销售顾问说谎、故弄玄虚，出于对自己利益的保护，就会对交易产生戒心，反而会让交易失败。每一位顾客的需求都是不同的，任何一款产品都不可能满足所有人的需求。如果企图以谎言、夸张的手法去推荐产品，反而会使那些真正想购买的顾客退却。

②清晰简洁。在进行车辆介绍时可能会涉及许多专用术语，但是顾客的水平是参差不齐的，并不是每一个顾客都能理解这些术语。所以介绍车辆时应尽量用简单易懂的词语或是形象的语言代替。在解说时，要逻辑清晰、语句通顺，让顾客一听就能明白。如果感到自身表达能力不强，就要事先多练习。

③主次分明。介绍车辆产品除了实事求是、清晰简洁外，还要注意主次分明。不要把关于产品的所有信息都灌输给顾客，这样顾客根本无法了解到产品的好处和优点，也就不会对产品有兴趣。在介绍车辆产品时，应该有重点、有主次：重要的信息，如汽车产品的优点、好处，可以详细地阐述；而产品的一些缺点、不利的信息可以有技巧地进行简单陈述。

（3）FAB 利益销售法的具体应用。

①音响系统。

F：这款车配备了新型的××环绕立体声音响系统。

A：它提供了自然的 360°音响效果，增加了多通道环绕声技术，这对于为驾驶人及所有乘客优化音响效果都是重要的，能够呈现剧院般的聆听效果。

B：在您行车的路上给您带来顶级汽车独有的听觉享受，也可以大大减少您驾驶时的疲劳感。

②座椅的通风和加热装置。

F：这款车配备有座椅加热和通风装置。

A：座椅加热和通风装置，可以在座椅的小孔间循环热风或冷风，在各种温度下，它都能够提供更高的舒适度。冷却功能与皮质座椅结合，可以避免出汗。加热功能能够让您迅速感到舒适，因为在 12 秒内即可加热到选定的温度。

B：大大提高了您行车的舒适性。

③空气悬架系统。

F：这款车配备有调节减振系统的敏捷操控悬架系统。

A：可以自动调节悬架设定，在各种路面都能应付自如，无论是在高速公路驾驶，还是在崎岖的山路，都能让您体会到超凡的加速性、敏捷的操控性和卓越的舒适性的完美搭配。

B：可以大大提高您行车的舒适性能。

④7 档变速器。

F：这款车配备了 7 档变速器。

A：好比爬同样高度的楼梯，7 个台阶的楼梯就比 6 个台阶的楼梯要平滑很多，应用这款变速器的结果就是换挡更加平顺，减少了顿挫感，感觉不到换挡间隙。

B：用车的经济性能大大提升。

⑤轮胎压力监测系统。

F：这款车配备有轮胎压力监控系统。

A：一旦有轮胎漏气或者轮胎被扎，仪表盘上就会显示轮胎压力警告。

B：这样不但能保证驾驶的安全，也能减少意外事故的发生。轮胎压力监控系统起到了提前预警、防患于未然的作用，提高了行车的安全性能。

⑥HOLD 防溜车功能。

F：这款车配备了 HOLD 防溜车功能。

A：就是当您的车需要在坡道停下或堵车时或等红灯的时候，您可以快速连踩两下制动踏板，此时仪表板上会有"HOLD"字母出现。然后，您可以放心地松开制动踏板，不必使用驻车制动器，车辆就会稳稳地停在那里。

B：该功能不仅能节省换挡时间，还能提高驾驶的安全性。

⑦夜视辅助系统。

F：这款车配备了夜视辅助系统。

A：该系统通过仪表盘成像，可以看到前方 150 米距离以内的障碍物。

B：该系统不仅使用方便，而且还大大增强了夜晚行车的安全性。

⑧日间行车灯。

F：这款车配备了日间行车灯。

A：该日间行车灯采用高亮 LED 灯组设计，可以轻松识别车辆。

B：将美观与安全第一完美结合，在高亮度保障安全的同时，其独特的造型设计还展示了该车型的气质，也可以体现车主尊贵的身份和地位。

⑨预防性安全系统。

F：这款车配备了预防性安全系统。

A：在您进行急转弯或紧急制动的时候，安全带会自动收紧，驾驶人侧的座椅会调到最佳的位置，侧窗如果开着会自动升起，但会留 5 毫米的间隙。

B：这样能保证车上人员的安全，将事故的风险降到最低，从而大大提高行车的安全性。

2. FABE 销售法

简单地说，FABE 销售法就是在找出顾客最感兴趣的各种特征后，分析这些特征的优点，找出这些优点能够带给顾客的利益，最后列出证据。通过这 4 个关键环节来回应消费诉求，证实该产品确实能给顾客带来这些利益，极为巧妙地处理好顾客关心的问题，从而顺利实现产品的销售。

FABE 销售法是在 FAB 销售法的基础上发展起来的。FAB 销售法已经在前面进行了详细的解释与说明，这里不再赘述，只着重说明 FABE 销售法中的 E。

E（Evidence）：代表证据，包括技术报告、顾客来信、报刊文章、照片、示范等，通过现场演示、相关证明文件和品牌效应来印证之前的一系列介绍。所有作为证据的材料都应该具有足够的客观性、权威性、可靠性和可见证性。

针对不同顾客的购买动机，向顾客推介最符合其要求的商品利益是最关键的。为此，最精确有效的办法是利用特性（F）、优势（A）、利益（B）和证据（E），其标准句式是："因为（特性）……从而有（优势）……对您而言（利益）……您看（证据）……"

（1）特性（Feature）——"因为……"：①描述商品的款式、技术参数、配置。②是有形的，这意味着它可以被看到、尝到、摸到和闻到。③回答了"它是什么"。

（2）优势（Advantage）——"从而有……"：①解释特点如何能被利用。②无形的，这意味着它不能被看到、尝到、摸到和闻到。③回答了"它能做到什么……"

（3）利益（Benefit）——"对您而言……"：①将功能翻译成一个或几个购买动机，即告诉顾客将如何满足他们的需求。②是无形的：自豪感、自尊感、显示欲等。③回答了"它能为顾客带来什么好处"。

（4）证据（Evidence ）……"你看……"：①向顾客证实你所讲的好处。②是有形的，可见、可信。③回答了"怎么证明你讲的好处"。

在介绍产品的特色和优点时，最好不要超过 3 个，否则过多的特色和优点很难给客户留下清晰的印象，而且向顾客介绍特色和优点时一定要符合两大原则：

一是基于客户需求满足的原则，即介绍的特色和优点一定要是能够满足顾客需求的，否则再好的特色和优点也不会引起顾客的兴趣。

二是基于竞争对手比较优势的原则，即特色和优点是一种比较优势，也就是说，你的特色和优点一定是竞争对手所没有的，或比竞争对手做得更好的，否则就不是特色和优点，顾客也不会产生兴趣和购买欲望。

例如：汽车安全性的介绍。

"先生，您这边请。"（引导顾客到车侧面）

（特点）"这款车全车关键部位均采用激光焊接，总长度达到43米。"

（优势）"这种焊接技术可以快速达到分子层面的紧密结合，不仅几乎没有缝隙，而且焊缝非常均匀，您看车顶位置都不需要密封胶条，这也进一步提高了车身的强度。"

（利益）"当汽车在行驶过程中突然受到外力撞击的时候，由于激光焊接车身的强度高，变形很小，能有效地保证车内的空间，也进一步提高了您和乘坐人员的安全。"

（证据）"您看，这是关于这款车激光焊接的相关数据和资料。"

将这几句话连起来说，顾客听起来会有顺理成章的感受。

3. FBSI 销售法（构图讲解法）

（1）FBSI 销售法简介。

F 是指配置或特点，B 是指客户利益，前面都已经详细说明，这里不再重复阐述。

S（Sensibility）：感受，即销售顾问引导客户亲身感受。

I（Impact）：冲击，即销售人员构建一个关于顾客拥有汽车后的美好的、具有冲击性的情境，来激发顾客的购买欲望。

FBSI 销售法的标准句式：拥有（配置或特点）……对您来说（客户利益）……感觉（感受）……试想（冲击）……

当顾客前来购车时，其实在心中也有一幅图画，就是有车生活的情景。顾客在决定购车的时候，往往潜意识里会勾画出自己拥有汽车之后的情景，然后根据这一情景和图画来做出判断。顾客会在潜意识中描绘理想中车辆的颜色、外形、内部装饰、空间等内容。因此，销售人员要想将车辆销售出去，就必须了解顾客心中的这幅图画，并且通过自己的介绍来描绘一幅美丽的图画，以此来达到刺激顾客购买欲望的目的。

例如：××车型拥有折叠硬顶技术，能够在 25 秒内开启和闭合折叠硬顶。对您来说，××车不但能让您随时随地享受敞篷跑车那种自由畅快的感觉，更能在必要时变成优雅的轿跑，让您尽情享受美妙的休闲时光。这种感觉只有××车型才能够带给您！试想一下，您开着××车在海边兜风，车里坐着您的家人和朋友，大家一起沐浴在温暖的阳光下，呼吸着清新的海风，看着海天一色的景色，是多么令人羡慕的生活啊！

（2）采用 FBSI 销售法的好处：

①给顾客留下深刻的印象。

②增强顾客的参与感，引起顾客的共鸣。

③让顾客感同身受。

④吸引顾客的注意力，激发顾客的购买欲望。

（3）FBSI 销售法应用的时机。

①叙述功能的时候。销售顾问在介绍 SSC 发烧音响系统时说："××车配备的这款发烧

音响，不论高音还是低音都能够完美呈现，让您有身临音乐会现场的感觉。当你驾车途中遇到堵车心烦的时候，打开音响，让轻柔的音乐在耳边流淌，让您的身心沐浴在动人的旋律之中，心中的烦恼便会烟消云散……"

②车辆使用过程中。销售顾问在介绍车载导航系统时，可以这样介绍："××车配备了 GPS，您只需确定目的地，导航系统就能通过语音进行引导。有了它，您再也不用在行车的过程中左顾右盼地寻找路标了，也不用因去陌生的地方而翻看地图了，导航系统就像一个无所不知的贴心助理，您只需轻点屏幕，设定好目的地，导航系统就可以带您到任何您想去的地方……"

③突出车辆特性的时候。销售顾问在突出车辆安全性的时候，可以这么表述："人的生命只有一次，汽车固然是一个交通工具，但对于您的家人来说，您开车在外，最重要的是安全。如果车辆的安全性差，家人会非常担心。××汽车是世界上最安全的汽车之一，可以给您最安全的保障，同时令您的家人安心，即使您出门在外，家人也不用担心……"

（4）FBSI 销售法应用的重点。

销售顾问根据所销售的产品提炼出一个销售主题，然后为这个主题构造一个应用情景，最后将主题和情景结合起来，连缀成一个故事或生活情景。通过这种方法，为顾客构造出一幅幸福、美满的图画，激发出顾客对这幅美丽图面的无限向往，从而使其接受产品介绍，并且购买产品。

4. 竞品分析

竞品，顾名思义就是竞争产品及竞争对手的产品。

在车辆展示过程中，顾客常常会抛出竞争车型与展示车型进行比较，而且往往是拿竞争车型的优势与展示车型的劣势进行比较。如果销售顾问对竞争车型不了解，不能进行客观合理的对比，并进一步突出展示车辆的优点，就会流失客源。

（1）竞争产品的确定。

①生产规模相近。规模经济把成本降至比较满意的水平，企业规模越相近，竞争基础力越相近，成本趋同造成的价格战越激烈。因此，规模相近的企业就有可能成为最主要的竞争者。

②价格相近。市场零售价是直接面对消费者的价格，既反映汽车的价值，又直接反映顾客的接受程度，因此只有零售价接近的车型，才可能成为竞争车型。

③销售界面相近。销售界面是汽车企业在销售过程中汽车流通的分界面，即企业将汽车转交出去的分售地点。销售界面相同，就相当于在同一市场中竞争。

④定位档次相同。产品的定位档次应由车型的品质、使用价值或功能、车型包装、价格4 个要素来确定。车型的档次相同往往意味着他们的目标市场基本相同，在竞争方向上具有一致性，定位档次相同的车型才是名副其实的竞争车型。

⑤目标顾客相同。车型使用价值的满足对象，就是车型的目标顾客。目标顾客相同，竞争的市场就一样。

（2）ACE 竞品比较方法。

当顾客在进行汽车竞品对比时提出不利于我们品牌车型的观点时，可采用 ACE 竞品比较方法进行竞品对比，更能够体现自身的品牌优势，从而增加顾客的信任，树立其购买的信心，让顾客意识到我们可以创造与竞争对手相同的甚至更多的价值。

ACE 竞品比较方法通过认可（Acknowledge）、比较（Compare）和提升（Elevate）3个步骤，认可竞品具有的优势，发现自身产品与竞品相比具有的其他优点，并对产品进行优势方面的比较，强调这些优势更能满足顾客的需求，从而突出自身产品的优势。

①认可（Acknowledge）：承认顾客的判断是明智的，认可竞品的优势，牢记顾客的需求，发现自己的产品与竞品相比的其他优点。

②比较（Compare）：从对顾客有意义且对自己的产品有利的方面进行比较，如科技亮点、厂商声誉、经销商的服务、销售人员的专业性、第三方推荐、其他顾客的评价等。

③提升（Elevate）：强调与竞争对手相比，自己具有的优势，以及这些优势为何更能满足顾客的期望或需求，明确产品在竞品比较过程中的优势地位。

例如：ACE 竞品比较方法。

①认可（Acknowledge）。您对 PG 的了解真是很细致啊！PG 的膝部空间确实比 PST 大了一点。（认可观点，寻找优势）

②比较（Compare）。但是它只比 PST 多了半个拳头那么大的空间，而座椅的宽大程度上却比 PST 小了不少，乘坐舒适性上反而不如 PST，后排更多是要坐着舒服对吧？另外，PST 的侧门板采用的是加固防撞设计，厚度是 10 cm，而 PG 是 8 cm；而且 PST 侧面还装有防撞钢梁，在车辆受到侧面撞击时能起保护作用，相比较 PG 而言，PST 的安全方面更为突出。（针对需求，利益对比）

③提升（Elevate）。您选车不仅仅考虑空间这一个因素吧。PST 这款车有很多的亮点，您看您经常开车接送女儿上下学，节假日还要全家驾车外出游玩，车辆的安全性、驾驶的舒适性和较强的操控性也是您的考虑重点吧。（深入讲解，强化优势）

（3）竞争车型分析遵循的原则。

进行竞争车型分析时应遵循以下原则：①客观说明车辆的配置。②不夸大事实，不恶意贬低竞品。③适当提及竞品，重点强调本企业的产品更能满足客户的需求。④结合反问技术，了解顾客为什么喜欢竞品的车型。⑤善于利用转折法，先肯定对方，然后通过介绍突出自己产品的优势。⑥利用汽车网站数据、论坛用户评论和第三方测评等，全方位地向顾客展示本企业的产品优势，强化顾客树立产品信心。

【任务实施】

一、运用 FABE 法则介绍车辆配置

任务内容（见表 5.16）：

（1）以小组为单位，每组每位学生任意至少选择车辆的 3 个配置，运用 FABE 法则介绍所选择车型的配置。

（2）小组成员互评。

（3）自评。

表 5.16　运用 FABE 法则介绍车辆配置

任务名称	运用 FABE 销售法则介绍车辆配置
任务实施	所选择的车型配置： 1. 运用 FABE 介绍： 2. 运用 FABE 介绍： 3. 运用 FABE 介绍： 小组互评： 自评： 改进之处：

二、运用 FBSI 法则介绍车辆配置

任务内容（见表 5.17）：

（1）以小组为单位，每组每位学生任意至少选择车辆的 3 个配置，运用 FBSI 法则介绍所选择车型的配置。

（2）小组成员互评。

（3）自评。

表 5.17　运用 FBSI 法则介绍车辆配置

任务名称	运用 FBSI 销售法则介绍车辆配置
任务实施	所选择的车型配置： 1. 运用 FBSI 介绍： 2. 运用 FBSI 介绍： 3.运用 FBSI 介绍： 小组互评： 自评： 改进之处：

三、加竞品分析的个人六方位绕车介绍

任务内容：每小组的每位学生都要进行六方位绕车介绍，品牌车型由自己来选择。六方位绕车话术由自己编写，介绍过程中加入竞品的分析，各组成员进行评价（见表 5.18）。

表 5.18 加竞品分析的个人六方位绕车介绍

任务名称	加竞品分析的个人六方位绕车介绍
任务实施	所选择车型： 车型的竞品分析： 小组互评： 优点： 缺点： 自评： 优点： 缺点： 改进之处：

任务六　试乘试驾

【学习目标】

1. 掌握试乘试驾手续。
2. 熟悉试乘试驾流程。
3. 掌握试乘试驾的具体内容、产品讲解与沟通技巧。

【任务描述】

积极邀请客户进行试乘试驾：试乘试驾是客户体验产品的最佳机会，客户在驾驶的过程中，对于汽车的很多性能不一定能完全感受到。你能在试驾的过程中，设计好体验环节，并不失时机地为客户进行有效讲解吗？

【知识准备】

体验式营销是以客户为关注焦点的现代营销方式，已经渗透到各个行业的营销领域。体验通常是对事件的直接观察或参与，不论事件是真实的，还是虚拟的。体验会涉及顾客的感官情感、情绪等感性因素，也会包括知识、智力思考等理性因素，同时也可有身体的一些活动。体验式营销最关键的就是试乘试驾客户参与，亲身感受。汽车销售的体验式营销的重要方式是试乘试驾。

一、试乘试驾概述

（一）试乘试驾的概念

试乘是指由经销商指定人员来驾驶指定的汽车供顾客乘坐，以体验车辆的性能。

试驾是指在汽车销售中，顾客在经销商指定人员的陪同下，沿着指定的路线驾驶指定的车辆（试乘试驾车），从而了解这款汽车的行驶性能和操控性能。

经销商指定人员通常是指接待顾客的销售顾问或者专门的试乘试驾专员。指定的车辆是指试乘试驾专用车，而暂未出售的库存车辆则不能作为顾客的试乘试驾车。

（二）试乘试驾的目的

（1）确认顾客需求：在试乘试驾过程中了解顾客的重点需求。

（2）强化顾客关系：在相对私密的环境中拉近与顾客的距离。

（3）创造顾客拥有的感觉：加强并暗示顾客拥有汽车后的感觉。

（4）创造销售购买契机：激发顾客的购买冲动。

（三）试乘试驾的作用

（1）试乘试驾是顾客了解产品的重要途径。随着汽车普及率的提高，消费者的购买心态愈加理性，他们更加关注汽车的品质。试乘试驾是消费者了解一款汽车的重要途径。一辆汽车的外表再好都是"给别人看的"，车主与汽车的感情实际上是产生于方向盘与踏板之间的。所以，汽车的行驶性能和操控性能是消费者购车时不容忽视的因素。由于汽车的行驶性能和操控性能难以用数据来衡量，试驾也就成了多数消费者了解汽车行驶性能和操控性能的重要途径。试乘试驾可以提高顾客对产品的高度认同，增强顾客对品牌的信任，同时让顾客对产品有切身的感性体验。

（2）试乘试驾时是经销商推销产品和服务的最好时机。一方面，顾客在试乘试驾时很可能需要音响、空调，以及电动门窗、座椅调节等功能，销售顾问此时可以非常自然地向顾客介绍车上的各种装备，从而使顾客深入了解这款车。而在展厅里，面对断油断电的展车，顾客通常不会对一些具体的功能感兴趣。另一方面，销售顾问可以借此机会展示自己的专业素养。调查表明，大多数销售顾问在展厅都比较热情，彼此间没有明显的差别。而在试驾过程中，销售顾问的服务水平便会立刻显现出巨大的差别。因此，有些销售顾问很容易在试驾服务中与竞争对手拉开差距。

（四）试乘试驾的流程

在汽车销售过程中，试乘试驾环节具有标准的工作流程，通过这些规范的标准流程，销售顾问可以更有效地对汽车性能进行展示。虽然不同汽车品牌试乘试驾环节的流程和内容有所不同，但是都能够具体归类总结为试乘试驾的准备、试乘试驾前、试乘试驾中和试乘试驾后这几个关键环节（见图5.10）。

车辆介绍程序/邀请客户试乘试驾

试乘试驾前

1.请客户填写"试乘试驾登记表"

2.询问客户是否亲自驾驶 — 是 → 3.检验、复印客户驾驶证

4.请客户签署"试乘试驾客户协议书"

（否）

5.车辆是否准备就绪 — 否 → 6.马上准备车辆

（是）

7.带客户到试乘试驾车旁进行介绍

试乘试驾中

8.邀请客户上车

9.检查所有乘客是否系好安全带

10.销售顾问将车辆开至出发区

11.销售顾问根据线路剧本示范驾驶

12.客户是否试驾 — 否 →

（是）

13.在出发区请客户坐到驾驶室位置

14.请客户调整座椅、后视镜和方向盘

15.检查所有乘客是否系好安全带

16.引导客户按照线路剧本进行试驾

17.将车辆开回展厅

试乘试驾后

18.向客户馈赠试乘试驾小礼品

19.请客户填写"试乘试驾反馈问卷"

20.伺机进入购买商谈环节

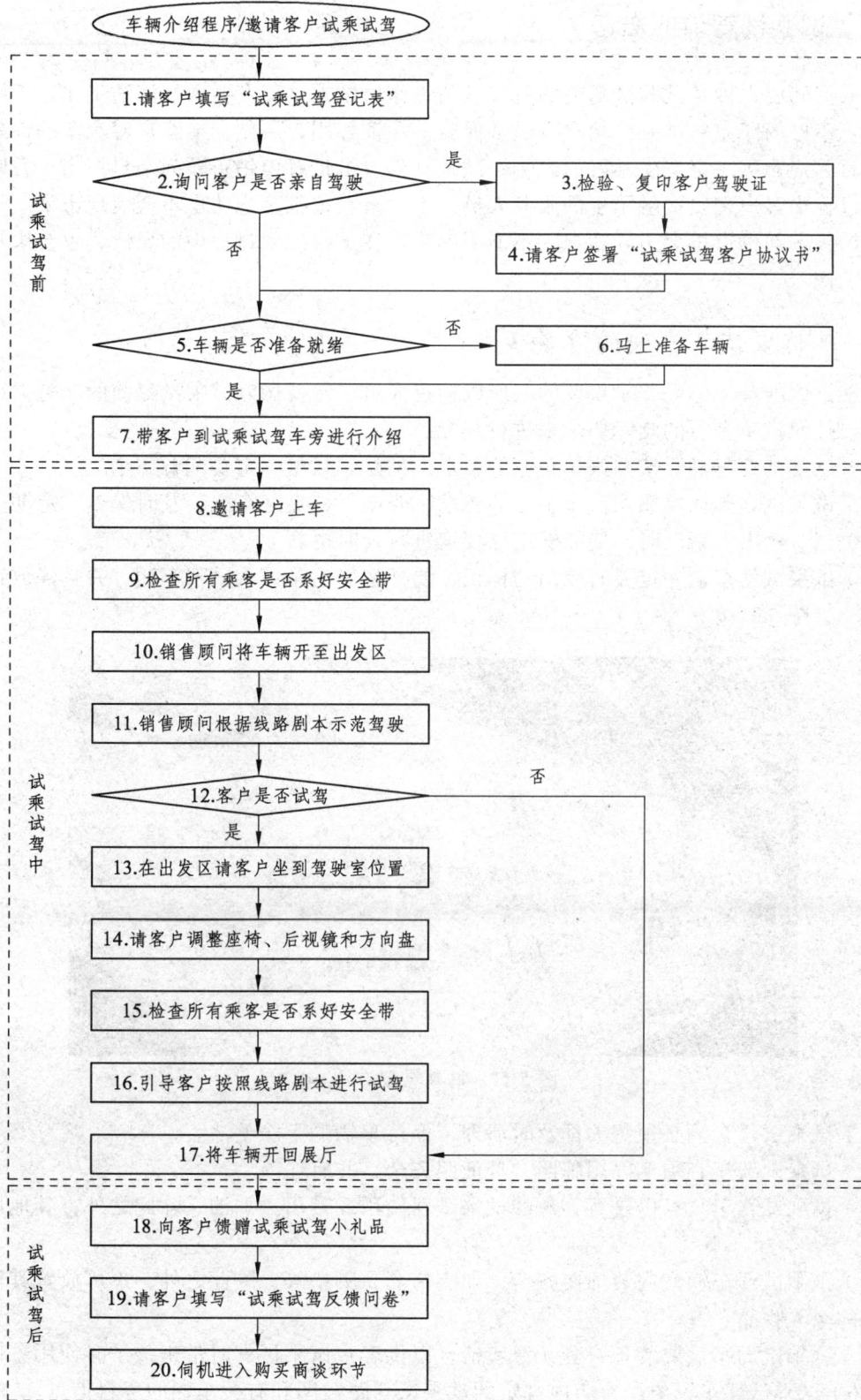

图 5.10　试乘试驾流程

二、试乘试驾前的准备

试乘试驾要先做好试乘试驾前的一些准备工作。试乘试驾车要做好清洁工作，否则会给客户留下不好的印象；试乘试驾车要经常保养，保证好用，否则会使客户对汽车的性能产生疑问，对客户购买决定产生不好的影响；试乘试驾专员最好由销售顾问亲自担当，否则在试乘试驾过程中客户又要接触陌生的服务人员，不太自在，很多想法也不会表现出来。就算表现出来销售顾问也没机会引导客户，不能了解客户在试乘试驾过程中的想法，也会影响以后的议价工作。

（一）试乘试驾车辆的准备

试乘试驾准备工作是非常重要的，所以销售人员一定要做好试乘试驾前的准备。试乘试驾车辆要按照汽车企业的实际要求来进行装配。

（1）试乘试驾车辆要按照汽车企业的要求，型号和数量一定要配备齐全。

（2）试乘试驾车辆要按照汽车企业的要求，时刻保持良好车况，及时保养，定期美容。

（3）当车辆出现新款时，要能够按照规定进行及时更新。

（4）试乘试驾车辆一定要有专门的标识，要标记好这是试乘试驾车辆，并且停放在指定的位置（见图5.11）。

图5.11 试乘试驾专用车

（5）试乘试驾车辆必须每天都及时清理，保持车辆的干净整洁。

（6）试乘试驾车必须上民用牌照，且证照齐全，并有保险。

（7）试乘试驾车只可以进行客户的试乘试驾使用或是出去加油，除此之外，其他用处一律不可。

（8）试乘试驾车辆室内装饰要齐全，如座椅套、脚垫等，除此之外，不可放置其他与车辆无关的个人物品。

（9）试乘试驾车辆要装备一套儿童座椅，以供客户试乘试驾时带来孩子时使用方便。

（10）试乘试驾车辆要配有店内规定的试乘试驾路线图和有关车辆的资料信息。

（二）试乘试驾时资料的准备

（1）要准备好试乘试驾时客户需要签署的试乘试驾协议书（见表 5.19）。协议书的具体内容由销售公司自行编写，明确界定双方的权利和义务，以规避不应承担的经济、法律责任。

表 5.19 ××汽车销售有限公司试乘试驾协议

甲方：××汽车销售有限公司
乙方：（姓名）　　　　　　　　　联系电话：
联系地址：
为保证试乘试驾活动安全、有序、顺利地实施，甲乙双方本着相互支持、相互理解的原则，就试乘试驾××汽车达成如下协议：
1. 甲方在甲乙双方协商约定的时间内，向乙方提供××汽车的试驾服务。
2. 试车前，乙方必须出示真实有效的身份证和驾驶证正本，实际驾龄必须两年以上，并留驾驶证复印件给甲方，每次试车连同试驾者最多两人。
3. 乙方试车时，必须在甲方代表陪同下，按照甲方代表的指定路段进行，试驾过程中车速不得超过甲方要求的 70 公里/时。
4. 乙方试车时，必须遵守国家规定的道路交通法规相关之规定。
5. 如因试车者不遵守交通法规，发生交通违章，应由乙方及时到交通管理部门接受处理；如因试驾者不遵守交通法规（试驾协议）而造成交通事故，应由试驾者本人承担事故责任；如将试乘试驾车辆损坏，乙方应承担甲方为恢复试驾车辆完好状态所产生的一切费用。
6. 甲方保留随时终止试车服务的权利。
7. 驾驶证为 A 本或 B 本时，试驾者必须提供体检证明，否则甲方可以拒绝乙方的试驾请求。
8. 雨雪或大风等恶劣天气，甲方有权拒绝乙方的试驾请求。
9. 试驾路线：
试驾车资料由甲方代表填写
车型　　　　　　　　　　　　　　　车牌号
本试车活动最终解释权归××汽车销售有限公司所有。
甲方：　　　　　　　　　　　　乙方：
年　　　　月　　　　日
您的光临是我公司全体员工的荣幸，感谢您的试驾！
试乘试驾人（签字）：
身份证号：　　　　　　　　　　　　　　　驾驶证号：

（2）要准备好试乘试驾后客户需要填写的试乘试驾意见反馈表（见表5.20）。

表5.20　试乘试驾意见反馈表

您试乘试驾的车型：			年　　月　　日
1.请你就以下项目对试乘试驾车型给出您的意见：			
启动，怠速	A. 很好	B. 好	C. 一般　　D. 差
起步	A. 很好	B. 好	C. 一般　　D. 差
加速性能	A. 很好	B. 好	C. 一般　　D. 差
转弯性能	A. 很好	B. 好	C. 一般　　D. 差
制动性能	A. 很好	B. 好	C. 一般　　D. 差
行驶操控性	A. 很好	B. 好	C. 一般　　D. 差
乘坐舒适性	A. 很好	B. 好	C. 一般　　D. 差
驾驶视野	A. 很好	B. 好	C. 一般　　D. 差
静音性	A. 很好	B. 好	C. 一般　　D. 差
音响	A. 很好	B. 好	C. 一般　　D. 差
空调	A. 很好	B. 好	C. 一般　　D. 差
操控，按键便利性	A. 很好	B. 好	C. 一般　　D. 差
内部空间	A. 很好	B. 好	C. 一般　　D. 差
内饰工艺	A. 很好	B. 好	C. 一般　　D. 差
上下车便利性	A. 很好	B. 好	C. 一般　　D. 差
外形尺寸	A. 很好	B. 好	C. 一般　　D. 差
内部造型	A. 很好	B. 好	C. 一般　　D. 差
2. 你对陪同驾驶人员的满意度？ A. 很满意　　　　B. 满意　　　　C. 一般　　　　D. 不满意 3. 你对4S店的试乘试驾的服务满意度？ A. 很满意　　　　B. 满意　　　　C. 一般　　　　D. 不满意 4. 你的其他宝贵意见和建议：			
姓名：　　　　　　　　　　　　电话：			

（3）试乘试驾前不要忘记填写试乘试驾车辆使用管理表（见表5.21）。

表5.21　试乘试驾车辆使用管理表

序号	日期	试驾车型	试驾时间	归还时间	公里数	销售顾问	客户姓名	客户电话

（4）要准备好试乘试驾路线图（见图5.12）。4S店要根据车辆的特点规划好有利于表现车辆特性的试乘试驾路线，通常准备两条不同路线，以充分展示车辆的不同性能。一般在客户试乘时，安排开阔的路面，以便给客户带来舒适的乘坐体验。在客户试驾时，根据各4S店实际路况、车型的需求选择路段。选择路线时，如有可能，要考虑安排大直路、上下坡、高低速弯道、颠簸路段、安静路段及适合紧急刹车的路段；尽量避免安排太多恶劣路况的路段，否则，顾客的舒适感会降低；不要选择恶劣天气试乘试驾，避免因视线不清、路面湿滑而发生事故；选择人流量较少的路段，避免在试乘试驾中发生车辆及人身伤害；试驾路线的选择要能够凸显车辆的优势，如安静性、行驶舒适性、加速性、操控性、高性能、驻车性能、防抱死制动性能、自动变速箱性能等。一般试乘试驾的预计时间在10~20分钟，既能满足试车的需求，也不必浪费过多时间。应将试乘试驾路线制作成路线图，并摆放在展厅，便于销售人员在试乘前向客户进行路线说明。

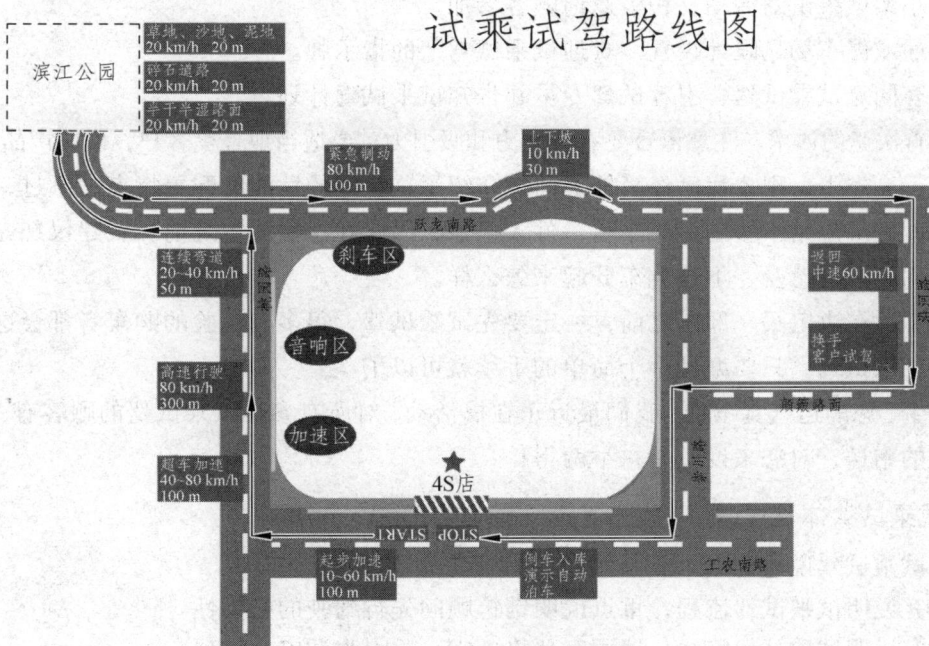

图5.12　试乘试驾路线图

（三）试乘试驾时人员的准备

陪驾人员的选择有 3 个标准：一看驾龄，二看技术，三看性格。一般要求试乘试驾专员具有 8 年以上的驾龄。除硬性驾龄指标外，还必须真正长期驾驶汽车，这也是必要的条件。此外，一般应选择性格沉稳、耐心仔细的试乘试驾专员。陪驾人员要熟悉试乘试驾路线，了解路况信息，在试乘试驾时，可以起到提醒客户调整方向，及时避让来往车辆的作用。此外，要不断接受品牌培训，学习不同车型的配置特征，在试乘试驾时，提醒客户注意，演示车辆的特殊功能，从而给客户最佳体验。

三、试乘试驾的过程

试乘试驾的流程主要分为试乘试驾前、试乘试驾中、试乘试驾后。

（一）试乘试驾前

1. 试乘试驾邀约

（1）试乘试驾邀约要点：

商品说明后主动邀请顾客进行试乘试驾。

当顾客首次拒绝试驾时，真诚地进行第二次邀约，并说明试乘试驾给顾客带来的好处。

当顾客试驾的目标车型不在店内或者在维护中时，应当提供其他的代替车型，或者预约下次试驾的时间。预约的时间应在 7 天以内。

安排小型试乘试驾活动，积极邀请顾客参加。

在展厅或停车场显眼处设置"欢迎试乘试驾"的指示牌。

若顾客同意试乘试驾，引荐试驾专员并告知试乘试驾计划。

（2）首次邀约话术。注意语言要有说服力和吸引力，要适当地夸奖客户，说明产品的特点。

例如：×先生，刚才我已经简单地向您介绍了这款车的性能和配置特点，不过，买车只靠看和听就做决定是不够的。买车是一件大事情，因此在您做决定之前，我建议您先进行一下试乘试驾，亲身感受一下这款车开起来怎么样。

×先生，在决定买一部车之前，一定要先试乘试驾，很多有经验的购车者都会这么做。您如果想试乘试驾，只要办理一个简单的手续就可以了。

×先生，您的运气真不错，我们最近正在搞活动，对所有参加试乘试驾的顾客有一个"三重大礼"的赠送，对您来说真是一举两得！

2. 试乘试驾体验说明

（1）试乘试驾说明要点：

向顾客说明试乘试驾流程，重点说明销售顾问先行驾驶的必要性。

向顾客说明试乘试驾路线，请顾客严格遵守，重点强调安全事项。

查验顾客的驾驶证是否符合驾驶条件，如是否携带了驾驶证、驾驶证是否是本人的、驾驶证是否在有效期内、驾龄是否满足要求等。

将符合驾驶条件的顾客驾驶证复印存档，向顾客解释试乘试驾协议书的重要条款，并请顾客签名。

如顾客不符合驾驶条件，销售顾问邀请顾客进行试乘体验，由试驾专员做试驾示范。

结合顾客需求和试乘试驾路线，向顾客强调试驾路线上每一路段重点测试的性能和配置。

由其他工作人员陪同试驾时，销售顾问应向顾客介绍，以便在试驾过程中进行沟通和交流。

（2）试乘试驾前话术。

（得到顾客同意后）×先生，您的驾驶证带了吗？我们需要复印您的驾驶证来进行登记。（拿到顾客的驾照后）您稍等，我去复印您的驾驶证。（复印驾照回来）这是您的驾驶证，请收好。

（递上协议）这是我们的"试乘试驾协议"，您先看看，如果没有什么问题，请在这里签字。×先生，您要体验的项目是什么呢？是加速性能？还是……（递给顾客路线图）另外，这是我们一会儿试乘试驾的路线图，我们会从这里出发，经过××路，在××路转弯，在××地方更换驾驶人，由您试驾。全程×公里，路线包括直线路段、转弯路段、上下坡路段、减速带等。

为了让您更好地体验××车，我们的试乘试驾大致分为以下几个步骤：先请您试乘，体验××车型的某些功能和配置，如音响、iDrive 以及车载蓝牙手机，因为这些是在车辆静态时体会不到的。然后我们会在路途中换乘，换您试驾，按照我的操作方法进行体验。回到展厅后，麻烦您填写一份试乘试驾意见表，写下您的感受和意见，以便日后我们更好地为您服务，大致过程就是这样。您看可以吗？（得到肯定回答之后）我们的试乘试驾总共大约需要××分钟。为了您的安全，在此期间如果您要拨打电话，请将车辆停靠在路边再接听好吗？

如果没有什么问题就随我一起上车吧。这辆车就是我们一会将要试乘试驾的××车。来，请您先坐到前排乘员座位上，先由我来驾驶，一会换您来试驾。（为客户打开前排乘员侧的车门，用手保护顾客的头部以免碰到车门上框，请客户坐到前排乘员座位上）

（下蹲在顾客的右侧）座椅位置您觉得合适吗？如果不合适可以通过这里的电动调节按钮进行调节，××车的座椅调节是×方向的，还包括腰部支撑。为了您的安全，请将安全带系好（帮助顾客将安全带系好）。（如果由专门的试乘试驾专员进行试乘试驾）这是我们的试乘试驾专员××，这是我们的顾客×先生，会与您一起试乘试驾。（如果是销售人员带顾客进行试乘试驾）那好，我现在要坐到驾驶位上为您做进一步的讲解。（得到顾客的许可后，坐到正驾驶座位上）

（夏天、冬天应提前打开空调）车内的温度还可以吧？如果觉得不合适，我们可以通过这里的空调调节按钮进行调节。××车有豪华舒适空间，在中央扶手后端和B柱上都设计了空调出风口，后排的乘员同样能得到好的照顾。这是车速表、转速表、油表、冷却液温度表，这里是驾驶人信息系统的屏幕，您可以在行驶过程中随时查看瞬时油耗、平均油耗等。这是前照灯开关，这是喇叭的位置，这是定速巡航的控制杆，这是刮水器控制杆，这是 iDrive，也就是××车的智能驾驶控制按钮，一会儿在我驾驶的时候您可以通过这个按钮来进行功能键操作。

××先生，请坐好，下面我们就要正式开始试乘试驾了。

（二）试乘试驾中

1. 顾客试乘

顾客试乘的主要目的既是让客户感受车辆的动态性能，同时让客户熟悉车辆的操作和配置为试驾做准备。在试乘阶段，试驾专员充分地与客户进行沟通，了解更多客户信息，能够有针对性地观察和挖掘客户的需求点并做相应的产品介绍，激发客户的购买欲望。

（1）执行要点：

引导客户上车前，邀请客户欣赏车辆外观，给客户做简要介绍。

引导客户上车时，试驾专员要注意执行规范礼仪，帮助客户开车门，保护好客户的头部，方便客户入座副驾驶位置。

邀请客户入座副驾驶位，落座后帮客户调节座椅，讲解座椅的调节方法、座椅质地、车门厚重安全、车窗视野等产品内容，提醒客户系好安全带，帮助客户关好车门。

试驾专员于车前绕到驾驶位，进入驾驶室落座。

试驾专员在驾驶位对车内空间布局、操作按键位置等做静态介绍。尤其是转向盘调整、后视镜、座椅、仪表台布局、仪表盘显示、头部腿部空间等。

根据前期了解客户对音乐等方面的喜好，播放客户喜欢的音乐。打开空调调节到适应温度，给客户提供车内饮用水等。

告知客户驾乘过程中的注意事项，系好安全带，征询客户同意后起动车辆，怠速情况下简单介绍发动机等产品知识。

安全驾驶试乘试驾路线，适时适度地介绍产品知识，让客户体验车辆动态性能。

在车辆起步阶段，讲解车辆发动机的设计特点。在整个试乘的过程中，让客户感受车内音响效果（音质美妙），车辆的空调效果（环保空调、不影响动力输出），车辆的乘坐感受（坐在车内享受舒适的空间），车辆的操控性（运动底盘带来的操控感），让客户了解路线（重点讲解加速路段、转弯路段），为后续试驾做准备。

（2）沟通话术（以××车为例）：

×先生您看，该车的发动机采用了现代先进的发动机芯片滚码防盗技术，如果不是原车钥匙，发动机是绝不会被非法启动的。现在启动发动机，您听发动机怠速的声音很轻，有几次试乘，别的顾客还以为发动机没启动呢。（发动车辆，发动机怠速运转）您看现在我们的发动机处于怠速状态，它的运行非常稳定，噪声和震动也非常小，接下来我们感受一下起步时的动力。

现在我们要起步了，您可以感受一下起步时车辆的平顺性。

×先生，前面是一条直路，车辆比较少，路况比较好，我们来试一试直线加速，请您坐好了。该车的动力系统采用××高效率发动机，再配以我公司自主的变速箱，匹配度非常好，动力强劲，推背感很强，而且提速时车辆很稳定，不仅如此，还很省油，1.6升和1.8升手动挡每百公里只有 6.7 升和 7.5 升。所以该车不仅动力充沛，而且经济省油。

×先生，前面是一段弯道，我们感受一下汽车在过弯时的稳定性和操控性，该车采用助力转向系统，您看转向时非常轻松平顺而且转向很精确。另外，您可以感受到在过弯时，由于座椅的包裹性非常好，让我们有很强的安全感。下面是一段 S 弯，我们感受一下过弯时车辆的稳定性和灵活性，我们的前悬架采用了麦弗逊悬架，后悬架采用了钢板弹簧悬架，而且都采用了加强设计，兼顾了车辆的行驶舒适性和承载性。过弯时您可以感到车身非常灵活，而且车身的姿态保持得也非常好，不仅转向很精准，而且侧倾很小，也没有出现侧滑和甩尾情况，非常稳定、安全、舒适。

前面有几个小弯，您可以感受一下全新底盘的性能，主要是转向系统和悬架系统的性能。这款车采用最新的拖曳臂扭力梁式悬架，配合转向系统，转向循迹性非常好；连续过弯抗侧倾能力强，同时，前后排座椅都配有侧面腰部支撑，车辆摆动很小，乘坐非常舒适；而且轴距达到 2 650 mm，行驶更稳定，具有优秀的操控稳定性。虽然定位是家庭轿车，但依然能够满足您的驾驶乐趣。

×先生，前面您可以感受一下车辆的刹车性能，刹车时您会感觉到，虽然制动紧急，但车辆的可控性仍然非常好，我们的车辆配备了 ABS 和 EBD 刹车辅助系统，万一在紧急制动时，能最大限度地保证车辆和人员的安全。

×先生，接下来是路况非常好的路段，咱们来感受一下这辆车的提速性能！您看提速反应非常灵敏，中途再加速，性能也非常优秀，发动机有一种源源不断的动力；同时，这辆车的前置前驱设计不仅提速性能绝佳，同时车内仍然保持良好的静谧性，感觉到了吗？

前面的路段有减速段，需要减速慢行，我们试一下该车的减速行驶性能。它的刹车系统经过全新优化布置，制动管路大大缩短，配合加大加厚的前刹车盘，刹车时轻轻一点就可以了，反应相当灵敏。

现在的路面比较颠簸哦，我们来试试悬架的减震性能和乘坐的舒适性。该车悬架采用充气式液压减震器，车身过减速段上下跳动比较小，乘坐也很舒适。该车的车身采用很多加强结构，而且整车不同部位做过隔音或吸音处理，同时四轮都使用绿色静音轮胎，行驶在各种路面上，车厢内都很安静。

×先生，最后，来试一下急刹车，我会一脚把刹车踩到底，您注意抓好拉手。该车配备了全新 8.0 版本的 ABS+EBD 电子辅助刹车系统，刚才您在展厅也看到了，ABS 和 EBD 移到发动机后面的前围板上，离刹车泵和车轮都很近。紧急刹车时，ABS 和 EBD 会迅速工作，不仅方向性很好、很稳定，而且制动距离也很短。它的制动距离在同级车中最短，从 100 km/h 到 0，只需要 41.7 m；座椅都经过防滑处理，不仅人的前冲比较小，还不会向下潜滑，非常安全。

该车转弯半径比较小，后挡风玻璃和后视镜宽大，倒车视野很好，而且配备倒车雷达，停车很方便。

×先生，刚才您乘坐了一圈，线路和状况大概清楚了，下面一圈由您来开车。我们交换一下位子，注意安全。

2. 换 手

客户试乘感受车辆乘坐性能之后，按照试乘试驾路线至适当地点或将车行驶到店内进行换手。换手一定是在保障安全的前提下进行，试驾专员的礼仪和专业服务至关重要。

（1）执行要点：

在预定的安全地点换手，将车熄火，开启危险警告灯，取下钥匙，拉驻车制动器手柄，下车与顾客换位。

换手时协助顾客调整座椅、后视镜等配备，使顾客感觉舒适。

提醒顾客系好安全带，再次提醒安全驾驶事项。

在顾客的视线范围内换到副驾驶座，递给顾客钥匙。

准备不同种类的音乐光盘供顾客选择，试听音响系统。

在顾客驾驶前，简要提醒顾客所要体验的重要内容，以强化顾客的感受。

（2）沟通话术：

×先生，接下来，您将亲自驾驶我们的××车，这是带防盗功能的钥匙，只要轻按一下这个键，车门就会解锁。您可以试着开关一下车门，听一下声音是不是很厚重？只有车的档次够，才会有这样的声音，是不是很动听？您再试一下车门开启后的自动关闭功能，您会发现只要轻轻一推车门边缘，无须用力就会自动关好，这可是同级别车中的唯一。来，请您坐在驾驶座上，自己调节一下这款电动座椅。对就是这样，很正确！它有10个方向调节。这应该就是您要买的那款车应该配备的座椅吧！您再感受一下座椅的包裹性，是否感觉到整个身体都被座椅牢牢地包裹起来。您也知道，只有高档车才会有这种感觉。为了您的安全，请先系好安全带。

（坐到前排乘客位置）×先生，您现在可以把钥匙插进锁孔，右脚踏紧制动踏板，开始启动。请注意再听一下发动机的声音，再次感受一下这款性能优异的发动机给您带来的驾驶乐趣。请注意控制车速，遵守交通安全。我也会对路线给您必要的提示。

3. 顾客试驾

顾客试驾是指顾客沿着指定的路线驾驶指定的车辆，从而了解这款汽车的行驶性能和操控性能。汽车销售顾问通过动态介绍来强化客户对产品的信心，激发购买欲望，从而提高来店成交率。汽车销售顾问也可以通过客户试驾进一步了解客户对新车的关注点，从而深入地对客户做需求分析，为促单成交打下基础。

（1）执行要点：

适时提示顾客前方路况和其他事项（如前边右拐弯，请注意减速等）。

让顾客自己体验车辆性能，销售人员提醒体验重点。

仔细倾听顾客的谈话，观察顾客的驾驶方式，发现更多的顾客需求。

当顾客有危险和违章行为时，果断采取措施，并请顾客在安全地点停车，及时向顾客讲解安全驾驶的重要性，取得顾客理解，与顾客换位。

行驶出顾客驾驶路段或区域，销售顾问应及时提示顾客安全停车，结束顾客试驾，由销售顾问驾驶车辆返回。

（2）沟通话术：

×先生，您看，这款车的前挡风玻璃很宽大，视野很好。现在前面是一条直路，车辆比较少，路况较好，您可以试一试直线加速，感受一下油门踏板的感觉和发动机动力输出的响应，以及变速器换挡的平顺性。怎么样，反应很灵敏，换挡很轻，提速很快吧？

前面要过弯了，您可以感受一下高速过弯时动力系统与全新底盘的表现。对了，刹车灵敏、转向精准、侧倾很小，又稳定又舒服，动力输出也很连贯。

前面的路有几个连续弯道，您可以连续打方向，试试操控的稳定性。这款车拥有比较好的驾驶乐趣，速度感应式的助力转向，手感适中，转向精准稳定；悬架循迹性好、侧倾小，加上长轴距，行驶稳定舒适。

×先生，前面的路段有减速段，需要减速慢行，您试一下这款车的减速行驶性能。轻轻点刹车，反应相当灵敏。

现在的路面比较颠簸，您可以感受一下悬架的防震性和乘坐的舒适性。您看车身在过减速段时上下跳动比较小，噪声也很小，乘坐又安静又舒服。

×先生，最后我们来试一下急刹车，您只要轻握方向盘，一脚刹车踩到底，其余的就交给 ABS+EBD 来做就好了。刹车踏板是不是有明显弹脚的感觉？那是 ABS 和 EBD 在工作，正常的。怎么样？刹车很灵敏、很稳定吧？

×先生，您可以试着把车停到试乘试驾区，我们的试乘试驾就结束了。

（三）试乘试驾后

在顾客试乘试驾完毕后，引导客户回到展厅，让其坐下来好好休息一下，可为顾客倒上一杯茶水，舒缓一下客户驾车时的紧张情绪，并适当地称赞客户的驾驶技术，并请客户填写"试乘试驾意见调查表"。此表应该在顾客试乘试驾前准备好，此前已经进行介绍，此处不再阐述。

在试乘试驾后，应针对顾客特别感兴趣的地方再次有重点地强调说明，并结合试乘试驾中的体验加以确认。如果顾客试乘试驾后对车型产生疑虑，应该立即向顾客进行合理和客观的说明。趁顾客试乘试驾后对车辆的热度尚未退却之际，趁热打铁地自然促使顾客签约成交；对于暂时不能成交的顾客，要留下顾客的相关信息，并及时与顾客保持联系。最后与顾客道别，并感谢顾客参与试乘试驾活动。

1. 执行要点

（1）称赞顾客的驾驶技巧，提醒顾客携带好自己的物品，以免遗忘在车内。

（2）确认顾客有足够的时间来体验车辆性能，不排除再度试乘试驾的可能性。

（3）引导顾客回展厅（洽谈区），提供免费茶水饮料。

（4）针对试乘试驾展示的亮点，询问顾客感受，填写"试乘试驾意见表"。

（5）对于顾客在试驾过程中的个性化问题进行重点解释，以推动进入报价、成交阶段。

（6）适时询问顾客的签约意向。

（7）待顾客离开后，填写顾客信息，注明顾客的驾驶习惯和关注点。

2. 沟通话术

怎么样？×先生，在刚才的试乘试驾中，您是不是对这款车有了更深一步的认识？如果我没有猜错的话，您已经喜欢上了这款车，现在就想马上拥有它，把它开回去给自己的朋友和家人看一看吧。

（顾客的异议）那您还需要在哪方面进行比较呢？看得出，要不是这款车深深打动了您，你也不会告诉我实话。这样吧，有关这方面的问题我们到洽谈室坐下来认真聊一聊，相信一定会让您满意。

【任务实施】

一、试乘试驾前准备模拟

任务内容（见表 5.22）：

（1）以小组为单位，每组派出两名同学，一名扮演销售顾问，另一名扮演客户，进行试乘试驾前的准备工作模拟。情景由自己设定。

（2）进行自评，认识了解自己的优缺点。

（3）小组进行相互评价。

表 5.22　试乘试驾前准备模拟

任务名称	试乘试驾前准备模拟
任务实施	所选择的车型： 小组的情景设定： 小组成员对我的评价： 优点： 缺点： 自评优缺点： 优点： 缺点： 改进之处：

二、试乘试驾流程情景模拟

任务内容（见表 5.23）：

（1）以小组为单位，每组派出两名同学，一名扮演销售顾问，另一名扮演客户，进行试乘试驾流程情景模拟。情景由自己设定。

（2）进行自评，认识了解自己的优缺点。

（3）小组进行相互评价。

表 5.23   试乘试驾流程情景模拟

任务名称	试乘试驾流程情景模拟
任务实施	所选择的车型： 小组的情景设定： 小组成员对我的评价： 优点： 缺点： 自评优缺点： 优点： 缺点： 改进之处：

任务七 促成成交

【学习目标】

1. 掌握报价技巧，能报价签约。
2. 掌握价格谈判的技巧。
3. 掌握签约成交的流程。

【任务描述】

报价并促成客户成交：在汽车销售过程中，我们经常听到客户这样讨价还价，"这车多少钱？最便宜多少钱""车怎么这么贵，不值这个钱""再便宜3 000我就买了，不便宜我就去别的店买""新车过段时间就会降价，我还是等降价了再买吧"。面对这些询问，我们应该如何应对呢？

【知识准备】

一、报价成交的流程

当顾客进入成交阶段，销售顾问对销售价格进行说明的行为被称为报价。

报价是最后促进顾客做出购买决定的关键环节，如何做好报价说明，是销售人员必须掌握的基本技能。销售顾问在向顾客报价的过程中不能仅仅说明车辆的销售价，还要着重说明车辆带给顾客的利益和产品的价值。

议价成交的流程主要有议价成交前准备、确定车型和颜色、提供增值服务、议价协商、签约付款以及送别顾客等。

（一）议价成交前准备

（1）查看最新库存、已订购车辆以及在途车的状况，信息应包括：车型、配置、颜色、数量和库存时间（或预估到货时间）。

（2）准备好相关文件：合同、价格文件，如汽车销售合同、车辆和增值产品报价单、特约店内部报价单、报价商谈明细表；增值服务的介绍文件，如上牌、精品、配件、保险、贷款以及置换服务的介绍。

（3）使用"顾客洽谈卡"和"试乘试驾意见调查表"，总结销售环节中了解到的顾客购车相关需求。

（4）了解销售和售后部门最新的促销计划，与销售主管或经理沟通、确认后，作为准备和顾客议价的条件。

（5）如有必要，请展厅经理或销售经理参加议价环节，让顾客感到被重视。

（二）确定车型、颜色

（1）重点推荐符合顾客需求的车型、排量和配置，并解释推荐的原因和能带给顾客的好处。

（2）运用选装配件、车型型录、宣传册、平板电脑等辅助工具来帮助顾客进行选择。

（3）根据顾客的需求，与顾客一同确认车型、颜色和配置组合。

（4）当需要离开顾客身边去做必要的查询时，要告知顾客自己的去向。

（5）若库存里没有顾客想要的车型、颜色和配置，根据顾客需求，积极引导顾客选择现车。

（6）当顾客不选择现车时，告知顾客新车订购流程和所需等待的时间。

（三）提供增值服务

（1）推荐金融按揭业务：引导顾客进行金融按揭购车服务，介绍相关服务流程。如果顾客表示有按揭购车意向，介绍、对比各种按揭方案，说明特约店金融分期服务的好处，并进行价格异议处理。

例如：×先生，您肯定注意到了，现在银行利息越来越低，分期购物越来越普遍，很多可以付全款的顾客都选择了贷款，这样可以把余钱用于为新车增项，让新车更好开、更舒适。本周正逢厂家为月底冲量而特设的贷款贴息活动，相当于节省30%的利息办分期，机会难得。

（2）推荐保险业务：引导顾客购买保险服务，介绍相关服务流程。如果顾客需要此项业务，展示并讲解保险文件和报价单，为顾客介绍办理保险的流程和费用，并告知顾客使用特约店提供协助办理保险的好处。

例如：×先生，和您相处这么久了，我觉得有必要给您一个建议，建议您把"涉水险"勾选上。千万别小看它，其实像您经常行驶的地区，每年的降雨量比较多，路面积水会比较深，就容易引起汽车涉水行驶或被水淹没而造成发动机的损害。而且该险种费用特别低，但是对发动机的保护确实很周到。

（3）推荐置换业务：引导顾客进行二手车估价和置换服务，介绍相关服务流程和估价。如果顾客需要该业务，向顾客介绍使用特约店置换服务的好处，并进行价格异议处理。

例如：×先生，我们的二手车评估师非常专业，可以为您提供免费的评估和便捷的置换服务，不仅可以节约买新车的交付款，而且新旧车无缝更替，对您的工作、生活影响极小，安全可靠、省心省力。而且，本周正逢厂家举办的置换补贴活动，更是折上折，建议您重点考虑一下！

（4）推荐精品业务：根据顾客需求，使用精品手册、实物样板等资料向顾客推荐品牌纯正用品。向顾客重点介绍特约店精品来源、保修标准和安装标准的优势；着重推荐本品牌纯正用品的好处，并进行价格异议处理。

例如：×先生，您看您的新车都已经选择贴上车身防爆膜了，不妨再增加个前风窗玻璃防爆膜。它的作用经常被人忽视，比如××品牌的前风窗玻璃膜加入了银离子，折射阳光不吸热，效果更好，使用年限长达10年。而且我们提供了售后质保，保证您用得安心、放心。

（5）协助上牌：主动告知顾客特约店提供协助办理牌照、购置税等服务，询问顾客是否需要此项服务。如果顾客表示需要此项服务，出示流程文件和报价单，为顾客介绍协助办理牌照、缴纳购置税等的流程和费用，并告诉顾客使用特约店提供协助办理服务的好处。

例如：×先生，我们公司不仅可以实现新车销售和售后维护，还帮忙代理选号、上牌等一条龙服务，实实在在为客户提供方便。这样也可以减少您为了上牌跑服务站的时间和麻烦，您说是吗？

（6）推荐延保业务：引导顾客进行汽车延保业务，介绍相关服务流程。如果顾客需要该业务，向顾客介绍特约店延保服务可节省后期开销的好处，并进行价格异议处理。

例如：×先生，您肯定注意到很多电商早已提供延保服务了，其实就是考虑了顾客的使用成本，让顾客省钱、省心。汽车同样是长期消耗品，后期的使用成本一定会上涨，通过延保，您可以提前锁定爱车的维修成本及原厂正品服务。以后您如果要换车，您的爱车也更保值！"

二、汽车报价方法

汽车消费者在进店之前一般会通过很多途径事先了解汽车的大概价格，所以对汽车价格有所了解，当客户在询价时，销售顾问应该如何报价是非常重要的，很多时候销售顾问的第一次报价可能引起客户不满，认为销售顾问不诚心报价，或者报价过高，客户拒绝进一步商谈。所以销售顾问要根据客户需求，在不同的时机使用不同的报价方法。

（一）"三明治"报价法

"三明治"报价法，即"利益—价格—利益"的三步报价模式。第一步针对客户需求，总结客户选定车型的主要配备及客户利益；第二步明确地报出价格，明确说明客户应付的款项与所有费用及税金，若客户需要代办保险，使用专用的表格准确地计算并说明相关费用；第三步重点强调客户选定的车型对客户生活或工作带来的正面变化，指出超越客户期望的地方。这种报价方法一般采用"认同+原因+赞美和鼓励"的方式，也就是首先站在顾客的立场上认同顾客的说法，然后说明原因，最后赞美、鼓励顾客的说法和做法。

【案例5.5】

贵有贵的道理

销售顾问小王在"周末车市"上接待了一名疑似闲逛的客户。客户走进展区，绕着一台SUV转了几圈，简单询问了几句，说："这'周末车市'我逛了好几次了，就你们价格高。"

"大叔，您真有眼光，您看的这款SUV可是我们店的镇店之宝，连着六个月都盘踞我们销量排行第一。您这是给孩子看车吧？"小王看大叔50多岁，判断如果中意SUV的话，大多都是帮孩子看的，所以试探地问。

"哟，判断得还挺准，我是帮儿子看车呢，他上班忙，没空来逛，我就先替他把把关，差不多了就让他直接来订一台。"小王听了暗自高兴，他最喜欢这样直接道出购买意向的客户。

"有您这样的父亲，您儿子一定很幸福。大叔，这款车确实正如您所说，价格不便宜，但是它却贵得有道理。首先，我想您能关注咱们这款车的一个很重要的原因是它的品牌，它是世界知名品牌，这是今年上市的最新车型，出身名门，自然价更高。其次，这款车搭载了同档次车型中最尖端的发动机，性能稳定，品质高端。再者，从我们4S店购买的任何一款车，都能享受一年免费、两年优惠的星级售后服务。说实在的，咱们这款车不光贵得有理，更是物超所值啊。您觉得呢？"

此例中，在客户没有表现出强烈的购买欲望的情况下，单纯地讨价还价，讨论价格高低对销售本身毫无帮助，反倒会让客户忽略车子本身的优点。此时，销售顾问应该做的就是分析价格形成的原因，帮助客户透过高价格的表象，更透彻地看到汽车本身的优势所在。

（二）"化整为零"报价法

"化整为零"报价法也叫作"价格分摊法"或者"拆细报价法"，它将产品价格与产品生命周期结合起来，计算出单位时间的费用，以表明产品的价格并不算昂贵，给客户造成一种"花小钱，得大利"的感觉。

例如：这么算还贵吗？

顾客："18万元？这车也太贵了吧？"

销售顾问："您说得不错，对于普通老百姓来说，汽车还属于高档消费品。但是和其他消费品不同，汽车不是使用一两年就会坏的，如果不跑长途，用上8年、10年都不是问题。不要说10年，就拿6年来算，您1年只需要付出3万元，就能拥有一辆属于自己的汽车，过上有车一族的生活。而如果没有车，像您这样做生意的。每天打车的费用都要一两百块吧？"

顾客："汽车本身我是没什么可挑剔的，就是价格好像太高了，我按月付款的负担还是很大的，能不能便宜点？"

销售顾问："先生，按照每月付款方式，您每月只需要支付×元，也就是说，每天还不到×元。可是，您可知道，汽车租赁公司出租这种型号的车，每天收取的费用却是×元。想一想您自己驾车的乐趣，难道您还觉得买得不值吗？"

顾客："听上去有些道理。"

（三）比较报价法

销售顾问要用自己产品的优势与竞品相比较，突出自己的产品在设计、性能、声誉、服务等方面的优势，也就是用转移法化解顾客的价格异议，销售顾问要把顾客的视线转移到产品的优势上。销售顾问在运用比较法的时候，要站在公正、客观的立场上，一定不能恶意诋毁竞争对手。贬低对方来抬高自己的方式只会让顾客反感，结果也会令销售顾问失去更多的销售机会。

例如：这台车是贵了点，但是贵了这3万块钱只是相当于您3个月的工资，您用3个月的工资就可以享受更高端的汽车配置，这车保值率这么高，至少开上8年、10年您都不会腻，是不是很值得拥有？

例如：××车的降价幅度的确很小，而不像日韩系车的幅度那么大。作为买车的人，您肯定想越优惠越好，但作为一个车主，您愿不愿意看到自己买后的车价一路狂降？我们车子价格较为稳定，其实是对消费者负责任。许多日韩系车买之前都有价格优惠，但不到几个月又会调整价格。另一个原因，××车之所以降价幅度小，这与厂家的市场营销观念有关，日韩系厂家是把返利让给经销商，由经销商把控价格，当经销商销售出现压力时就会大幅度调价，从而吸引消费者；而××厂家是直接把利益让给客户，我们经销商无法调整价格。我之前的一位车主，他和朋友一起买车，他买了××，他朋友买了××，当时××还要加 5 000 元拿车。现在半年的时间，他朋友的车已经折了 1.5 万元，而他的车却一直都没有掉价，心里都不知道多舒坦，拿去卖二手车都能赚多一点。

（四）迂回报价法

当客户直接询价时，要尽量通过问答的形式了解客户，如可以问客户选定的车型，用车的要求，对车型配置的要求，还有没有特殊的需求。通过这些问题的回答，销售顾问可以判断客户是不是真正需要购买，对于真正有需求的客户，我们可以给一个非常详细的报价。总之，一定要留出继续谈价的余地。

综上所述，要根据具体情况，把 4 种报价方式结合起来使用。报价永远是随机应变的，但要遵守一个原则，即利润最低保障的原则，如果实际利润低于利润的最低保障，那么这单生意不如不做。

三、价格谈判技巧

（一）直接促成法

直接促成法又叫开门见山法，是指汽车销售人员在充分肯定客户意向的前提下，解决了客户主要的异议与问题后，顺势向客户提出成交建议的方法。直接促成法适用于老客户、有丰富的汽车知识和经验的客户、善于理性思考和分析的客户，这种方法的优点是快速、高效；缺点在于，如果应用时机不当，容易给客户造成很大的压力，破坏成交的气氛。直接促成法可以分成明显的三段式，第一步是确认客户对该车的看法和满意度；第二步是询问客户存在的异议和问题；第三步是提出成交建议。

例如：第一步，您看这款车还满意吗？需要我向您介绍一下其他车型吗？

第二步，您现在还有什么顾虑吗？对这款车，您是不是还有什么担心的地方？

第三步，您看您是打算一次性付款还是分期付款呢？我们一起来看看合同条款吧……

（二）假设促成法

假设促成法是指客户意向明显并且不存在重大的异议时，汽车销售人员先假设客户一定会购买，在此基础上与客户讨论一些具体的交易或使用中的细节问题，从而推动客户购买的一种方法。这种方法是以假设为前提的，因此不会给客户太大的压力，即使客户拒绝了，销售人员仍然有回旋的余地。假设促成法对老客户、熟客户，以及个性随和、依赖性强的客户比较适用。

在使用假设促成法时，汽车销售人员需要注意以下几点：

（1）巧妙转换用词，让客户真正陶醉其中，把自己当成汽车的主人。例如，不使用"这款车"，而是使用"您的爱车"；不说"我建议您"，而是说"您打算"。这样的词眼转换，对客户心理是一种积极的暗示。

（2）在提出假设成交的建议时，汽车销售人员要注意保持自然，不要让客户感觉到销售人员是在催促其做购买决定。常用的假设促成话术如下：

"×先生，您打算为爱车选什么风格的内饰呢？"

"×先生，国庆节快到了，开着您的爱车带孩子去郊外玩一玩，他一定会很高兴，您说呢？"

"×先生，您是打算分期付款是吧？我给您算一下。"

例如：汽车销售人员：张先生，这款车您觉得中意吗？

客户：呵呵，不错，我很喜欢。它的越野性能很不错。

汽车销售人员：是呀，这款车有着优越的越野性能，内部空间也非常宽敞，您平时经常有户外活动，它真的挺适合您。我们来确定一下内饰吧，您比较喜欢深色调的是吧？

客户：是的。

汽车销售人员：您看要不要给爱车加上导航呢？

客户：这倒不用。你们是赠送一年的车险，对吧？

汽车销售人员：没错，张先生，这个在合同里也注明了，我们一起来看看合同吧。

在这里，汽车销售人员采取"假设促成法"，假设客户已经购买，进而商讨具体的购买细节问题，如内饰选择、装饰选择、车险、合同等。客户如果没有明确提出反对意见，也就相当于默认了购买决议。

假设促成法比较温和委婉，不会给客户带来太大的压力，即使客户对成交提出了反对意见，销售人员也有回旋的余地，可以继续探询对方的想法，并一一排除成交的障碍。

（三）选择促成法

选择促成法是指汽车销售人员为客户提供集中可选择的方案，无论客户选了哪一种，都意味着对成交决定的默认。选择促成法适用于缺乏决断力、性格优柔寡断的客户。从表面上看，选择的主动权似乎掌握在客户手中，但事实上却是客户没有选择"买"还是"不买"的权利，而只是选择"买这个"还是"买那个"，或者"这样买"还是"那样买"的权利，这是一种必然导致成交的选择。常用的选择促成法的话术如下：

"您喜欢灰色的车身颜色呢，还是黑的呢？"

"您想为爱车选择深色调的内饰呢，还是浅色调的？"

"您打算付全款呢，还是分期呢？"

"您希望分期分几年呢？一年，两年，还是三年？"

"您喜欢手动挡还是自动挡呢？"

例如：汽车销售人员：张先生，您比较喜欢手动的，还是手自一体的？

客户：手动的，我习惯了。

汽车销售人员：您刚刚试车的时候，我就猜到了，像您这样车技精湛的，肯定比较偏爱手动挡的。这一款车有红、黑、白3种可选颜色，您更喜欢哪一种呢？

客户：黑色的，黑色的车看着沉稳大气，无论什么场合都挺适合。

汽车销售人员：是呀，黑色是汽车永远不过时的经典颜色，很多像您这样的精英白领都钟情黑色。您倾向一次性付款，还是分期付款呢？

客户：先付六成的首付应该没问题的。

汽车销售人员：剩余的车款您想分成一年，还是两年还清呢？

客户：分两年的话，每个月的月供是多少啊？

汽车销售人员：您稍等，我帮您算一下，分两年的话，每月的月供是××元。以您的经济能力和发展前景，这笔投资是完全可以承受的，没错吧？

客户：分期的话，压力小一点，毕竟我现在还在还房贷，可不轻松。

汽车销售人员：呵呵，是呀，但是有了一款车，不仅方便了您和家人的工作与生活，更会提升全家的生活品质和档次。以后的每一个周末，每一次长假，您都可以与家人一起自由地去想去的地方了。您的奋斗不就是为了家人更好地生活吗，您说是吧？

客户：（沉默）

汽车销售人员：×先生，我们库房现在有现车，您今天就可以开着现车回家了……

一般来说，选择促成法在进行问题设置时，销售人员不要给客户太多的可选方案，两到三项就足够了。无论客户选择哪一个方案，都等于默认了购买。在运用选择促成法时，销售人员一定要保持自然的神态和语调，让客户感觉自己是在自由地、自主地做决定，而不是被圈定在某个范围内被动地做选择。

（四）让步促成法

让步促成法是指汽车销售人员以价格上的让步或者给出某些优惠条件，促使客户即刻做出购买决定的办法。运用这一方法时，汽车销售人员要注意以下几点：

（1）明确自己可以控制的折扣权限，不能滥用折扣，如果超出权限，必须向店内相关负责人申请。

（2）在客户未交定金或者未做出购买的承诺前，不要轻易让步。客户要求折扣时，销售人员可以反过来请客户先交一部分定金，然后再做出适当让步。例如：×先生，您看能不能先付一点定金，这样经理会认为您很有诚意，我也好跟他提出您的要求，您说行吗？""×先生，上次有一位客户非要9.6折，我找了经理4次才把优惠批下来，但最后这位客户还是不满意。您要求9.5折我真的很难跟经理开口，您看要不这样，您交一点定金，这样我也好跟经理谈。如果9.5折的优惠批不下来，我们再退还您的定金，您看行吗？"

（3）要控制让步的幅度和成本，如客户希望能优惠，销售人员可以尝试用赠品来抵折扣。

（4）为了让客户意识到优惠的"来之不易"和价格的"不可再降"，汽车销售人员可以与经理配合，经理"唱黑脸"，销售人员"唱红脸"。这样客户会更珍惜最终落实下来的优惠，也会增加对销售人员的好感与信任。

（5）让步后请求客户不要向其他业主或客户泄露优惠，从而让客户更加相信价格的真实性。例如："×先生，您也看到了，这个价格是我们经理特批的，您不能和其他客户或朋友讲您买车的这个价格，不然老客户都会上门找麻烦的，您看可以吗？"

例如：汽车销售人员：×先生，您看这款车还有什么问题吗？

客户：其他问题我没有了，我跟你讲了这么久的价，你好歹再给我便宜点嘛。

汽车销售人员：×先生，刚才您要求打9.6折，我找经理申请了3次，他才肯特事特办给您特别优惠。9.6折确实是我们的最低价了，如果信不过我，我可以带您去看我们这一星期签的所有单子，要是有比 9.6 折更高的折扣，让我送您一款车都没问题。

客户：小李，你再去问问嘛，再低一点，我今天就买了。

汽车销售人员：您确定今天能定下来吗？您如果能定下来，我也有底气跟经理谈呀。

客户：没问题。

汽车销售人员：那我去请经理过来谈吧，您稍等……

经理：×先生，刚刚小李把您的情况跟我说了。您一看就是个爽快人，我也不跟您绕弯子，9.6 折这个价确实是最低了，其他店里这款车基本都是不打折的。

汽车销售人员：经理，张先生是我一位老客户的好朋友。他住在××区，家门口就有一家 4S 店，可是×先生还是大老远地跑来我们店，这都是第二次来了。很有诚意的，您能不能再给一点优惠呢？

经理：是这样啊。张先生，感谢您这么信任我们店。冲您这份诚意，我们店就是不挣钱也要交您这个朋友。跟您说实话吧，9.6 折确实是我们的低价了，其他客户买车时最多只能拿到 9.8 折。要是可以降价，我早就给您降价了。这样吧，我们赠您一年的车险，价值××元，算是我们店的一份诚意。您看这样行吗？

汽车销售人员：×先生，您买车是肯定要上车险的，我们赠您车险，不仅节省了您的费用，而且以后理赔也更方便一些。您看，刚刚在您之前买车的那两位客户都是自己花钱上的车险呢。

客户：这样啊，那好吧。

（五）激将促成法

激将促成法是指汽车销售人员利用客户的自尊心理或逆反心理，以"刺激"的方式激起对方不服输的情绪，从而快速做出决断的方法。运用激将法时，汽车销售人员要注意以下几点：

（1）刺激性的话题要选准。销售人员选择刺激客户的话题必须是客户关心的、注重的、有兴趣的。不能选择与客户没有太大相关性的话题。

（2）运用时要把握尺寸。激将法既不能过急，也不能过缓。过急，欲速则不达，很容易激怒客户；过缓，则客户很可能无动于衷，达不到预期的效果。因此，汽车销售人员要根据环境、对象和条件来斟酌运用。

例如：情景一

汽车销售人员：张先生，看得出来您很满意这款车呀。

客户：是呀，这款车跟网上评价的一样，动力真不错。我今天回去再想想，要是没什么大问题，我明天来订车。

汽车销售人员：张先生，没关系，买车是应该多考虑一下，我们店这两天应该都能提到现车，上午有位客户直接提走了两辆，现在还有一辆。

客户：谁会一次提两辆车啊？

汽车销售人员：哦，这个人您应该认识，他也和您一样是 IT 行业很有名气的一位经理人，他就是××公司的赵总，上午我们还聊起您呢。

客户：哦，我跟他确实认识，他为什么买两辆车呀？

汽车销售人员：听说，一辆是他自己用，还有一辆是给他妻子买的。

客户：哦，原来是这样。

汽车销售人员：×先生，您看是今天订车还是明天订呢？我可以带您去看看库房的现车。

客户：呃，行吧，去看看现车，要是合适，今天订也……

情景二：

客户：这款车我觉得很适合我，但买车也不能急嘛，我再想想，明天回复你吧。

汽车销售人员：×先生，选车这事跟您做生意是有相通之处的。

客户：哦？为什么这么说呢？

汽车销售人员：您刚刚30出头，却把生意做得红红火火，我想，这和您非凡的决断力是分不开的。要是一桩生意合理、合法、合适，又能带来实际的利益，您肯定会当机立断把握机会的，是吧？

客户：这是自然的。就像我去年接的一笔生意一样，那时候……

汽车销售人员：听您讲过去的经历真是让我学到不少东西。我觉得，选车就跟您做生意一样，只要您真的喜欢，而且承担得起，那为什么不马上开着爱车回家呢？明天早上，您就可以载孩子去学校；白天，您可以开着它出去谈生意；晚上，可以带上家人一起去一个安静的馆子，一家人好好庆祝一下。我想，您这么辛苦地打拼，就是为了这份天伦之乐，对吧？

客户：呃……

汽车销售人员：我带您去看看新车吧……

汽车销售人员大多有这样的经验：有些客户无论如何劝说都难以让他们做出购买决策，但是只要加以适度的刺激，客户反而会二话不说果断签约。选择什么样的话题和方式来刺激客户，关键在于销售人员对客户脾性的了解程度，只有找准了客户的要害，才能取得最佳的刺激效果。如果客户非常自信和强势，销售人员可以赞美他们非凡的决断力来促进对方的决策；如果客户非常喜欢某款车，销售人员可以强调产品的价值和利益，以及紧张的库存量来刺激客户；如果客户很爱面子，很看重地位与品位，销售人员可以列举其他客户的购买情况来激励客户。

（六）利益促成法

利益促成法是指汽车销售人员以汽车的价值和利益来打动客户，促使对方采取购买行为的方法。从根本上来说，客户购车是因为该车能满足自己的某些关键性的需求，所以让客户不断地重温、体验该车的利益是引导成交的一种好方法。

运用利益促成法时，销售人员要注意以下几点：

（1）锁定一款意向车型。这是利益促成法的前提，销售人员只有确定了客户最中意的一款车型，才能有的放矢地进行利益阐释和说服。

（2）提炼几个主要卖点。汽车大部分的卖点和优势在销售人员为客户做产品介绍时已经重点推介过了，因此，在促成阶段，销售人员只需提炼汽车的1~3个最主要的卖点向客户做说明即可。

（3）适时保持沉默。当客户被汽车的价值和利益再次打动，开始认真思考推销人员的成交建议时，销售人员应该适时地保持沉默，或者转移到一些较为轻松的话题上，不宜再一一罗列更多的产品卖点，或者催促客户购买，应给予客户一定的自主思考时间。

例如：情景一

客户：这款车不错，但是相同的配置，A 品牌的车要便宜很多呢。

汽车销售人员：×先生，A 品牌的车确实比较便宜，但是我猜，现在您的第一选择肯定不会是 A 品牌。

客户：为什么？

汽车销售人员：因为您现在买车最看重的不是价位，而是品质与品位，您和太太的工作都非常优越，即使在这样的一线城市，您一家的生活水平完全可以说是处于中高层次的。在平时的工作中，您接触的都是精英人士，即使您不用座驾来标榜自己，别人也会用您的爱车来衡量您。所以，您需要的是一款能够体现品位与档次的车，我们这款车知名度很高，很多大企业在为公司购置高级商务车时都选择了我们，如××公司等。有这样一款爱车，您在任何场合都不会失面子的，您说呢？

客户：（沉默）

汽车销售人员：×先生，我们库房有现车，您比较喜欢什么颜色？

情景二：

汽车销售人员：×先生，您不想今天就把这款车开回家吗？

客户：我是想啊，但是，你们这款车为什么从来不打折呢？

汽车销售人员：这款车不打折，是因为它的服务从来不打折。现在大多款的汽车售后服务期限一般是 2 年，但是我们这款车是 4 年，就这一条，就可以省 2～3 倍的养护费用。而且，以您的能力，将来肯定会发展得更好，两三年后换车是必然的。那个时候还在售后服务期限内，将车转手，保值率比其他车要高得多。这款车不打折，还有一个原因就是它的品质与口碑，它畅销了 10 多年，没有品质保证，不可能有这么强盛的生命力。您也一定想买一款放心车、安心车，是吧？

客户：唔……

汽车销售人员：×先生，这款车我们库房就剩下一辆了，我们去看看吧。

汽车是大件贵重商品，购车是一笔不小的投资，因此，客户在做最后决定时，最关注的还是该车本身的价值与利益，而其他一些因素，如降价、促销、折扣等只能起到锦上添花的作用。所以说，汽车销售人员在确定客户对某款车确实有较为强烈的意向后，可以直入主题，有重点地强调汽车的卖点、价值、利益与优势，让客户再次感受到产品"物有所值"甚至是"物超所值"，从而快速地做出购买决定。

四、签约成交

销售顾问在经历了客户接待、需求分析、产品介绍、试乘试驾环节后，像是进行了一场持久战，到了签约环节，心情应该是比较激动轻松的，但越是到最后，越是要小心，否则很容易功亏一篑。很多销售顾问没有在必要的时刻大胆地提出成交请求，或者没有抓住顾客的购买信号而趁热打铁，导致错失良机。

（一）签约成交的信号

顾客在充分了解车型和价格信息后，会表现出一些购买信号。销售顾问应该及时抓住这些购买信号。

1. 语言信号

当客户有如下问题时，说明有成交意向：

（1）何时可以交车？

（2）要求再度试乘试驾。

（3）询问一条龙服务、交车细节。

（4）讨论按揭、保险的操作要求。

2. 行为信号

当客户行为有以下表现时，说明客户有成交意向：

（1）反复绕车仔细查看，表现出对车的喜爱。

（2）带亲人、朋友来看车。

（3）用心仔细查看说明书，并逐条检视。

销售顾问应该提供时间与空间，让顾客在展厅再想一想，或与亲朋好友商量，尽量制造机会，让顾客在不离开展厅的情形下做出决定。销售顾问应该抓住机会再次向客户总结一遍产品优势，以协助顾客应对心理挑战，增强顾客的购买决心。

（二）签订合同

在实际销售的过程中，销售顾问不仅要抓住有利的成交时机，看准成交信号，而且要针对不同的销售对象采用不同的成交策略，灵活运用各种成交技术，及时有效地达成交易，以实现销售目标，创造销售业绩。

当顾客决定购买之后，销售顾问应及时与顾客签订购车合同或订购单，并详细说明合同条款，务必让顾客能详尽了解合同的具体内容，包括各项费用及相关责任条款等。签订合同时，一般会有以下几个关键环节：

1. 制作合同

（1）请顾客确认报价内容。根据报价的内容确认合同中各项费用的数额，包括车辆价格、保险费、上牌费、精品加装费等内容，确认费用的项目、单价、合计数是否正确，避免出现差错。在合同中分列纯正用品和非纯正用品，并向顾客说明。

（2）确认新车交付日期。在签订合同之前，销售顾问应再一次检查库存情况，对于没有现车的车型，要确认车辆的到店时间并向顾客说明，取得顾客认可，然后才能在合同中注明交车时间，绝不能为了促成交易而欺骗顾客。

（3）制作合同。销售顾问应在本企业固定格式的合同中准确填写相关资料，填写时一定要保证信息，特别是车型、车辆识别代码、颜色、规格、顾客资料等内容准确无误，并在填写后请顾客确认。

（4）交销售经理审核。签订合同之前要先将合同交给销售经理进行审核，特别是要确认销售的价格、优惠的幅度、交货期等主要内容。要在得到销售经理的认可后，再与顾客签订购车合同。

2. 签约及订金手续

（1）专心处理。专心处理顾客签约事务，暂不接电话，以示对顾客的尊重。

（2）顾客签字。协助顾客确认所有细节，请顾客签字后把合同书副本交给顾客。

（3）顾客交款。简要告知顾客后续流程和时间安排，随后带领顾客前往财务部门，向收银员介绍顾客。对于订车的顾客，先交纳订金，收讫购车定金，待开具收据后，双手递给顾客，恭喜顾客并对顾客表示感谢；如果是交付余款，则一次性收讫余款，并与财务确认款项到账；如果是按揭，则办理按揭手续，与财务确认按揭款到账。全款结清，开具结算单或发票。

（4）信息录入。合同正式成立后，销售顾问将合同内容录入管理系统中。

3. 履约与余款处理

与顾客签约后，应按合同履约，如果不能按合同的内容履行合约，除了会降低顾客的满意度外，还会引起法律纠纷。因此，在从签约到交车的过程中，销售顾问应与顾客保持密切联系，进一步加深与顾客的感情维系。

（1）销售顾问根据实际情况与顾客约定交车时间。

（2）等车期间，保持与顾客的联系，让顾客及时了解车辆的准备情况。

（3）销售顾问确认配送车辆后，提前通知顾客准备好余款。

（4）销售顾问进行余款缴纳的跟踪确认，直至顾客完成交款。

4. 顾客等车期间的联系方式

签约后、交车前，销售顾问应保持与顾客的联系，也可安排专人在签约后与顾客联系。若等车期间恰逢节日，销售顾问应通过电话、短信、电子邮件等方式给顾客送上祝福，或邮寄一份小礼物表达心意，以加强与顾客的感情维系，提高顾客的满意度。

5. 当交车有延误时

（1）第一时间通知顾客，表示歉意。

（2）告知解决方案，取得顾客认同。

（3）在等待交车期间，应与顾客保持联络，让顾客及时了解车辆的准备情况。

6. 当顾客决定不成交时

（1）不对顾客施加压力，表示理解，正面协助顾客解决问题。

（2）给顾客足够的时间考虑，不催促顾客做出决定。

（3）若顾客最终选择其他品牌，要明确其原因。

【任务实施】

一、议价过程情景模拟

任务内容（见表 5.24）：

（1）以小组为单位，每组派出两名同学，一名扮演销售顾问，另一名扮演客户，进行成交前议价过程的情景模拟。实际情景由自己设定。

（2）进行自评，认识了解自己的优缺点。

（3）小组进行相互评价。

表 5.24 议价过程情景模拟

任务名称	议价过程情景模拟
任务实施	情景设定： 小组成员对我的评价： 优点： 缺点： 自评： 优点： 缺点： 改进之处：

二、签约过程情景模拟

任务内容（见表 5.25）：

（1）以小组为单位，每组派出两名同学，一名扮演销售顾问，另一名扮演客户，进行签约过程情景模拟。情景由自己设定。

（2）进行自评，认识了解自己的优缺点。

（3）小组进行相互评价。

表 5.25　签约过程情景模拟

任务名称	签约过程情景模拟
任务实施	情景设定： 小组成员对我的评价： 优点： 缺点： 自评优缺点： 优点： 缺点： 改进之处：

任务八　新车交付

【学习目标】

1. 掌握新车交付前的准备工作。
2. 掌握交车的流程和行为规范。
3. 能够全方位开展好交车准备工作。

【任务描述】

新车交付——满满的仪式感：交车是客户在 4S 店购车的最后一个环节，兴奋之感溢于言表。如何周密地安排，让客户在这环节不留下任何遗憾，满怀欣喜地离开，如何策划一个隆重的交车仪式，给客户留下深刻的印象，进而为本企业培养一位忠诚的客户。

【知识准备】

交车过程是顾客最关注的环节，也是销售人员最容易出现问题的环节。在销售过程中，顾客投诉最多的也是交车环节。究其原因，是顾客的兴奋点和销售顾问的兴奋点不一样：销售顾问的兴奋点在成交环节，而顾客的兴奋点是新车交付环节。所以，一定要和顾客保持一致，真诚地为顾客服务，真诚地为他们创造喜悦并与他们共享喜悦。

新车交付的具体流程一般包括交车准备、迎接顾客、新车确认、款项支付、文件交付、操作演示、售后说明、交车仪式、送别顾客 9 个环节。每个环节都有具体的工作内容，如图 5.13 所示。

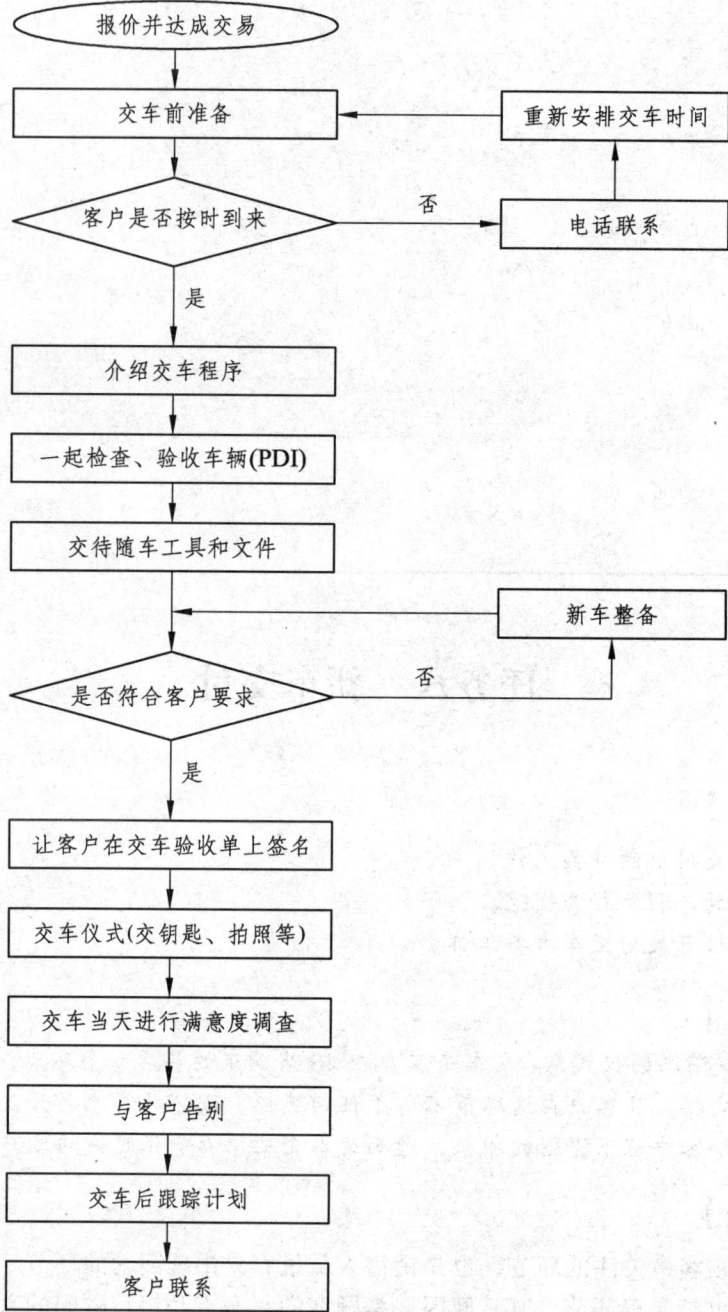

```
        报价并达成交易
              │
              ▼
        交车前准备  ◄─────────────  重新安排交车时间
              │                            ▲
              ▼                            │
        客户是否按时到来 ──否──►      电话联系
              │
              │是
              ▼
        介绍交车程序
              │
              ▼
     一起检查、验收车辆(PDI)
              │
              ▼
     交待随车工具和文件
              │                      新车整备
              ▼                         ▲
       是否符合客户要求 ──否──────────┘
              │
              │是
              ▼
   让客户在交车验收单上签名
              │
              ▼
   交车仪式(交钥匙、拍照等)
              │
              ▼
   交车当天进行满意度调查
              │
              ▼
        与客户告别
              │
              ▼
        交车后跟踪计划
              │
              ▼
        客户联系
```

图 5.13　交车环节工作流程

一、交车准备

（一）交车日期确认

（1）确认顾客的付款条件、付款情况以及对顾客的承诺事项，完成新车 PDI（新车售前检验）整备，并签名确认。

（2）确认并检查车牌、登记文件和保修手册，以及其他相关文件等。

（3）交车前 3 天内电话联系顾客，确认交车时间和参与人员，并简要告知顾客交车流程及交车时间。

（4）交车前 1 天再次电话联系顾客，确认交车相关事宜（交车流程包含的环节、交车时间、顾客需带的文件、再次确认参与交车人数、确认尾款付款方式）。

（5）若交车日期推迟，及时与顾客联系，说明原因及处理方法，取得顾客谅解并再次约定交车时间。

（二）文件准备

交车前要对涉及车辆的相关文件进行仔细全面的检查，确认无误后，装入文件袋方便交给客户，避免等到客户来店后再去找这些文件资料的尴尬（见表 5.26）。

表 5.26　交车文件准备

文件类型	具体文件
商业票据类	收费凭证、发票、合同或协议、完税证明、保险凭证、尾款结算单据等
随车文件类	车辆使用手册、保修手册、车辆合格证、精品附件使用说明书等
商务活动类	销售经理、汽车销售顾问、服务经理和服务顾问的名片等
交车工具类	交车确认单据、PDI 检查表格、精品附件检查文件等
增值服务类	售后服务资料、车友俱乐部介绍资料文件、试乘试驾联谊卡、资料袋、赠送的小礼品等

（三）车辆准备

整个交车流程中的核心便是所要交的车辆，所以车辆的准备是非常必要的。可想而知，如果客户来到店里看到自己的爱车很脏，还有划痕，一定很不开心，不仅影响满意度，甚至有可能退车。首先，车辆的卫生一定要保证，可以参照展车的标准进行处理。其次，还要保证车辆的完好无损，同时加少许燃油。燃油数量一般都有规定。

（1）交车前一日由售后服务部门支持完成新车 PDI（选装件安装），销售顾问再次确认并在 PDI 检查单上签名确认。

（2）销售顾问确认待交车辆的型号、颜色、附属品及基本装备是否齐全，确保外观无损伤。

（3）销售顾问确认待交车辆上的车身号码和发动机号码是否与车辆合格证上登记的一致。

（4）销售顾问确认灯具、空调、方向灯及收音机是否操作正常。

（5）销售顾问先行将待交车上的时间与收音机频道设定正确。

（6）向精品部门确认新车安装精品的进度是否是按计划进行的，如果超出计划，或加快进度，或延长交车时间。

（7）安排清洁新车，待交车辆若是长期库存车，空调出风口可能会堆积灰尘，销售顾问应先进行清理。

（8）销售顾问填写"出库单"，并由销售经理和财务经理签字确认。车辆管理员在出库单上签字，并在约定的时间内将车送交车区域。

（9）待交车辆确认完毕后，根据当地风俗，对交车场地和待交车辆做一定装饰。

（10）为待交车辆注入一定的燃油。

（四）交车区的准备

为了给客户一个完美的交车体验，就要营造一个高档豪华的氛围，所以交车区的布置也不能忽视。一般情况下，交车区都会在宽敞、明亮、干净、整洁的地方，让客户一进来就会受到感染。

（1）交车区设立在来店及展厅客户可明显看见的区域。

（2）交车区最好位于室内，至少有顶棚及三面落地玻璃遮挡。

（3）交车区应有品牌的标志背景板。

（4）交车区应有作业流程看板、交车客户姓名及预订时间告示牌。

（5）交车区可布置洽谈桌椅、饮料供应、精品和绿化点缀等。

（6）交车区悬挂 LED 交车横幅，准备手捧花、交车铭牌、大红花、红丝带、交车贵宾胸卡、照相机、三脚架、赠送的小礼品等。

二、交车前的检查（PDI）

PDI 是英文 Pre-delivery Inspection 的缩写，意思是"交车前的检查"，是经销商将新车交付给消费者之前必须履行的检查程序。汽车越高档，电子自动化程度越高，那么 PDI 项目往往越多。新车从生产厂到达经销商处可能要经历几百或上千公里的运输以及长时间的停放，其间有可能发生一些刮碰或其他意外情况（尽管概率很低）。为了确保向顾客交付的新车不存在任何问题，PDI 必不可少，它代表新车从运输商品到正式解锁投入使用。

未做 PDI 的新车，会始终处于运输模式中。在这种模式下，车辆的系统大多没有被激活，只能做简单行驶，基本是用来挪车，车速跟里程受到限制，强行使用会导致功能不全，并可能给车辆和驾驶员的安全造成极大危害。PDI 项目很多，其中一些细微的检查也许车主连想都没有想过，如电池是否充放电正常、钥匙记忆功能是否匹配、舒适系统是否激活、仪表灯光功能、轮胎气压等是否设置到原厂规范值等。

需要特别注意的是，PDI 检测是经销商的义务，是免费的，应该在交车时当着客户的面做 PDI 检测。但是很多时候，经销商会在车辆到库时就开始做一次检测，出售的时候也不当着客人的面做 PDI，甚至干脆就不做了。因为很多消费者根本不知道有 PDI 检测这回事。

被提前"解封"的车，不确定因素就会多很多，如可能被 4S 店使用的概率就更大。可以说，如果新车是在客户看车之后才做的 PDI 检测，那么车况一般来说都会保持较好，在此之前基本没有被额外使用过。最正规的 PDI 检测应该是当着客户面做的，整个流程时间在 40 分钟左右，要求客户亲自观看这个流程，避免后期出现问题。

PDI 检测时，检测人员会拿着一张 PDI 工作单，里面大大小小总共有 70 多个检查项目。不同品牌的 PDI 标准会略有不同，但至少应该按照检测单上的流程做完，否则不能签字。

PDI 检测项目大致包括：车辆外部，包括外观、漆面、轮胎胎压（包括备胎）、车门开闭、儿童锁等；发动机舱内，包括蓄电池状态、各油液液位等；车辆内部，包括内饰件、密封条有无缝隙、各设备是否使用正常等；启动发动机后，检查发动机有无噪声、车灯、各用电设备功能等；路试，检查有无顿挫、异响、各仪表工作情况、导航是否正确等。

例如：一位客户来某 4S 店买了车，很开心。客户说："我今天就要提车，明天开车回老家，你给我做一下检测，什么时间可以拿，我出去绕一圈。"销售顾问说："我们需要先给您的车做检测，两三个小时以后可以给您车。"因为客户很兴奋，他想早点拿到车，所以不到两个小时他就回来了。销售顾问在对车辆进行检测时发现了问题，当新车被抬起来以后，发现变速箱漏油，而库房就剩这一台车了。了解到客户在三个小时之后才取车以为还来得及，就把车拆了，换了油封，同时把变速箱也拆了下来。拆一个变速箱不是简单的事情，要拆很多零部件，没想到客户提前回来了。当时客户对拆车并没在意。

客户问道："你不是说两三个小时吗？现在已经两个小时了。"销售顾问回答说："还在做检测呢，您再等一会儿。"这时，客户有点不高兴了，3 个小时后变速箱还没装好。销售顾问又对他说："您再稍等一会儿，马上就好了。"当车子拆装完之后开了出来，客户一看，这个车不就是刚才在举升机上拆的那辆吗？他生气地说："你们凭什么拆我的车啊？退车！"

思考：通过阅读本案例，你认为经销商在 PDI 检测时与客户沟通需要注意哪些问题？

三、新车递交

（一）交车客户接待

（1）交车前 30 分钟致电顾客，确认顾客到店的确切时间和当时所在的位置。

（2）交车顾客到达时，销售顾问应提前 10 分钟到门口迎接顾客。

（3）如顾客开车到达时，销售顾问应主动至停车场迎接。销售顾问迎接顾客时需面带微笑，并恭喜顾客提车。

（4）将顾客引导至洽谈桌并提供茶水，说明交车流程及所需时间（一般至少为 1 个小时，但可以根据顾客的需求进行调整），并借助流程图介绍交车流程和上牌流程。

（二）新车确认

（1）引领顾客至交车区，向顾客展示新车，引导顾客绕车查看新车外观。

（2）进行简短的绕车介绍，突出介绍顾客关注的配置。

（3）向顾客再次强调精品名称、来源、加装数量、保修标准和安装工艺。

（4）利用"新车交接确认表"（见表5.27），带领顾客做新车品质确认，确认配置与订购一致，并请顾客签字确认。

表 5.27 新车交接确认表

车主姓名：	移动电话：
VIN 号码：	发动机号码：
钥匙号码：	牌照号码：
车　型：	车　色：
内饰颜色：	交车日期：
地址：	
电话：（H）	（O）

一、首先谢谢您对××乘用车公司的厚爱，并恭喜您拥有了这样一部好车并开始享受更加美好的生活。在您使用这部车之前，让我们来为您的爱车做点交与说明。谢谢您！

1. 交车前准备（含PDI）□

2. 证件点交

　保险卡□　　保修手册□　　使用说明书□　　合格证□　　完税证明□　　其他

3. 费用说明及单据点交

　发票□　　保险单据□　　上牌费□　　车船使用税□　　车辆购置税□　　其他

4. "使用说明书及保修手册"内容说明

　使用说明书□　　800免费专线电话□　　定期保养项目表□　　24小时救援服务□

　服务保证内容□　　紧急情况处理□　　1000、5000公里免费保养内容说明□

5. 介绍服务站

　营业地点□　　营业时间□　　介绍服务代表□　　介绍服务部经理□

6. 车子内外检查

　车内整洁□　　故障警示架□　　外观整洁□　　备胎及轮胎气压□

　配备□　　千斤顶□　　工具包□　　其他

7. 操作说明

　座椅、方向盘调整□　　后视镜调整□　　电动窗操作□　　音响□

　儿童安全锁□　　油、水添加及汽油种类及号数□

　空调、除雾□　　特有配备及E配备□　　灯光、仪表□

8. 温馨特别的服务

　拍照留念□　　FM设定□　　其他

二、车价：

保险费：

税金（共）：

其他费用：

其他选配服务费用：

以上请车主确认无误后签名：

说明：本表一式两份，客户和专营店各存一份，专营店的保存期为两年。

销售部经理：　　业务代表：　　服务部经理：　　PDI人员：

验收车辆时，销售顾问要带上验车表和说明书、毛巾等物品。

例如：车辆验收的常用话术。

×先生，您好！恭喜您成为我们的××车主！今天我将用 60 分钟的时间来为您交车，现在我们来验收车辆。

×先生，随车钥匙有两把：一把是主钥匙，一把是副钥匙。主钥匙上带有遥控而副钥匙没有（根据各车型钥匙的不同特点着重介绍其开门、关门、开尾箱、防盗等功能）。您的爱车我们已经为您清洁干净，同时需加装的精品也已经为您加装好，请您验收。

（发动机室，告知客户如何开启车头盖）×先生，您平时在发动机室需要检查五油两水（机油、方向机油、变速箱油、刹车油、汽油、冷却液、雨刮水），油尺需拔出擦干净后再放回原处，检查液面是否处于 MAX 与 MIN 之间，是否为正常状态。您看，这是车架号，这个位置是发动机号。您加雨刮水时一定要用防冻专用玻璃清洗剂，切勿使用清水，否则有可能会产生堵塞现象。

（开启发动机）×先生，现在发动机已经运行，您可以听一下是否很顺畅，无任何杂音与异响。在这里提醒一下您哦，每天使用车前对发动机进行预热，大概 5 分钟，待机油流入各缸体后再开车会好很多（这还要根据不同的环境与气候而定）。

×先生，这辆车的后备厢开启方式有 3 种：钥匙直接开启、钥匙遥控开启和车内遥控开启；后备厢的容量有×L，内有随车工具、三角指示牌、备胎，车内带有备胎使用光盘。后座这边是 4/6 分离的，一直连通车内和尾箱，很方便。那下面我再给您演示一下怎样更换轮胎，在整个演示的过程当中您有任何问题都可以提出来。

×先生，现在我带您看一下所有的电器开关如何操作，您看，灯光的开关在这（手指向开关处），您可以操作一下小灯、大灯、远光灯、近光灯、前雾灯、后雾灯、倒车灯、刹车灯、转向灯，感觉怎样，灯光效果还可以吧？电动门窗的开关及电动后视镜的调节器在这儿，您可以操作一下（部分车整门窗有防夹功能），接下来再看一下一触式的天窗，这样操作起来是不是感觉很顺畅啊？还有里面的顶灯、阅读灯，您都可以操作一下。接下来我再给您介绍一下仪表板里的各项指示灯所代表的意思。

×先生，您知道对以上的灯光与各项开关怎样操作了吧？现在再向您介绍一下音响和空调部分。音箱的开关、音频调节、声音调节与音质的调节您可以先实际操作一下（一边介绍一边操作客户看）。您再看一下车的内饰，车内装饰条、中控台的面板、车顶和地毯都是完好的，没有划花或损坏，支架、储物盒、座椅、安全带及仪表部分也是完整无损的。

×先生，我再带您试开一下您的爱车，再熟悉一下各项操作。

×先生，您还有什么疑问吗？如果没有，请您在交车检验单上签字确认，谢谢！

（三）款项支付

（1）如果顾客有待支付款项，利用"车款、保险、精品、上牌费用结算单"，说明各项购车费用并请顾客确认付款。

（2）陪同顾客到收银处，依照之前确认的方式付款。当涉及金融隐私时，销售顾问应退后一步，以保护顾客隐私。

（3）收银员将收款凭证双手交给顾客，并表示感谢。

例如：款项支付的常用话术。

×先生，您今天带的是卡还是现金？我们到财务交一下尾款，给您开发票及上牌手续。我们这儿有咖啡，您在这稍坐一会儿，10分钟后我帮您建立客户档案。希望您配合！

（四）交车文件点交及说明

（1）引导顾客至洽谈桌，并提供饮品。

（2）利用"交车文件清单"逐一和顾客交接，将文件分类放入客存文件袋、随车文件袋和上牌文件袋内，并请顾客签字确认。清点随车光盘及钥匙等物件。

（3）介绍各种文件使用及注意事项，将《车辆使用手册》的重点部分做折页。

例如：交车文件点交及说明的常用话术。

×先生，这是您的三联发票，合格证、交税单再加上您的身份证，这是上牌必需的手续，我给您放在档案袋里了，上面还有我的名片，需要咨询时随时给我打电话。

我们先看看这本说明书的目录部分吧，这本书里面画黄线的告诫部分要记住，我们拿着说明书对照车来讲讲吧，刚才我们已经看过了车辆简易操作手册，现在来和您一起实操一下。在这个过程当中，您有疑问可以随时提出来。×先生，我们先看看座椅和乘员保护系统（安全带、安全气囊等）、仪表的组合和按键的控制（指示灯、警告灯等）、驾驶车辆（应注意的一些事项、一些小窍门等）、温度控制和音响系统（空调、CD系统等），着重看看紧急情况这一章（怎样更换瘪胎、牵引车辆、怎样摆脱陷车状况等）。还要注重车辆的维修和保养方面（车辆保养的内容、一些注意事项等），这个与您以后的用车息息相关。这本说明书就先浏览到这里，如果您还有什么要了解的话，可以致电800-××××××咨询。

×先生，之前和您简单说过车辆保修的相关内容，那现在我们来对照车辆保修手册讲解一下：先了解这辆车的保修期限及保修范围，我们这款车有2年或者60 000千米的保修期限，是以先到为准的。不过在这个保修期限内，一些易损件不在保修范围内，如轮胎、刹车片、雨刮片、灯泡等。除了这些外，其他属于在正常使用情况下出现故障的，我们能够提供免费检测甚至更换的服务。再来看看，您的爱车可以享受一次免费保养的服务，您看看在这边登记，第一次保养的时间是在3个月内或3 000千米，保养的内容包括更换机油、机油格……需要花1~2小时。第二次保养的时间是在6个月或8 000千米，以后每隔5 000米保养一次。这里是保养内容的记录。最后面还有我们全国各地4S店的地址和电话，在您出差或旅游的过程中可以为您和您的家人提供很大的方便。若您的爱车在行驶的过程中遇到什么疑难问题，也可以拨打我们公司24小时免费服务热线800-××××××咨询。您看在车辆保修这方面还有什么疑问吗？如果没有那我们就看看说明书吧！

×先生，这本是简易操作手册，与说明书比起来更简单易懂，查找起来更方便。它分为两大部分：一部分是简易操作，另一部分是使用小窍门。刚才我们已经在车上实际操作了一遍，但为了更方便您今后的使用，我再有针对性地为您讲解一下仪表板内的安全提示灯光。简易操作手册中也是以图文并茂的形式表示的，所以建议您随车携带。在使用小窍门中有省油、安全行驶、及时保养等全方位的介绍，您都可以多了解一些，也可以参加我们公司每月举办一次的新车主知识讲座时详细了解。

（五）售后说明

（1）向顾客介绍服务顾问，服务顾问自我介绍并递送名片。

（2）介绍车辆的保修范围和维护、维修政策，对如何更好地驾驶和维护提出实用性的建议。

（3）解释在特约店接受服务的好处，利用书面资料介绍特约店的服务网络、营业时间、售后预约服务流程及24小时救援服务体制、保修理赔服务。

（4）介绍售后微信服务号或车友会论坛的优势，邀请顾客关注售后微信服务号或加入车友会论坛等。

例如：售后说明的常用话术。

×先生，接下来我带您去看一下我们的售后，这边是我们的业务接待大厅，您看看这里有关于车辆的保修期限和范围的说明，还有本公司统一的配件价格和工时费用表。3楼是我们的顾客休息区，可以打桌球、乒乓球、看电视、看报纸、饮茶等。您在维修保养的等待期间，可以更轻松愉快地度过。我再给您介绍一下我们的业务接待吧，这位是小王，他可以跟进您以后车辆的维修保养服务，让您以后的用车过程更放心、更安全。来这边再看看我们的维修车间，以后您的爱车就在这里进行维修保养了。您看看您对售后还有什么需要了解的？此外，这是24小时道路救援联系信息卡以及常用联系电话卡……

（六）交车仪式

（1）交车仪式要考虑到顾客的特殊需求，力求个性化，不应生硬、呆板，流于形式。通用模式为：当着顾客的面加注一定量的汽油（不同汽车品牌的加油量有差别），赠送小礼品并合影留念。

（2）确保销售经理、销售顾问、客服人员、服务顾问出席。

（3）交车时，展厅内播放恭喜致辞和音乐，所有在场工作人员鼓掌道贺。

例如：交车仪式的常用话术。

×先生，谢谢您今天抽出宝贵的时间来听我们讲解。由于安全规定要求我们不能在店内存放太多汽油，所以没办法在交车前先给您加满油。但是我们的车辆节油性能突出，×升油足够您行驶××公里。附近××地方有加油站，您经过的时候可以顺便把油加满。

×先生，您好！我是本展厅的经理××，这是我的名片，非常感谢×先生对我们工作的支持与信赖，我们将一如既往地为您服务！在此我很荣幸代表××公司的全体同仁向×先生致以最衷心的祝贺，祝您用车愉快！

（七）送别客户

（1）再次感谢顾客的购买；告知最近加油站的位置，并提示优先加油；告知顾客会在2小时之内打电话给他，关心他的用车情况，确定最佳的回访时间和方式。

（2）销售顾问将车开出交车区，确保顾客对新车驾驶有信心后，将车辆的驾驶权交给顾客，并将"车辆出门证"交予保安，予以放行。

（3）与顾客亲切告别，最后目送顾客离开，直至顾客开车离开视线范围为止。

（4）交车后2小时内致电或发送短信，感谢顾客，确认安全到达，询问车辆使用情况。

【任务实施】

一、交车前准备工作练习

任务内容（见表 5.28）：

（1）以小组为单位，每组派一名同学，扮演销售顾问进行交车前准备工作的情景模拟。

（2）每小组人员进行评价。

（3）个人自评，找到自己需要改进之处。

表 5.28　交车前准备工作练习

任务名称	交车前准备工作练习
任务实施	交车前的准备内容： 小组评价： 优点： 缺点： 自评： 优点： 缺点： 改进之处：

二、交车流程情景模拟

任务内容（见表 5.29）：

（1）以小组为单位，每组派出两名同学，一名扮演销售顾问，另一名扮演客户，进行交车流程情景模拟。

（2）每小组人员进行评价。

（3）个人自评，找到自己需要改进之处。

表 5.29　交车流程情景模拟

任务名称	交车流程情景模拟
任务实施	情景设定： 小组评价： 优点： 缺点： 自评： 优点： 缺点： 改进之处：

项目六　顾客异议处理及售后服务

项目说明

场景一：你们的车不错，但太贵了！

客户：我觉得，你们的车还不错，但是太贵了。

汽车销售人员：张先生，您为什么会觉得这款车贵呢？（询问为什么）

客户：我来之前在网上查的价格比你刚才的报价要便宜8 000多元呢！

汽车销售人员：嗯，这样的情况是有可能的。为了吸引客户，网上的报价要比实际价格低。张先生，您会不会在网上买汽车呢？

客户：这……我会上网查查价格和配置，但是上网买车，还没考虑过。

汽车销售人员：是啊，网上购车虽会便宜一点，但是质量与售后服务难以保障。汽车不比衣服鞋帽，它是大件、贵重的商品，即使网上的报价再低，真正购买却不实际。您放心，现在汽车这一行的竞争非常激烈，信息也非常透明，价格很难有水分。而且我们店是市内最大的经销商，给您的肯定是最优惠的价格，这一点我非常有信心。我们经常会了解同行的售价，我报给您的确实是最低价。您是企业老板，您的社交圈子大，而且交往的都是精英人士，我们不想和您做一锤子买卖，我们更希望您购车满意，能多介绍朋友来光顾，所以，在价格上报的都是实价。

客户：哦，是这样啊，我明白了。

说明：汽车是一种较为特殊的商品，它的涉及面较广，既涉及技术问题，又涉及经济问题；既涉及使用问题，又涉及售后服务问题。所以，顾客在购买汽车时往往会小心谨慎，顾虑重重，这也是很多顾客在买车时会对汽车销售顾问产生异议的重要原因。

场景二：客户抱怨售后服务态度差

客户打电话向汽车销售人员抱怨，说售后服务部门的态度差，客户很不满意。

客户：你们的售后服务态度可真差，跟你当初介绍的完全不一样！

汽车销售人员：张先生，您慢慢说，告诉我是怎么一回事呢。

客户：前一阵开车的时候，我老能听到车身异响，就给售后打电话，他们告诉我这是正常的。可是我请几位熟悉车的朋友帮忙看了一下，他们都说这不太正常，我又第二次打电话，结果他们说第一次已经回答过我了，异响是正常现象，我话还没说完他们就挂了电话，怎么这样的态度嘛！

汽车销售人员：这样确实是我们同事不对了。张先生，您看这样好不好，您什么时候方便，把车开过来，我请店里几位老师傅帮您把车里车外都检查一下，一定要找到问题，让您可以放心地开车。至于那位售后的同事，我请他向您道歉，您看可以吗？

客户：道不道歉没关系，我就是觉得售后这样的态度不行。这样吧，我今天下午把车开过去吧。

汽车销售人员：好的，我给您提前安排一下。今天下午我专程等您过来……

说明：很多销售人员把汽车销售出去后，就认为大功告成了，售后的事就一概不用管了，认为这是售后服务部的事。这样就犯了严重的错误，没有售后服务的销售，在客户的眼里，是没有信用的销售；没有售后服务的商品，是一种最没有保障的商品。而不能提供售后服务的销售员，也是最不能得到信任的。售后服务是销售的一部分，销售员对于具有延续性销售作用的售后服务，更应该重视。认真地维系客户，把客户发展成为忠诚客户，这样就可以获得客户的重复购买或转介绍，对销售人员来说，这是非常重要的。

在实际工作中，如何正确解决客户的困惑和问题，加速成交，在成交之后需要认真地维系客户，把客户发展成为忠诚客户，对销售人员来说，是非常重要的，也需要我们进一步的学习。

任务一：顾客异议处理；

任务二：汽车售后服务与投诉处理。

🚗 思政引导

奋进新征程要一以贯之增强忧患意识

党的二十大报告指出："全面建设社会主义现代化国家，是一项伟大而艰巨的事业，前途光明，任重道远。我们必须增强忧患意识，坚持底线思维，做到居安思危、未雨绸缪，准备经受风高浪急甚至惊涛骇浪的重大考验。"在全党全国各族人民迈上全面建设社会主义现代化国家新征程、向第二个百年奋斗目标进军的关键时刻，习近平总书记向全党强调要一以贯之增强忧患意识。

所谓忧患意识，从一定意义上讲就是一种集危机意识、使命意识、责任意识与进取意识于一身的综合体。忧患意识是中华民族的生存智慧，是中华民族精神的重要组成部分，它根植于中华优秀传统文化的沃土，具有浓厚的民族气质和历史底蕴。在中华民族浩瀚如烟的古典书籍和先哲语录中能清晰地感受到古人深厚的忧患意识。从"君子安而不忘危，存而不忘亡，治而不忘乱，是以身安而国家可保也"，到"迨天之未阴雨，彻彼桑土，绸缪牖户"，到"祸兮福之所倚，福兮祸之所伏"，到"天下稍安，尤须兢慎，若便骄逸，必至丧败"，到"忧劳可以兴国，逸豫可以亡身"，再到"先天下之忧而忧，后天下之乐而乐"。

汽车销售顾问，在面对客户时要有责任感，有担当，客户的异议要认真处理，但一定是为了帮助顾客选择更适合他的车型。

忧患意识是一种清醒的预见意识和防范意识。有了忧患意识，才能时刻保持头脑清醒，充分估计可能出现的困难风险并采取相应的对策和措施，做到防微杜渐、未雨绸缪。

资料来源：奋进新征程要一以贯之增强忧患意识[OL]. [2003-02-02]. https://baijiahao.baidu.com/s?id=1756683442938965470&wfr=spider&for=pc.

任务一 顾客异议处理

【学习目标】

1. 掌握顾客异议的分类和产生的原因。
2. 掌握真假异议的分辨方法和处理办法。
3. 了解顾客异议的处理原则和方法。

【任务描述】

初识汽车市场营销：客户在购买产品之前都会提出各种异议，有的真是客户的疑问，有些则是为了讨价还价。你能鉴别真假异议，应对和处理好客户的异议，最后实现成交吗？

【知识准备】

一、顾客异议的概念

在汽车销售过程中，异议是常见的，每一位汽车销售顾问都不可避免地要遇到。如果对议处理不当，就会丧失一个可能的销售机会。

顾客异议是指顾客针对销售人员及其在销售中的各种活动所做出的一种反应，是顾客对产品、销售人员、销售方式和交易条件发出的怀疑、抱怨，提出的否定或反对意见。在汽车销售顾问和客户洽谈之后，客户一般不会直接表示同意购买，而是经常会提出一些意见和问题，将其作为拒绝的理由，如怀疑汽车的性能，认为价格过高，怀疑零部件更换的方便性，质疑售后服务等。

一般来说，异议具有必然性、两面性和多样性。

销售人员对异议往往抱有负面看法，甚至由此产生挫折感与恐惧感。但是，对有经验的销售人员来说，他们却能从另外的角度来体会异议，从而识别出另外的含义。比如，从顾客的异议中能判断顾客是否真的有需求；从顾客的异议中能了解顾客对销售人员的接受程度，有助于销售人员迅速调整销售策略；从顾客提出的异议中可以获得更多的信息等。

二、客户异议的类型

客户异议有时是真实的，有时是虚假的。所谓真实的异议是那些现实存在着的、客户的真实顾虑。而虚假的异议往往是隐含的，表现为客户只提出一些表面问题或在没有明确理由下的推托，或犹豫不决。客户异议类型大致有以下几种（见图 6.1）。

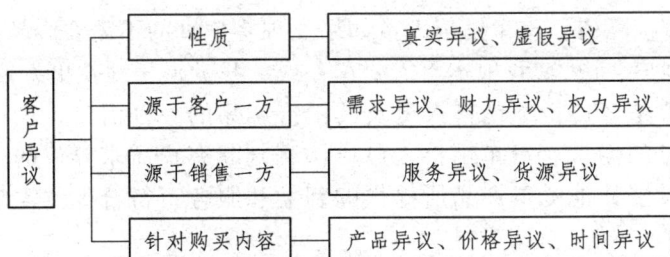

图 6.1　客户异议类型

（一）真实异议

真实异议是指客户提出的异议是有事实依据的，因而是真实有效的。例如，对汽车功能、价格、售后服务、交货期等方面的考虑。在这种情况下，客户会十分注意汽车销售人员所做出的反应。此时，销售人员必须做出积极的响应，或有针对性地补充说明汽车的有关信息，或对汽车存在的问题做出比较分析和负责任的许诺，如用质量性能好来化解价格高的异议，用允许退换、长期保修的承诺来消除客户对汽车某些质量不足的疑虑。汽车销售人员如果回避问题、掩饰不足将会导致销售失败；承认问题，并提出解决问题的办法，才能解决客户异议。

例如：真实异议。

客户说："这款车怎么价格都超过了 14 万元，却只配织线的座椅？"如果这位客户已经对 A 品牌建立了信心，并且已经看中了车价 142 300 元的 × × 1.6L/5V 5-G MT 基本型的话，此时客户的异议就是一种真实的异议。对于客户而言，他也许对比过车价为 141 800 元的 B 品牌 × × 1.8 L 手动豪华型，该车配有高档真皮座椅，提出这样的异议是为了解决异议，从而购买。

（二）虚假异议

在实际销售活动中，虚假异议占客户异议的比例比较多。日本一些推销专家曾对 387 名推销对象做了如下调查："当你受到推销人员访问时，你是如何拒绝的？"结果发现：有明确拒绝理由的只有 71 名，占 18.8%；没有明确理由，随便找个理由拒绝的有 64 名，占 16.9%；因为忙碌而拒绝的有 26 名，占 6.9%；不记得是什么理由，好像是凭直觉而拒绝的有 178 名，占 47.1%；其他类型的有 39 名，占 10.3%。在汽车销售过程中客户也会提出各种虚假的异议来。

例如：虚假异议。

客户说："A 品牌就是不怎么样，× × 1.6 L/5V5-GMT 基本型的车价都已经达到了 142 300 元，配置还不如 B 品牌 × × 1.8 L 手动豪华型。该车车价为 141 800 元，便宜了 500 元，不仅配有高档真皮座椅，而且带座椅腰垫，还有全车座椅加热功能。"此时，如果客户在讲这话的时候身体的姿势并没有变动，眼光还透出一种期待的话，就是一种找借口的虚假异议，目的是要让销售人员在价格上做些优惠，即使得不到价格优惠，也希望得到一些让步。

（三）需求异议

需求异议是指客户自以为不需要销售人员所销售的产品而形成的一种反对意见，直接表明自己不需要。从异议的性质上看，需求异议是属于客户自身方面的一种异议。真实的需求异议是销售成交的直接障碍，汽车销售人员如果发现客户真的不需要产品，那就应该立即停止营销。例如有的客户会说，"我根本不需要车"或"我觉得坐地铁更方便"。

虚假的需求异议是客户拒绝销售人员及其销售产品的一种借口，也可表现为客户没有认识或不能认识自己的需求。汽车销售人员应认真判断客户需求异议的真伪性，对虚假需求异议的客户，先设法让他觉得产品所提供的利益和服务，符合他的需求，使之动心，再进行营销。

例如：需求异议。

在××展厅里，范女士和家人正在销售顾问的引导下看××车。他们半年前就有买车的打算，价格要控制在45万元左右，今天是第二次来这里，第一次来的时候，通过交流，销售顾问得知他们买车主要是为了谈生意。

销售顾问：范小姐，您好！专虑了几天，决定了吗？

范小姐：上次我忘记问你了，这款车的市场定位是怎样的？

销售顾问：面向家庭的高档用车。

范小姐：如果是家里人开，的确很舒服，但我们买车主要是为了谈生意，那就不太合适了。

销售顾问：范小姐，有一点我要向您澄清，虽然这款车是面向家庭的，但在同一价位的车里，××的知名度和豪华程度不输于任何一款车。您说要用来谈生意，这绝对是上佳的选择，开××一定有助于您打动客户的心，将每一单生意做成、做好。

以上案例说明了顾客的需求是可以引导的，销售人员应该灵活应对顾客的需求异议。

（四）财力异议

财力异议是指客户以缺乏货币支付能力为由拒绝购买的异议。财力异议也属于客户自身方面的一种常见的购买异议。财力异议的主要根源在于客户的收入状况和消费心理。一般来说，在客户资格审查和接近准备阶段，汽车销售人员对于客户的财务承受能力要进行严格审查，这样在实际销售中才能够准确辨认真实的财力异议或虚假的财力异议。

例如：财力异议。

客户：这车真的挺好，就是我钱不够……我还是考虑考虑××的那款吧……

销售顾问：李先生，买车是件大事，一定要考虑清楚买自己最喜欢的，如果仅仅因为价格的原因就放弃自己喜欢的车子，即便以后购买了其他车型，心里也会觉得不舒服。

客户：但我真的钱不够，付不起这么一大笔钱。

销售顾问：李先生，只要您喜欢我们这款车，钱的问题我来帮您想办法。我们现在购车的付款方式已经非常多样了，比如您可以选择分期付款或者租赁购车，我来给您详细算一算……

（五）权力异议

权力异议是指客户以缺乏购买决策权力为由而提出的购买异议。事实上，无论是集团购买还是家庭购买，购买决策权力都不是平均分布在每个成员手中的，多数成员可以对决策形成影响，但不一定具有决策权力。权力异议的主要根源在于客户的决策能力状况或心理成见。销售人员在进行客户资格审查时，应该对客户的购买资格和决策权力状况进行认真分析，找准决策人。面对没有购买权力的客户极力推销产品是推销工作的失误。

例如：权力异议。

客户张先生来参加试驾，试车完毕后，客户比较满意，但有些犹豫。

汽车销售人员：张先生，看得出来您对汽车很精通，您能跟我说说这款车哪里不太令人满意吗？

张先生：它外观很漂亮，内饰也还可以，但提速比较慢，而且这款车的动力一般。

汽车销售人员：张先生，您真的相当内行。说实话，动力性、加速性，确实不是这款车的强项。我了解到张先生买车是为了给新婚太太一个惊喜，是吧？

客户张先生：呵呵，是这样的。

汽车销售人员：您对太太真好。我相信，收到这样一份特别的礼物，你太太这一辈子都会记在心里的。女士用车和男士用车有些不一样，像您，就会注重驾车的快感和乐趣，一马当先，纵横驰骋，这才是男士心中的好车，张先生，您说是不是？

张先生：没错。

汽车销售人员：女士选车最看重的则是外形的美观、空间的舒适，以及安全保障是否齐备，张先生，您说是不是？

张先生：嗯，我觉得是。

汽车销售人员：我们这一款车是专为女士打造的，无论是外形还是空间都非常迎合女士的需求，尤其是安全配置，它配备了预紧式安全带、六大安全气囊、人体工学安全座椅、四门内置强化防撞钢梁等配置，它可以为您太太提供多重的安全防护。张先生，您对汽车非常了解，您说是不是这样的呢？

张先生：嗯，你说的没错。

汽车销售人员：张先生，您觉得这款车怎么样？我敢说张太太看到这样一款时髦绚丽的车子，一定会很高兴的。

张先生：嗯，那我下次带太太来感受一下，万一她不喜欢呢？毕竟这车是给她买的。

汽车销售人员：好的，但是如果您直接把我们这款精致的车钥匙包装好交给太太，我相信她看到这款车会更惊喜、更感动呢！

（六）服务异议

服务异议指客户针对购买前后一系列服务的具体方式、内容等方面提出的异议。这类异议主要源于客户自身的消费知识和消费习惯。处理这类异议，关键在于提高服务水平。

例如：服务异议。

一位顾客到店选购车辆，进门 5 分钟后仍没有销售顾问上前服务。此刻，你正好从旁边经过，顾客对你抱怨道："你们这里的人都到哪里去了？我来了这么久没有一个人理我。"作为销售顾问，你该如何应答？

这是顾客对服务方面提出的异议，作为销售人员应该及时做出解释请求顾客谅解，而且要进一步鼓励顾客多提意见，以使顾客意识到自己很重要。

（七）货源异议

货源异议是客户对企业或销售人员不满意而拒绝购货。货源异议属于销售人员方面的一种客户异议。当客户提出货源异议时，通常表明客户愿意按照销售人员的报价购买这种产品，只是不愿向眼下这位销售人员或其所代表的公司购买。汽车销售过程中的货源异议主要来自企业形象欠佳、知名度不高、汽车销售人员态度不友善、服务安排不周到等原因。货源异议有一定的积极意义，有利于促使汽车销售人员努力改进工作态度和服务质量，提高企业信誉。

例如：你们品牌不是很知名吧？

情景一：

客户：你们的品牌不是很知名吧，我还从来都没听说过呢。

汽车销售人员：王先生，这一点都不奇怪，您这个问题好几个客户都问过呢。我们是著名汽车厂商 A 公司旗下的品牌，有 12 年的历史了，刚刚进入国内不久，所以您可能没有留意过。现在很多旗舰店，我们这款车的销量都很不错呢，好几个店都出现了库存紧张的状况。

客户：原来是这样啊。

情景二：

客户：车看起来是好车，但是你们 A 品牌不是非常知名呀，你看现在不少大品牌的车都会出毛病，小品牌就更难保证了。

汽车销售人员：张先生，其实之前我们也有好几位客户和您有一样的担心。确实，我们公司成立比较晚，品牌的名气也比不上大品牌的汽车厂商。

汽车销售人员：我有个客户叫王×，他去年从我们店里买的车。每次我们有新车上市，他都会来试一试，这位王先生有一句话说得很对，他说：我知道你们牌子不是很响亮，但是经济实用，而且开你们的车很放心，平时有问题只要打一个电话，售后人员就会快速地帮忙解决问题，用车用得很舒心。

汽车销售人员：张先生，大品牌有大品牌的好处，小品牌也有小品牌的妙处呀。同级别的车型，我们的售价要低三到五万元，同样的维修保养，我们的收费只有其他品牌的 1/3。我们为了赢得更多的客户，将小品牌做成大品牌，一方面在质量上一丝一毫都不敢马虎，另一方面在服务上想客户之所想，急客户之所急，能让您买车放心，用车更安心。您说是不是这样呢？

客户：嗯，你说的还真有些道理。

（八）产品异议

产品异议是指客户认为销售人员本身不能满足客户的需求而产生的异议。这种异议表现为：客户对产品有一定的认识，具有比较充分的购买条件，但就是不愿意购买。有关汽车方面的具体异议有质量太差、设计陈旧、型号不对、颜色不符、结构不合理、造型特色不突出等。产品异议的根源也十分复杂，客户的认识水平、带有强烈感情色彩的偏见和购买习惯以及广告宣传等因素，都有可能导致产品异议。

例如：产品异议。

顾客：这辆车不错，可惜没有装天窗！

销售顾问：您的意思是对这辆车的其他方面都满意，只是对它没有安装天窗这一点不满意，对吗？

顾客：对啊，装了天窗去兜风多舒服啊！

销售顾问：是很不错，您会经常到郊外去兜风吗？

顾客：节假日有空的时候就去啊！

销售顾问：那算起来您兜风的时候其实并不多，而且咱们兰州沙尘多，使用天窗的机会也会很少。从实用角度来说，如果您不在车内抽烟，天窗的作用其实并不大。因为夏天开天窗会使车内温度升高，坐在后排座椅的人还会觉得晒；而冬天开天窗不利于保暖，影响空调效果。多花几千元配个天窗，您觉得有这个必要吗？

（九）价格异议

价格异议是指客户以推销产品的价格比相似产品价格偏高为由而拒绝。价格异议产生于需求异议、财力异议、产品异议和权力异议之后。在汽车销售过程中，当客户提出价格异议时，往往表明客户对汽车产生了购买兴趣和购买意愿，只是认为价格高了，要千方百计通过讨价还价迫使汽车销售人员降低售价。价格异议的根源比较复杂，外部推销环境、客户的购买习惯和购买经验、价格竞争、客户的认识水平等因素，都可能导致客户的价格异议。

例如：价格异议。

客户：虽然喜欢这款车，但我买不起啊！

销售顾问：您很希望拥有这款车，只是觉得一次性付那么多钱有点心疼罢了！我们公司可以为客户提供多种付款方式，如果您选择分期付款，首付只需三万多元，以后每个月一千多元，相当轻松，完全不会有压力的。您看，我们店就有××银行的按揭代办点，我带您去问问？

（十）时间异议

时间异议是指客户通过拖延时间来拒绝推销或达到其他目的的一种购买异议。这种异议的真正根源一般不会是时间问题，而是价格、产品或客户自身问题。当然，客户存货过多，资金周转困难，也会导致真实的时间异议。

例如：时间异议。

销售顾问：赵先生，您觉得这款车怎么样？

客户：挺好的。

销售顾问：那我给您安排一下试乘试驾，您再感受一下驾驶的乐趣吧？

客户：不用了，下次再说吧。

销售顾问：赵先生，那您什么时候方便呢？我帮您预约好试乘试驾，毕竟买车呢，驾驶感受才是最重要的。

客户：我有时间了再跟你联系……

客户异议的种类繁多，汽车销售顾问需要不断地总结和分门别类地研究。只有正确理解不同类型客户异议的真实初衷，才能有的放矢地处理好客户异议。

三、客户异议的处理步骤

无论销售人员的推销能力多么出色，但是在交易过程中总会有一些异议发生。因此，事先规划好处理异议的步骤非常重要。具体步骤如图 6.2 所示。

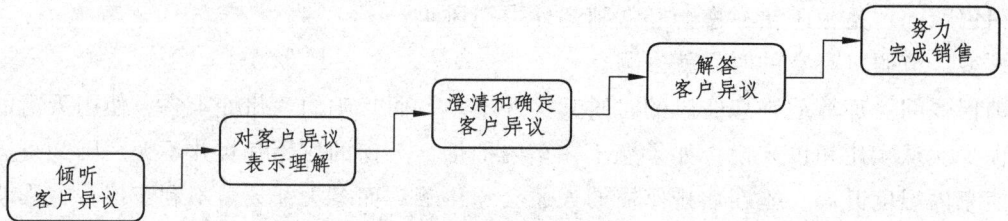

图 6.2　处理客户异议的具体步骤

（一）倾听客户异议

倾听客户异议是收集信息的一个过程，这些信息有助于解决问题。

（1）要耐心听完，不要急于做出反应，否则，会让客户感到你非常敏感而起疑心。

（2）不可打断客户，因为这样会激怒他。

（3）听取客户意见时要诚心。

总之，要多听少说。

（二）对客户异议表示理解

在对一个异议做出反应之前，应保证完全理解客户。这种理解包括两个方面：一是正确把握异议的真实含义；二是向客户表示自己对客户异议的善意、诚意。对客户提出的意见要表示感谢，态度要诚恳，表现出赞同客户观点，充分理解客户的感受。

（三）澄清和确定客户异议

客户提出异议后，销售人员必须澄清其真伪，通过一系列的提问，确定真实的客户异议，然后表达对客户提出异议的理解，对自己的判断予以确定。找不到真实的客户异议，就不能解决客户心中最大的顾虑，就像医生看病一样只有找出病根，才能对症下药。

（四）解答客户异议

澄清客户异议的同时，要掌握处理异议的技巧，选择最佳的回答。需要强调的是，最佳的回答总是取决于客户当时的情况和异议本身的特点，只有完全满足了客户的一切需求，异议才会消除。

（五）努力完成销售

在汽车销售人员圆满地处理客户异议之后，就有可能达成交易，但是如果客户对销售人员的解答仍然摇头，则说明销售人员没有真正弄清客户的需求，仍要进行沟通，直至客户满意，推销才能成功。

四、客户异议的处理方法

（一）回避处理法

回避处理法是根据有关事实和理由间接否定客户异议的一种处理方法,即我们常说的"是的……如果"法。

（二）利用处理法

利用处理法是指汽车销售顾问利用客户异议本身来处理有关客户异议的一种处理方法,又称"太极拳"法。在应对客户拒绝时,常常可以利用这种方法。也就是说,以客户拒绝的内容来回答客户,然后再画龙点睛地切入商品。例如,当客户提出某些不购买的异议时,汽车销售顾问可以立刻回复说:"这正是我认为您要购买的理由!"这就是利用处理法的基本手法。

（三）询问处理法

询问处理法是指汽车销售顾问利用客户异议,通过运用为何、何事、何处、何时、何人和如何等语句,根据必要的情况反问客户的一种处理方法。这是所有应对方法中最高明的一招。与其自己来说,不如让对方说出他的看法,把攻守形势反转过来。

（四）忽视处理法

忽视处理法是指汽车销售顾问故意不理睬有关客户异议的一种处理方法。所谓"忽视",就是当客户提出一些反对意见,并不是真的想要获得解决或讨论时,汽车销售顾问只要面带笑容地同意就好了。有时是为了让商谈更具幽默感,可把反对性的意见用一些技巧性方法带过,如"您的顾虑太多了,毕竟……"。对于一些"为反对而反对"或"只是想表现自己的看法高人一等"的客户异议,若认真处理,不但费时,还有节外生枝的可能。因此,只要让客户满足了表达的欲望,就可采用忽视法,迅速地引开话题。

（五）反驳处理法

从理论上讲,应该尽量避免使用反驳法处理异议。直接反驳客户容易使气氛不友好,使客户产生敌对情绪,不利于客户接纳销售人员的意见。但如果客户的反对意见是由于对产品的误解或销售人员手头上的资料恰好能帮助说明问题时,销售人员不妨直言不讳。反驳法只适用于处理因客户的无知、误解、成见、信息不足等原因而引起的有效客户异议,不适用于处理无关的、无效的客户异议,不适用处理因情感因素或个性问题引起的客户异议,亦不适用于有自我表现欲望与较为敏感的客户提出来的异议。

处理客户异议的方法很多,要根据不同的客户类型、不同的交谈时机进行选择。以上各种方法的优缺点如表6.1所示。

表 6.1　客户异议处理方法的优缺点

客户异议处理方法	优点	缺点
回避处理法	有利于保持良好的人际关系和销售气氛； 可有效地处理各种客户异议，排除成交障碍； 有利于汽车销售顾问认真分析客户异议，制订具体的处理方案和策略	会削弱汽车销售顾问介绍和演示的说服力量； 可能会使客户失去购买信心； 可能会浪费销售时间
利用处理法	有效地转化客户异议； 保持良好的人际关系和销售气氛	可能引起客户的反感和抵触情绪； 不利于处理客户异议
询问处理法	可以得到更多的反馈信息并找出客户异议的真实根源； 可以明确客户异议的性质； 有利于保持良好的人际关系和洽谈气氛，直接促成交易	可能引起客户的反感和抵触情绪，造成不利的洽谈气氛； 不利于处理客户异议； 可能浪费销售时间，降低工作效率
忽视处理法	有利于保持良好的销售气氛； 节省销售时间，提高工作效率； 可以有效地促成交易	可能引起客户的不满和反感； 不利于处理客户异议； 不利于发展人际关系和销售洽谈的顺利进行
反驳处理法	通过摆事实，讲道理，可以增大推销说服力量，增强客户的购买信心； 直接说明有关情况，可以节省推销时间，提高推销效率； 用途十分广泛，而且符合多数客户的习惯； 有利于道破客户的各种借口，促使其接受推销	直接否定客户异议，容易引起抵触、反感情绪，形成不融洽的气氛； 容易增加客户的心理压力，导致客户回避推销； 如果客户的异议正确或有一定道理，利用反驳法只会降低企业、产品及销售人员在客户心目中的信誉度

五、处理顾客异议的技巧

（一）LSCPA 法

LSCPA 客户异议处理策略是服务型企业经常使用的解决客户异议的一种策略。

1. L——倾听（Listen）

在解决客户异议之前，我们要通过倾听来进一步了解客户的真实想法、了解客户产生异议的关键点，这有益于汽车销售顾问解决客户异议。同时，安静地倾听客户说出自己的想法也会让客户产生被尊重的感觉，特别是客户处于比较激动的时候，耐心地倾听有助于客户舒缓心情。

倾听时常用的话术为：

（1）您能说得更详细些吗？

（2）如果我没理解错的话，您是担心……是吗？

（3）很多人都有您这样的想法。

（4）如果我猜得没错，您考虑的是……吗？

（5）您所希望的是不是……？

在倾听这个步骤中，汽车销售顾问最重要的工作就是通过倾听客户的异议来找到客户真正的需求，并且做好记录，以备以后解决异议时用。同时应该注意的是当客户在抱怨的时候，汽车销售顾问要进入一种热情且负责的倾听状态。倾听不仅仅是一种工作能力，更是汽车销售顾问修养的体现。很多人无法留下良好印象都是从不会或不愿倾听开始的，所以当客户一开口说话的时候，汽车销售顾问应立即开启到倾听状态。

2. S——分担（Share）

在倾听完客户的异议后，通常这个时候客户的情绪还没有得到舒缓，所以在解决客户的异议前，我们要对客户的处境表示理解。站在客户的角度，体谅客户产生这种异议的真实感受。在现实销售过程中，由于客户异议的产生往往与客户的认知、感识、偏见和情绪等个人因素有关，所以汽车销售顾问不能只站在自身角度，要求每一个客户都与自己想的一致，应该表现出对客户情绪的理解，尊重他们的个人感受。

分担时常用的话术为：

（1）其实我以前也和您想的一样……

（2）我非常能理解您的感受……

（3）我知道您的意思了，您是在担心……是吗？

（4）如果换了我，我肯定也会这样想。

值得注意的是，在这个环节，汽车销售顾问应体谅客户的处境和感受，而不是盲目同意客户的异议。客户提出异议时往往都带有强烈的个人情绪色形，体谅的目的是让客户尽快地平复情绪，让客户在理性的基础上解决异议，所以汽车销售顾问此时要分担的是客户的情绪感受。

3. C——澄清（Clarify）

澄清是指汽车销售顾问及时就客户的异议向客户进行详细的解释。澄清一定要在客户的情绪平复之后再进行，如果在客户情绪激动的时候着急向客户解释反而会激怒客户，所以澄清必须要在客户平静时进行。此外，澄清应该针对客户的异议展开，同时汽车销售顾问要学会把客户的异议与客户本人区别开来。要把客户自身与客户提出的异议区别对待，运用"对事不对人"的原则和方法。

澄清时常用的话术为：

（1）您先别急，请您听我给您解释一下好吗？

（2）从另外一个角度来看，这个问题其实是……

（3）我自己常常也会有同样的想法，但是真正的问题在于……

（4）其实您可以这样想，会发现真正的问题是……

汽车销售顾问在向客户澄清时可能会遇到客户的反驳，这个时候，汽车销售顾问要学会换位思考，在使用话术时要懂得技巧，不要因为急于澄清反而激怒客户，要站在相对公平和公正的立场向客户解释。澄清的目的是解决客户异议，因此在澄清时汽车销售顾问务必要将意思表达清楚。

4. P——陈述（Present）

陈述是指在向客户解释异议后，向客户提出的可行性解决方案。

一般而言，汽车销售顾问再向客户提出解决方法的时候，要秉承两个原则：一是可行性原则。也就是提出的解决方法真实可行，能够真正地帮助客户消除或是弱化异议。客户在产生异议后，往往需要汽车销售顾问能够提出切实的合理化建议来解决自身的问题。如果此时客户觉得汽车销售顾问所提出的解决方案是糊弄和搪塞自己的，那么不满的情绪将会再次出现。二是及时回复原则。客户都希望汽车销售顾问能够及时快速地帮自己解决问题，认为拖延和回避的态度是对自己的不尊重。因此，在帮助客户解决异议的时候，一定要做到及时回复，对于能当下解决的问题，要及时处理；如果不能当下处理的，要给予客户准确的回复时间，避免让客户长时间等待。

陈述时常用的话术为：

（1）我有一个建议，不知您觉得是否可行？

（2）您的需要是……是吗？您看我们……这么做是否可以呢？

（3）另外一种可能性就是……

（4）关于这个问题，您看我们是否可以……

（5）既然我们双方都有诚意，您看是否可以各退一步呢？

在帮助客户解决异议时，一般建议汽车销售顾问准备两套以上不同的方案比较稳妥。这是因为一旦方案被客户否决了，还可以有其他方案供选择。另外，让客户在多套方案之间选择，不仅有助于增加解决问题的成功率，同时也会让客户感觉汽车销售顾问充满诚意，有被尊重的感觉。

5. A——要求（Ask）

要求是指汽车销售顾问在给客户提供异议解决方案后，要求客户做出决策，或者帮助客户一起解决异议的过程。汽车销售顾问虽然已经给出了解决方案供客户进行选择，但是由于每个客户的文化基础、认知程度不同，并非每个客户都能够顺利地做出决策。这个时候，汽车销售顾问就可以充分利用之前与客户建立起来的信任基础，运用自己的经验和专业知识，帮助客户解决异议，从而达成一致。

要求时常用的话术为：

① 您也是这么想的，是吗？看来真是英雄所见略同。

② 您觉得哪个方案更适合您呢？

③ 您是觉得这种方案更好，是吗？您真是好眼力！

④ 您更愿意选择哪种方式呢？

⑤ 那样做，您觉得是否可以？

在要求这个环节中，汽车销售顾问要注意不要逼迫客户做出决策，要耐心地与客户进行良好的沟通，从而使双方相互理解，达成共识。如果客户最终选择了比较难以处理的解决方案，作为汽车销售顾问不要恼怒，要充分尊重客户的选择，允许并接受客户对商品提出不同的看法，不要与客户争论是非，更不要争吵。

例如：LSCPA 客户异议处理策略。

小张在一家外企公司的销售部工作，工作几年后升职成为销售总监，也有了一定的积蓄，考虑买一辆车。小张一直支持和信赖国产品牌的汽车，打算购买一辆国产汽车作为代步工具。小张了解到，近几年来，新能源汽车非常热门，特别是国产的新能源汽车销量和口碑都很不错。到展厅现场观座后，小张对××新能源汽车有了浓厚的兴趣，觉得无论是外观还是价格都非常满意。可是新能源汽车产业是个新兴产业，小张对此缺乏一定的了解，而且他在网上也查看了一些关于新能源汽车的资料，但还是感觉不够了解。毕竟买车是一笔大开支，小张因此开始犹豫要不要购买新能源汽车。假设你是一名汽车销售顾问，遇到这种情况时该如何解决小张存在的异议呢？

我们将运用LSCPA法则来进行解决。

首先，我们先对案例进行简单的背景分析，初步找出小张买车存在的问题。小张作为工作了几年的白领精英，也有了一定积蓄。由此可见在买车的预算上是足够的，而且小张对于国产汽车非常信赖，又去展厅看了××汽车，并且对这款汽车在各方面都很满意。可见，小张已经对汽车的品牌和外观都很满意，但是为什么还是拿不定主意呢？由此可见，对新能源汽车的不了解和不信任是小张买车过程中最大的异议。那么作为汽车销售顾问，我们应该如何运用LSCPA法则来解决小张的异议呢？

（1）L——倾听（Listen）。

汽车销售顾问，一开始一定会觉得很疑惑，为什么客户对汽车的品牌和造型外观都很满意，可就是拿不定主意买车呢？这个时候，就需要汽车销售顾问对客户进行引导式的提问，并且仔细倾听客户产生异议的原因。

示例话术：

汽车销售顾问：张先生，我注意到您对我们××新能源汽车非常感兴趣，和您交谈之后也知道您对这款车的价格和造型也很满意。请问对这款车您还有什么要了解的吗？

小张：我知道这款车是新能源汽车，我身边有朋友开过新能源汽车。

汽车销售顾问：张先生，您之前对于新能源汽车大概了解多少呢？

小张：新能源汽车我觉得就是纯电动汽车或者是混合动力电动汽车吧？这种车我总觉得不太放心。

汽车销售顾问：您说您对驾驶新能源汽车不大放心，是否方便问一下您具体对哪些方面觉得开着不放心呢？

小张：我听说新能源汽车的动力性不如汽油车，万一没电了是不是就不能开了？而且这种车的售后服务保障怎么样，我都不太了解。

分析：

在上述对话中，汽车销售顾问针对小张的异议，通过引导式的问题让小张说出异议的内容，而且当小张说出自己对新能源汽车不够了解的时候，汽车销售顾问并没有马上回答，而是进一步询问小张对新能源汽车哪些方面不够了解，充分地了解客户产生异议的真正原因。

（2）S——分担（Share）。

在清楚客户对于新能源汽车具体存在哪些异议后，汽车销售顾问首先应当站在客户的角度对客户所处的立场充分理解。这样做的目的是缓解客户的情绪，避免让他对新能源汽车产生进一步的疑惑，同时可以建立起汽车销售顾问与客户的信任度，为接下来解决客户的异议做好准备。

示例话术：

汽车销售顾问：张先生，我明白了，您是对新能源汽车的动力性原理和相关的服务政策不太了解是吗？

小张：是的，确实不太清楚，所以一直迟迟犹豫要不要买这款车。

汽车销售顾问：张先生，我非常能够理解您的感受，买车是一项大的开支，再小心都不为过，况且，这是您的第一辆汽车，对您有着重要的意义，一定是想选择一辆称心如意的爱车，这点我非常赞同。

小张：确实如此。

汽车销售顾问：张先生，作为汽车销售顾问，我们有责任帮助每一位客户挑选到自己心仪的爱车，不知我是否有这个机会，和您一起挑选汽车呢？我可以帮助您解答您想知道的一切问题。

小张：当然可以，这样太好了。

汽车销售顾问：张先生，请随我一起去展厅，我为您做一下详细的介绍。

分析：

在上述对话中，汽车销售顾问并没有着急帮小张解释新能源汽车的相关问题，而是先站在小张的角度，表示对小张的感受自己能够充分理解。这样做不仅让小张产生了被尊重的感觉，同时也巧妙地和小张建立了一定的信任度。

（3）C——澄清（Clariy）。

在客户的情绪得以平静，并与客户建立了信任的基础上，汽车销售顾问应针对客户的异议逐条进行解释。解释时，要充分考虑客户对新能源汽车不够了解，因此汽车销售顾问应该多使用通俗易懂的语言，少使用专业术语，让客户能够充分理解。

示例话术：

汽车销售顾问：张先生，我们之前聊过，您似乎是对新能源汽车的动力性、续驶里程和售后服务不了解是吗？

小张：是的，帮我详细介绍一下吧。

汽车销售顾问：张先生，目前市面上的新能源汽车，主要有 3 种类型，前两种类型就包括了纯电动汽车和混合动力电动汽车，这两种类型的车各有特色。而我们这款车则是第三种类型，就是纯电动＋混合动力的模式，采用了既可充电又可加油的多种动力补充方式。该车既可以在纯电动模式下行驶，又可以在油电混合的模式下行驶。您通过按键可轻松实现纯电动和混合动力两种模式之间的切换，而且我们的动力蓄电池采用了最新的技术。这款车的综合工况续驶里程达到了 420 km，是目前市面上为数不多的超过 400 km 工况续驶的家用轿车。并且该车还支持快充，30 min 就可以充满 80%，实用性极高。您完全不用担心续驶的问题。

小张：这倒是很有特色啊。

汽车销售顾问：是的，而且在动力性方面您也不用担心，该车的百公里加速能力是非常可观的 5.9 s。这是因为它采用了由 1.5 T 发动机＋驱动电机组成的第三代 DM 双模插电混动系统，其中发动机最大功率为 112.5 kW，峰值转矩为 240 N·m，驱动电机最大功率为 110 kW，峰值转矩为 250 N·m，系统综合最大功率为 216.8 kW，综合峰值转矩为 417 N·m。

小张：听上去确实不错。

汽车销售顾问：在售后服务方面，您也不用担心。针对新能源汽车，我们 4S 店有专业培训的维修技师，您的爱车有任何问题，我们都会在第一时间帮您解决，不用像别的品牌一样需要返厂维修。而且针对新能源汽车，我们还提供专业的保养措施，针对您的行车里程为您制订专属的保养方案，充分考虑您的驾驶需求。

小张：这样我就放心多了。

分析：

在澄清环节，汽车销售顾问针对小张每个不理解的问题逐一地做了专业的解释，而且充分考虑小张对新能源汽车的不了解，尽可能减少专业术语的出现，方便小张理解。

（4）P——陈述（Present）。

在向客户逐一解释完异议后，汽车销售顾问应当及时地了解客户的想法，根据客户的想法提出合理化建议，用实际行动最终打消客户的异议。提出合理化建议的目的是帮助汽车销售顾问最终完成销售做好铺垫。

示例话术：

汽车销售顾问：张先生，通过我的介绍，不知是否帮助您加深了对新能源汽车的了解？

小张：还挺不错的。

汽车销售顾问：张先生，这款车确实从经济性和动力性上都很不错。不过我们展厅的车也很多，也有纯燃油版和纯电动版的汽车，您也可以根据需要选择不同的款式，具体要看您的用车需求。

小张：我用车主要是市内上下班开，偶尔做短途的自驾游。

汽车销售顾问：那我觉得这款车挺适合您的使用需求的，既经济又实用。

小张：我也觉得这款车挺不错的。

分析：

在陈述环节，汽车销售顾问已经通过介绍削弱了小张的异议，但是并没有着急成交，而是提供了多种购车选择，进一步探寻小张的购车需求，然后根据小张的实际用车需求进行推荐。这样做不仅是对客户的尊重，而且有利于小张在购车过程中真正的消除异议。

（5）A——要求（Ask）。

汽车销售顾问在解决客户的异议后，就可以要求客户做出最终的决策，要求不等于逼迫，而是应该在充分了解客户需求的基础上尊重客户自己的意见。汽车销售顾问不应该将自己的意见强加给客户。这不仅是对客户的尊重，同时也是汽车销售顾问自己的负责。客户只有对产品真正满意，购买过程才会顺畅。

示例话术：

汽车销售顾问：张先生，您对这款车还满意吗？

小张：确实挺满意的，那就订这款车吧。

汽车销售顾问：张先生，您看您需要我帮您安排一次试乘试驾，让您感受下这款车的澎湃动力和舒适的驾驶体验吗？

小张：可以的，这样太好了。

汽车销售顾问：张先生，买车是一件大事，而且又是您的第一辆车，一定要让您真正的满意。

小张：那太感谢了！

分析：

汽车销售顾问之所以为小张安排试乘试驾，主要的原因还在于真正完成一次销售，仅仅靠消除客户异议是不够的。只有做到让客户对产品真正的满意，才能更好地完成销售。

（二）PCAI 法

PCAI 法是指通过复述顾客异议、竞品比较、突出本产品优势、场景冲击的方法解决顾客异议。这种方法一般应用于有竞争对手的异议。

（1）P（Paraphrase）：复述，认同顾客的想法，认同客户所理解的竞品优点，为解决顾客异议进行铺垫。

（2）C（Compare）：比较，认同对方的优点，设定新的标准，并说明本品牌的优点。与其他竞争对手的比较可以从以下几个方面展开：产品本身、厂商、经销商、产品特色（操控性、创新与设计、用户口碑等）。

（3）A（Advantage）：优势，突出竞争优势。

（4）I（Impact）：冲击，通过场景对顾客进行冲击。用厂方资料、第三方资料，或者让客户亲身体验，来证明或者具体化销售人员所说的属实。

例如：我觉得 FF 的车比你们车的外形时尚。

P：×先生/女士，您的眼光真不错，您非常在意车的外形是吗？

C：买一辆车，外形是仁者见仁、智者见智，没有对错之说。在车辆的造型上，FF 的外观偏向年轻时尚，YG 的外观偏向时尚高档，都是那种很漂亮的车型。现在国际上流行的设计趋势是肌肉感与流线型并存，既要凸显车辆的高档时尚，又要突出小车空间大的特点，YG 就符合这些特点。

A：YG 不仅外观漂亮，相对 FF 而言，更具备空间大的优势。YG 拥有超越同级别车的 2 600 毫米轴距，而 FF 只有 2 550 毫米，相差了整整 50 毫米。后排的膝部空间也同样达到了同级别车中最大，为 637 毫米，连像××745i 这样的豪华车的后排膝部空间也仅为 639 毫米。

I：YG 不仅外观漂亮，内部空间大，同时还采用了世界领先的双喷油器发动机技术和 CVT 无级变速器，但价格比 FF 还便宜，在同级别车中号称"性价比之王"。您觉得买哪一款车更加划算呢？

例如：感觉 2012 款 C5 的内部空间没有 ZS 大。

P：看到您考虑车辆内部空间，能感觉到您是位责任心很强的人，非常关心别人。

C：作为法国车，车辆本身的特点是舒适和安全。C5 在舒适性方面，除了采用了先进的底盘技术外，也考虑到了空间的要求。既然说到内部空间，我要向您介绍 C5 的内部乘坐舒适性。舒适性不是单一追求空间大，而是座椅对车内人员的支撑性和包裹性。只要是驾乘人员乘坐的空间够用，就应该在座椅的舒适性上多下功夫。

A：比如 C5 前排乘员位的 VIP 功能就是为后排乘员提供良好的腿部空间而设计的。在同级车中是仅有的尊贵配置。座椅采用航空座椅的设计，追求的就是乘员坐在座椅上的舒适性。这种舒适性使乘员在长时间乘坐时不会感到疲倦，就像飞机的经济舱和头等舱的乘坐区别。

I：若您在拥挤的城市中驾驶 C5，您将发现座椅的各个位置都能很好地贴合您的身体，不仅如此，座椅还能有效吸收来自地面的震动和颠簸，为您提供全方位最优良的驾乘感受。

例如：2012 款 C5 的技术没有 MT 先进。

P：听您这样说，能看出来您很关注汽车的技术，这点是我们买车时都要关心的问题。

C：在这个级别的车型上，大家主要关注的是技术，但技术不仅表现在发动机和变速器两个方面，还要根据车辆的用途来选择。那么在拥堵的城市中驾驶，很显然舒适性是您主要应该考虑的问题。因为舒适性对您的身心健康都是有帮助的。过于先进的发动机技术在日常车辆使用中并不是很重要。

A：比如 C5 秉承 PSA 高级平台生产技术，车辆的底盘部位在同级车当中是最为优越的，能带给您绝对舒适的驾乘体验。2012 款 CS 在动态舒适性方面有 3 个极致表现，即极致平顺、极致稳定和极致静音，这些技术是很多车辆的设计师并不关注的。

I：您看，我们坐进车里基本听不到外边的声音。而且在行驶中，车辆整体的稳定性非常好，这些都是 C5 先进技术的表现。

（三）LERI 法

LERI 法是指通过倾听顾客异议，站在客户的立场为客户着想，然后提出解决问题的办法，最后通过文字证据、权威数据、亲身体验来最终化解顾客异议。LERI 法一般用于无竞争对手的顾客异议。

（1）L（Listen）：倾听，采用追问的方法倾听顾客异议。

（2）E（Establish）：共鸣，换位思考认同顾客感受。

（3）R（Resolve）：解决，提出解决问题的方案。

（4）I（Impact）：冲击，通过文字证据、权威数据和亲身体验化解顾客异议。

例如：YG 车有点太轻了。

L：您是担心 YG 的重量比较轻，不安全吧？

E：安全这个问题是很多客户关心的！

R：这款车的重量确实比其他品牌同档次的车要轻一些，但正是这个优势使它的油耗更低。轻不轻不是最关键的，最关键的是车辆的安全性，我为您详细解释一下可以吗？

第一，现在市面上有些车型依靠厚重的钢板来提高安全性，不仅技术含量低，而且油耗非常高，这样会大大增加用车成本。这种方法在欧美市场早就被淘汰了。YG 之所以轻，是因为它采用了很多高科技材料和最先进的 ZONE BODY 车身设计技术。

第二，YG 面世以来，全球累计销量超过××万辆，在国际上一直很畅销。这说明世界各地的人都认可 YG 的安全性，并且得到了长时间的品质验证。

I：这是我们的安全配置表，是权威机构对我们这款车的安全测试结果。安全性达到了最高，您可以看一下。

（四）CPR 法

CPR 法可以把问题变成购买车辆的信心，消除顾客的顾虑，使顾客感受到销售人员很在乎其疑虑，对顾客表示关怀，进而增加成交的可能性。

（1）C（Clarify）：澄清，使用开放式的问题进一步明确顾客的异议，切忌用防御式的辩解或者反驳的口吻提出问题，采取积极倾听的技巧确保准确地理解顾客的异议。

（2）P（Paraphrase）：转述，用自己的话总结顾客的异议，转述顾客的异议，帮助顾客重新评估、消除担忧，然后销售顾问把顾客的异议转化为更容易应对的表述方式。

（3）R（Resolve）：解决，从以上两个步骤中所获得的时间和附加信息能够让销售顾问更容易用专业的方式加以回应。还能够显示销售顾问对顾客的关注，认同顾客的担忧，然后给出解决方案。

例如：顾客对车辆的燃油经济性有疑虑。

C：林女士，您对车辆的燃油经济性很关注，您为什么认为咱们的车耗油高呢？（开放提问，明确疑虑）

P：您也是从别人那里听到的，自己没有实际感受和体验，是吗？（复数异议，重新评估）

R：您会有这样的想法我能理解，也有不少客户会有类似这样的误解。但事实上，我们的车不但在安全方面有非常不错的表现，在油耗方面也有非常亮眼的表现。为什么我会这么说呢？我这边给您提供一份官方的油耗数据，供您和其他品牌的同级车型做个对比，您就了解了。（认同心情，转化优势）

【项目实施】

一、客户异议处理情景模拟

任务内容（见表6.2）：

（1）以小组为单位，每组派两名同学，分别扮演销售顾问和客户进行客户异议处理的情景模拟。情景由小组成员商定。

（2）每小组人员进行评价。

（3）个人自评，找到自己需要改进之处。

表6.2 客户异议处理情景模拟

任务名称	客户异议处理情景模拟
任务实施	情景设定： 小组评价： 优点： 缺点： 自评： 优点： 缺点： 改进之处：

二、客户异议处理

任务内容：以小组为单位，讨论分析案例，完成客户异议处理（见表 6.3）。

表 6.3　客户异议处理

任务名称	客户异议处理
任务实施	**场景 1：** 一位中年男性客户走进店里，在几款 SUV 车型之间徘徊，在驾驶员的位置上试了试，又看看轮胎，最后趴在地上看完底盘的离地高度，摇了摇头。 作为销售顾问，此时你应如何应对客户的一系列动作，怎样成功说服客户？ **场景 2：** 一对中年夫妇走进一家 4S 店，你作为该店销售顾问接待他们。丈夫对一款中档轿车很感兴趣，问了很多关于汽车参数和性能的问题。这时妻子说："我听朋友说日本车的安全性不够，车身钢板薄，塑料件多，还是德国车比较扎实。" 这时，你应如何应对客户的异议？ **场景 3：** "七夕"节将至，一对青年男女走进 4S 店选车，顾客是第二次到这家 4S 店，来之前已经在汽车城其他店里转了很久。顾客直接走到一辆两厢车旁，将车仔仔细细看了一遍，说："这辆车其实并没有 B 品牌的车配置高多少，价格却高了一大截，太不划算。" 你作为接待客户的销售顾问，你应如何说服客户，消除异议？ **场景 4：** 客户：你刚才说，买这款车的话，就赠送价值 3 800 元的赠品，是吧？我听朋友说，一般买车赠送的东西都是劣质品，不好用，我不要赠品，这 3 800 元你直接给我抵车款吧！ 作为接待客户的销售顾问，你应如何尽快消除异议，促成成交？

任务二　汽车售后服务与投诉处理

【学习目标】

1. 掌握售后跟踪的方法、客户关系维系的技巧。
2. 掌握客户投诉的处理方法。

【任务描述】

为客户提供满意的售后服务：张先生一家喜提新车，对汽车销售顾问小王提供的服务也很满意。汽车属于耐用消费品，每次客户购买完成后，他们的满意程度会各不相同。为了让张先生一家购车无遗憾，小王应该如何为张先生一家提供售后服务呢？

【知识准备】

汽车销售大师乔·吉拉德坚持的目标就是"卖给客户一辆能用一生的汽车"，他就是用这种随叫随到、保证满意的销售方式使客户每当要买新车时总能想到他。这就是他的诀窍。在他的畅销书《如何向任何人销售任何东西》中，他讲到有些客户宁可等一两个小时也要向他咨询买车，而不愿意和其他销售人员接触。故而，和客户保持长期联系，为客户提供跟踪服务是十分必要的。所以，汽车销售人员必须了解为客户提供售后服务的作用和流程（见图6.3）。

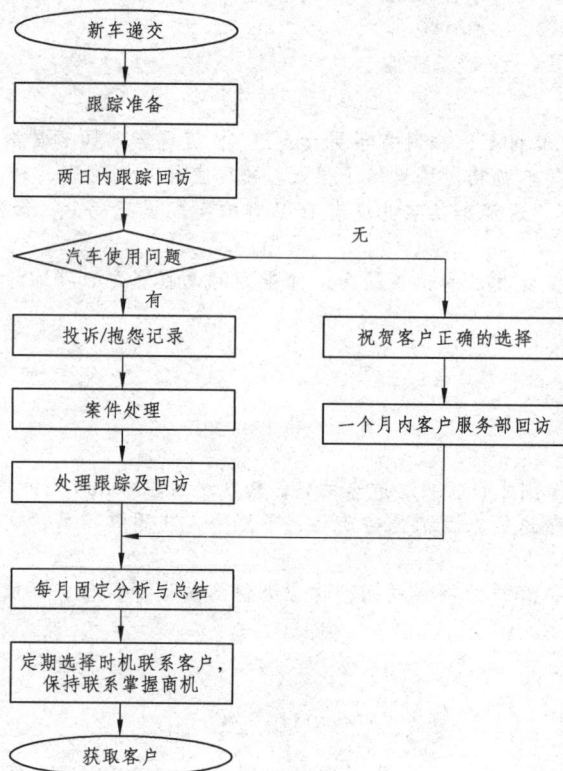

图 6.3　售后服务流程

一、售后跟踪服务的作用

乔·吉拉德有一句名言："我相信推销活动真正的开始是在成交之后而不是之前。"可见，汽车销售人员进行售后跟踪的意义重大，主要表现为提高客户的满意度和拓展新客户。一是提高客户的满意度；二是开拓新客户。

（一）提高客户的满意度

为客户提供满意的售后服务，能提高客户对产品的满意度，具体表现如图 6.4 所示。

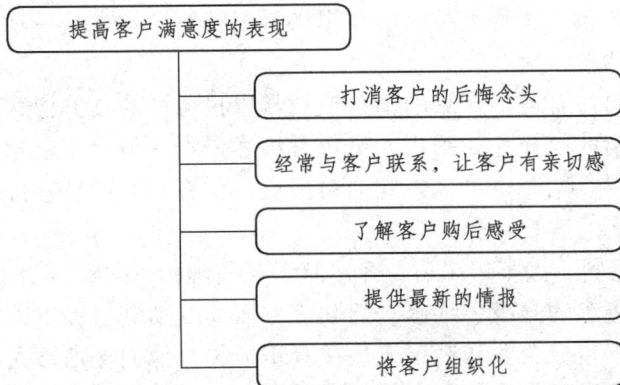

```
┌─────────────────────┐
│  提高客户满意度的表现  │
└─────────────────────┘
        ├──── 打消客户的后悔念头
        ├──── 经常与客户联系，让客户有亲切感
        ├──── 了解客户购后感受
        ├──── 提供最新的情报
        └──── 将客户组织化
```

图 6.4　提高客户满意度的表现

1. 打消客户的后悔念头

购买一般商品，如果不满意，可以要求退换。但是汽车进行退换涉及公安、银行、保险公司等许多机构，并且确定汽车故障责任是很麻烦的，会给客户带来很大的困扰。

汽车作为需要客户高度介入的耐用消费品，一旦过早地出现故障、维修困难、后期费用过高等现象，易引起客户不满，且又无法退换，会给客户造成极大的伤害，甚至是终身的悔恨。此时，该品牌汽车的生产商和销售商，如果站在客户的立场上会有何感想呢？

销售商通过成交后的跟踪服务，可以减少或打消客户的后悔心理，维护品牌和销售人员的信誉，为扩大客户群打下良好的基础。

2. 经常与客户联系，让客户有亲切感

很多销售商会抓住客户的特殊日子，如生日或结婚周年纪念日等，给客户寄去贺卡。给老客户寄推销信函、贺卡、调查表、小礼品等，是保持联系的好方式；登门拜访老客户，电话问候老客户，发手机短信和微信也是加深感情的好方式。关键是要经常提醒客户，你不只是客户的朋友，更是客户的知心朋友。此外，"保养提醒""车辆托管服务""代为年检服务"和"违章曝光提醒服务"等，也是保持与客户经常联系的方法。

3. 了解客户购后感受

对于购买过汽车的客户，销售人员应及时收集反馈信息。客户对其购买的汽车是否满意呢？如果答案是肯定的，那么将来一定有机会再次与该客户做成交易；但是如果答案是否定的，那么应该做些什么才能让客户从不满意到满意呢？如果能竭尽全力解决问题并让客户满

意，那么销售人员就留住了客户与未来的生意机会。

事实上，如果销售人员和客户一直保持联系，最终双方一定会建立一种相互受益的伙伴关系。伙伴关系基于相互信赖和相互满意，双方从中都可受益，一方得到了满意的服务，另一方得到了利润。客户因为能得到高水平的服务而从中受益，缩短了决策时间，减少了冲动性的行为，节省了费用；销售人员的销售额增加，费用降低，业绩提升。伙伴关系有一个额外的益处，就是它给销售人员带来了新的交易机会。客户之间的口碑传递，给销售人员的服务带来广告效益，从而吸引更多的客户找上门来。

4. 提供最新的情报

维系客户的方法还包括销售人员向客户提供最新资料，这也是一项有力的售后服务。产品资料一般包括以下两种：

（1）商情报道资料。有许多产品的销售资料常以报道性的文件记载，销售人员可用它作为赠送客户、联络感情的媒介，如销售人员每月给客户寄一份汽车杂志。这样做，一方面可以给客户提供参考资料，同时也可以借此商情报道，使客户对产品有持续的好感，起到间接的宣传效果，吸引更多的客户。

（2）产品本身的资料。汽车售出后，客户基于某些理由，常常希望了解汽车本身的动态，此时销售人员应尽快将车的升级、维修、驾驶等方面的变动资料提供给客户。客户收到提供的信息后，会感到汽车生产企业和销售人员在真正地关心他们。销售人员还可以利用专业技能为客户提供新的思路。而有些销售人员在客户购车以后，却疏于提供最新的资料，这是一种很不妥当的做法。

5. 将客户组织化

将现有的客户组织起来，并不断地把该客户组织扩大，这是一种行之有效的方法。对于汽车行业，最有效的方法是成立"汽车俱乐部"或"汽车会"。这种客户组织化的方式，常常使客户产生对该企业或品牌的认同。客户会以为自己"最受该企业的重视和欢迎"参加了某"汽车俱乐部"，客户会在有意无意间帮助企业宣传产品，充当"义务推销员"的角色。近些年来，中国企业界也开始采用这种客户组织化的方式，成立了许多类似的客户组织，如各种产品用户协会、客户学校、客户联谊等。

组织是一种相对比较稳定的联系，客户组织化有助于建立比较稳定的主顾关系，使短期联系变成长期联系，使松散的联系变成紧密的联系，使偶然的联系变成必然的联系，使暂时的联系变成固定的联系，从而有利于发展客户关系，开发客户资源，实现客户关系固定化。成功的企业不仅创造了独特的企业文化，而且用共同的企业精神来团结和激励员工，创造了相应的产品文化，用共同的客户精神来吸引客户，稳定和发展客户关系。

对汽车销售商来说，组织成立"汽车俱乐部"是一种行之有效的方法。汽车俱乐部成立后，需经常开发活动，如组织自驾游、相互探讨驾驶技术、开展节油比赛活动等。通过活动可以与客户保持密切联系，增进客户对企业的了解，培养客户对企业的感情，从而形成好的口碑，相互传递，树立企业在公众中的形象。

因此，销售人员不仅要善于推销产品本身的物质使用价值，而且应该学会推销产品本身所附加的精神使用价值。创造科学美好的消费文化，培养良好的客户精神，从而使客户产生认同感，长久地吸引客户。

销售人员是联系企业和客户的重要媒介，要使这种联系长期固定化，就必须积极开展经常性的企业公关活动。客户关系是企业公关的一个主要组成部分，直接关系到企业的生存和发展。对现有客户开展公关活动，有利于加深相互了解和信任，争取客户的理解和谅解，发展主顾关系，增进友谊和合作。

（二）拓展新客户

通过保有客户的引荐可获得新客户。引荐是指从保有客户那里得到潜在客户的消息或通过保有客户的介绍来认识潜在客户。获得引荐的机会是以客户为中心的销售所带来的好处。如果销售人员能够真正帮助客户找到最优解决方案，就有可能获得更多的引荐机会。当然，要想成功获得引荐，还必须遵循一定的方法。

1. 用声誉获得客户的引荐

获得客户引荐，关键是声誉和方法。首先要确认自己的产品和服务能真正让客户满意。只有真正建立了自己的信誉，客户相信你以及你的产品和服务，并把你看作可信赖的朋友，客户才愿意把你介绍给其他人。

2. 获得客户推荐的方法

通过保有客户的引荐以结识更多的潜在客户，要特别注意方法的运用。如果方法不对，即使有良好的信誉，也未必能够获得客户的引荐。在向保有客户寻求帮助时，要用具体、确定、简洁的语言描述出自己的理想客户，要注意避免提封闭型的问题。在客户介绍被荐人时，当然最好是能够获得客户的当面引荐，要和客户一起辨别被荐人，以确定被荐人是否能成为自己的潜在客户。

通过引荐，接近新客户并完成销售后，并不代表销售工作已经结束，还要向引荐的客户表示真诚的感谢，继续和客户保持联系，不然可能会错过很多机会。

二、售后跟踪服务的内容

新车交付后的跟踪服务主要包括定期回访、特别关怀、营销维系3个主要方面，主要目的是进行客户维系，提高客户到店维修维护比例，并获得更多的增购客户和转介绍。

在进行跟踪服务前，销售顾问首先要进行跟踪回访准备。

（一）回访准备

回访准备环节的主要工作包括：

（1）完成客户文件归档。

（2）填写客户管理卡并制订回访计划，交销售经理检查确认。

（3）通过邮寄信件或发送电子邮件的方式向客户发送感谢卡和交车照片。

（4）每次回访前要查看以往的记录内容。

（二）跟踪服务

1. 定期回访

定期回访包括离店 2 小时回访、3 天内回访、7 天内回访、首保提醒等关键节点。有些汽车品牌为了提高售后跟踪服务品质，还增加了 1 个月内回访、二保提醒这两个关键环节，而且每个关键环节都有其主要的工作内容（见表 6.4）。

表 6.4　售后服务定期回访关键环节及工作内容

关键环节	工作内容
离店 2 小时回访	1. 离店 2 小时内致电或发送短信，再次感谢客户，确认安全到达，询问新车使用情况，提醒车辆磨合期使用注意事项； 2. 告知客户如有疑问欢迎随时联系
3 天内回访	1. 交车 3 天致电客户，询问新车使用情况； 2. 若客户有疑惑或不满意，记录具体内容，向销售经理汇报； 3. 销售经理必须在 24 小时内与客户联系，提出解决方案，请求客户的理解； 4. 在处理后 24 小时内进行跟踪回访，更新解决状态； 5. 告知客户客服专员将会在 7 天内再次联系，进行满意度调查
7 天内回访	1. 交车 7 天，客服专员用客户喜欢的联系方式回访客户，询问车辆使用情况并询问车辆上牌情况，提醒磨合期注意事项以及首保里程或时间； 2. 如果客户对新车的质量使用有异议，需询问问题所在，快速帮助客户解决问题，向客户致歉； 3. 询问客户对销售服务体验的满意度，同时征询来自客户的意见和建议； 4. 如果客户投诉，向销售经理汇报； 5. 销售经理必须在 24 小时内与客户联系，提出解决方案，请求客户的理解； 6. 在解决抱怨处理后 24 小时内进行跟踪回访，更新投诉解决状态
交车后 1 个月内回访	1. 交车后 1 个月内，致电客户，询问新车整体使用情况及里程数，以及售后维护提醒； 2. 若客户有抱怨（疑惑不满意或投诉），记录客户投诉，及时解决，无法解决的向销售经理汇报，必须在 24 小时内与客户联系，提出解决方案，请求客户的理解； 3. 客户若无抱怨，请客户进行转介绍或提供潜在客户联系信息
首保提醒	1. 通过 DMS（汽车经销商管理系统）设置，在客户首保前进行自动提醒； 2. 用客户喜欢的联系方式回访客户，提醒首保，询问客户车辆的使用情况； 3. 主动向客户介绍售后预约服务及其好处； 4. 主动请客户提供可能的潜在客户购买信息； 5. 在首保提醒同时，提供当季活动信息，可以是促销、优惠或车主活动
二保提醒	1. 交车后半年内（或根据之前所了解的行驶记录），致电客户，提醒二保； 2. 在征得客户同意的前提下，协助客户进行预约； 3. 客户到店维护时，陪同交接车，并指引客户休息

在每次回访结束后，将客户信息（或客户变更信息）、联系情况录入 DMS（汽车经销商管理系统），以更新系统信息。

2. 特别关怀

为了与客户保持良好关系，销售顾问还要对顾客进行生日问候、节日问候、天气关怀，由此拉近与客户之间的关系。

3. 营销维系

销售顾问除了要对客户进行定期回访和特别关怀之外，还应告知客户 4S 店举办的各项活动、续保信息。

三、售后服务跟踪的方法

汽车销售不是一锤子买卖，而是需要对客户持续地进行关怀与跟进。很多经销商辛辛苦苦建立起来的客户群，由于长时间不去关怀和跟进，客户的忠诚度就开始下降。这都是没有建立持续的售后维系的结果。其实，对客户的售后维系并不需要花很多的时间，关键是让客户感觉到你没有忘记他们。有的时候，一张小小的卡片，一个祝福的电话，一个联络的邮件，都可帮助你维系客户关系，使客户成为永续资源。与客户接触联系的方法主要有以下几种：

（一）登门拜访

登门拜访是一种很好的客户维系方式，它可以传达你对客户的重视、尊敬，赢得客户的好感。由于登门拜访是在客户的家中或单位，是在客户熟悉的地方进行交流，客户会表现得更加轻松，一般没有太多的心理戒备，推销人员往往能够与客户进行良好的沟通。通过对其家庭或单位的观察，可以找到更多的沟通话题，获得更多关于客户的信息。因此，登门拜访是与客户融洽关系、收集更多信息的最佳联系方法。

（二）电话沟通

电话沟通不受时间和距离的影响，销售顾问常常会用电话沟通的方式与客户进行交流，即使登门拜访，往往也会先进行电话预约。电话沟通需要注意的是，打电话前要做好计划，不要在电话中说太多的内容，电话沟通的时间不要太长。

（三）事件召集

车行可以利用一些事件将客户召集在一起，进行座谈或交流，如组织车友会、自驾游、车辆养护课堂等方式，让客户与售后服务人员有交流和互动的平台，也可以借助周年庆、春节、圣诞节等节日开展活动，从而起到联络感情、解决问题的作用，这也是目前车行常用的客户维系方式。

（四）网络沟通

网络沟通是目前主要的沟通方式之一。网络沟通包括电子邮件、网络聊天等。网络沟通更私密、更自由，因而广受欢迎。销售顾问可以利用 E-mail 给客户发送邮件，与客户进行讨论和交流，也可以利用微信聊天与客户进行沟通。网络沟通不受时间的影响，不会影响客户的工作和生活，因而利用网络沟通往往能取得意想不到的效果。

（五）将顾客组织化

成立汽车俱乐部、车友会，建立社区或网络互动群，定期组织相应的活动，经常发布与汽车、品牌、企业相关的信息，让群里的客户可以相互交流，从而建立归属感和认同感。

（六）老带新给予价格优惠

凡是老客户介绍朋友来买车的，一律给予价格优惠，这样新客户就会很高兴，老客户也会很有面子。还可以赠送给老客户相应的礼品，让老客户觉得介绍新客户虽然耗费了一些时间与精力，但是确实由此得到了好处，而且让客户感觉到只有他才有这种专属的礼遇。这样做一方面能增加客户源，另一方面也能与客户建立长久的合作和联系。

四、客户投诉的处理

（一）客户投诉的原因分析

（1）销售遗留的问题：销售顾问的承诺没有兑现，寻求心理平衡（买贵了），顾客的权利和义务没有交代清楚。

（2）销售和服务人员的服务态度：说明解释不到位，解释工作不耐心。

（3）维修质量：首次修理效果不好，同一问题多次出现，长时间没有解决，出厂时车辆不干净，有损伤。

（4）未按约定服务：服务时间长，未按要求作业。

（5）顾客不正确的理解：保修条款、服务承诺等。

（6）顾客对产品的操作不当：对产品性能不了解，未按规范操作。

（7）顾客的期望值过高：对产品的期望、对服务时间的期望、对费用的期望超出车行的既定价格。

（二）客户投诉处理流程

处理客户投诉有两个关键点：一是态度一定要谦和，不论对错方是谁；二是投诉处理的方案要征得客户同意。

（三）客户投诉处理的技巧和方法

1. 诚挚的态度

认真了解客户投诉事情的过程、车主不满的具体原因和客户的损失、本店存在的失误和错误。

2. 接待的方法

接待之前要详细了解客户的背景，以便考虑说服的方法；耐心倾听车主的意见和怨言，先让车主平复情绪，并做必要的致歉，了解客户的真实诉求，感谢客户让你知道他的意见，切忌与车主发生争执。

3. 处理的方法

不属于本店造成的问题，应有礼貌耐心地向客户做出解释，解释的时候不必委曲求全，但也不要伤害车主的自尊心，要让车主心服口服；对本店的过失，除向客户诚挚道歉外，要详尽了解，及时处理，马上根据客户的时间安排，首先对车辆存在的问题进行免费检查，提出解决方案，征求客户同意，并给出处理的时间节点，对收费问题可以适当给予优惠或对工时费予以减免。处理完后，再次对客户的投诉表示感谢。

4. 必要的回访

客户离开后，要定时回访，询问客户车辆的使用情况，是否还有问题，欢迎客户经常回店里参观。从始至终让车主觉得自己是个重要的客户，备受尊重。

（四）处理客户投诉的理念

1. 对客户投诉的认识

抱怨是一件不愉快的事，但抱怨也有其积极的一面。对于客户的抱怨，销售顾问应持欢迎和重视的态度，将其作为对客户服务的一次有利机会。有研究表明，处理抱怨和投诉是建立忠诚客户的重要渠道之一，所谓"不打不成交"。

2. 树立"客户总是正确的"的信念

客户抱怨正说明企业在服务和管理上存在问题。企业应提倡即使客户错了也要把"对"让给客户的服务理念，不论客户的抱怨是否合理，尽量减少与客户之间的对抗情绪，以达到解决问题的目的。

3. 理解为先，诚意为本

要站在客户的角度去理解客户的抱怨，不是企业的问题，要做好耐心的解释工作，不能讽刺挖苦客户；是企业的问题，要发自内心地道歉，解决问题要及时，主动承担必要的费用，充分显示企业的诚意，但不要做过度承诺，避免做不到引起更大的抱怨。

【任务实施】

一、客户投诉处理情景模拟

任务内容：以小组为单位，为刚购买一款新车的年轻夫妇设计一个售后跟踪服务的工作表格。

二、客户异议处理

任务内容：以小组为单位，讨论分析案例，完成客户异议处理（见表 6.5）。

表 6.5　客户异议处理

任务名称	客户异议处理
任务实施	案例：坐在引擎盖上的投诉 　　2019 年 4 月 11 日，西安女研究生××车主维权一事引发广泛关注。该车主控诉刚买的轿车还没开出 4S 店就发生漏油，经过 15 天的沟通解决，得到的最终方案却是更换发动机。不仅如此，该车主在与 4S 店交涉时，还被要求向私人微信账户支付一笔 1.5 万元的金融服务费。此事件，拔出萝卜带出泥，牵扯出消费者维权难，新车 PDI 检查，4S 店涉嫌乱收费，汽车产品质量等各种问题。 　　在各方关注及舆论压力下，4 月 13 日，西安市市场监管局成立由工商、质监、物价部门组成的联合调查组，调查该车辆在销售前是否存在质量问题。 　　4 月 16 日晚间，该车主和××汽车有限公司达成还车补偿等和解协议。据澎湃新闻报道，双方和解协议的主要内容对应了该车主此前提出的 8 条诉求，主要内容包括： 　　1. 更换同款的××新车，但依旧是以贷款的方式购买； 　　2. 对该车主此前支付的"金融服务费"全额退款； 　　3. ××方面主动提出，邀请该车主参观××位于德国的工厂和流水线等，了解相关流程； 　　4. 赠送该车主 10 年"一对一"的 VIP 服务； 　　5. 为女车主补办生日，费用由对方全额支付。 　　西安高新区市场监管部门表示，涉事车辆有关质量问题已进入鉴定程序，该事件涉及的涉嫌违法违规问题，仍将依法依规进行调查处理，结果将及时向社会公布。事件的热度已经说明：消费者的商品中掺不得水，消费者的眼中更揉不得沙。该品牌及其 4S 店需要给车主和广大消费者一个"说法"。 　　1. 该事件中，××汽车有限公司存在哪些问题？ 　　2. 该事件应该如何解决？

项目七　实践汽车营销新模式

项目说明

小张从某高职院校汽车营销专业毕业后，来到某知名车企 4S 店从事汽车销售顾问工作。在店里，大家都在忙忙碌碌，有人忙着打电话，有人一拨又一拨地接送客户，还有人穿梭在各车型之间做直播带货……唯独小张是个"闲人"，不知道干什么？从哪里下手。销售经理看到小张手足无措的样子，跟她说："年轻人思维活跃，接受新事物比较快，你可以尝试了解一下网络营销。"

本项目就是小张从年轻人角度出发，顺应互联网发展现状，寻找自我突破，探索汽车营销新模式的过程。

任务一：汽车网络营销；

任务二：汽车电话营销。

下面，请同学们以小张的身份，仔细思考，并完成相应的任务。

思政引导

中国新能源汽车市场情况

1. 2013—2023 年中国新能源汽车销量增长情况

燃油车消费继续下行，2023 年总销量不足 1 500 万辆，创下历史最低。尽管今年燃油车几乎采取了贯穿全年的降价促销，但依然受到新能源车消费的剧烈冲击。反观新能源车，连续增长 4 年，市场占有率已经达到了 33.71%。

2. 中国主要新能源汽车企业情况

新能源汽车方面，比亚迪、特斯拉、埃安、五菱和理想为年度 Top5 品牌，蔚来和小鹏也排进前 10。年度涨幅方面，埃安、理想、吉利汽车都超过了 100%，深蓝汽车的涨幅更大。

大众和宝马是唯二排进前 15 榜单的海外品牌，不过大众的新能源车销量比 2022 年仅上涨了 7.56%，宝马旗下新能源车销量则大幅增长了 81%，宝马 i3 全年销量 5.38 万辆，宝马 iX3 销量 3.96 万辆。

与燃油车市场相比，新能源车市场的品牌竞争尚不充分，前 5 个品牌的市场份额高达 58.24%，比亚迪独占 3 成市场。随着新能源车竞争的进一步加剧，比亚迪的市场份额极有可能被稀释。

3. 中国新能源汽车行业展望

经济发展让人们更加关注保护问题，加强环境保护措施，减少环境污染，减少传统能源的枯竭和使用，所以，新能源汽车的研发也在不断加快速度。中国新能源汽车的未来发展趋势将呈现以下几个方面的特点：

（1）技术创新和突破。新能源汽车的技术创新和突破将是未来发展的关键。随着科技的不断进步和突破，新能源汽车的电池技术、电机技术、充电技术等将得到进一步的提升和发展。例如，新型电池技术的研发和应用，将大大提高电池的能量密度和充电速度，进一步延长电池的续航里程。

（2）智能化和互联网化。新能源汽车将越来越智能化和互联网化。随着人工智能、大数据、云计算等技术的发展，新能源汽车将实现智能驾驶、智能充电、智能导航等功能。同时，新能源汽车将与互联网进行深度融合，实现车辆与车辆、车辆与道路、车辆与用户之间的互联互通。车联网技术可以提高驾驶体验、提高车辆安全性、提高车辆效率等。例如，特斯拉公司的车载系统可以实现在线导航、在线音乐、在线视频等功能。

（3）高效能源管理。新能源汽车将更加注重能源的高效利用和管理。通过智能化的能源管理系统，实现电池的优化充放电控制、能量回收利用等，提高能源利用效率，延长电池寿命，降低能源消耗和排放。

（4）多元化技术发展。新能源汽车的发展将不仅局限于电动汽车。氢燃料电池汽车、混合动力汽车、插电式混合动力汽车等多种技术路径将共同推动新能源汽车的发展。不同技术的结合和创新将为消费者提供更多元化的选择。以氢燃料电池汽车为例，氢燃料电池汽车是指以氢气为燃料，通过氢燃料电池产生电能驱动电动汽车。氢燃料电池汽车具有零排放、高效能等优点。例如，丰田公司的 Mirai 氢燃料电池汽车，其续航里程可达到 500 公里以上。

资料来源：行业魔方. 新能源汽车行业研究报告[OL]. [2024-01-28]. https://mp.weixin.qq.com/s/8yg TyizjBV6HjCY9TRgUQA.

任务一   汽车网络营销

【学习目标】

1. 理解汽车营销及汽车网络营销的模式。
2. 了解汽车网络营销的现状。
3. 了解汽车网络营销的优劣势。
4. 了解国内汽车网络营销模式。

【任务描述】

通过相关知识学习，理解营销模式的概念、营销模式的要素；理解汽车网络营销的概念，分析汽车网络营销的优劣势；了解国内汽车网络营销模式，并完成课后问题。

【知识准备】

一、营销模式

（一）营销模式的概念

营销模式是企业营销活动中具体的定型化营销活动形式或营销活动过程，主要包括营销理念、营销组织和营销手段 3 个要素。营销理念是指企业在开展营销活动的过程中，在处理企业、顾客和社会三者利益方面所持的态度、思想和观念；营销组织是制造商和经销商之间存在的组织关系，也可以理解为销售渠道的模式；营销手段则是营销过程中所采用的方法手段，也包括广告促销等活动。

（二）汽车营销模式

伴随国内经济迅速发展，汽车营销市场随即获得高速增长且趋于饱和。市场饱和下，汽车销量逐步锐减，乘用车市场角色发生转变。加之互联网技术突飞猛进，加速消费者观念与汽车市场环境改变，进而倒逼汽车企业对营销模式进行升级和改进。这意味着汽车行业要进一步优化传统营销模式，通过互联网营销模式，抢夺互联网用户通道。在此背景下，互联网+汽车营销模式获得广泛重视。寻求如何更好运用互联网进行汽车营销，更好地契合市场需求和消费者需求，已然变为不同汽车企业在激烈市场状态下力夺优势的关键。

（三）汽车营销模式的分类

营销模式是汽车企业运营的重要部分，其不同于某一方式或手段，存在具体的程序化与体系化特征。就分类而言，汽车营销模式可分为市场视角营销和消费者视角营销。市场视角的营销模式主要依据汽车市场情况进行调整与扩展，而消费者视角营销则是依据消费者消费层次、个性需求和感知价值等要素进行系统化记录与分类，由此细化出更多层次体系。基于上述两种营销模式，不同研究人员进行进一步探索与实践，做出更细化的营销机制与营销模式。就具体分类来看，当前汽车企业营销模式可分为一对一营销、关系营销、品牌营销、个性化营销、深度营销、网络营销、兴奋点营销、数据库营销、文化营销、连锁营销和直销等多种类型。大多数学者认为，几乎所有汽车企业的发展前景与市场竞争优势均与营销利润相关联，直接关乎销售额度、企业收益与消费者满意度。在此过程中，汽车企业营销模式在企业市场营业额中所占比例超过 60%，远高于企业运营管理所占比例。综上而言，汽车企业市场竞争力提升与市场抢占能力均与企业营销模式选择具有重要关联。

（四）新能源汽车销售的新模式

新能源汽车销售的新模式通常涉及创新的营销策略和技术手段，以适应市场的变化和消费者的需求。以下是新能源汽车销售新模式的几个关键方面：

1. 直销模式

特斯拉是直销模式的典型代表。这种模式跳过了传统的经销商网络，直接通过品牌体验中心和在线平台销售汽车。

优势：提供统一的销售体验，更好地控制价格和品牌形象，以及直接进行客户关系管理。

劣势：需要大量的初期投资来建立销售和服务网络，且对于习惯了传统购车流程的消费者来说可能需要时间适应。

2. 数字化体验与定制

利用数字工具和平台（如虚拟现实、增强现实等）来提供模拟试驾和车辆定制服务。

优势：增强用户互动体验，提供个性化服务，减少实体展厅的成本。

劣势：需要高水平的技术支持和维护，且不是所有的消费者都愿意接受完全数字化的购车过程。

3. 合作伙伴网络

与传统汽车经销商、充电网络提供商或其他服务提供商建立合作伙伴关系，共同推广新能源汽车。

优势：扩大销售渠道，共享资源，提高服务网络密度。

劣势：需要协调各方利益，保持品牌形象的一致性。

4. 订阅服务

提供汽车订阅服务，用户按月支付费用，享受使用新能源汽车的便利，无须承担购车的全部费用。

优势：降低消费者的前期成本，提供灵活性，吸引那些不愿或无法承担高额购车费用的用户。

劣势：需要强大的资金流和车辆管理能力，且在法律和税收方面可能面临挑战。

5. 二手车市场的发展

随着新能源汽车市场的成熟，二手车市场也逐渐发展起来，为消费者提供了更多选择。

优势：增加市场流动性，降低新能源汽车的总体拥有成本。

劣势：需要建立评估和认证体系，确保二手车的质量和性能。

6. 绿色金融服务

提供针对新能源汽车的金融产品和服务，如低息贷款、租赁方案等。

优势：降低购车门槛，促进新能源汽车的销售。

劣势：金融机构需要对新能源汽车的市场趋势有深入了解，以控制风险。

7. 政府政策和激励措施

政府的政策支持和激励措施，如补贴、税收优惠、免费停车等，也是推动新能源汽车销售的重要因素。

优势：降低消费者成本，加快新能源汽车的市场渗透。

劣势：过度依赖政策可能导致市场扭曲，企业竞争力下降。

新能源汽车销售的新模式需要不断适应技术进步、市场变化和消费者需求的演变。企业需要灵活运用多种策略，结合线上线下渠道，掌握购车全链各核心节点数据，打造更好的营销组合策略。同时，也需要探索不同圈层的内心需求，打造有情感、有价值的定制化内容，构建品牌私域，深度运营，提升品牌认同，开发用户终身价值。

二、汽车网络营销的现状及营销模式

随着国际互联网、电子商务等技术的发展和数字化时代的到来，汽车市场由卖方市场向买方市场转化，传统的汽车营销模式受到了由互联网带来的无障碍沟通方式的空前挑战。目前，越来越多的汽车企业已经认识到单单依靠传统的销售方法已经不能适应日趋激烈的汽车市场竞争的需要，认识到国际互联网在推动汽车营销中的重要作用，纷纷抢占这一科技制高点，并将之视为未来夺取营销竞争优势的主要途径。

网络营销兼具渠道、促销、电子交易、顾客服务以及市场信息收集、分析与提供等多种功能。互联网的开放性可以使广大汽车消费者进行 24 小时的网上浏览，网上订购、网上支付、网上发送和配送指令都成为可能。随着互联网应用普及率的不断提高，汽车网络销售在整体汽车营销模式中的比重必然会大幅增加，车型选择、配置参数、订单处理、资金往来、物流配送、配件供应、维修服务预约或信息提供等，都能做到在网上实现或者通过网络提供信息支持。可以预见，汽车产品网络营销必将成为将来营销的主要形式之一，现代市营销的竞争将在很大程度上体现为网络营销的竞争，谁能够适时占领这块阵地，谁就将赢得市场营销的主动权。

在我国，汽车行业应用电子商务的重要性正被越来越多的政府主管部门和汽车厂商所认识，无论是汽车制造商，还是汽车经销商，都在不同程度地开展电子商务的应用，也有一些企业已经取得了一些成功经验。但是，我国汽车网络营销还处在发展的初级阶段，汽车网络营销手段还比较落后，丰富的网络资源没有得到充分利用，汽车工业和网络技术的飞速发展给我国汽车网络营销带来了进一步的发展空间。

（一）汽车网络营销的现状

1. 汽车网站广泛建立

目前国内大多数汽车生产厂商都已经建立起了独立的网站，并在宣传企业形象，向客户提供相关信息等方面开始发挥重要作用。但是汽车网站的建设水平参差不齐，较好的厂商网站在利用互联网进行信息发布的基础上开始尝试营销调研，并高度重视网站在与客户交流沟通中的作用。而有的汽车公司网站，访问者一进入首先看到是董事长、总经理的宣传照片，真正有关汽车的内容却很少，让访问者深感失望。更差的网站只单设了一个内容单调的网页，访问者无法从中获取任何有价值的信息。可以说，很多汽车企业已经意识到了建设网站的必要性，但究竟应该怎么建，具体有什么作用还缺乏深刻的认识。

除汽车生产厂商单独设立本企业的网站外，近年来，国内还出现了许多专门为汽车交易提供相关配套服务的网站，如中国汽车网、汽车网、中国汽车新网等。这类网站大都依托传统汽车产业背景，通过商务信息、市场推广、辅助交易、金融服务等相关门类，力图以功能完善的个性化服务，为国内外汽车企业和广大汽车爱好者提供线上、线下紧密结合的专业信息商务平台。尽管目前真正通过这类网站达成的交易数量还有限，但它们在促进汽车行业电子商务的发展中所起的作用不容小觑。

2. 汽车营销企业互联网营销意识薄弱

当前，国内汽车营销企业相关部门未树立先进的互联网意识，使企业未从前瞻性、技术应用性和市场开发角度挖掘互联网与汽车营销之间的互联互通关系，从而缺乏顶层设计与互联网营销策略启示。首先，受限于不同企业能力和不同经济发展水平差距，国内基于互联网的汽车营销平台建设较为匮乏，缺少基础设施支撑。在配套与专业化互联网平台建设普遍不足的情况下，汽车企业互联网营销模式无法获得充分运用与实际落实，导致企业互联网意识进一步减弱。其次，大多数企业单纯依靠现今线上社交平台进行单一化互联网营销，缺乏个性化、专业化与系统化汽车互联网营销模式构建。这使企业虽然制定了互联网基础所涉及线上营销规划，但从营销效果来看，已然从营销规模、额度与增长量均存在较大差距。最后，由于缺乏互联网思维，汽车企业营销团队基于互联网进行的营销处于企业对外与对内团队结构不合理、自上而下连贯性较差状态。这使营销团队与人员依然只限于传统营销，缺乏针对互联网营销模式的相关培训，使营销业绩不甚理想。互联网营销模式的不健全和人员配备结构性不合理使国内汽车企业互联网营销效果较差，未能充分体现互联网的营销作用。

3. 互联网营销保障不力

（1）互联网支付保障不力。虽然当前线上支付与互联网消费服务较为普遍，但在汽车企业互联网营销模式中，由于线上支付系统功能与保障力度不够完善与先进，汽车企业只能借助通用线上支付平台进行销售与交易。但由于国内相关技术尚处于初步阶段，较多对信用卡支付方式进行验证与推进，互联网营销支付方式受到一定制约。在实际操作过程中，互联网营销所产生的交易金额需要根据顾客预付方式进行，线上交易过程只能形成线上预定、线下付尾款模式。此外，互联网平台支付中信用卡支付方式能够较好地保障交易双方的资金安全，但由于公众对互联网汽车营销新模式存在认知误区，无法完全信任线上交易模式。从效率角度而言，互联网营销过程中的交易保障力度不足使互联网+背景下汽车营销模式未能发挥较高效率水平，影响营销效果和损耗人工成本。

（2）营销数据支撑不足。国内基于互联网的汽车营销模式探索处于初步建设阶段，大多数系统落成均处于不完善阶段。消费者数据与市场数据等各类信息是汽车企业抢占市场优势的重要密码，是企业通过数据搜索、分析与挖掘获得商机与营销启示的重要来源，同时也是企业进行互联网营销的核心要素之一。从数据统计与数据分析角度来说，大多数互联网营销平台与汽车企业尚处于数据严重不足状态。在缺乏数据支撑状态下，互联网+汽车营销模式容易脱离客观实际，不利于营销效能提升。

（3）与传统的汽车销售模式不同，采用互联网的方式来销售汽车具有分离物流与信息流的特点，因此，物流配送就作为保障互联网的方式来销售汽车的又一重要部分。目前，我国还没有构建出一套完善的物流配送模式，物流业的发展水平比较低，物流企业的规模不大，管理经验严重不足。有的品牌商由于受到资金的约束，只能依托于第三方物流配送企业，大大增加了物流配送的风险。

4. 互联网营销模式单一

目前，我国汽车行业网络营销更倾向品牌与产品的传播及对消费行为的信息引导。汽车营销模式以网络广告为主，通过快手、抖音等平台开展的网络营销方兴未艾。与国外汽车网络营销发展的良好状态相比，国内汽车网络营销发展还处于起步阶段。虽然大多数汽车制造品牌商都有自己的网站，但内容多局限于品牌培育与产品介绍为主。下一步，品牌商必须通过网上服务、电子商务和网上分销等方式来探索汽车的销售业务。只有这样，才能够充分利用现有的网络资源，逐渐加快网络汽车营销模式发展。

5. 汽车物流网络不完善

目前，我国汽车行业的物流配送主要有市场配送、合作配送和自营配送3种模式，初具规模。很多消费者选择网购的原因是速度比较快，商品一下单，就有相应的物流公司将商品送到消费者手上。以国外的汽车网络营销来说，很多汽车制造企业已经为了提高交车效率，将汽车的物流交给了专业的第三方物流企业来操作。客户在网上购车以后，在很短的期限内就可以获得车辆，因此国外消费者已经适应了网络购车这一消费方式。在中国，由于地理环境复杂，汽车物流分拨成本较高，汽车厂商对汽车物流的需求较大。当前，汽车物流行业存在现代物流管理经验不足、信息系统不完善、技术水平落后等缺陷，部分车企自建的配送中心也缺乏规模化的管理体系。高昂的物流费用和不健全的物流体系是汽车网销模式中的一大障碍。同时，因为对第三方物流还存在不信任，汽车的物流还不发达，这就使顾客在网上下单以后，要很长时间才能获得自己的车辆，而且有时还不能享受送车上门的服务，有时提车的时间比实体交易的时间还长，使消费者对网络购车存在质疑。

（二）汽车网络营销的优劣势

1. 优势分析

（1）以消费者为中心。

在汽车市场竞争日趋激烈的今天，企业比以往任何时候都更重视了解自己的客户是谁、客户需要什么样的产品等顾客需求信息。相比电视广告等传统营销模式，网络营销具有覆盖面广、传播快的特点。对于有购车需求的客户群体来说，可以直接主动通过搜索引擎更加便捷地找到网络平台中的车企信息、车辆信息等，避免了无效营销和重复营销。同时，目标顾客群也可以按照自身需要对获取的信息进行重复选择和区分，进一步锁定目标顾客群。

网络技术为汽车企业进行市场调研提供了一个全新的通道，汽车企业可以借助它更方便迅速地了解全国乃至全球的消费者对本企业产品的看法与要求。随着上网人数的急剧增长，网上调研的优势将愈加明显。企业还可以借助互联网图文声像并茂的优势，与客户充分讨论客户的个性化需求，从而完成网上定制，以全面满足汽车消费者的个性需要。与此同时，网络技术为汽车企业建立客户档案，为做好客户关系管理也带来了很大的方便，大大提高了营销过程中消费者的地位，给予消费者前所未有的参与和选择自由，强化了消费者的核心地位。

（2）互动效果提升。

由于网络营销不同于传统媒体的信息单向传播，而是信息互动传播，具备传统营销手段所缺乏的互动功能。车企和目标客户可在网上进行在线问答或留言问答，在深入了解客户需求导向后为客户提供定制服务，进一步提升营销效果。

汽车消费属于大件消费，虽然在短期内尚无法完全做到网上看货、订货、成交、支付等，但是网络营销至少能够充分发挥企业与客户相互交流的优势。企业可以利用网络为顾客提供个性化的服务，使客户真正得到其希望的使用价值及额外的消费价值。网络营销以企业和顾客之间的深度沟通、使企业获得顾客的深度认同为目标，满足客户显性和隐性的需求，是一种新型的、互动的、更加人性化的营销模式，能迅速拉近企业和消费者的情感距离。它通过大量的人性化沟通工作，树立良好企业形象，使产品品牌对客户的吸引力逐渐增强，从而实现由沟通到顾客购买的转变。

借助网络数据库管理功能和网络上的交流，不仅可以对客户信息进行深度挖掘，而且还可以维持良好的客户关系，进而对客户的各类需求给予全面了解和掌握。同时，在了解客户需求的基础上，可以为其制订私人化销售方案，满足个性化的营销需求。此外，网络具有无限延展性的特点，能够使企业更好地丰富自己的产品信息，可以让客户在足不出户的情况下了解汽车行业的最新产品信息以及不同品牌的产品性能的比较。同时信息查询的便捷可以为客户节省更多的时间来挑选。

（3）降低企业的成本。

现实生活中，网络营销能够有效缩短营销渠道，并通过一对一的服务既提升服务品质和服务效率，又减轻企业所承担的中间商的高额费用，进而大大降低企业的投入成本，达到双赢的目的。同时，网络信息的普及和共享，还可以使汽车企业花费较低的成本来完成新品的发布、完成客户的咨询、市场的调研、广告的宣传等。此外，汽车企业还可以结合消费者对产品的关注程度及时做出调整营销的决策，避免机会的错失和盲目的营销所造成的损失，大大改善营销绩效。一方面，车企采用网络平台等途径直接面向消费者发布信息，能够有效地缩短分销环节，降低成本。另一方面，采用微信公众号、抖音、快手等网络平台制作周期短、制作费用低、投放周期灵活的新媒体产品，逐步替代电视广告、品牌赞助等传统营销方式，有效降低广告成本。

（4）体验方式革新。

随着互联网的不断发展，网络技术的应用亦越发广泛。汽车网络营销通过先进的网络技术可以为客户带来全新的购车体验。例如，VR 技术可通过设备实时渲染的画面模拟场景，用于网络营销中汽车的虚拟试驾、全景观看等，有利于消费者足不出户便可身临其境体验所选汽车的各项功能。

2. 劣势分析

（1）网络购车模式尚不成熟。

随着电商行业的不断发展，网络购物成为人们购买物品的主要方式之一。但目前，我们所熟知的市场乘用车品牌在网销平台上仅仅向外出售车辆附属品、零部件和车辆增值功能。品牌商官方网站及微信公众号等平台也仅涉及车型介绍、价格查询、在线宣传、预约试驾等业务。相对其他网购物品，网络购车这一模式尚未成熟建立，有些学者指出："汽车网络营销目前还处在初级阶段。"究其原因，主要有两个方面：一是由于消费者长期以来根深蒂固的思想观念。汽车购买作为一项重大的消费支出，消费者为谨慎起见更习惯前往 4S 店实地试驾购买。二是由于汽车网销服务体系尚不健全。一般情况下，贷款购车全流程包括交付首付款、签订贷款协议、办理保险、缴纳车辆购置税、车船税等，这一系列流程中涉及多个部门特别是金融体系的业务交叉。从目前汽车的网销服务水平来看，尚未建立起可全流程"一条龙"服务的网上购车体系。

虚拟和现实存在矛盾，消费者对网络营销缺乏足够信任。汽车是一件价值较大的产品，每个购买者都是相当谨慎的。网络虽然可以全方位展示汽车的外形及结构，向消费者提供购买依据，但它无法向消费者提供亲身体验。汽车作为一种高价值、差异性极大的特殊商品，现场感受对消费者来说是非常重要的，况且我国的消费者与汽车经销商的互信度一直不高，所以目前消费者无法充分信任网上信息，网上交易更加困难。

（2）网络营销成效不佳。

当前汽车网络营销的主要方式包括品牌商官方网站营销，抖音、快手等网络平台营销，天猫等网购平台营销。大部分车企都建立了自身门户网站和官方网络平台，但并没有对此投入较多的资金支持和人力资源，并且主要用于宣传企业形象和主流车型，没有真正发挥网络平台的作用。例如，国内大部分车企纷纷开通"抖音""快手"等平台以拓宽网销渠道，但也只用于介绍车型的相关情况，留存潜在客户联系方式为后续来店做铺垫等，没有真正起到带货的效果。

硬件设施的制约，网络内容简单。我国网络营销尚处于初步发展阶段，基础设施、技术软件、网络安全保护措施和高水平的网络营销人员等方面均存在问题，网络立法、结算系统及互联网普及等也制约了网络营销现阶段在我国的发展。

（3）网络营销赖以生存的品牌基础较差。

品牌经营是市场营销的高级阶段，是网络营销的基础与灵魂。网络营销只有建立在知名度高、商业信誉好、服务体系完备的汽车品牌的基础上，才能产生巨大的号召力与吸引力，才能让广大用户接受网络购车等新的交易方式，抛弃传统的实物现场购车等习惯。而我国的部分汽车品牌缺乏科学化、现代化、规范化的操作系统，品牌实力还有待提升。

（4）汽车企业对网络营销的认识和投入不足。

有些汽车企业开展网络营销的目的不明确，缺少计划性。实际上，汽车企业在开展网络营销活动时，应明确企业建立网站的目标，做出完整计划，包括目的、市场调研、所需的资源、资金分配、预期效果等。由于网络营销是建立在日新月异的网络技术之上的，网络技术发展要求企业经常更新和维护网站，这会使企业在网络上的投资逐渐增加。目前不少企业满足于建立一个网站，不愿意追加投资，当然不能取得良好的营销效果。

（三）汽车网络营销策略

1. 口碑营销策略

汽车是一种耗资巨大的商品，因此，相比于其他商品来说，口碑对于汽车网站来说，更为重要。因为互联网时代，汽车用户会在汽车论坛上，交流自己的购车经验，或者分享自己对购车、用车的体验，而很多潜在消费者，选择某一汽车产品，也都依赖于对这些信息的收集和考虑。因此，企业必须及时了解客户的心理，不断提高自己的服务，以吸引更多的消费者进行网络购车。而一些网站为了提高自己的知名度，不惜雇佣"枪手"在网站上"灌水"，发布虚假信息，或者诋毁自己的竞争对手。这些方法虽然短期内可以为企业带来利益，但是一旦消费者发现了真相，则会让企业的名誉受损，让企业的口碑变差。

2. 互动营销策略

传统的营销方式中，一般用户得到的信息是单向的，只能通过经销商传递的售车信息，才能根据这些信息对购车意愿做出判断，无法对信息做出及时的反馈，而通过汽车网站的互动式营销，建立关于汽车经销商和汽车潜在购买客户之间的纽带，通过建立留言板，可以供汽车经销商与汽车的潜在购买客户之间进行交流。一方面，容易将汽车的潜在购买客户变为汽车的购买客户；一方面，有助于吸引更多的汽车经销商在网站上投入资金播放广告，让网站可以更好地为用户和汽车经销商提供服务。

（四）国内汽车网络营销模式

1. 借助门户网站进行网络营销

这种网络营销形式是指汽车制造商通过建设自己的官方网站，以视频、声音、图片和文字的形式向网站的访问者介绍企业和企业的产品。如设立360度全景观车页面，包括车内全景、车体外观、中控台和排档等。访问者可以通过点击上下左右和放大缩小图标来观看汽车的各个部位。另外，访问者还可以通过站点了解车型的配置价格、产品亮点、品牌故事、新闻活动、特约经销商等，并可以在线预约试车，下载图片和视频，提出问题等。

对汽车企业而言，其自身的门户网站具有非常庞大的用户群和丰富的运作经验，以此来降低技术上的失误，进而有效提高网络营销效率。随着互联网行业的发展，汽车营销未来的发展方向逐渐从"汽车导购网站"发展到"汽车消费门户"，不仅可以对网民汽车生活的整个流程进行跟踪，而且可以更好地满足汽车厂商、区域经销商和厂商大区的营销需求，进而达到区域营销和厂商联动的目的。同时，汽车企业还可以借助网络发展平台来加强网络与汽车产业链的融合，其涉及金融信贷、车辆救援、汽车保险、车载信息系统等一系列信息，为网络营销的发展提供良好基础。

官方网站能否吸引大量用户流量是企业开展网络营销促销成功的关键。因此，企业在建设网站时要注意以下几点：一是页面打开速度要快。国外研究表明，网民对主页打开的等待时间一般不超过 8 秒，时间太长访问者就会失去耐心而离开。二是网站的动态性要强。网站里的信息量要大且要经常更新。三是网站的交互性要好。只有注重与顾客的沟通才能留住顾客，网站应建立自己的意见反馈专区，包括论坛、邮件列表和即时通信软件工具等。

2. 搜索引擎推广

搜索引擎自诞生以来就迅猛发展，现已大大改变了人们的学习、生活和工作方式。在中国，"有问题，百度一下"已经成为众多网民的一种时尚生活方式。作为在未来最被看好的互联网媒体，搜索引擎同样在企业的网络营销中发挥着重要的作用。目前中国汽车企业多在新产品推出前后和某一产品进行大型促销活动时在百度、谷歌等搜索引擎上购买"汽车""轿车""购车"等热门关键词，以增加官方网站或促销信息网页的点击量，从而达到广告效果。企业在进行搜索引擎推广时不要局限于购买关键词，在网站开通时进行免费搜索引擎注册，对官方网站的网页内容进行搜索引擎优化也是一种有效的方式。

3. 综合门户推广

综合门户网站是目前中国互联网上最大的广告媒体，综合门户网站的首页可以发布汽车产品的视频或图片广告，其汽车频道则为消费者提供最详尽的购车资讯和最便捷的购车通道。汽车频道一般包括新闻、车型、导购、用车、答疑和社区等栏目，消费者可以在其中查询制定车型所有经销商的信息，最新的车市活动等，并可在网上提交购车意向，计算购车所花金额等。门户网站汽车频道网络社区的建设至关重要，网络社区不仅可以增加网站人气，积聚目标受众，使营销活动更加精准，还可以催生原创力量，丰富网络营销内容。

目前汽车企业还可与综合门户网站进行阶段合作，开展旨在宣传推广汽车产品的网络公关活动，将产品、公关、线下选秀和网上投票等结合在一起，制造新闻点，扩大传播影响。

4. 专业汽车站点推广

垂直类专业汽车网站是提供购车资讯和购车服务的一种汽车网络营销平台，专注于网上汽车业务。它与汽车频道不同的是专业性强，专注于网上汽车业务。专业汽车站点的品牌专区往往对汽车企业具有品牌塑造和形象建设的职能，在专区内有时甚至可以找到汽车企业自身的官方网站上没有的信息资料。另外，一些省市级的专业汽车网站也成为当地汽车经销商发布促销信息及与网友进行交流的平台。

5. 博客营销

博客营销是一种基于个人知识资源（包括思想、体验等表现形式）的网络信息传递形式。开展博客营销的基础问题是对某个领域知识的掌握、学习和有效利用，并通过对知识的传播达到营销信息传递的目的。目前博客网络营销价值主要体现在 8 个方面：
（1）可以直接带来潜在用户。
（2）降低网站推广费用。
（3）为用户通过搜索引擎获取信息提供了机会。
（4）可以方便地增加企业网站的链接数量。
（5）以更低的成本对用户行为进行研究。

（6）博客是建立权威网站品牌效应的理想途径之一。

（7）减小了被竞争者超越的潜在损失。

（8）让营销人员从被动的媒体依赖转向自主发布信息。

虽然博客潜藏着巨大的商业价值，并且随着博客的迅速发展，也出现了各种盈利模式，如博客门户模式、博客服务托管收费模式和增值服务模式等。博客营销就是把博客营销中用来传递信息的文字图片变成了视频和声音。博客的魅力不仅体现在"草根"的飞跃，还体现为品牌体验的商业价值，通过顾客与品牌的深度沟通亲身体验品牌本身的核心价值。

6. 直播带货营销

在这个商品越来越多的社会，消费者的选择也越来越多，大家在选择商品的时候是否经常会有头疼的情况？找到一款性价比高的商品也需要花不少时间，广大消费者在选货时都会很苦恼。直播带货很好地帮助了消费者节省选货的时间，同时具备两个优点：一是直播间优惠多，商品性价比高；二是直播带货能让消费者直观地了解商品。无论什么商品，只要它一进入直播间，似乎都会瞬间被一扫而光。直播带货轻松地打造了各种爆品，只要产品好，只要一上直播间，大家都会知道该品牌，销量也会不断上升。

对于汽车品牌的营销，过去那些广告投放的营销模式已经被直播带货远远地甩在了身后。在网络如此发达的时代，通过网络达人直播带货带来的收益是不可估量的。当然，前提是要自身的货品过"硬"，主播的带货能力够强。

当然，汽车是大宗商品，直播现场卖货的成功率和成交率不能和一些小宗产品相比。但是，通过直播介绍将客户吸引到 4S 店，提高店面知名度，或者做某个新品车型的推广和宣传，其效果还是非常可观的。

【任务实施】

阅读相应学习资料，回答下列问题：

（1）有人说，在网络飞速发展的今天，传统的汽车销售模式已经过时了。你怎样看待这种说法？

（2）打开"抖音""快手"等平台，总会看到许多车企或者 4S 店在做网络直播，而且还是清一色的美女帅哥。如果你认真看一会儿，就会发现，这些直播形式单一、内容辨识度不高，基本全是"答疑解惑"，根本分不清"谁是潜在客户"。对于这种现象，你怎么看？假如你是某车企的网络直播员，你对创新性地开展网络直播有什么"高招"？

【评价与反馈】

学习过程评价：根据上述资料，以小组为单位对上述问题回答情况进行成果展示与反思，在成果展示过程中进行小组间互评和教师点评。评价标准如表 7.1 所示。

表 7.1　考核评价表

评估指标	评估等级		
	好	一般	差
工作准备（20 分）	能够通过各种渠道对汽车网络营销相关内容进行精心准备	能够事先对汽车网络营销的内容进行准备，但不够充分	无准备
学习参与度（20 分）	小组成员积极主动参与活动，学习热情高涨	小组成员积极主动参与活动情况一般，学习热情一般	小组成员缺乏积极主动性，学习热情较差
知识运用（40 分）	熟悉营销模式的概念、营销模式的要素；理解汽车网络营销的概念及汽车网络营销的优劣势；了解国内汽车网络营销模式等相关知识，并能够灵活合理地运用。回答问题正确率在 80% 以上	基本熟悉营销模式的概念、营销模式的要素；理解汽车网络营销的概念及汽车网络营销的优劣势；了解国内汽车网络营销模式等相关知识，并能够灵活合理地运用。回答问题正确率在 60% 以上	不熟悉营销模式的概念、营销模式的要素；理解汽车网络营销的概念及汽车网络营销的优劣势；了解国内汽车网络营销模式等相关知识，不能够灵活合理地运用。回答问题正确率在 60% 以下
表达分析能力（20 分）	表情诚恳、逻辑关系清晰、行为举止自然规范、语言表达能力强、知识面宽	表情诚恳、逻辑关系较清晰、行为举止较自然规范、语言表达能力较强、知识面较宽	表情不诚恳、逻辑关系不清晰、行为举止不自然规范、语言表达能力较弱、知识面较窄

任务二　汽车电话营销

【学习目标】

1. 了解汽车电话营销。
2. 了解电话销售行业的现状。
3. 电话营销存在的问题。
4. 电话营销问题解决方案。

【任务描述】

通过相关知识学习，了解汽车电话营销、电话销售行业的现状；了解电话营销存在的问题及解决方案，并完成课后问题。

【知识准备】

一、汽车电话营销

电话销售的本质是什么？大多数人给出的答案是"电话销售的本质就是将产品卖出去""电话销售的本质就是为客户提供服务""电话销售的本质就是感动客户，最后达成交易""电话销售的本质就是解决客户的问题"……此外，还会有很多答案，但这些答案只是电话营销的一小部分。

电话销售的本质是"与客户进行价值交换"。客户就是与我们进行价值交换的那一群人。而要让客户愿意和我们进行价值交换，营销人员首先要做的就是付出，为顾客创造价值，在为客户提供价值的过程中建立彼此之间的信任，然后价值交换才会变得轻松自然。

二、电话销售行业的现状

电话营销出现于 20 世纪 80 年代的美国。随着消费者为主导的市场形成，以及电话、传真等通信工具的普及，很多企业便开始尝试这种新型的营销手法。电话营销不等于随机地打出大量的电话，靠碰运气推销出几样产品，这样的电话往往会引起顾客的反感，结果只会适得其反。然而，目前企业仍像过去那样，单纯地利用自身的经营资源开发产品，然后卖给那些没有选择余地的客户，这样是难以继续生存下去的。在用心了解市场需求的同时，还必须考虑面向什么样的客户层，增加什么样的附加价值，通过什么样的渠道及媒体进行销售。

三、电话营销存在的问题

（一）电话营销流程体系不健全

对于电话营销这种消费模式，绝大多数的顾客群体还是不能坦然接受，加上对于电视购物产品真伪的抵触性，担心产品的质量和信誉度，人们还是更愿意去商场或是知名的网站去购物。这样每天的客户进线量就不能保证，各个部门的电话销售人员都会比较看重各自的客户资源。谁都会给客户打电话，为保证出单率，部门之间窃取客户信息资料的事情也并不罕见，部门之间发生矛盾也在所难免。此外，客户信息重复拨打，导致客户反感错失成功订单也是常有的事情。这也是因体系不完整，造成回访与外呼的冲突。这样的结果便会导致电话营销人员丧失很多准客户以及潜在客户。

（二）忽视专业人才，人员流失严重

由于电话营销业务量的需求，往往需要大量的人员，在人员选拔要求方面有所降低，员工素质偏低，人才结构不合理、管理人才专业结构单一，缺少专业化的局面仍未得到根本性的改变。人才缺失的原因大概归结于以下几点：

（1）企业多为了节省成本从其他企业挖取人才，导致全行业职工整体素质不高，人才流失严重。

（2）社会公众对于电话营销行业工作的不认同感。很多院校的毕业生不太愿意到电话营销公司去实习就业，这也在一定程度上制约了电话营销技巧的提升。

（3）电话营销过程中缺乏策略性。企业有相当数量的电话营销人员，他们所要做的就是每天与客户联系，将公司的产品信息通过对话的方式传达给客户，但往往我们的电话营销人员打上 100 个电话，仅有 2 个是成功的，甚至 1 个也没有。这是因为很多电话营销人员并没有掌握专业的电话营销技巧，在电话营销的过程中，往往想的是我的目的就是把产品推销给客户。如果客户拒绝便马上进行下一通电话，没有具体的应对方法与策略来应对客户，挽留客户。这样周而复始的拒绝只会不断降低电话营销人员的自信心，直接影响销售的成功率。

四、电话营销问题的解决方案

（一）建立一体式电话销售流程

电话销售不仅是某些人对外呼出那么简单，也需要各部门间的相互配合支持。在外呼过程中，回访人员要与其他各部门协调工作，防止多次重拨同一客户，给顾客造成混乱无序、多次骚扰的感觉。企业制定明确的电话销售流程来规范不同阶段、不同部门、不同人的职责，加强各部门之间的沟通。

（二）培养专业化团队

1. 电话销售人员应当具备的素质

一名优秀的电话营销人员，首先具备的应当是对于本职业的高度认同感。其次由于职业的特殊性，还要求电话营销人员开朗活泼，敢于面对挫折，善于排解压力。此外，还需有较强的处理突发事件的能力。电话营销工作也要求话务员具备较强的人际交往能力，善于与人沟通，对逻辑思维能力也有一定的要求。

2. 岗前专业培训

优秀的电话营销人员不是天生的，需要一系列严格的岗前培训，包括：公司业务培训、专业知识培训、行为规范培训以及礼仪服务培训等。

3. 团队合作培训

一个优秀的体系模式从来都不是靠某个人来实现的，往往需要一个专业化的合作团队。根据电话营销的系统流程对员工进行小团队式的管理，各个团队之间也可进行合作竞争。

（三）加强电话营销技巧策略，赢得客户

1. 明确客户对象和销售目标

准确定义目标客户，明确产品针对的客户是谁。在打电话前一定要明确这些信息，否则打再多的电话也是徒劳。

2. 充分准备资料数据

在有了准确的目标客户后，我们还需要准备一个客户数据库，明确哪些客户确定需要产品，哪些客户可能需要产品，多久后需要；哪些客户不需要产品，但以后可能会有意向；哪些客户确定不需要我们的产品。我们可以对照着自己的客户数据库去打电话跟进，并且每次都做好信息跟进，以最大限度地提高销售成功率。

3. 做好面对拒绝的心理准备

我们在做电话营销的过程中不可能是一帆风顺的，会面对挫折、辱骂等一系列心理挑战。拒绝的过程对于我们来说不仅是证明了我们的失败，往往也是我们走向成功的必然付出。换句话说，被拒绝是一种必要的投入，善于调整自己的心态，建立自己的自信心尤为重要，积极的心态会形成积极的行为。

4. 创造有吸引力的开场白

开场白要达到的主要目标就是吸引对方的注意，引起他的兴趣，以使客户愿意花时间与你继续交谈。怎样最快打动你的目标客户？可以总结每一次成功的电话销售过程中，是以什么形式打动客户的，它最大的优势与特点是什么？给客户带来的最大收益是什么？加以总结，在以后与客户进行沟通时可作为参考。

5. 合适地结束电话

好的结束语是高质量通话的关键之一，应考虑对方的感受，让客户觉得客服是有耐心的。注意感谢来电，让客户感到企业十分重视并且与客户进行沟通。此外还要注意，一定是客户挂断后电话营销人员才可以挂断电话。

电话营销省时、省力、快速沟通的优点，使其重要性在众多销售模式中凸显出来。如何提高电话营销的技巧，在未来必定是一个日益重要的问题，对电话营销行业也将有巨大的影响。

【任务实施】

阅读相应学习资料，回答下列问题：

（1）某销售人员做过一个统计，在打通的 100 个电话中，60 人通话不超过 15 秒就挂断了电话，还有 15 人一听是销售电话立即挂断。试分析一下，这个电话营销人员可能出现了哪些问题？该如何调整？

（2）结合所学内容，分析对比一下汽车网络营销和汽车电话营销各自的优劣势？

【评价与反馈】

学习过程评价：根据上述资料，以小组为单位对上述问题回答情况进行成果展示与反思，在成果展示过程中进行小组间互评和教师点评。评价标准如表 7.2 所示。

表 7.2　考核评价表

评估指标	评估等级		
	好	一般	差
工作准备（20分）	能够通过各种渠道对汽车电话营销相关内容进行精心准备	能够事先对汽车电话营销内容进行准备，但不够充分	无准备
学习参与度（20分）	小组成员积极主动参与活动，学习热情高涨	小组成员积极主动参与活动情况一般，学习热情一般	小组成员缺乏积极主动性，学习热情较差
知识运用（40分）	熟悉汽车电话营销、电话销售行业的现状；了解电话营销存在的问题及解决方案等相关知识，并能够灵活合理地运用。回答问题正确率在 80% 以上	基本熟悉汽车电话营销、电话销售行业的现状；了解电话营销存在的问题及解决方案等相关知识，并能够灵活合理地运用。回答问题正确率在 60% 以上	不熟悉汽车电话营销、电话销售行业的现状；了解电话营销存在的问题及解决方案等相关知识，不能够灵活合理地运用。回答问题正确率在 60% 以下
表达分析能力（20分）	表情诚恳、逻辑关系清晰、行为举止自然规范、语言表达能力强、知识面宽	表情诚恳、逻辑关系较清晰、行为举止较自然规范、语言表达能力较强、知识面较宽	表情不诚恳、逻辑关系不清晰、行为举止不自然规范、语言表达能力较弱、知识面较窄

参考文献

[1]　陈永革. 汽车市场营销[M]. 北京：高等教育出版社，2008.

[2]　陈永革. 汽车营销基础与实务[M]. 北京：北京出版社，2014.

[3]　李刚. 汽车营销基础与实务[M]. 北京：北京理工大学出版社，2008.

[4]　散晓燕. 汽车营销[M]. 北京：人民邮电出版社，2014.

[5]　林凤，陈佳伟，赵一敏. 汽车营销策划基础与实务[M]. 北京：机械工业出版社，
　　　　2019.

[6]　曾金凤，徐磊. 汽车营销实务[M]. 北京：北京理工大学出版社，2017.

[7]　姚丽萍，刘永生. 汽车销售实务[M]. 大连：大连理工大学出版社，2019.

[8]　常兴华. 汽车销售实务[M]. 北京：北京理工大学出版社，2021.

[9]　刘秀荣，吴凤波. 汽车顾问式销售[M]. 北京：机械工业出版社，2019.

[10]　李燕. 汽车销售实务[M]. 北京：机械工业出版社，2021.

[11]　林绪东. 汽车销售实用教程[M]. 北京：机械工业出版社，2021.

[12]　宋润生，韩承伟. 汽车营销基础与实务[M]. 北京：机械工业出版社，2024.

[13]　金立江，裴文才. 汽车市场营销[M]. 北京：机械工业出版社，2023.